PETITS CLASSIQUES
LAROUSSE
Collection fondée par Fé

Émile

EXTRAITS

ROUSSEAU

traité d'éducation

Édition présentée,
annotée et commentée
par
Gilbert PY
Ancien élève de l'E.N.S. de Saint-Cloud
Agrégé de Lettres modernes
Docteur ès lettres

www.petitsclassiqueslarousse.com

SOMMAIRE

Avant d'aborder le texte

Fiche d'identité de l'œuvre 6
Biographie 8
Contextes 18
    Les finalités éducatives des XVIe et XVIIe siècles 18
    L'évolution de l'opinion 20
    La nécessité d'une rénovation
    du système éducatif 22
    Le débat sur l'éducation 26
    L'*Émile* dans l'œuvre de Jean-Jacques Rousseau.... 27
Tableau chronologique 30
Genèse de l'œuvre 38
    La littérature pédagogique 38
    Les sources de l'*Émile* 40
    La rédaction 42

Émile

ROUSSEAU

PRÉFACE 46
LIVRE I.. 47
LIVRE II 87
LIVRE III 142
LIVRE IV 187
LIVRE V... 263

© Larousse Paris, 2013 – ISBN 978-2-03-584456-9

Comment lire l'œuvre

Action et personnages 330

Étude d'ensemble 336
   Les principes de l'éducation naturelle 336

Destin de l'œuvre 352
   Accueil et réactions à l'*Émile*........................... 352
   Le destin de l'*Émile*
   de la Révolution à nos jours............................. 361

Outils de lecture 364
   Petit lexique pour l'étude de l'*Émile*................. 364

Bibliographie.. 367

Avant d'aborder le texte

Émile

Genre : Traité d'éducation, dans la mesure où l'ouvrage présente sur le mode didactique une théorie sur la formation physique, intellectuelle et morale d'un individu, depuis la naissance jusqu'à l'âge adulte. Roman d'éducation, dans la mesure où Rousseau présente cette formation sous la forme d'une fiction. Le gouverneur et son élève Émile prennent de plus en plus d'épaisseur humaine au cours de l'ouvrage, notamment au cinquième livre, quand il s'agit de raconter les amours d'Émile et de Sophie.

Auteur : Jean-Jacques Rousseau (1712-1778), philosophe du Siècle des lumières.

Structure : cinq livres, sans chapitres ni sous-titres, correspondant aux différentes phases du développement physique et mental d'Émile : nouveau-né (Livre I), enfant (Livre II), préadolescent (Livre III), adolescent (Livre IV), jeune homme (Livre V).

Principaux personnages : Émile est un élève imaginaire, orphelin, riche, en bonne santé, mais quelconque ; il est éduqué, depuis sa naissance jusqu'au mariage, par un gouverneur qui n'a pas de famille et qui n'a d'existence que par rapport à l'éducation qu'il donne à son élève et aux expériences qu'il partage avec lui. Au livre V, Émile s'éprend de Sophie, jeune fille « bien née,... d'un bon naturel ; elle a le cœur très sensible. Elle n'est pas très belle, mais elle correspond au rêve d'Émile ».

Sujet : Il s'agit pour Rousseau de préserver la liberté originelle de l'enfant pour qu'il accède progressivement à l'autonomie de sa conscience et s'établisse dans la société selon le principe de « l'éducation négative » qui consiste à le protéger du « vice et de l'erreur » en suivant le développement naturel de ses facultés par étapes successives :
– de la naissance à douze ans, développement du corps et des sens ;

– de douze à quinze ans, développement intellectuel à préoccupation utilitaire ;
– de quinze ans à l'âge adulte, culture du sens moral, du caractère, préparation à l'état de mari, de citoyen, de père.

Première publication : *Émile ou De l'éducation*, La Haye, Néaulme (imprimé à Paris par Duchesne), 1762, 4 volumes, in-12 et in-8°.

« L'éducation de l'homme commence à sa naissance. »
*Frontispice de l'*Émile, *édition de 1782, gravure de Delaunay.*

JEAN-JACQUES
ROUSSEAU
(1712-1778)

Les années de jeunesse
1712-1728

Naissance le 28 juin 1712, Grand-Rue, à Genève, de Jean-Jacques Rousseau, fils d'Isaac Rousseau, citoyen, et de Suzanne Bernard, citoyenne. Sa mère meurt le 7 juillet. Rousseau est élevé par une sœur de son père, tante Suzon. Il apprend à lire avec son père dans des romans. Dès l'âge de huit ans, il lit des historiens et des moralistes, en particulier Plutarque. Son père s'étant querellé avec un noble genevois doit s'enfuir (octobre 1722) ; Rousseau est confié à son oncle Gabriel Bernard, qui le met en pension avec son propre fils chez le pasteur Lambercier, à Bossey, près de Genève. Son oncle signe le 26 avril 1725, par procuration, le contrat d'apprentissage de Rousseau avec le maître graveur Abel Ducommun, « jeune homme rustre et violent », selon les *Confessions*.

1728-1730

Le 14 mars 1728, Rousseau, rentrant de promenade, trouve les portes de Genève fermées. Il décide de ne pas retourner chez son patron qui le malmenait. Il est recueilli par Benoît de Pontverre, curé de Confignon, connu pour avoir provoqué la conversion de nombreux protestants. Le 21 mars, celui-ci le confie, à Annecy, à Mme de Warens, qui envoie le jeune Jean-Jacques à l'hospice du Saint-Esprit de Turin (24 mars) où il abjure le protestantisme (21 avril). Baptisé le 23 avril, il erre dans Turin. On le retrouve laquais chez Mme de Vercellis, puis chez le comte de Gouvon (été-automne 1728).

En 1729, il regagne Annecy, chez Mme de Warens. Dans le but d'en faire « un curé de campagne », celle-ci fait compléter son éducation au séminaire des lazaristes qui mettent à sa disposition leur grande bibliothèque.

Il devient alors pensionnaire à la maîtrise de la cathédrale.

1730-1735

En 1730 il accompagne à Lyon le directeur de la maîtrise, puis l'abandonne en pleine crise d'épilepsie. À son retour à Annecy, il ne retrouve pas Mme de Warens, partie pour Paris. Il gagne Fribourg, avec la femme de chambre de Mme de Warens, puis Lausanne, où il se fait passer pour un maître de musique.

Pendant l'hiver 1730-1731, il donne des leçons de musique à Neuchâtel. Il se lie en avril 1731 avec un faux archimandrite qui prétend quêter pour le rétablissement du Saint-Sépulcre et le quitte sur les recommandations de l'ambassadeur de France à Soleure.

En mai 1731, il part pour Paris et entre au service du neveu d'un colonel suisse, comme précepteur. Il repart à la recherche de Mme de Warens, passe quelques semaines à Lyon, en septembre, puis la rejoint à Chambéry, où il travaille huit mois au cadastre de Savoie. Il donne alors des leçons de musique.

1735-1742

Rousseau va mener une vie heureuse, en grande partie aux Charmettes, près de Chambéry, auprès de « maman » (Mme de Warens).

Rousseau n'y est pas en bonne santé ; ses lectures des ouvrages « qui mêlaient la dévotion aux sciences », plus particulièrement « ceux de Port-Royal et de l'Oratoire », le rendent « à demi janséniste », si bien qu'il tombe malade, au point de rédiger son testament (juin 1737). Mais Rousseau,

Mme de Warens, *par Largillière*.

« prenant pour guide le père Bernard Lamy », se fait un « magasin d'idées » qui lui servira quand il rédigera l'*Émile*. Il étudie la musique, la géométrie, l'histoire, la géographie, l'astronomie (il fait des observations avec la lunette dans le jardin des Charmettes), la physique, la chimie. Il compose ses premiers écrits. Il écrit des poèmes, et notamment *Le Verger de Mme de Warens*, un opéra, des pièces de théâtre (*Iphis, Narcisse*), collabore au *Mercure de France*, prépare son *Projet concernant les nouveaux signes de musique*.

De septembre 1738 à février 1739, il séjourne à Montpellier pour consulter ses médecins. À son retour à Chambéry, il trouve Mme de Warens en compagnie d'un jeune homme Wintzenried.

D'avril 1740 à mai 1741, il exerce à Lyon les fonctions de précepteur auprès des deux fils de M. de Mably, prévôt général. Il rédige à son intention le *Projet pour l'éducation de M. de Sainte-Marie*, en même temps qu'il compose diverses *Épîtres* en vers qu'il dédie à des amis lyonnais, le littérateur Charles Bordes et le chirurgien Parisot.

En juillet 1742, il part pour Paris avec un nouveau système de notation musicale.

La fréquentation du monde
1742-1749

Le 22 août 1742, Rousseau lit, à l'Académie des sciences, son système de notation musicale. Les académiciens lui demandent de remanier son texte, qu'il publie sous le titre de *Dissertation sur la musique moderne*.

Au printemps 1743, Rousseau fréquente le salon de Mme Dupin, femme d'un fermier général. Il commence l'opéra des *Muses galantes*. Il devient en juin le secrétaire du comte de Montaigu, ambassadeur de France à Venise, mais il se brouille avec lui en août 1744 et rentre à Paris.

Pendant l'hiver 1744-1745, il est introduit chez le fermier général La Pouplinière, où se rend l'élite intellectuelle et artistique de Paris.

En mars 1745, il se lie avec Thérèse Levasseur, lingère, avec laquelle il aura cinq enfants qu'il déposera à l'hospice des Enfants-Trouvés.

En juillet, il achève son opéra, *Les Muses galantes*, qu'il fait jouer en septembre chez La Pouplinière. Il fréquente les salons, se lie avec Diderot et Condillac, retouche *Les Fêtes de Ramire* dont les auteurs étaient Voltaire et Rameau.

En 1746, Rousseau devient le secrétaire de Mme Dupin au château de Chenonceaux, s'occupe de chimie avec son beau-fils Dupin de Francueil et rédige à son intention les *Institutions chimiques*. Il compose *L'Allée de Sylvie* et, en 1747, une comédie *L'Engagement téméraire*. Il fait connaissance avec Mme d'Épinay.

En 1749, d'Alembert le charge d'écrire les articles sur la musique pour *l'Encyclopédie*.

1749-1753

En octobre 1749, sur la route de Vincennes, Rousseau lit dans le *Mercure de France* la question posée par l'académie de Dijon : « Si le rétablissement des sciences et des arts a contribué à épurer les mœurs. » En proie à une véritable illumination, il croit que l'homme est né bon et que ce sont les institutions qui le corrompent. Il compose alors la *Prosopopée de Fabricius*.

Le 9 juillet 1750, son premier *Discours* est couronné par cette académie et publié, fin 1750, sous le titre *Discours sur les sciences et les arts*, qui lui apporte la gloire, mais provoque une polémique ardente avec divers auteurs dont le roi de Pologne.

En 1751-1752, tout en s'habillant de bure et d'un bonnet d'Arménien, Rousseau fréquente les salons à la mode, se lie avec Grimm, avec le baron d'Holbach, fait représenter le 18 octobre 1752 un opéra, *Le Devin du village,* devant le roi à Fontainebleau, puis avec succès à l'Opéra. Le 18 décembre le Théâtre-Français joue *Narcisse ou l'Amant de lui-même*, comédie de jeunesse pour laquelle il compose une préface. Il renonce alors à écrire pour le théâtre et décide de s'occuper à réformer les mœurs.

1753-1756

En novembre 1753, Rousseau participe à un nouveau concours proposé par l'académie de Dijon : « Quelle est l'origine de l'inégalité parmi les hommes et si elle est autorisée par la loi naturelle. » Il dénonce l'institution sociale et politique, à l'origine de la corruption moderne. Les académiciens, effrayés par les hardiesses de la thèse, ne couronnent pas ce second *Discours*.

En juin 1754, Rousseau part pour Genève, passant par Chambéry pour voir Mme de Warens. C'est là qu'il date la *Dédicace à la République de Genève* de son *Discours sur l'origine de l'inégalité parmi les hommes* (12 juin). Rousseau, réintégré dans l'Église de Genève, recouvre sa qualité de citoyen genevois (août). Il travaille à ses *Institutions politiques*, commence une *Histoire du Valais* et une tragédie, *Lucrèce*, traduit le premier livre de Tacite. En octobre 1754, il rentre à Paris, et remet à son éditeur Rey le manuscrit du *Discours sur l'origine de l'inégalité*, qui est publié le 24 avril 1755. Il rédige pour l'*Encyclopédie* un article sur l'économie politique qui paraîtra en novembre 1755 sous le titre *Discours sur l'économie politique*. Il pense se retirer à Genève, mais y renonce à cause de l'hostilité de Voltaire, installé à Ferney.

La rupture avec les philosophes

1756-1758

Pendant l'hiver 1755-1756, Rousseau, désireux de prendre des distances avec ses amis philosophes, accepte la proposition de Mme d'Épinay de s'installer à l'Ermitage (9 avril 1756), à l'orée de la forêt de Montmorency (terrain pédagogique pour *Émile*). Il arrive avec un vaste programme : composer ses institutions politiques (le *Contrat social*), un traité d'éducation (l'*Émile*), un projet de morale auquel il donne le titre provisoire de la *Morale sensitive ou le matérialisme du sage*, poursuivre son *Dictionnaire de musique*, trier les œuvres de l'abbé de Saint-Pierre pour en faire des extraits

(*Extrait du projet de la paix perpétuelle* et *La Polysynodie*).
Il annote le livre *De l'esprit,* d'Helvétius, et rédige un conte
oriental, *La Reine fantasque,* où il se fait le défenseur de la
tolérance religieuse. En août, il fait parvenir à Voltaire sa
Lettre à la Providence en réponse au *Poème sur le désastre
de Lisbonne* et au *Poème sur la loi naturelle.* Pendant l'été, il
imagine les personnages de la *Nouvelle Héloïse.*

En 1757, Rousseau voit son séjour gâché par les commé-
rages de Thérèse et de sa mère, les interventions indiscrètes
de Diderot, sa passion pour Sophie d'Houdetot, sa brouille
avec Grimm, avec Mme d'Épinay et, pour finir, avec
Diderot. C'est la rupture avec les philosophes que consacrent les *Lettres à Sophie,* ou *Lettres morales,* qui opposent
à la misère intellectuelle de l'homme la grandeur du sentiment devant le beau moral. Le 10 décembre, Mme d'Épinay
donne son congé à Rousseau qui, le 15 décembre, s'installe à
Montmorency, au jardin de Mont-Louis.

1758-1762

En mars 1758, Rousseau répond à l'apologie des spectacles
dans l'article « Genève » de l'*Encyclopédie* par la *Lettre à
d'Alembert sur les spectacles*, complétée par une *Préface* et
une note extraite de *L'Ecclésiastique,* qui consomme sa rupture avec Diderot.

En avril 1759, le maréchal de Luxembourg propose à
Rousseau de faire restaurer sa maison du Mont-Louis et, en
attendant, de le loger au Petit-Château de Montmorency (mai-
juillet), où il compose le cinquième livre de l'*Émile.* Rousseau
lit à Mme de Luxembourg des passages de ses ouvrages, *La
Nouvelle Héloïse* et l'*Émile,* alors en chantier.

En 1761, *La Nouvelle Héloïse,* vendue à Londres dès le
20 décembre 1760, est mise en vente à Paris (fin janvier)
avec un grand succès. Rousseau met au net le manuscrit du
Contrat social (août), soumet à Malesherbes son *Essai sur
l'origine des langues* (fin septembre). Duchesne commence à
imprimer l'*Émile* à Paris (octobre). Rousseau croit que le
manuscrit est entre les mains des jésuites et en tombe

malade ; il décide d'en confier un exemplaire à Néaulme, qui l'imprime à Amsterdam (fin décembre).

L'année 1762 marque une date capitale dans la vie de Rousseau : en janvier, Rousseau adresse à Malesherbes quatre lettres autobiographiques ; en avril le *Contrat social*, imprimé à Amsterdam, est interdit à Paris ; fin mai l'*Émile* est mis en vente à Paris par permission tacite ; début juin, l'*Émile* est confisqué par la police, dénoncé à la Sorbonne, condamné par le Parlement, tandis que Rousseau, décrété de prise de corps, prévient l'arrestation par la fuite (le 9 juin).

Le proscrit
1762-1770

En 1762, tandis que l'*Émile* est brûlé à Paris, et qu'à Genève le Petit-Conseil fait mettre sous scellés le *Contrat social* et l'*Émile*, Rousseau s'enfuit à Yverdon, en territoire bernois (11 juin). Mais, à Genève, il est décrété de prise de corps, ses deux ouvrages sont brûlés, et le gouvernement de Berne décrète son expulsion (1er juillet). Il se réfugie alors à Môtiers, dans le val de Travers, dans la principauté de Neuchâtel, dépendant du roi de Prusse, Frédéric II, pendant que les États de Hollande et le Conseil scolaire de Berne condamnent l'*Émile*. L'archevêque de Paris, Christophe de Beaumont, lance contre lui un Mandement (publié le 28 août). La Sorbonne publie sa *Censure de l'Émile* (18 novembre).

En 1763 Rousseau répond à l'archevêque de Paris par sa *Lettre à Christophe de Beaumont* (mars) et renonce à la bourgeoisie de Genève (mai). Il est attaqué par le pasteur Jacob Vernes dans ses *Lettres sur le christianisme de M. Jean-Jacques Rousseau* et par Jean-Robert Tronchin, procureur général de Genève, dans ses *Lettres écrites de la Campagne* (septembre). Rousseau répond à toutes ces attaques par les *Lettres écrites de la montagne*. Rédigées entre le 20 octobre 1763 et le 10 mai 1764, elles arrivent à Genève en décembre et à Paris en 1765, où elles furent condamnées à être brûlées et lacérées le 19 mars (comme à Amsterdam et à Neuchâtel).

Alors que Voltaire fait publier dans l'anonymat un libelle injurieux *Sentiment des citoyens*, Rousseau décide de rédiger ses *Confessions* que lui réclamait son éditeur depuis 1761.

En 1765, excités par le pasteur de Môtiers, Montmollin, les paysans lancent des pierres contre sa maison (septembre). Il se réfugie à l'île de Saint-Pierre, au milieu du lac de Bienne, où il s'adonne à la promenade, à la botanique, rédige un *Projet de constitution pour la Corse*.

Expulsé par le Petit-Conseil de Berne le 16 octobre, il quitte l'île le 25 pour Strasbourg (où il est fêté) avec l'intention de gagner Berlin.

En 1765, sur l'invitation du philosophe David Hume, Rousseau décide de gagner l'Angleterre. Il passe par Paris, sous la protection du prince de Conti, où il reçoit de nombreuses visites.

En 1766, sur les conseils du prince de Conti, Rousseau quitte Paris pour Londres en compagnie de Hume (janvier). Il s'installe à Chiswick en attendant Thérèse, puis à Wooton Hall dans une maison louée à Richard Davenport (mars), en même temps qu'il se querelle avec Hume que Voltaire (qui publie un pamphlet contre Rousseau *Lettre de M. de Voltaire au Dr J.-J. Pansophe*) et les philosophes soutiennent. Rousseau rédige les premiers livres des *Confessions*.

En 1767, Rousseau et Thérèse reviennent en France (mai). Après quelques jours chez le marquis de Mirabeau à Fleury-sous-Meudon, ils s'installent chez le prince de Conti, à Trie, en se faisant passer pour frère et sœur sous le nom de Renou. Rousseau achève la première partie des *Confessions* et publie à Paris son *Dictionnaire de musique*.

En 1768, malade, se disant persécuté, après avoir confié Thérèse à Mme de Nadaillac, l'abbesse de Gomer-Fontaine, à qui il remet divers manuscrits dont un cahier des *Confessions*, Rousseau quitte Trie pour Lyon et Grenoble (juin). Il séjourne à Bourgoin, dans le Dauphiné, où Thérèse le rejoint pour se marier avec lui (août).

En 1769, ils s'installent dans une ferme, à Monquin, au sud de Bourgoin, où Rousseau rédige presque toute la deuxième partie des *Confessions*.

1770-1778

En 1770, dans une longue lettre autobiographique à M. de Saint-Germain, Rousseau dénonce le « complot » dont il est l'objet (février). Il quitte Monquin pour Lyon (avril) et rentre à Paris où il s'installe rue Plâtrière (juin). Il achève ses *Confessions*, qu'il lit à des cercles privés, jusqu'à interdiction par la police à la demande de Mme d'Épinay.

Entre octobre 1770 et juin 1771, Rousseau compose ses *Considérations sur le gouvernement de Pologne*, commande du comte Wielhorski.

De 1772 à 1776, Rousseau partage son temps entre son travail de copiste (12 000 pages de musique !), la botanique et la rédaction des *Dialogues* de *Rousseau juge de Jean-Jacques*.

En 1776, se sentant incompris et persécuté, il remet son manuscrit à l'abbé de Condillac (février), faute d'avoir pu le déposer sur le grand autel de Notre-Dame. Il distribue dans les rues de Paris un billet intitulé *À tous Français aimant encore la justice et la vérité* (avril).

À partir de l'été 1776, pour sa satisfaction personnelle, Rousseau compose les « promenades » des *Rêveries du promeneur solitaire*. Il manque de mourir dans un accident à Ménilmontant (octobre).

En 1778, il remet divers manuscrits à son ami genevois Paul Moultou et accepte l'hospitalité du marquis de Girardin à Ermenonville. Il meurt le 4 juillet.

CONTEXTES

Les finalités éducatives des XVI⁰ et XVII⁰ siècles

Lorsque l'*Émile* paraît, en mai 1762, et, traduit dans presque tous les États européens, crée scandale, le système éducatif est en pleine crise en Europe, alors que la pédagogie était en totale osmose avec les finalités éducatives jusqu'à la fin du XVIIᵉ siècle. Éducation et instruction se confondaient sous le vocable d'« Institution des enfants » que l'humanisme, la Réforme et la Contre-Réforme avaient définie. On faisait de la pédagogie un instrument d'édification des âmes et de façonnement d'un peuple chrétien pour la conquête du monde : Vivès en Espagne, mais surtout, aux Pays-Bas et en Angleterre, Thomas More, John Colet et ses collaborateurs de Saint-Paul's school en Angleterre, Mélanchton en Allemagne, Jean Huss et Jan Amos Komensky (Comenius) pour les peuples slaves, Mathurin Cordier en France, le maître de Calvin, Jean Sturm, à Strasbourg, Érasme dans toute l'Europe... ont mis la pédagogie au service de leur foi. La Réforme et la Contre-Réforme catholique lient pédagogie et éducation dans la même volonté de christianisation et d'acculturation. La finalité est identique quelle que soit l'école ; qu'elle se recommande de Luther, de Calvin, de la *Conduite des écoles chrétiennes* de Jean-Baptiste de La Salle ou des *Règlements pour les écoles* de Charles Demia, il s'agit d'évangéliser, de moraliser, d'accorder le chrétien à la cité. Les objectifs définis par Luther, dès 1524, dans son *Libellus de instuendis pueris* adressé aux autorités politiques de l'Empire sont identiques à ceux des assemblées du clergé de France jusqu'au XVIIIᵉ siècle ou à ceux des *parochial schools* (écoles paroissiales) en Écosse, d'obédience calviniste : « Il nous faut en tous lieux des écoles pour nos filles et nos garçons afin que l'homme devienne capable d'exercer convenablement sa profession et la femme de diriger son ménage et d'élever chrétiennement ses enfants. Et, c'est à vous, Seigneur, de prendre cette œuvre en main, car si l'on remet ce soin aux parents, nous périrons cent fois avant que la chose ne se fasse. »

Un ordre scolaire s'impose dans toute l'Europe par un lieu unique (l'école paroissiale) et par des contenus : la formation chrétienne, la maîtrise des rudiments (lire, écrire, compter), l'affinement des mœurs. On se réfère pendant près de deux siècles à un code de civilité chrétienne et mondaine dont les contours ont été tracés par le *De Civilitate* d'Érasme. Il s'agit de modeler les mœurs enfantines, de brider l'affectivité au nom de la décence mondaine ou de la bienséance chrétienne. À l'enfant brut dont les « manières d'agir (nous dit Jean-Baptiste de La Salle) sont tout humaines et naturelles, et nullement selon l'esprit du christianisme », il faut substituer un sujet policé, instruit et pieux, par une surveillance de chaque instant et par des contraintes pédagogiques qui font appel à la mémoire et à ce que Diderot appellera « la science des mots. ». Au-delà des clivages religieux, les objectifs (former des chrétiens lettrés), les programmes et leurs contenus, les méthodes sont identiques dans tous les systèmes scolaires européens ; ils évolueront d'ailleurs peu jusqu'à la fin du XVIIIᵉ siècle. On retrouve la même progression en classes, les mêmes leçons *(lectiones ou praelectiones)* et exercices (questions et disputes, déclamations, amplifications, thèmes d'imitation), les mêmes manuels, le même recours à l'Antiquité classique comme formatrice de l'homme chrétien, aussi bien par sa rhétorique que par ses modèles de « vertus ».

De l'humanisme au siècle des Lumières, éducation et pédagogie sont inséparables et enferment l'enfant dans un système scolaire bien structuré qui le modèle selon les mêmes finalités religieuses et sociales, lui font parcourir le même cursus par classes d'âge, selon un programme, des contenus et des méthodes similaires. Une timide évolution – plus sensible dans les collèges tenus par les doctrinaires et par les oratoriens ouverts aux idées cartésiennes, malebranchistes et mêmes jansénistes – s'amorce à la fin du XVIIᵉ siècle sans que celle-ci ne modifie l'ensemble du système. Elle se marque notamment par l'apparition d'une rhétorique française et l'ouverture à de nouvelles disciplines : l'histoire, la géographie, les sciences. À la suite de Descartes, l'oratorien Bernard Lamy, dans ses *Entretiens sur les sciences* qui servent de « guide » à Rousseau dans ses études aux Charmettes, reconnaît aux mathématiques la fonction de « former l'esprit » et de « donner une entrée facile dans toutes les sciences » ; il conseille déjà de « faire des expériences ».

L'évolution de l'opinion

Cette évolution correspond à l'intérêt que porte l'opinion, au XVIIIe siècle, aux travaux d'érudition en histoire (que Rollin, la marquise de Lambert, l'abbé de Saint-Pierre, entre autres, recommandent dans leurs *Traités*). Les récits de voyage donnent matière à l'enseignement de la géographie et génèrent une réflexion anthropologique dont la littérature de voyage, comme celle de l'abbé Prévost, ou des travaux scientifiques, comme l'*Histoire naturelle* de Buffon, sont les manifestations les plus connues. L'engouement pour les sciences alimente une production d'ouvrages d'érudition dont Fontenelle donne un exemple en publiant, en 1686, ses *Entretiens sur la pluralité des mondes*. Le *Spectacle de la nature* (1732) de l'abbé Pluche est traduit dans presque toutes les langues. La mode est aux cabinets de sciences naturelles, aux expériences de physique, aux jardins botaniques favorisés par les plantes et les animaux inconnus apportés des pays lointains. Des sociétés savantes se créent dans toute l'Europe tandis qu'une collaboration européenne entre les différentes académies fait progresser la science.

La philosophie des Lumières naît de ce développement du rationalisme et de l'esprit critique, de la diffusion des sciences physiques, naturelles et humaines. Le monde n'est plus intelligible parce qu'il satisfait à l'idéal tracé par les auteurs de l'Antiquité et par les pères de l'Église, mais parce qu'il est conforme au modèle newtonien de l'intelligibilité de la nature, parce qu'il est le résultat de l'observation et de l'expérience qui confirment l'ordre universel. L'application généralisée du modèle newtonien s'étend aux divers domaines du savoir, en même temps que la puissance militante des valeurs dominantes du siècle – lumière, progrès, civilisation, humanité, tolérance, utilité, optimisme – anime, dans les sciences humaines naissantes, une nouvelle démarche méthodologique que les pédagogues vont vouloir appliquer.

Au cours du siècle, l'Église, impuissante devant « la montée de l'irreligion », dénonce l'action de démythification et de désacralisation du christianisme, les caractères d'une morale déiste qui inspire toute la sensibilité de l'époque, l'impact dans les esprits d'une culture spécifique qui relève d'une vision concrète du monde centrée sur l'homme. Elle voit progresser de nouveaux domaines de la connaissance – qu'elle va du reste tenter de s'approprier : psychologie, pédagogie, linguistique, philosophie, histoire, sciences économiques et sociales – qui, tout en cherchant à affirmer leur spécificité, s'interpénètrent, notamment quand il s'agit d'éducation, domaine qui alimente de multiples débats.

Les sciences de l'homme revendiquent une épistémologie calquée sur celle de la nature. L'empirisme de Locke récuse les idées innées, prétend que les seules sources de la connaissance sont dans l'expérience sensible. La psychologie, à travers le phénoménisme de Hume, de Condillac ou de Bonnet, rejette la métaphysique pour considérer l'être humain dans sa réalité. Elle se nourrit des recherches des médecins et des ethnologues, des investigations biologiques, physiologiques, ethnologiques, mais aussi de la philosophie morale et politique. David Bentham, Vico, Montesquieu cherchent « l'esprit des lois », plaident pour une nouvelle organisation politique. La linguistique, particulièrement la philologie comparée, remet en question la culture classique. On recherche les fondements et les mécanismes du langage (Rousseau et Condillac en débattent) ; on pose la nécessité d'une grammaire générale « raisonnée » ou « philosophe ». « La philosophie de l'histoire », pour Voltaire, implique une rationalisation du devenir des événements et des institutions qui n'est plus le fait de la Providence.

En Angleterre, en Allemagne, « l'histoire de l'humanité » rationalise son devenir selon les normes de Ferguson, de Mondoddo, de Lessing, de Herder, en attendant Hegel. On définit les étapes par lesquelles serait passée l'humanité : enfance, adolescence, âge mûr ; Condillac veut les faire parcourir en raccourci à son élève princier. On espère des Lumières qu'une « nouvelle race » d'hommes éclairera le monde ; Kant, l'*Encyclopédie*, l'abbé de Saint-Pierre, attendent de l'avènement de l'homme « éclairé » la paix perpétuelle entre les nations dans une cité éthique. Les thèmes du progrès de la civilisation et de la rénovation morale qui en découle animent le messianisme de la Révolution française : la Révolution accomplit le mouvement général qui tend à substituer l'idée d'humanité à l'idée traditionnelle de chrétienté.

La nécessité d'une rénovation du système éducatif

Le système éducatif n'est plus en phase avec les présupposés anthropologiques qui le fondent et le légitiment, ni avec les finalités éthiques et sociales qui l'orientent en fonction des valeurs et des comportements que les adultes estiment devoir faire acquérir aux jeunes individus. La nature de l'enfant ne relève plus d'une métaphysique fidèle aux dogmes du christianisme mais de « la nature des choses », des investigations physiologiques et biologiques, de la médecine, de la psychologie. On découvre que l'enfant a un corps frappé d'ostracisme par le dualisme cartésien ; on met l'accent sur l'unité de l'organique et du psychique ; la nosologie, la nosographie classent les maladies enfantines ; la médecine infantile redéfinit la nature de l'enfant. L'empirisme considère l'enfant comme une *tabula rasa* ; la sensation est le point de départ de toute notion. Condillac radicalise l'empirisme dans le sens d'une plus grande détermination du psychisme humain. Helvétius, La Mettrie, Holbach donnent toute puissance à l'éducation pour façonner « l'homme nouveau ». Cette réduction de la nature enfantine provoque une réaction des médecins vitalistes de l'École de Montpellier qui mettent l'accent sur le dynamisme vital irréductible dont le moteur est la sensibilité.

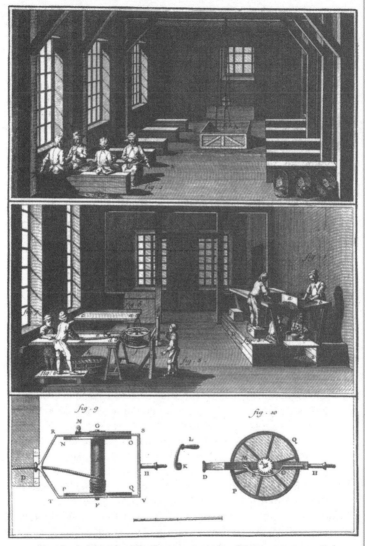

*Planche de l'Encyclopédie illustrant un atelier d'écoteurs au XVIIIᵉ siècle.
Bibliothèque nationale, Paris.*

L'enfant est l'être pur, innocent, dont il faut protéger et guider le processus vital ou (selon Hutcheson et les sentimentalistes anglais) le sens moral qui le pousse spontanément vers les vertus sociales de bienfaisance et de bienveillance.

Mais quel que soit le débat sur la nature enfantine – débat qui accompagne la fortune des idées pédagogiques de Rousseau –, celle-ci n'est plus perçue dans ses relations avec Dieu, mais sur « l'évidence de l'homme ». Cette distance par rapport à la religion et l'attention portée au concret, aux mécanismes physiques, économiques et sociaux, ancrent la pédagogie dans le monde actuel. C'est désormais « le bonheur » ici-bas que visent les éducateurs, un bonheur conforme à la morale naturelle, au droit naturel (et à la religion naturelle), mais aussi un bonheur pratique qui améliore les conditions de la vie sociale et politique. Voltaire conclut son *Essai sur l'homme* d'Alexander Pope, traduit en 1736 :

> « Le bonheur est un bien que nous rend la nature
> Il n'est point ici-bas de moisson sans culture. »

La culture apporte le bonheur. Les sciences de la vie et les sciences de l'homme entendent ne pas se cantonner à des recherches spéculatives mais visent à l'amélioration du sort des hommes. Cette mutation de la culture renouvelle la pensée pédagogique dans un combat contre une tradition incarnée par les jésuites. L'éducation devient, comme pour Montesquieu, une affaire politique ; elle a pour but de former des citoyens dans l'esprit de « chaque espèce de gouvernement » ; elle se doit de faciliter le progrès des Lumières. En même temps, une vague de moralisation envahit l'Europe, nourrit le genre romanesque, idylles, églogues, romans sentimentaux, comédies « larmoyantes », drames bourgeois, contes moraux, dont les périodiques comme le *Mercure de France* ne manque pas de donner des résumés et des commentaires. On recherche le bonheur dans la sensibilité, dans « les délices du sentiment », dans l'exaltation des vertus domestiques liée au besoin d'intimité du couple qui se resserre sur l'enfant ; on célèbre les charmes de la nature.

On comprend que le système scolaire soit dénoncé comme inadapté. Dès le début du XVIIᵉ siècle, Francis Bacon critique la pédagogie traditionnelle qui enseigne les mots au lieu des choses et qui ne forme que des lettrés et des sophistes. Il veut y substituer « l'observation et l'expérience (qui) conduisent à la vraie connaissance ». Cette attention portée à la formation de l'esprit scientifique prélude à une rénovation pédagogique qui, soutenue par John Locke (1632-1704), commence à porter ses fruits pendant le XVIIIᵉ siècle. L'influence des *Pensées sur l'éducation* (*Some Thougths on Education*, 1693) a été considérable en France où Rousseau évoque « le sage Locke » et dans toute l'Europe où elle se mêle à celle de Comenius (Komenski, 1592-1671). Les « nouveaux » éducateurs, dans toute l'Europe, vont se recommander d'eux et – très vite, dès la publication de l'*Émile* en 1762 – de Rousseau pour renouveler la critique cartésienne et janséniste à l'encontre de l'enseignement dispensé par les jésuites. On se réclame alors d'une pédagogie empiriste qui fait valoir un rationalisme expérimental ; on préconise l'abandon de la méthode déductive, l'expérience comme point de départ de toute étude, l'enseignement par les choses et par l'observation, l'ouverture sur la vie.

Les parents sont sensibles à l'évolution des mentalités. Les grands collèges jésuites, qui avaient entre quatre cents et mille élèves en France au début du XVIIᵉ siècle, connaissent une décrue de leurs effectifs. Les collèges oratoriens et doctrinaires (qui comptent de nombreux appelants à la bulle *Unigenitus* condamnant les propositions du janséniste Pasquier Quesnel) subissent les interdictions épiscopales. Mais, même après la soumission des oratoriens en 1750, leurs collèges ne récupèrent pas leurs effectifs, en dépit de l'interdiction faite à la Compagnie de Jésus d'enseigner en 1762-1763. À la veille de la Révolution, les trois quarts des établissements ont moins de deux cents élèves, tandis que prospèrent les pensionnats annexes dont les tarifs onéreux excluent les enfants d'artisans et de paysans – « le pauvre n'a pas besoin d'éducation... », dit Rousseau dans l'*Émile*. Les maîtres de pension donnent des leçons particulières. C'est la mode chez « les gens de qualité » d'avoir un gouverneur. On préfère les « pédagogies » ou maisons d'éducation, « azyles d'innocence », qui à la fois veillent sur les mœurs des adolescents et dispensent un enseignement moderne d'histoire, de géographie et des sciences. On apprend un métier.

Le débat sur l'éducation

Le débat sur l'éducation, qui s'ouvre vers 1750, se poursuit jusqu'à l'époque napoléonienne. Le pédagogue bavarois Johann Michael Sailer témoigne, en 1807, de l'extraordinaire foisonnement des idées pédagogiques que la publication de l'*Émile* en 1762 ne fait qu'amplifier : « Dans les familles, les réunions de société et les salles de cours, l'éducation était le maître mot, écrit-il dans l'introduction à son ouvrage *Über Erziehung für Erzieher* (*L'Éducation pour les éducateurs*), […] les têtes raisonnaient au sujet de l'éducation, les langues parlaient de l'éducation, les plumes écrivaient sur l'éducation. »

Toute l'Europe se met à disserter sur l'éducation, en traités, lettres, romans, poèmes, sermons, discours... qui expriment les réflexions sur le projet d'une société future. Grimm, dans sa *Correspondance littéraire*, note, en 1763, que « depuis la chute des jésuites et le livre inutile de Jean-Jacques Rousseau, on n'a cessé d'écrire sur l'éducation ». Le contexte historique des idées pédagogiques de Rousseau accompagne la crise d'identité d'une société qui rejette le système scolaire mis en place par les humanistes, la Réforme et la Contre-Réforme. Dans toute l'Europe, des réformateurs, appuyés par les gouvernements, proposent des projets d'éducation nationale. L'audience des idées pédagogiques de Rousseau auprès des éducateurs se comprend dans ce contexte européen d'effervescence des idées qui caractérise cette deuxième moitié du XVIIIᵉ siècle, à une époque où la contestation de l'autorité spirituelle et l'aspiration à une modification de l'ordre social et politique finalisée par la Révolution rendent nécessaire une redéfinition des rôles respectifs de la famille, de l'Église, de la société et de l'État dans l'éducation.

Entre la formation de l'honnête homme, de l'aristocrate et de la mondaine du XVIIᵉ siècle, et celle du bourgeois et de la bourgeoise du XIXᵉ, on discerne au siècle des Lumières un consensus général sur la formation du citoyen et de la citoyenne, dont on attend la régénération de la société. La « péripétie » révolutionnaire systématise, dans une mystique jacobine, les finalités éducatives des philosophes des Lumières.

L'*Émile* dans l'œuvre de Jean-Jacques Rousseau

L'éducation est le thème dominant de ce siècle des Lumières ; elle donne matière à débats, les ouvrages pédagogiques ne cessent de se multiplier jusqu'à la Révolution, proposant leurs « projets » de former l'« homme nouveau » dans la cité régénérée ; la rénovation éducative accompagne celle des « mœurs » et la fondation d'un nouvel ordre social et politique.

On comprend que Rousseau, à la fin de sa vie, dans le troisième dialogue de son *Rousseau juge de Jean-Jacques*, ait conseillé au lecteur de commencer par l'*Émile* pour saisir son « système » de pensée : « J'avais senti dès ma première lecture que ces écrits (de Rousseau) marchaient dans un certain ordre qu'il fallait trouver pour suivre la chaîne de leur contenu. J'avais cru voir que cet ordre était rétrograde à celui de leur publication, et que l'auteur remontant de principe en principe n'atteint les premiers que dans ses derniers écrits la *Nouvelle Héloïse*, le *Contrat social*, l'*Émile*. Il fallait donc pour marcher par synthèse commencer par ceux-ci, et c'est ce que je fis en m'attachant d'abord à l'*Émile* par lequel il a fini... »

Rousseau, qui définit l'*Émile* un « traité sur la bonté originelle de l'homme », place son traité d'éducation au centre de son œuvre, et souligne le lien avec la *Nouvelle Héloïse*, roman épistolaire qui condamne la corruption de la vie sociale pour célébrer le bonheur dans la vie rustique, et avec le *Contrat social*, qui pose les principes d'une cité idéale où l'individu doit trouver le bonheur dans l'expression de la volonté générale. En transposant la réalisation du bonheur de l'individu à l'organisation sociale et politique, en transférant l'origine du mal de l'intérieur (de l'homme) à l'extérieur (dans la société), Rousseau conduit ses contemporains à une prise de conscience des liens qui unissent la politique, la morale et l'éducation. C'est effectivement le message de Rousseau depuis les premiers *Discours*.

L'éducation est bien au centre de la pensée philosophique de Rousseau comme elle l'est pour ses contemporains du Siècle des lumières. Rousseau exerce dans sa jeunesse les fonctions de précepteur ; il compose en 1740 pour M. de Mably, grand prévost de Lyon, un *Projet pour l'éducation de M. de Sainte-Marie* (l'aîné de ses deux fils) qui exprime déjà quelques principes de l'*Émile* : valoriser l'autorité du gouverneur qui doit « être aimé, craint et estimé », éviter de faire prendre à l'élève de mauvaises habitudes, ne pas le « charger d'études et de devoirs » mais lui « donner de bonne heure un pli d'obéissance et de docilité », former le cœur avant le jugement, ne pas privilégier « l'entassement des connaissances », ne pas laisser les sciences « corrompre » son cœur, ne pas enseigner la religion et la morale « par la multiplicité des préceptes » qui ne sont pas à « la portée de son âge », mais les lui présenter « à l'occasion » de conversations au cours de promenades et non par des études contraignantes et réglées, le rendre ainsi curieux et lui « inspirer du goût pour les sciences naturelles », « prévenir ses défauts » par la connaissance des hommes, lui enseigner quelques éléments de latin, l'histoire, la géographie, les mathématiques, les sciences naturelles, et plus tard l'économie et les sciences politiques, faire de la culture physique. En 1743, à Paris, il reprend et développe ce premier petit traité alors qu'il est secrétaire de Mme Dupin et qu'il s'occupe de son petit-fils, M. de Chenonceaux. Sa pensée sur l'éducation progresse : Rousseau souligne l'importance de l'éducation des sens dans la première enfance, l'appel à la curiosité, l'utilité des sciences naturelles et de la connaissance des métiers.

On peut penser que Rousseau suit l'évolution de l'opinion. En 1752, dans la préface de sa comédie *Narcisse*, il reprend le procès des collèges dénoncés par les philosophes. Il participe au débat sur l'opportunité de mettre en place un enseignement public laïc (débat amorcé par l'*Esprit des lois* de Montesquieu), dans l'article *Économie politique,* publié en 1755, en prenant position pour l'enseignement public que les parlementaires vont proposer au roi. Il réitérera cette position en 1771-1772 dans ses *Considérations sur le gouvernement de Pologne,* qui réservent tout un chapitre (le quatrième) à l'éducation. Il donne des conseils aux mères, à Mme d'Épinay, à Mme de Créqui, avec des instructions concernant l'éducation de la première enfance qui montrent que Rousseau connaît les « préceptes » de la médecine des enfants alors en pleine évolution. Dans la lettre que Saint-Preux adresse à Milord Édouard dans la *Nouvelle Héloise,* on le voit déjà conscient des principes de l'éducation négative qu'il va mettre en œuvre dans l'*Émile.*

Vie	Œuvres
1712 Naissance à Genève (28 juin).	
1722 Entrée en pension chez le pasteur Lambercier. **1725** Contrat d'apprentissage.	
1728 Fuite de Genève, rencontre avec Mme de Warrens, conversion à Turin. **1729** Retour à Annecy. Séminaire.	
1730-1732 Aventure et errance (enseigne la musique à Lausanne, puis à Neuchâtel, devient précepteur à Paris, entre au cadastre de Savoie, donne des leçons de musique).	
1736-1739 Premier séjour aux Charmettes. Études en autodidacte. Malade, il fait son testament, consulte à Montpellier.	**1739** *Le Verger de Mme de Warens.*

ÉVÉNEMENTS CULTURELS ET ARTISTIQUES	ÉVÉNEMENTS HISTORIQUES ET POLITIQUES
	1713 Bulle *Unigenitus*. **1715** Mort de Louis XIV, installation de la Régence.
1719 Daniel Defoe : *Robinson Crusoé*.	
	1720 Victor-Amédée II (1666-1732) cède la Sicile et devient roi de Piémont-Sardaigne.
1721 Montesquieu : *Lettres persanes*. Watteau : *L'Enseigne de Gersaint*.	
1726 Swift : *Les Voyages de Gulliver*.	
1729 J.-S. Bach : *Passion selon saint Matthieu*.	**1729** Réforme universitaire instaurée par le roi de Piémont-Sardaigne. **1730** Victor-Amédée II abdique en faveur de son fils Charles-Emmanuel.
1732 Abbé Noël Antoine Pluche : *Le Spectacle de la nature*.	
1734 Voltaire : *Lettres anglaises*.	
1738 Invention de la navette volante par Kay.	

Vie	Œuvres
1740-1741 Précepteur à Lyon chez M. de Mably.	**1740** Rousseau compose le *Projet pour l'éducation de M. de Sainte-Marie* (publié en 1782 dans la collection complète des œuvres de J.-J. R.).
1742-1749 À Paris, lit à l'Académie des sciences son système de notation de musique. Il fréquente les salons, se lie avec les philosophes.	**1742** *Épître à Parisot.* **1743** *Dissertation sur la musique moderne.* **1745-1746** Fait jouer son opéra : *Les Muses galantes* (septembre 1745). Retouche *Les Fêtes de Ramire.* Compose *L'Allée de Sylvie* (automne 1746). **1747** Compose une comédie *L'Engagement téméraire.*
1749-1753 Participe au concours proposé par l'académie de Dijon (sur les sciences et les arts) – « illumination de Vincennes ». Son discours est primé.	**1749** Rédige des articles sur la musique pour l'*Encyclopédie.* **1751** *Discours sur les sciences et les arts.* **1752** Représentation du *Devin du village* à Fontainebleau (octobre 1752).
1753-1755 Participe à un deuxième concours (sur l'inégalité). Séjour à Grenoble, réintègre l'Église calviniste et la citoyenneté genevoise (juin-octobre 1754).	**1753** La *Lettre sur la musique française,* écrite en 1752, paraît en 1753. **1755** *Discours sur l'origine de l'inégalité parmi les hommes.* L'article sur l'économie politique dans le tome V de l'Encyclopédie.
1756-1757 Séjour à l'Ermitage, rupture avec les philosophes.	

ÉVÉNEMENTS CULTURELS ET ARTISTIQUES	ÉVÉNEMENTS HISTORIQUES ET POLITIQUES
1740 Richardson : *Paméla*.	**1740** Avènement de Frédéric II en Prusse. Avènement de Marie-Thérèse d'Autriche.
1746 Condillac : *Essai sur l'origine des connaissances humaines*. Diderot prend la charge de l'*Encyclopédie*.	
1748 Montesquieu : *L'Esprit des lois*.	**1748** Le traité d'Aix-la-Chapelle consacre la Prusse comme grande puissance.
1749 Buffon commence la publication de l'*Histoire naturelle* (jusqu'en 1789). **1751** Tome I de l'*Encyclopédie* avec le *Discours préliminaire*. Voltaire : *Le Siècle de Louis XIV*.	
1754 Condillac : *Traité des sensations*.	
	1755 Tremblement de terre de Lisbonne.
	1756-1763 Guerre de Sept Ans (France-Autriche-Russie) contre la Prusse et l'Angleterre.

Vie	Œuvres
1757-1762 Séjour au Mont-Louis.	
	1758 *Lettre à d'Alembert sur les spectacles.* **1759** *Lettre sur la Providence* (Lettre à Voltaire). **1761** *La Nouvelle Héloïse.*
1762-1767 Condamnation de l'*Émile* et du *Contrat social.* Exil (Yverdon, Môtier, Berlin, Angleterre, liaison et rupture avec Hume, début de la rédaction des *Confessions*).	**1762** *Émile ou De l'éducation.* **1763** *Lettre à Christophe de Beaumont.* **1764** *Lettres écrites de la Montagne.*
1767-1770 Retour en France, installation à Trie puis à Bourgoin, en Dauphiné, enfin à Monquin où il achève presque toutes *Les Confessions.* **1770-1778** Retour à Paris. Fin des *Confessions*, accident de Ménilmontant, retraite à Ermenonville chez le Marquis de Girardin.	**1771-1772** Rousseau travaille aux *Considérations sur le gouvernement de Pologne.* **1772** Rédaction des *Dialogues* de *Rousseau juge de Jean-Jacques.*

TABLEAU CHRONOLOGIQUE

ÉVÉNEMENTS CULTURELS ET ARTISTIQUES	ÉVÉNEMENTS HISTORIQUES ET POLITIQUES
	1757 Attentat de Damiens contre Louis XV.
1758 Naissance de Mozart (mort en 1791).	**1758-1770** Ministère Choiseul.
1759 Voltaire : *Candide*.	**1759** Interdiction de continuer l'*Encyclopédie*.
	1761 Procès du père La Valette. Fermeture des collèges dirigés par les jésuites.
	1762 Le parlement de Paris expulse les jésuites de son ressort ; il est suivi par les autres parlements.
1763 La Chalotais : *Essai d'éducation nationale*.	
1764 Voltaire : *Dictionnaire philosophique*.	**1764** L'édit de novembre 1764 abolit en France les jésuites.
	1766 Voyage de Boungainville dans les mers du Sud.
1767 D'Holbach : *Le Christianisme dévoilé* (pamphlet antichrétien).	**1767** Les jésuites expulsés d'Espagne et de France.
1768 Quesnay : *Physiocratie*.	**1768** La Corse devient française. Premier voyage de Cook.
1770 Naissance de Beethoven (mort en 1827).	**1770** Mariage du Dauphin avec Marie-Antoinette.
	1772 Premier partage de la Pologne.
1774 Goethe : *Werther*.	**1774** Mort de Louis XV. Avènement de Louis XVI.

VIE	ŒUVRES
	1776-1778 Composition des *Rêveries du promeneur solitaire*.
2 juillet 1778 Mort de Rousseau.	**1779** *Lettres à M. de Malesherbes*.
	1780 Publication en Angleterre du premier des trois *Dialogues*.
	1782 *Essai sur l'origine des langues*, où il est parlé de la mélodie et de l'imitation musicale. Publication de la première partie des *Confessions* suivies des *Rêveries du promeneur solitaire*.
	1788-1789 Œuvres complètes classées par ordre de matière en 38 volumes (C. Poinçot).
	1789 Édition de la seconde partie des *Confessions*.

ÉVÉNEMENTS CULTURELS ET ARTISTIQUES	ÉVÉNEMENTS HISTORIQUES ET POLITIQUES
1775 Condillac : *Cours d'études pour l'instruction du Prince de Parme.* Diderot : *Plan d'une université ou d'une éducation publique dans toutes les sciences.* Beaumarchais : *Le Barbier de Séville.*	**1776** Indépendance des États-Unis.

GENÈSE
DE L'ŒUVRE

La genèse de l'*Émile* s'inscrit dans l'évolution d'une littérature pédagogique qui ne cesse d'envahir l'opinion. Elle s'élabore aussi dans le contexte de la culture du Siècle des lumières dont l'*Émile* se fait écho ne serait-ce que par ses « paradoxes ».

La littérature pédagogique

L'évolution de cette littérature suit celle de l'opinion. Parallèlement, à la suite du *Traité du choix et de la méthode des études* de l'abbé Fleury (1686), se développe le genre nouveau du *Traité des études* qui propose un plan d'études différent de la pratique des collèges. Dans le sillage des *Aventures de Télémaque* de Fénelon (1699) se multiplient les récits pédagogiques qui « instruisent en amusant ». Ce genre littéraire écarte les contes de fée et donne naissance, dans toute l'Europe, à une littérature enfantine édifiante qui connaît un tel succès qu'en 1745 le libraire John Newberry se spécialise à Londres dans les éditions de livres pour enfants. On compose, dans cette deuxième moitié du XVIIIᵉ siècle, des contes moraux à l'intention des enfants. Le *Magasin des enfants* de Mme Leprince de Beaumont est imprimé à Londres en 1757 et traduit en anglais sous le titre *The Young Misses Magazine*. *Adèle et Théodore* de Mme de Genlis est immédiatement imité par Mrs Trimmer, tandis que *L'Ami des enfants* de Berquin est l'adaptation française d'une publication hebdomadaire allemande de Weiss, *Der Kinderfreund*. Toute une collaboration se crée à l'échelle européenne pour l'éducation des enfants, qui devient la grande préoccupation de l'époque.

Alors que le *Traité des études* de Rollin, réédité sept fois de 1728 à 1789, demeure une autorité pendant plus d'un siècle, les idées pédagogiques s'inscrivent dans le cadre nouveau du traité d'éducation, initié par Locke à la fin du XVIIᵉ siècle avec ses *Pensées sur l'éducation*, traduit dans toutes les langues. Plus ambitieux, le traité d'éducation porte sur toute la formation, et non pas seulement sur les études. L'auteur présente d'abord ses idées sur la nature enfantine et sur la finalité de l'éducation. L'enfant est-il un être rationnel d'origine divine, perverti par le péché originel et doté d'une libre-arbitre qui lui donne le pouvoir de faire le bien et le mal, ou bien est-il à l'origine une « table rase » que l'on peut animer par la culture en suivant l'ordre rationnel des connaissances, ou bien est-il un produit de la nature dont les dispositions heureuses doivent être protégées et dirigées vers leur épanouissement ? Quel est l'objet de l'éducation : former l'homme pour Dieu, pour lui-même ou pour la société ? Comment façonner à la fois l'homme naturel et l'homme social sans que l'un et l'autre n'en souffrent ? La société peut-elle améliorer l'homme par l'acquisition des connaissances, par la diffusion des Lumières ou bien ne peut-elle que le dégrader ? La suite du traité est l'application logique des convictions énoncées : quelles sont les disciplines qu'il importe d'enseigner ? Quel contenu doit-on donner aux connaissances ? Quelle méthode doit-on employer ? Les connaissances doivent-elles être générales et humaines ou pratiques et utiles ? Quelle place faut-il accorder aux exercices du corps, à la formation morale, à la formation intellectuelle ? Doit-on parler d'éducation ou d'instruction ? Et à qui s'adressent-elles : à une élite sociale et intellectuelle ? à la bourgeoisie ? au peuple ? aux artisans ? aux agriculteurs ? Est-ce à dire que l'*Émile* est un traité d'éducation tel qu'il se normalise dans la deuxième moitié du XVIIIe siècle ? Le témoignage des contemporains est intéressant à cet égard. Bachaumont, dans ses *Mémoires secrets*, après avoir rapporté le 2 juin 1762 « le scandale » de sa publication, note, le 30 juin, que « le livre de Rousseau est fort répandu, puisque tout Paris l'a lu ». Il émet alors un jugement sur cet ouvrage « singulier » : Bachaumont juge comme « tout le monde » que « ce traité d'éducation est d'une exécution impossible », que « les seules choses judicieuses qui y soient » sont imitées des différents traités d'éducation et plus particulièrement de Locke ; il reproche à Rousseau de détruire l'objet qu'il s'est assigné : « C'est un traité d'éducation, c'est-à-dire des préceptes pour élever un enfant dans l'état social, lui apprendre ses devoirs vis-à-vis de Dieu, et de ses semblables ; et dans ce traité on anéantit toute religion, on détruit toute société. Cet élève, orné de toutes les vertus, enrichi de tous les talents, finit par être un misanthrope dégoûté de tous les états, qui n'en remplit aucun, et va planter des choux à la campagne et faire des enfants à sa femme. »

Les sources de l'*Émile*

Ce témoignage qui reconnaît à l'*Émile*, non sans réticence, la qualité de traité d'éducation nous intéresse non seulement parce qu'il nous renseigne sur « l'objet » du traité d'éducation, mais parce qu'il souligne les « emprunts » de Rousseau à ses devanciers, et plus particulièrement à Locke. Cette accusation de « plagiat », reprise entre autres par dom Cajot, en 1766, dans son ouvrage au titre significatif *Les Plagiats de M. J.-J. R. de Genève,* rend difficile et contestable la recherche des sources de l'*Émile* qui s'inscrit dans la continuité des réflexions menées par les éducateurs depuis l'Antiquité, notamment par Montaigne, cité souvent dans l'*Émile*. Certes, Rousseau doit beaucoup à ses prédécesseurs : à Platon, à Saint-Augustin, à Montaigne, à Locke, à Fénelon, au père Lamy, à ses contemporains, à l'abbé de Saint-Pierre, qui donne une grande place à l'éducation morale et professionnelle, à de Crousaz, qui prône l'enseignement scientifique, à l'abbé Pluche qui souligne l'importance de la puériculture et des langues vivante. S'il récuse, comme La Condamine, les fables de La Fontaine, s'il condamne avec Bonneval le port du maillot, il préconise l'éducation des sens et recule l'éducation religieuse. Mais Rousseau fait œuvre originale en ce que sa pensée pédagogique correspond aux préoccupations de l'époque dont il a su exprimer les aspirations en

De haut en bas et de gauche à droite :
Saint Augustin, Montaigne, Locke, Fénelon.

les intégrant à une philosophie de la vie. Les sources de l'*Émile* sont multiples, tant la culture de Rousseau est grande et se réfère aux travaux de ses contemporains dans tous les domaines de la pensée philosophique et scientifique de son époque.

On peut cependant rappeler que Rousseau construit son « système » de pensée pendant son séjour en Savoie, alors dans le royaume de Piémont-Sardaigne. Or, le roi Victor-Amédée II avait recueilli les jansénistes appelant à la bulle *Unigenitus* et entrepris avec eux une réforme du système éducatif qui s'inpire très largement du *Traité des études* de Charles Rollin et de la pédagogie de Port-Royal comme de l'Oratoire, ouvertes à la modernité philosophique et scientifique. On peut comparer la liste des ouvrages recommandés par les *Instructions* royales de 1732 à celle des auteurs cités par Rousseau dans *Le verger de Mme de Warens,* et pour la plupart repris dans les livres V et VI des *Confessions,* pour souligner la dette de Rousseau envers la pédagogie janséniste et oratorienne. Du reste, Rousseau, qui assure des fonctions de précepteur (voir Biographie), cite la *Logique* de Port-Royal et le *Traité des études* de Rollin en 1740 dans son *Projet sur l'éducation de M. de Sainte-Marie.*

Il faut rappeler enfin que si les sources livresques de l'*Émile* sont incertaines et dépendent surtout de la culture du siècle des Lumières, on peut rappeler que Rousseau compose l'*Émile* à Montmorency, entre 1756 et 1762, à proximité de la Maison des oratoriens qui formaient les professeurs pour leurs collèges. On peut penser que Rousseau, qui fréquentait les pères, ait pu s'inspirer, tout en les laïcisant, des « principes » et des méthodes de la pédagogie oratorienne, orientée vers la formation de la pensée.

La rédaction

Rousseau nous dit au livre VIII de ses *Confessions,* au sujet de l'*Émile,* qu'il est l'effet de « vingt ans de méditation et trois ans de travail », ce qui fait remonter le principe de son traité d'éducation à l'époque de son préceptorat avec M. de Mably, en 1740-1741, et sa conception à l'époque de Mme de Chenonceaux. Au Livre IX il nous avoue qu'il « médit(ait) depuis quelque temps un système d'éducation dont Mme de Chenonceaux... [l']avait prié de [s']occuper » (*op. cit.*, I, p. 409). Il nous dit qu'il s'est réellement mis à la rédaction de l'*Émile* dans l'année 1758 après avoir avoir achevé *La Nouvelle Héloïse* (*ibid.*, p. 516). Il parle de son projet comme d'un mémoire de quinze pages, mais son sujet l'a entraîné malgré lui (voir la préface de l'*Émile*). L'édition des *Œuvres Complètes* de la Pléiade (1969) contient la première version (manuscrit Favre), qui précède le manuscrit définitif.

Rousseau, *par La Tour,*
Pastel de 1752.

Émile

ROUSSEAU

traité sur l'éducation

publié pour la première fois
en 1762

Ce recueil de réflexions et d'observations, sans ordre et presque sans suite, fut commencé pour complaire à une bonne mère qui sait penser. Je n'avais d'abord projeté qu'un mémoire de quelques pages ; mon sujet m'entraînant malgré
5 *moi, ce mémoire devint insensiblement une espèce d'ouvrage trop gros, sans doute, pour ce qu'il contient, mais trop petit pour la matière qu'il traite. J'ai balancé longtemps à le publier ; et souvent il m'a fait sentir, en y travaillant, qu'il ne suffit pas d'avoir écrit quelques brochures pour savoir*
10 *composer un livre. Après de vains efforts pour mieux faire, je crois devoir le donner tel qu'il est, jugeant qu'il importe de tourner l'attention publique de ce côté-là ; et que, quand mes idées seraient mauvaises, si j'en fais naître de bonnes à d'autres, je n'aurai pas tout à fait perdu mon temps. Un*
15 *homme qui, de sa retraite, jette ses feuilles dans le public, sans prôneurs, sans parti qui les défende, sans savoir même ce qu'on en pense ou ce qu'on en dit, ne doit pas craindre que, s'il se trompe, on admette ses erreurs sans examen. [...]*
À l'égard de ce qu'on appellera la partie systématique, qui
20 *n'est autre chose ici que la marche de la nature, c'est là ce qui déroutera le plus le lecteur ; c'est aussi par là qu'on m'attaquera sans doute, et peut-être n'aura-t-on pas tort. On croira moins lire un traité d'éducation que les rêveries d'un visionnaire sur l'éducation. Qu'y faire ? [...]*

Préface d'*Émile* (extraits)

LIVRE PREMIER

PRINCIPES ET PREMIÈRE ENFANCE

LES PRINCIPES DE L'ÉDUCATION NATURELLE

Tout est bien sortant des mains de l'Auteur des choses, tout dégénère[1] entre les mains de l'homme. Il force une terre à nourrir les productions d'une autre, un arbre à porter les fruits d'un autre ; il mêle et confond les climats, les éléments,
5 les saisons ; il mutile son chien, son cheval, son esclave ; il bouleverse tout, il défigure tout, il aime la difformité, les monstres ; il ne veut rien tel que l'a fait la nature, pas même l'homme ; il le faut dresser pour lui, comme un cheval de manège ; il le faut contourner à sa mode, comme un arbre
10 de son jardin.

Sans cela, tout irait plus mal encore, et notre espèce ne veut pas être façonnée à demi. Dans l'état où sont désormais les choses, un homme abandonné dès sa naissance à lui-même parmi les autres serait le plus défiguré de tous. Les préjugés,
15 l'autorité, la nécessité, l'exemple, toutes les institutions sociales, dans lesquelles nous nous trouvons submergés, étoufferaient en lui la nature, et ne mettraient rien à la place. Elle y serait comme un arbrisseau que le hasard fait naître au milieu d'un chemin, et que les passants font bientôt périr,
20 en le heurtant de toutes parts et le pliant dans tous les sens.

C'est à toi que je m'adresse, tendre et prévoyante mère, qui sus t'écarter de la grande route, et garantir l'arbrisseau naissant du choc des opinions humaines ! Cultive, arrose la jeune

---

1. **Dégénérer** : vient du latin *genus/generis*, race ; perdre les qualités essentielles, originelles.

plante avant qu'elle meure : ses fruits feront un jour tes
25 délices. Forme de bonne heure une enceinte autour de l'âme
de ton enfant ; un autre en peut marquer le circuit, mais toi
seule y dois poser la barrière.

On façonne les plantes par la culture, et les hommes par
l'éducation. Si l'homme naissait grand et fort, sa taille et sa
30 force lui seraient inutiles jusqu'à ce qu'il eût appris à s'en
servir ; elles lui seraient préjudiciables, en empêchant les
autres de songer à l'assister ; et, abandonné à lui-même, il
mourrait de misère avant d'avoir connu ses besoins. On se
plaint de l'état de l'enfance ; on ne voit pas que la race
35 humaine eût péri, si l'homme n'eût commencé par être
enfant.

Nous naissons faibles, nous avons besoin de force ; nous
naissons dépourvus de tout, nous avons besoin d'assistance ;
nous naissons stupides, nous avons besoin de jugement. Tout
40 ce que nous n'avons pas à notre naissance et dont nous avons
besoin étant grands, nous est donné par l'éducation.

Cette éducation nous vient de la nature, ou des hommes
ou des choses. Le développement interne de nos facultés et
de nos organes est l'éducation de la nature ; l'usage qu'on
45 nous apprend à faire de ce développement est l'éducation des
hommes ; et l'acquis de notre propre expérience sur les objets
qui nous affectent est l'éducation des choses.

Chacun de nous est donc formé par trois sortes de maîtres.
Le disciple dans lequel leurs diverses leçons se contrarient est
50 mal élevé, et ne sera jamais d'accord avec lui-même ; celui
dans lequel elles tombent toutes sur les mêmes points, et
tendent aux mêmes fins, va seul à son but et vit conséquem-
ment. Celui-là seul est bien élevé.

Or, de ces trois éducations différentes, celle de la nature
55 ne dépend point de nous ; celle des choses n'en dépend qu'à
certains égards. Celle des hommes est la seule dont nous
soyons vraiment les maîtres ; encore ne le sommes-nous que
par supposition ; car qui est-ce qui peut espérer de diriger

entièrement les discours et les actions de tous ceux qui envi-
60 ronnent un enfant ?

Sitôt donc que l'éducation est un art, il est presque impossible qu'elle réussisse, puisque le concours nécessaire à son
succès ne dépend de personne. Tout ce qu'on peut faire à
force de soins est d'approcher plus ou moins du but, mais il
65 faut du bonheur pour l'atteindre.

Quel est ce but ? c'est celui même de la nature ; cela vient
d'être prouvé. Puisque le concours des trois éducations est
nécessaire à leur perfection, c'est sur celle à laquelle nous ne
pouvons rien qu'il faut diriger les deux autres. Mais peut-être
70 ce mot de nature a-t-il un sens trop vague ; il faut tâcher ici
de le fixer.

La nature, nous dit-on, n'est que l'habitude. Que signifie
cela ? N'y a-t-il pas des habitudes qu'on ne contracte que par
force, et qui n'étouffent jamais la nature ? Telle est, par
75 exemple, l'habitude des plantes dont on gêne la direction ver-
ticale. La plante mise en liberté garde l'inclinaison qu'on l'a
forcée à prendre ; mais la sève n'a point changé pour cela sa
direction primitive ; et, si la plante continue à végéter, son
prolongement redevient vertical. Il en est de même des incli-
80 nations des hommes. Tant qu'on reste dans le même état, on
peut garder celles qui résultent de l'habitude, et qui nous sont
le moins naturelles ; mais, sitôt que la situation change,
l'habitude cesse et le naturel revient. L'éducation n'est certainement qu'une habitude. Or, n'y a-t-il pas des gens qui
85 oublient et perdent leur éducation, d'autres qui la gardent ?
D'où vient cette différence ? S'il faut borner le nom de nature
aux habitudes conformes à la nature, on peut s'épargner ce
galimatias[1].

Nous naissons sensibles, et, dès notre naissance, nous
90 sommes affectés de diverses manières par les objets qui nous
environnent. Sitôt que nous avons pour ainsi dire la

---

1. **Galimatias** : discours confus, embrouillé, qu'on ne comprend pas.

conscience de nos sensations, nous sommes disposés à rechercher ou à fuir les objets qui les produisent, d'abord, selon
qu'elles nous sont agréables ou déplaisantes, puis, selon la
95 convenance ou disconvenance que nous trouvons entre nous
et ces objets, et enfin, selon les jugements que nous en portons
sur l'idée de bonheur ou de perfection que la raison nous
donne. Ces dispositions s'étendent et s'affermissent à mesure
que nous devenons plus sensibles et plus éclairés ; mais,
100 contraintes par nos habitudes, elles s'altèrent plus ou moins
par nos opinions. Avant cette altération, elles sont ce que
j'appelle en nous la nature.

C'est donc à ces dispositions primitives qu'il faudrait tout
rapporter ; et cela se pourrait, si nos trois éducations n'étaient
105 que différentes : mais que faire quand elles sont opposées ;
quand, au lieu d'élever un homme pour lui-même, on veut
l'élever pour les autres ? Alors le concert est impossible. Forcé
de combattre la nature ou les institutions sociales, il faut
opter entre faire un homme ou un citoyen : car on ne peut
110 faire à la fois l'un et l'autre.

Toute société partielle, quand elle est étroite et bien unie,
s'aliène de la grande. Tout patriote est dur aux étrangers : ils
ne sont qu'hommes, ils ne sont rien à ses yeux. Cet inconvénient est inévitable, mais il est faible. L'essentiel est d'être
115 bon aux gens avec qui l'on vit. Au dehors le Spartiate était
ambitieux, avare, inique ; mais le désintéressement, l'équité,
la concorde régnaient dans ses murs. Défiez-vous de ces cosmopolites[1] qui vont chercher loin dans leurs livres des
devoirs qu'ils dédaignent de remplir autour d'eux. Tel phi-

---

1. **Cosmopolite** : qui se considère comme citoyen du monde et qui considère
le monde comme sa patrie (*cf. Contrat social*, 1re version, « par où l'on voit ce
qu'il faut penser de ces prétendus cosmopolites, qui justifient leur amour pour
la patrie par leur amour pour le genre humain, se vantent d'aimer tout le monde
pour avoir droit de n'aimer personne », *op. cit.*, Pléiade, III, p. 287).

120 losophe aime les Tartares[1] pour être dispensé d'aimer ses voisins.

L'homme naturel est tout pour lui ; il est l'unité numérique, l'entier absolu, qui n'a de rapport qu'à lui-même ou à son semblable. L'homme civil n'est qu'une unité fractionnaire qui
125 tient au dénominateur, et dont la valeur est dans son rapport avec l'entier, qui est le corps social. Les bonnes institutions sociales sont celles qui savent le mieux dénaturer[2] l'homme, lui ôter son existence absolue pour lui en donner une relative, et transporter le *moi* dans l'unité commune ; en sorte que
130 chaque particulier ne se croie plus un, mais partie de l'unité, et ne soit plus sensible que dans le tout. Un citoyen de Rome n'était ni Caïus, ni Lucius ; c'était un Romain ; même il aimait la patrie exclusivement à lui. Régulus se prétendait Carthaginois, comme étant devenu le bien de ses maîtres. En
135 sa qualité d'étranger, il refusait de siéger au sénat de Rome ; il fallut qu'un Carthaginois le lui ordonnât. Il s'indignait qu'on voulût lui sauver la vie. Il vainquit, et s'en retourna triomphant mourir dans les supplices. Cela n'a pas grand rapport, ce me semble, aux hommes que nous connaissons.
140   Le Lacédémonien Pédarète[3] se présente pour être admis au conseil des trois cents ; il est rejeté : il s'en retourne tout joyeux de ce qu'il s'est trouvé dans Sparte trois cents hommes

---

1. **Tatars ou Tartares** : habitants de la Russie, sur la Volga moyenne (*cf. Économie politique*, « Il semble que le sentiment de l'humanité s'évapore et s'affaiblisse en s'étendant sur toute la terre, et que nous ne saurions être touchés des calamités de la Tartarie ou du Japon, comme de celle d'un pays européen », *op. cit.*, III, p. 254).

2. **Dénaturer** : transformer, altérer la nature (*cf. Discours sur l'origine de l'inégalité*, « Semblable à la statue de Glaucus, que le temps, la mer et les orages avaient tellement défigurée qu'elle ressemblait moins à Dieu qu'à une bête féroce, l'âme humaine altérée au sein de la société par mille causes sans cesse renaissantes [...] a pour ainsi dire changé d'apparence au point d'être méconnaissable », *op. cit.*, III, p. 122).

3. Ces anecdotes sont rapportées par Plutarque, particulièrement apprécié par Rousseau. Il le recommande comme auteur pour enseigner l'histoire à Émile dans le livre IV.

valant mieux que lui. Je suppose cette démonstration sincère ;
et il y a lieu de croire qu'elle l'était : voilà le citoyen.

145 Une femme de Sparte avait cinq fils à l'armée, et attendait
des nouvelles de la bataille. Un ilote[1] arrive ; elle lui en
demande en tremblant : « Vos cinq fils ont été tués. – Vil
esclave, t'ai-je demandé cela ? – Nous avons gagné la victoire ! » La mère court au temple, et rend grâces aux dieux.
150 Voilà la citoyenne.

Celui qui, dans l'ordre civil, veut conserver la primauté des
sentiments de la nature ne sait ce qu'il veut. Toujours en
contradiction avec lui-même, toujours flottant entre ses penchants et ses devoirs, il ne sera jamais ni homme ni citoyen ;
155 il ne sera bon ni pour lui ni pour les autres. Ce sera un de
ces hommes de nos jours, un Français, un Anglais, un bourgeois ; ce ne sera rien.

Pour être quelque chose, pour être soi-même et toujours
un, il faut agir comme on parle ; il faut être toujours décidé
160 sur le parti que l'on doit prendre, le prendre hautement, et
le suivre toujours. J'attends qu'on me montre ce prodige pour
savoir s'il est homme ou citoyen, ou comment il s'y prend
pour être à la fois l'un et l'autre.

De ces objets nécessairement opposés viennent deux formes
165 d'institutions contraires : l'une publique et commune, l'autre
particulière et domestique.

Voulez-vous prendre une idée de l'éducation publique, lisez
la *République* de Platon[2]. Ce n'est point un ouvrage de politique, comme le pensent ceux qui ne jugent des livres que par
170 leurs titres : c'est le plus beau traité d'éducation qu'on ait
jamais fait.

Quand on veut renvoyer au pays des chimères, on nomme
l'institution de Platon : si Lycurgue[3] n'eût mis la sienne que

---

1. **Ilote** : esclave de l'État à Sparte.
2. **Platon** : philosophe grec, disciple de Socrate qu'il fait parler dans ses
dialogues, notamment dans la *République*, traité politique en douze livres.
3. **Lycurgue** : législateur de Sparte, en partie légendaire, du IXe siècle avant J.-C.

par écrit, je la trouverais bien plus chimérique. Platon n'a fait
175 qu'épurer le cœur de l'homme ; Lycurgue l'a dénaturé.

L'institution publique n'existe plus, et ne peut plus exister,
parce qu'où il n'y a plus de patrie, il ne peut plus y avoir de
citoyens. Ces deux mots *patrie* et *citoyen* doivent être effacés
des langues modernes. J'en sais bien la raison, mais je ne veux
180 pas la dire ; elle ne fait rien à mon sujet.

Je n'envisage pas comme une institution publique ces
risibles établissements qu'on appelle collèges[1]. Je ne compte
pas non plus l'éducation du monde, parce que cette éducation
tendant à deux fins contraires, les manque toutes deux : elle
185 n'est propre qu'à faire des hommes doubles paraissant toujours rapporter tout aux autres, et ne rapportant jamais rien
qu'à eux seuls. Or ces démonstrations, étant communes à
tout le monde, n'abusent personne. Ce sont autant de soins
perdus.
190 De ces contradictions naît celle que nous éprouvons sans
cesse en nous-mêmes. Entraînés par la nature et par les
hommes dans des routes contraires, forcés de nous partager
entre ces diverses impulsions, nous en suivons une composée
qui ne nous mène ni à l'un ni à l'autre but. Ainsi combattus
195 et flottants durant tout le cours de notre vie, nous la termi-
nons sans avoir pu nous accorder avec nous, et sans avoir
été bons ni pour nous ni pour les autres.

Reste enfin l'éducation domestique ou celle de la nature,
mais que deviendra pour les autres un homme uniquement

---

1. L'enseignement, depuis les *Ratio studiorum* du xvie siècle, est sous l'autorité
de l'Église. On distingue :
— les collèges d'université, prolongement des facultés des arts (grands collèges,
de la sixième à la philosophie, précédés des petits collèges) ;
— les collèges libres, hors de l'Université, œuvre d'un fondateur, créés par
lettres patentes, qui n'exigent que la catholicité des maîtres ;
— les collèges relevant des congrégations enseignantes (eudistes, dominicains,
oratoriens, doctrinaires, et surtout jésuites jusqu'à leur expulsion en 1762) ; ils
tenaient 178 collèges sur 562 au milieu du xviiie siècle.
Cet enseignement, très critiqué au siècle des Lumières, est soumis à des
propositions de réforme, notamment celles des parlementaires.

élevé pour lui ? Si peut-être le double objet qu'on se propose pouvait se réunir en un seul, en ôtant les contradictions de l'homme on ôterait un grand obstacle à son bonheur. Il faudrait, pour en juger, le voir tout formé ; il faudrait avoir observé ses penchants, vu ses progrès, suivi sa marche ; il faudrait, en un mot, connaître l'homme naturel. Je crois qu'on aura fait quelques pas dans ces recherches après avoir lu cet écrit.

Pour former cet homme rare, qu'avons-nous à faire ? beaucoup, sans doute : c'est d'empêcher que rien ne soit fait. Quand il ne s'agit que d'aller contre le vent, on louvoie ; mais si la mer est forte et qu'on veuille rester en place, il faut jeter l'ancre. Prends garde, jeune pilote, que ton câble ne file ou que ton ancre ne laboure, et que le vaisseau ne dérive avant que tu t'en sois aperçu.

Dans l'ordre social, où toutes les places sont marquées, chacun doit être élevé pour la sienne. Si un particulier formé pour sa place en sort, il n'est plus propre à rien. L'éducation n'est utile qu'autant que la fortune s'accorde avec la vocation des parents ; en tout autre cas elle est nuisible à l'élève, ne fût-ce que par les préjugés qu'elle lui a donnés. En Égypte, où le fils était obligé d'embrasser l'état de son père, l'éducation du moins avait un but assuré ; mais, parmi nous, où les rangs seuls demeurent, et où les hommes en changent sans cesse, nul ne sait si, en élevant son fils pour le sien, il ne travaille pas contre lui.

Dans l'ordre naturel, les hommes étant tous égaux, leur vocation commune est l'état d'homme, et quiconque est bien élevé pour celui-là ne peut mal remplir ceux qui s'y rapportent. Qu'on destine mon élève à l'épée, à l'église, au barreau, peu m'importe. Avant la vocation des parents, la nature l'appelle à la vie humaine. Vivre est le métier que je lui veux apprendre. En sortant de mes mains, il ne sera, j'en conviens, ni magistrat, ni soldat, ni prêtre ; il sera premièrement homme : tout ce qu'un homme doit être, il saura l'être au besoin tout aussi bien que qui que ce soit ; et la fortune aura beau le faire changer de place, il sera toujours à la sienne. *Occupavi te, Fortuna, atque cepi ; omnesque aditus tuos interclusi, ut ad me aspirare non posses*[1].

Notre véritable étude est celle de la condition humaine.
240 Celui d'entre nous qui sait le mieux supporter les biens et les maux de cette vie est à mon gré le mieux élevé ; d'où il suit que la véritable éducation, consiste moins en préceptes qu'en exercices. Nous commençons à nous instruire en commençant à vivre ; notre éducation commence avec nous ; notre
245 premier précepteur est notre nourrice. [...]

[Il est nécessaire de préparer l'enfant à vivre dans une société en transformation, « à supporter les coups du sort », à apprendre à changer d'état. Il faut donc réagir contre les erreurs de l'éducation habituelle qui, par suite de « préjugés
250 *serviles », pratique des usages qui ne sont « qu'assujettissement, gêne et contrainte ». À peine l'enfant jouit-il de la liberté de mouvoir ses membres qu'on lui donne de nouveaux liens : « on le coud dans un maillot », on lui tient attachés les bras et la tête.]*

LES ACTEURS DE L'ÉDUCATION NATURELLE

La mère

255 Le devoir des femmes n'est pas douteux : mais on dispute[2]

---

1. Citation de Métrodore de Lampsaque, philosophe épicurien, donnée par Cicéron, transmise sans doute par Montaigne (*Essais*, II, 2) : « Je t'ai prévenue, fortune, et t'ai faite prisonnière : j'ai fermé tous les passages par où tu pouvais glisser jusqu'à moi. »

2. **On dispute :** on débat. Le débat sur l'allaitement et le rôle de la femme dans l'éducation des enfants est ancien : Galien (médecin grec du IIe siècle) et Avicenne (médecin iranien du XIe siècle) estimaient déjà que les enfants devaient être nourris par leur mère. Mais ce débat se renouvelle au XVIIIe siècle avec les progrès de la médecine infantile qui oppose, d'une part, les médecins rationalistes et mécanicistes de l'école de Paris, qui entendent corriger la nature et contestent en général les mérites de l'allaitement, et, d'autre part, les tenants d'une médecine naturelle, qui entendent favoriser le dynamisme de la nature, comme les médecins de l'école de Montpellier.

si, dans le mépris qu'elles en font, il est égal pour les enfants d'être nourris de leur lait ou d'un autre. Je tiens cette question, dont les médecins sont les juges, pour décider au souhait des femmes ; et pour moi, je penserais bien aussi qu'il vaut

260 mieux que l'enfant suce le lait d'une nourrice en santé, que d'une mère gâtée, s'il avait quelque nouveau mal à craindre du même sang dont il est formé.

Mais la question doit-elle s'envisager seulement par le côté physique ? Et l'enfant a-t-il moins besoin des soins d'une

265 mère que de sa mamelle ? D'autres femmes, des bêtes même, pourront lui donner le lait qu'elle lui refuse : la sollicitude maternelle ne se supplée point. Celle qui nourrit l'enfant d'une autre au lieu du sien est une mauvaise mère : comment sera-t-elle une bonne nourrice ? Elle pourra le devenir, mais

270 lentement ; il faudra que l'habitude change la nature : et l'enfant mal soigné aura le temps de périr cent fois avant que sa nourrice ait pris pour lui une tendresse de mère.

De cet avantage même résulte un inconvénient qui seul devrait ôter à toute femme sensible le courage de faire nourrir

275 son enfant par une autre, c'est celui de partager le droit de mère, ou plutôt de l'aliéner ; de voir son enfant aimer une autre femme autant et plus qu'elle ; de sentir que la tendresse qu'il conserve pour sa propre mère est une grâce, et que celle qu'il a pour sa mère adoptive est un devoir : car, où j'ai

280 trouvé les soins d'une mère, ne dois-je pas l'attachement d'un fils ?

La manière dont on remédie à cet inconvénient est d'inspirer aux enfants du mépris pour leurs nourrices en les traitant en véritables servantes. Quand leur service est achevé,

285 on retire l'enfant, ou l'on congédie la nourrice ; à force de la mal recevoir, on la rebute de venir voir son nourrisson. Au bout de quelques années il ne la voit plus, il ne la connaît plus. La mère, qui croit se substituer à elle et réparer sa négligence par sa cruauté, se trompe. Au lieu de faire un tendre

290 fils d'un nourrisson dénaturé, elle l'exerce à l'ingratitude ; elle

lui apprend à mépriser un jour celle qui lui donna la vie, comme celle qui l'a nourri de son lait.

Combien j'insisterais sur ce point, s'il était moins décourageant de rebattre en vain des sujets utiles ! Ceci tient à plus
295 de choses qu'on ne pense. Voulez-vous rendre chacun à ses premiers devoirs ? Commencez par les mères ; vous serez étonné des changements que vous produirez. Tout vient successivement de cette première dépravation : tout l'ordre moral s'altère ; le naturel s'éteint dans tous les cœurs ; l'in-
300 térieur des maisons prend un air moins vivant ; le spectacle touchant d'une famille naissante n'attache plus les maris, n'impose plus d'égards aux étrangers ; on respecte moins la mère dont on ne voit pas les enfants ; il n'y a point de résidence dans les familles ; l'habitude ne renforce plus les liens
305 du sang ; il n'y a plus ni pères ni mères, ni enfants, ni frères, ni sœurs ; tous se connaissent à peine ; comment s'aimeraient-ils ? Chacun ne songe plus qu'à soi. Quand la maison n'est qu'une triste solitude, il faut bien aller s'égayer ailleurs.

Mais que les mères daignent nourrir leurs enfants, les
310 mœurs vont se réformer d'elles-mêmes, les sentiments de la nature se réveiller dans tous les cœurs ; l'État va se repeupler : ce premier point, ce point seul va tout réunir. L'attrait de la vie domestique est le meilleur contre-poison des mauvaises mœurs. Le tracas des enfants, qu'on croit importun, devient
315 agréable ; il rend le père et la mère plus nécessaires, plus chers l'un à l'autre ; il resserre entre eux le lien conjugal. Quand la famille est vivante et animée, les soins domestiques font la plus chère occupation de la femme et le plus doux amusement du mari. Ainsi de ce seul abus corrigé résulterait bientôt une
320 réforme générale, bientôt la nature aurait repris tous ses droits. Qu'une fois les femmes redeviennent mères, bientôt les hommes redeviendront pères et maris. [...]

Le père

Comme la véritable nourrice est la mère, le véritable précepteur est le père. Qu'ils s'accordent dans l'ordre de leurs

325 fonctions ainsi que dans leur système ; que des mains de l'une l'enfant passe dans celles de l'autre. Il sera mieux élevé par un père judicieux et borné que par le plus habile maître du monde ; car le zèle suppléera mieux au talent que le talent au zèle.

330 Mais les affaires, les fonctions, les devoirs... Ah ! les devoirs, sans doute le dernier est celui du père[*] ! Ne nous étonnons pas qu'un homme dont la femme a dédaigné de nourrir le fruit de leur union, dédaigne de l'élever. Il n'y a point de tableau plus charmant que celui de la famille ; mais 335 un seul trait manqué défigure tous les autres. Si la mère a trop peu de santé pour être nourrice, le père aura trop d'affaires pour être précepteur. Les enfants, éloignés, dispersés dans des pensions, dans des couvents, dans des collèges, porteront ailleurs l'amour de la maison paternelle, ou, pour 340 mieux dire, ils y rapporteront l'habitude de n'être attachés à rien. Les frères et les sœurs se connaîtront à peine. Quand tous seront rassemblés en cérémonie, ils pourront être fort polis entre eux ; ils se traiteront en étrangers. Sitôt qu'il n'y a plus d'intimité entre les parents, sitôt que la société de la 345 famille ne fait plus la douceur de la vie, il faut bien recourir aux mauvaises mœurs pour y suppléer. Où est l'homme assez stupide pour ne pas voir la chaîne de tout cela ?

Un père, quand il engendre et nourrit des enfants, ne fait en cela que le tiers de sa tâche. Il doit des hommes à son

---

[*] Quand on lit dans Plutarque que Caton[1] le censeur, qui gouverna Rome avec tant de gloire, éleva lui-même son fils dès le berceau, et avec un tel soin, qu'il quittait tout pour être présent quand la nourrice, c'est-à-dire la mère, le remuait et le lavait ; quand on lit dans Suétone qu'Auguste, maître du monde, qu'il avait conquis et qu'il régissait lui-même, enseignait lui-même à ses petits-fils à écrire, à nager, les éléments des sciences, et qu'il les avait sans cesse autour de lui, on ne peut s'empêcher de rire des petites bonnes gens de ce temps-là, qui s'amusaient de pareilles niaiseries ; trop bornés, sans doute, pour savoir vaquer aux grandes affaires des grands hommes de nos jours.
1. Caton l'Ancien ou le Censeur, homme d'État romain (234-149 av. J.-C.). Censeur en 184 av. J.-C., il s'efforça d'enrayer le luxe qui commençait à corrompre Rome.

350 espèce, il doit à la société des hommes sociables ; il doit des
citoyens à l'État. Tout homme qui peut payer cette triple dette
et ne le fait pas est coupable, et plus coupable peut-être quand
il la paye à demi. Celui qui ne peut remplir les devoirs de
père n'a point le droit de le devenir. Il n'y a ni pauvreté, ni
355 travaux, ni respect humain, qui le dispensent de nourrir ses
enfants et de les élever lui-même. Lecteurs, vous pouvez m'en
croire. Je prédis à quiconque a des entrailles et néglige de si
saints devoirs, qu'il versera longtemps sur sa faute des larmes
amères, et n'en sera jamais consolé[1]. [...]

Le gouverneur

360 On raisonne beaucoup sur les qualités d'un bon gouverneur[2]. La première que j'en exigerais, et celle-là seule en suppose beaucoup d'autres, c'est de n'être point un homme à
vendre. Il y a des métiers si nobles, qu'on ne peut les faire
pour de l'argent sans se montrer indigne de les faire ; tel est
365 celui de l'homme de guerre ; tel est celui de l'instituteur. Qui
donc élèvera mon enfant ? Je te l'ai déjà dit, toi-même. Je ne
le peux. Tu ne le peux ?... Fais-toi donc un ami. Je ne vois
pas d'autre ressource.

Un gouverneur ! ô quelle âme sublime !... En vérité, pour
370 faire un homme, il faut être ou père ou plus qu'homme soi-
même. Voilà la fonction que vous confiez tranquillement à
des mercenaires.

Plus on y pense, plus on aperçoit de nouvelles difficultés.
Il faudrait que le gouverneur eût été élevé pour son élève, que
375 ses domestiques eussent été élevés pour leur maître, que tous

---

1. Rousseau fait allusion à l'abandon de ses enfants, que Voltaire et les
Philosophes dénonceront. Il s'en explique longuement dans *Les Confessions* (*op.
cit.*, I, p. 344 *sqq*).
2. L'*Encyclopédie* (VII, 1757, p. 792) donne une définition du gouverneur : à
la différence du précepteur, sa fonction « n'est pas d'instruire son élève dans les
lettres ou dans les sciences. C'est former son cœur par rapport aux vertus
morales et principalement celles qui conviennent à son état ; et son esprit, par
rapport à la conduite de la vie, à la connaissance du monde et des qualités
nécessaires pour y réussir ».

ceux qui l'approchent eussent reçu les impressions qu'ils doivent lui communiquer ; il faudrait, d'éducation en éducation, remonter jusqu'on ne sait où. Comment se peut-il qu'un enfant soit bien élevé par qui n'a pas été bien élevé lui-
380 même ?

Ce rare mortel est-il introuvable ? Je l'ignore. En ces temps d'avilissement, qui sait à quel point de vertu peut atteindre encore une âme humaine ? Mais supposons ce prodige trouvé. C'est en considérant ce qu'il doit faire que nous ver-
385 rons ce qu'il doit être. Ce que je crois voir d'avance est qu'un père qui sentirait tout le prix d'un bon gouverneur prendrait le parti de s'en passer ; car il mettrait plus de peine à l'acquérir qu'à le devenir lui-même. Veut-il donc se faire un ami ? qu'il élève son fils pour l'être ; le voilà dispensé de le chercher
390 ailleurs, et la nature a déjà fait la moitié de l'ouvrage.

Quelqu'un dont je ne connais que le rang m'a fait proposer d'élever son fils. Il m'a fait beaucoup d'honneur sans doute ; mais, loin de se plaindre de mon refus, il doit se louer de ma discrétion. Si j'avais accepté son offre, et que j'eusse erré dans
395 ma méthode, c'était une éducation manquée ; si j'avais réussi, c'eût été bien pis, son fils aurait renié son titre, il n'eût plus voulu être prince.

Je suis trop pénétré de la grandeur des devoirs d'un précepteur, et je sens trop mon incapacité, pour accepter jamais
400 un pareil emploi de quelque part qu'il me soit offert ; et l'intérêt de l'amitié même ne serait pour moi qu'un nouveau motif de refus. Je crois qu'après avoir lu ce livre, peu de gens seront tentés de me faire cette offre ; et je prie ceux qui pourraient l'être, de n'en plus prendre l'inutile peine. J'ai fait
405 autrefois un suffisant essai de ce métier pour être assuré que je n'y suis pas propre, et mon état m'en dispenserait, quand mes talents m'en rendraient capable. J'ai cru devoir cette déclaration publique à ceux qui paraissent ne pas m'accorder assez d'estime pour me croire sincère et fondé dans mes
410 résolutions.

Hors d'état de remplir la tâche la plus utile, j'oserai du

moins essayer de la plus aisée : à l'exemple de tant d'autres, je ne mettrai point la main à l'œuvre, mais à la plume ; et au lieu de faire ce qu'il faut, je m'efforcerai de le dire.

415 Je sais que, dans les entreprises pareilles à celle-ci, l'auteur, toujours à son aise dans des systèmes qu'il est dispensé de mettre en pratique, donne sans peine beaucoup de beaux préceptes impossibles à suivre, et que, faute de détails et d'exemples, ce qu'il dit même de praticable reste sans usage

420 quand il n'en a pas montré l'application.

Émile, un élève imaginaire

J'ai donc pris le parti de me donner un élève imaginaire, de me supposer l'âge, la santé, les connaissances et tous les talents convenables pour travailler à son éducation, de la conduire depuis le moment de sa naissance jusqu'à celui où,

425 devenu homme fait, il n'aura plus besoin d'autre guide que lui-même. Cette méthode me paraît utile pour empêcher un auteur qui se défie de lui de s'égarer dans des visions ; car, dès qu'il s'écarte de la pratique ordinaire, il n'a qu'à faire l'épreuve de la sienne sur son élève, il sentira bientôt, ou le

430 lecteur sentira pour lui, s'il suit le progrès de l'enfance et la marche naturelle au cœur humain.

Voilà ce que j'ai tâché de faire dans toutes les difficultés qui se sont présentées. Pour ne pas grossir inutilement le livre, je me suis contenté de poser les principes dont chacun devait

435 sentir la vérité. Mais quant aux règles qui pouvaient avoir besoin de preuves, je les ai toutes appliquées à mon Émile ou à d'autres exemples, et j'ai fait voir dans des détails très étendus comment ce que j'établissais pouvait être pratiqué ; tel est du moins le plan que je me suis proposé de suivre. C'est

440 au lecteur à juger si j'ai réussi.

Il est arrivé de là que j'ai d'abord peu parlé d'Émile, parce que mes premières maximes d'éducation, bien que contraires à celles qui sont établies, sont d'une évidence à laquelle il est difficile à tout homme raisonnable de refuser son consente-

445 ment. Mais à mesure que j'avance, mon élève, autrement

conduit que les vôtres, n'est plus un enfant ordinaire ; il faut un régime exprès pour lui. Alors il paraît plus fréquemment sur la scène, et vers les derniers temps je ne le perds plus un moment de vue, jusqu'à ce que, quoi qu'il en dise, il n'ait
450 plus le moindre besoin de moi.

Je ne parle point ici des qualités d'un bon gouverneur ; je les suppose, et je me suppose moi-même doué de toutes ces qualités. En lisant cet ouvrage, on verra de quelle libéralité j'use envers moi.

455 Je remarquerai seulement, contre l'opinion commune, que le gouverneur d'un enfant doit être jeune, et même aussi jeune que peut l'être un homme sage. Je voudrais qu'il fût lui-même enfant, s'il était possible, qu'il pût devenir le compagnon de son élève, et s'attirer sa confiance en partageant ses amuse-
460 ments. Il n'y a pas assez de choses communes entre l'enfance et l'âge mûr pour qu'il se forme jamais un attachement bien solide à cette distance. Les enfants flattent quelquefois les vieillards, mais ils ne les aiment jamais.

On voudrait que le gouverneur eût déjà fait une éducation.
465 C'est trop ; un même homme n'en peut faire qu'une : s'il en fallait deux pour réussir, de quel droit entreprendrait-on la première ?

Avec plus d'expérience on saurait mieux faire, mais on ne le pourrait plus. Quiconque a rempli cet état une fois assez
470 bien pour en sentir toutes les peines, ne tente point de s'y rengager ; et s'il l'a mal rempli la première fois, c'est un mauvais préjugé pour la seconde[1].

Il est fort différent, j'en conviens, de suivre un jeune homme durant quatre ans, ou de le conduire durant vingt-
475 cinq. Vous donnez un gouverneur à votre fils déjà tout formé ; moi, je veux qu'il en ait un avant que de naître. Votre homme à chaque lustre peut changer d'élève ; le mien n'en

---

1. Rousseau fait sans doute allusion à ses expériences de précepteur, en 1731, à Paris ; en 1740-1741, à Lyon chez M. de Mably. Rappelons qu'il a donné aussi des leçons de violon, à Chambéry notamment.

aura jamais qu'un. Vous distinguez le précepteur du gouverneur : autre folie ! Distinguez-vous le disciple de l'élève ? Il
480 n'y a qu'une science à enseigner aux enfants : c'est celle des
devoirs de l'homme. Cette science est une ; et quoi qu'ait dit
Xénophon[1] de l'éducation des Perses, elle ne se partage pas.
Au reste, j'appelle plutôt gouverneur que précepteur le maître
de cette science, parce qu'il s'agit moins pour lui d'instruire
485 que de conduire. Il ne doit point donner de préceptes, il doit
les faire trouver. [...] En naissant, l'enfant est déjà disciple,
non du gouverneur, mais de la nature. Le gouverneur ne fait
qu'étudier sous ce premier maître et empêcher que ses soins
ne soient contrariés. Il veille le nourrisson, il l'observe, il le
490 suit, il épie avec vigilance la première lueur de son faible
entendement, comme, aux approches du premier quartier, les
musulmans épient l'instant du lever de la lune.

[Rousseau définit alors le cadre de cette première éducation
qui commence à la naissance : le choix de la nourrice, la vie
495 *à la campagne, la liberté de ses mouvements (pas de maillot),*
il en vient à décrire la naissance de l'entendement.]

LA PREMIÈRE ÉDUCATION

La naissance de l'entendement
et de la conscience morale

Nous naissons capables d'apprendre, mais ne sachant rien,
ne connaissant rien. L'âme, enchaînée dans des organes
imparfaits et demi-formés, n'a pas même le sentiment de sa
500 propre existence. Les mouvements, les cris de l'enfant qui
vient de naître, sont des effets purement mécaniques, dépourvus de connaissance et de volonté.

Supposons qu'un enfant eût à sa naissance la stature et la

---

1. **Xénophon** : historien, philosophe et général athénien (427-355 av. J.-C.). Il
fut l'un des élèves de Socrate.

force d'un homme fait, qu'il sortît, pour ainsi dire, tout armé
505 du sein de sa mère, comme Pallas sortit du cerveau de Jupiter ; cet homme-enfant serait un parfait imbécile, un automate, une statue immobile et presque insensible : il ne verrait
rien, il n'entendrait rien, il ne connaîtrait personne, il ne saurait pas tourner les yeux vers ce qu'il aurait besoin de voir ;
510 non seulement il n'apercevrait aucun objet hors de lui, il n'en
rapporterait même aucun dans l'organe du sens qui le lui
ferait apercevoir ; les couleurs ne seraient point dans ses yeux,
les sons ne seraient point dans ses oreilles, les corps qu'il
toucherait ne seraient point sur le sien, il ne saurait pas même
515 qu'il en a un ; le contact de ses mains serait dans son cerveau ; toutes ses sensations se réuniraient dans un seul point ;
il n'existerait que dans le commun *sensorium*[1] ; il n'aurait
qu'une seule idée, savoir celle du *moi*, à laquelle il rapporterait toutes ses sensations ; et cette idée ou plutôt ce senti-
520 ment, serait la seule chose qu'il aurait de plus qu'un enfant
ordinaire.

Cet homme, formé tout à coup, ne saurait pas non plus se
redresser sur ses pieds ; il lui faudrait beaucoup de temps
pour apprendre à s'y soutenir en équilibre ; peut-être n'en
525 ferait-il pas même l'essai, et vous verriez ce grand corps, fort
et robuste, rester en place comme une pierre, ou ramper et
se traîner comme un jeune chien.

Il sentirait le malaise des besoins sans les connaître, et sans
imaginer aucun moyen d'y pouvoir. Il n'y a nulle immédiate
530 communication entre les muscles de l'estomac et ceux des
bras et des jambes, qui, même entouré d'aliments, lui fît faire
un pas pour en approcher ou étendre la main pour les saisir ;
et, comme son corps aurait pris son accroissement, que ses
membres seraient tout développés, qu'il n'aurait par consé-
535 quent ni les inquiétudes ni les mouvements continuels des
enfants, il pourrait mourir de faim avant de s'être mû pour

---

1. *Sensorium :* centre commun des sensations (système nerveux, cerveau, etc.).

chercher sa subsistance. Pour peu qu'on ait réfléchi sur l'ordre et le progrès de nos connaissances, on ne peut nier que tel ne fût à peu près l'état primitif d'ignorance et de 540 stupidité naturel à l'homme avant qu'il eût rien appris de l'expérience ou de ses semblables.

On connaît donc, ou l'on peut connaître le premier point d'où part chacun de nous pour arriver au degré commun de l'entendement ; mais qui est-ce qui connaît l'autre extrémité ? 545 Chacun avance plus ou moins selon son génie, son goût, ses besoins, ses talents, son zèle, et les occasions qu'il a de s'y livrer. Je ne sache pas qu'aucun philosophe ait encore été assez hardi pour dire : Voilà le terme où l'homme peut parvenir et qu'il ne saurait passer. Nous ignorons ce que notre 550 nature nous permet d'être ; nul de nous n'a mesuré la distance qui peut se trouver entre un homme et un autre homme. Quelle est l'âme basse que cette idée n'échauffa jamais, et qui ne se dit pas quelquefois dans son orgueil : Combien j'en ai déjà passé ! combien j'en puis encore atteindre ! pourquoi 555 mon égal irait-il plus loin que moi ?

Je le répète, l'éducation de l'homme commence à sa naissance ; avant de parler, avant que d'entendre, il s'instruit déjà. L'expérience prévient les leçons ; au moment qu'il connaît sa nourrice, il a déjà beaucoup acquis. On serait sur- 560 pris des connaissances de l'homme le plus grossier, si l'on suivait son progrès depuis le moment où il est né jusqu'à celui où il est parvenu. Si l'on partageait toute la science humaine en deux parties, l'une commune à tous les hommes, l'autre particulière aux savants, celle-ci serait très petite en compa- 565 raison de l'autre. Mais nous ne songeons guère aux acquisitions générales, parce qu'elles se font sans qu'on y pense et même avant l'âge de raison ; que d'ailleurs le savoir ne se fait remarquer que par ses différences, et que, comme dans les équations d'algèbre, les quantités communes se comptent 570 pour rien. [...]

Les premières sensations des enfants sont purement affectives ; ils n'aperçoivent que le plaisir et la douleur. Ne pou-

vant ni marcher ni saisir, ils ont besoin de beaucoup de temps
pour se former peu à peu les sensations représentatives qui
575 leur montrent les objets hors d'eux-mêmes ; mais, en attendant que ces objets s'étendent, s'éloignent pour ainsi dire de
leurs yeux, et prennent pour eux des dimensions et des
figures, le retour des sensations affectives commence à les
soumettre à l'empire de l'habitude ; on voit leurs yeux se
580 tourner sans cesse vers la lumière, et, si elle leur vient de côté,
prendre insensiblement cette direction ; en sorte qu'on doit
avoir soin de leur opposer le visage au jour, de peur qu'ils
ne deviennent louches ou ne s'accoutument à regarder de travers. Il faut aussi qu'ils s'habituent de bonne heure aux
585 ténèbres ; autrement ils pleurent et crient sitôt qu'ils se
trouvent à l'obscurité. La nourriture et le sommeil, trop exactement mesurés, leur deviennent nécessaires au bout des
mêmes intervalles ; et bientôt le désir ne vient plus du besoin
mais de l'habitude, ou plutôt l'habitude ajoute un nouveau
590 besoin à celui de la nature : voilà ce qu'il faut prévenir.

La seule habitude qu'on doit laisser prendre à l'enfant est
de n'en contracter aucune ; qu'on ne le porte pas plus sur un
bras que sur l'autre ; qu'on ne l'accoutume pas à présenter
une main plutôt que l'autre, à s'en servir plus souvent, à
595 vouloir manger, dormir, agir aux mêmes heures, à ne pouvoir
rester seul ni nuit ni jour. Préparez de loin le règne de sa
liberté et l'usage de ses forces, en laissant à son corps l'habitude naturelle, en le mettant en état d'être toujours maître
de lui-même, et de faire en toute chose sa volonté, sitôt qu'il
600 en aura une.

Dès que l'enfant commence à distinguer les objets, il
importe de mettre du choix dans ceux qu'on lui montre.
Naturellement tous les nouveaux objets intéressent l'homme.
Il se sent si faible qu'il craint tout ce qu'il ne connaît pas :
605 l'habitude de voir des objets nouveaux sans en être affecté
détruit cette crainte. Les enfants élevés dans des maisons
propres, où l'on ne souffre point d'araignées, ont peur des

araignées et cette peur leur demeure souvent étant grands. Je n'ai jamais vu de paysans, ni homme, ni femme, ni enfant, 610 avoir peur des araignées.

Pourquoi donc l'éducation d'un enfant ne commencerait-elle pas avant qu'il parle et qu'il entende, puisque le seul choix des objets qu'on lui présente est propre à le rendre timide ou courageux ? Je veux qu'on l'habitue à voir des 615 objets nouveaux, des animaux laids, dégoûtants, bizarres, mais peu à peu, de loin, jusqu'à ce qu'il y soit accoutumé, et qu'à force de les voir manier à d'autres, il les manie enfin lui-même. Si, durant son enfance, il a vu sans effroi des crapauds, des serpents, des écrevisses, il verra sans horreur, étant grand, 620 quelque animal que ce soit. Il n'y a plus d'objets affreux pour qui en voit tous les jours. [...]

[Habituer l'enfant à vaincre sa peur (l'accoutumer à un masque, à une arme à feu, au tonnerre).]

Dans le commencement de la vie, où la mémoire et l'ima-625 gination sont encore inactives, l'enfant n'est attentif qu'à ce qui affecte actuellement ses sens ; ses sensations étant les premiers matériaux de ses connaissances, les lui offrir dans un ordre convenable, c'est préparer sa mémoire à les fournir un jour dans le même ordre à son entendement ; mais, comme 630 il n'est attentif qu'à ses sensations, il suffit d'abord de lui montrer bien distinctement la liaison de ces mêmes sensations avec les objets qui les causent. Il veut tout toucher, tout manier : ne vous opposez point à cette inquiétude ; elle lui suggère un apprentissage très nécessaire. C'est ainsi qu'il 635 apprend à sentir la chaleur, le froid, la dureté, la mollesse, la pesanteur, la légèreté des corps, à juger de leur grandeur, de leur figure, et de toutes leurs qualités sensibles, en regardant, palpant *, écoutant, surtout en comparant la vue au toucher, en estimant à l'œil la sensation qu'ils feraient sous ses doigts.

640 Ce n'est que par le mouvement que nous apprenons qu'il y a des choses qui ne sont pas nous ; et ce n'est que par notre propre mouvement que nous acquérons l'idée de l'étendue. C'est parce que l'enfant n'a point cette idée, qu'il tend indifféremment la main pour saisir l'objet qui le touche, ou l'objet 645 qui est à cent pas de lui. Cet effort qu'il fait vous paraît un signe d'empire, un ordre qu'il donne à l'objet de s'approcher, ou à vous de le lui apporter ; et point du tout, c'est seulement que les mêmes objets qu'il voyait d'abord dans son cerveau, puis sur ses yeux, il les voit maintenant au bout de ses bras, 650 et n'imagine d'étendue que celle où il peut atteindre. Ayez donc soin de le promener souvent, de le transporter d'une place à l'autre, de lui faire sentir le changement de lieu, afin de lui apprendre à juger des distances. Quand il commencera de les connaître, alors il faut changer de méthode, et ne le 655 porter que comme il vous plaît, et non comme il lui plaît ; car sitôt qu'il n'est plus abusé par le sens, son effort change de cause : ce changement est remarquable, et demande explication. [...]

[Rousseau montre que le jeune enfant n'a pas encore les 660 notions du bien et du mal. Toute l'éducation consiste alors à éviter qu'il ne prenne de mauvaises habitudes en écoutant ses pleurs (« premier rapport de l'homme à tout ce qui l'environne »), en étant indulgent pour ses emportements : « La raison seule nous apprend à connaître le bien et le mal. La 665 conscience qui nous fait aimer l'un et haïr l'autre, quoique indépendante de la raison, ne peut donc se développer sans elle. Avant l'âge de raison, nous faisons le bien et le mal sans

---

* L'odorat est de tous les sens celui qui se développe le plus tard dans les enfants : jusqu'à l'âge de deux ou trois ans il ne paraît pas qu'ils soient sensibles ni aux bonnes ni aux mauvaises odeurs ; ils ont à cet égard l'indifférence ou plutôt l'insensibilité qu'on remarque dans plusieurs animaux.

le connaître ; et il n'y a point de moralité dans nos actions... »
Heureusement l'Auteur de la nature laisse aux enfants peu de
670 *force pour se livrer au « principe actif » qui les meut.]*

En même temps que l'Auteur de la nature donne aux enfants ce principe actif[1], il prend soin qu'il soit peu nuisible, en leur laissant peu de force pour s'y livrer. Mais sitôt qu'ils peuvent considérer les gens qui les environnent comme des
675 instruments qu'il dépend d'eux de faire agir, ils s'en servent pour suivre leur penchant et suppléer à leur propre faiblesse. Voilà comment ils deviennent incommodes, tyrans, impérieux, méchants, indomptables ; progrès qui ne vient pas d'un esprit naturel de domination, mais qui le leur donne ; car il
680 ne faut pas une longue expérience pour sentir combien il est agréable d'agir par les mains d'autrui, et de n'avoir besoin que de remuer la langue pour faire mouvoir l'univers.

La méthode

En grandissant, on acquiert des forces, on devient moins inquiet, moins remuant, on se renferme davantage en soi-
685 même. L'âme et le corps se mettent, pour ainsi dire, en équilibre, et la nature ne nous demande plus que le mouvement nécessaire à notre conservation. Mais le désir de commander ne s'éteint pas avec le besoin qui l'a fait naître ; l'empire éveille et flatte l'amour-propre, et l'habitude le fortifie : ainsi
690 succède la fantaisie au besoin, ainsi prennent leurs premières racines les préjugés de l'opinion.

---

1. Ce « principe actif » qui meut le développement physique et mental de l'enfant est repris par les médecins vitalistes du siècle des Lumières. Dans son introduction aux *Nouveaux éléments de la science de l'homme*, en 1778, Joseph Barthez, médecin de l'école de Montpellier, appelle « principe vital » la cause qui produit tous les phénomènes de la vie ; il ajoute que ce « principe vital » unit intimement le développement physique et mental de l'enfant. Dans ce chapitre 14, il rend compte des modifications que ce « principe vital » impose dans les différents âges de la vie ; il attribue aux forces vitales l'activité du développement des organes et de la pensée (voir G. Py, *Rousseau et les éducateurs*, p. 258, p. 288-291).

Le principe une fois connu, nous voyons clairement le point où l'on quitte la route de la nature ; voyons ce qu'il faut faire pour s'y maintenir.

695 Loin d'avoir des forces superflues, les enfants n'en ont pas même de suffisantes pour tout ce que leur demande la nature ; il faut donc leur laisser l'usage de toutes celles qu'elle leur donne et dont ils ne sauraient abuser. Première maxime.

Il faut les aider et suppléer à ce qui leur manque, soit en
700 intelligence, soit en force, dans tout ce qui est du besoin physique. Deuxième maxime.

Il faut, dans le secours qu'on leur donne, se borner uniquement à l'utile réel, sans rien accorder à la fantaisie ou au désir sans raison ; car la fantaisie ne les tourmentera point
705 quand on ne l'aura pas fait naître, attendu qu'elle n'est pas de la nature. Troisième maxime.

Il faut étudier avec soin leur langage et leurs signes, afin que, dans un âge où ils ne savent point dissimuler, on distingue dans leurs désirs ce qui vient immédiatement de la
710 nature et ce qui vient de l'opinion. Quatrième maxime.

L'esprit de ces règles est d'accorder aux enfants plus de liberté véritable et moins d'empire, de leur laisser plus faire par eux-mêmes et moins exiger d'autrui. Ainsi, s'accoutumant de bonne heure à borner leurs désirs à leurs forces, ils senti-
715 ront peu la privation de ce qui ne sera pas en leur pouvoir.

Voilà donc une raison nouvelle et très importante pour laisser les corps et les membres des enfants absolument libres, avec la seule précaution de les éloigner du danger des chutes, et d'écarter de leurs mains tout ce qui peut les blesser.

720 Infailliblement un enfant dont le corps et les bras sont libres pleurera moins qu'un enfant embandé dans un maillot. Celui qui ne connaît que les besoins physiques ne pleure que quand il souffre, et c'est un très grand avantage ; car alors on sait à point nommé quand il a besoin de secours, et l'on ne doit pas
725 tarder un moment à le lui donner, s'il est possible. Mais si vous ne pouvez le soulager, restez tranquille, sans le flatter pour l'apaiser ; vos caresses ne guériront pas sa colique.

Cependant il se souviendra de ce qu'il faut faire pour être flatté ; et s'il sait une fois vous occuper de lui à sa volonté, le
730 voilà devenu votre maître : tout est perdu.

Moins contrariés dans leurs mouvements, les enfants pleureront moins ; moins importuné de leurs pleurs, on se tourmentera moins pour les faire taire ; menacés ou flattés moins souvent, ils seront moins craintifs ou moins opiniâtres, et res-
735 teront mieux dans leur état naturel. C'est moins en laissant pleurer les enfants qu'en s'empressant pour les apaiser, qu'on leur fait gagner des descentes ; et ma preuve est que les enfants les plus négligés y sont bien moins sujets que les autres. Je suis fort éloigné de vouloir pour cela qu'on les
740 néglige ; au contraire, il importe qu'on les prévienne, et qu'on ne se laisse pas avertir de leurs besoins par leurs cris. Mais je ne veux pas non plus que les soins qu'on leur rend soient mal entendus. Pourquoi se feraient-ils faute de pleurer dès qu'ils voient que leurs pleurs sont bons à tant de choses ? Instruits
745 du prix qu'on met à leur silence, ils se gardent bien de le prodiguer. Ils le font à la fin tellement valoir qu'on ne peut plus le payer ; et c'est alors qu'à force de pleurer sans succès ils s'efforcent, s'épuisent, et se tuent.

Les longs pleurs d'un enfant qui n'est ni lié ni malade, et
750 qu'on ne laisse manquer de rien, ne sont que des pleurs d'habitude et d'obstination. Ils ne sont point l'ouvrage de la nature, mais de la nourrice, qui, pour n'en savoir endurer l'importunité, la multiplie, sans songer qu'en faisant taire l'enfant aujourd'hui on l'excite à pleurer demain davantage.
755 Le seul moyen de guérir ou de prévenir cette habitude est de n'y faire aucune attention. Personne n'aime à prendre une peine inutile, pas même les enfants. Ils sont obstinés dans leurs tentatives ; mais si vous avez plus de constance qu'eux d'opiniâtreté, ils se rebutent et n'y reviennent plus. C'est ainsi
760 qu'on leur épargne des pleurs et qu'on les accoutume à n'en verser que quand la douleur les y force.

Au reste, quand ils pleurent par fantaisie ou par obstination, un moyen sûr pour les empêcher de continuer est de les

distraire par quelque objet agréable et frappant qui leur fasse
765 oublier qu'ils voulaient pleurer. La plupart des nourrices
excellent dans cet art, et, bien ménagé, il est très utile ; mais
il est de la dernière importance que l'enfant n'aperçoive pas
l'intention de le distraire, et qu'il s'amuse sans croire qu'on
songe à lui : or voilà sur quoi toutes les nourrices sont
770 maladroites. [...]

*[La nourriture doit être adaptée au développement de
l'enfant (pas de bouillie, mais des fruits secs).]*

Les enfants entendent parler dès leur naissance ; on leur
parle non seulement avant qu'ils comprennent ce qu'on leur
775 dit, mais avant qu'ils puissent rendre les voix qu'ils entendent.
Leur organe encore engourdi ne se prête que peu à peu aux
imitations des sons qu'on leur dicte, et il n'est pas même
assuré que ces sons se portent d'abord à leur oreille aussi
distinctement qu'à la nôtre. Je ne désapprouve pas que la
780 nourrice amuse l'enfant par des chants et des accents très gais
et très variés ; mais je désapprouve qu'elle l'étourdisse incessamment d'une multitude de paroles inutiles auxquelles il ne
comprend rien que le ton qu'elle y met. Je voudrais que les
premières articulations qu'on lui fait entendre fussent rares,
785 faciles, distinctes, souvent répétées et que les mots qu'elles
expriment ne se rapportassent qu'à des objets sensibles qu'on
pût d'abord montrer à l'enfant. La malheureuse facilité que
nous avons à nous payer de mots que nous n'entendons point
commence plus tôt qu'on ne pense. L'écolier écoute en classe
790 le verbiage de son régent[1], comme il écoutait au maillot le
babil de sa nourrice. Il me semble que ce serait l'instruire fort
utilement que de l'élever à n'y rien comprendre.
Les réflexions naissent en foule quand on veut s'occuper de
la formation du langage et des premiers discours des enfants.

---

1. **Régent :** professeur dans un collège (régent de philosophie, de rhétorique,
etc.).

795 Quoi qu'on fasse, ils apprendront toujours à parler de la même manière, et toutes les spéculations philosophiques sont ici de la plus grande inutilité.

D'abord ils ont, pour ainsi dire, une grammaire de leur âge, dont la syntaxe a des règles plus générales que la nôtre ; et si 800 l'on y faisait bien attention, l'on serait étonné de l'exactitude avec laquelle ils suivent certaines analogies, très vicieuses si l'on veut, mais très régulières, et qui ne sont choquantes que par leur dureté ou parce que l'usage ne les admet pas. Je viens d'entendre un pauvre enfant bien grondé par son père pour 805 lui avoir dit : *Mon père irai-je-t-y ?* Or on voit que cet enfant suivait mieux l'analogie que nos grammairiens, car puisqu'on lui disait *Va-s-y,* pourquoi n'aurait-il pas dit *Irai-je-t-y ?* Remarquez de plus avec quelle adresse il évitait l'hiatus de *irai-je-y* ou *y irai-je ?* Est-ce la faute du pauvre enfant si nous 810 avons mal à propos ôté de la phrase cet adverbe déterminant *y,* parce que nous n'en savions que faire ? C'est une pédanterie insupportable et un soin des plus superflus de s'attacher à corriger dans les enfants toutes ces petites fautes contre l'usage, desquelles ils ne manquent jamais de se corriger 815 d'eux-mêmes avec le temps. Parlez toujours correctement devant eux, faites qu'ils ne se plaisent avec personne autant qu'avec vous, et soyez sûrs qu'insensiblement leur langage s'épurera sur le vôtre sans que vous les ayez jamais repris.

Mais un abus de tout autre importance, et qu'il n'est pas 820 moins aisé de prévenir, est qu'on se presse trop de les faire parler, comme si l'on avait peur qu'ils n'apprissent pas à parler d'eux-mêmes. Cet empressement indiscret produit un effet directement contraire à celui qu'on cherche. Ils en parlent plus tard, plus confusément : l'extrême attention qu'on donne à 825 tout ce qu'ils disent les dispense de bien articuler ; et comme ils daignent à peine ouvrir la bouche, plusieurs d'entre eux en conservent toute leur vie un vice de prononciation et un parler confus qui les rend presque inintelligibles.

J'ai beaucoup vécu parmi les paysans, et n'en ai ouï jamais

830 grasseyer[1] aucun, ni homme, ni femme, ni fille, ni garçon. D'où vient cela ? Les organes des paysans sont-ils autrement construits que les nôtres ? Non, mais ils sont autrement exercés. Vis-à-vis de ma fenêtre est un tertre sur lequel se rassemblent, pour jouer, les enfants du lieu. Quoiqu'ils soient
835 assez éloignés de moi, je distingue parfaitement tout ce qu'ils disent, et j'en tire souvent de bons mémoires pour cet écrit. Tous les jours mon oreille me trompe sur leur âge ; j'entends des voix d'enfants de dix ans ; je regarde, je vois la stature et les traits d'enfants de trois à quatre. Je ne borne pas à moi
840 seul cette expérience ; les urbains qui me viennent voir, et que je consulte là-dessus, tombent tous dans la même erreur.

Ce qui la produit est que, jusqu'à cinq ou six ans, les enfants des villes, élevés dans la chambre et sous l'aile d'une gouvernante, n'ont besoin que de marmotter pour se faire
845 entendre : sitôt qu'ils remuent les lèvres on prend peine à les écouter ; on leur dicte des mots qu'ils rendent mal, et, à force d'y faire attention, les mêmes gens étant sans cesse autour d'eux devinent ce qu'ils ont voulu dire, plutôt que ce qu'ils ont dit.

850 À la campagne, c'est tout autre chose. Une paysanne n'est pas sans cesse autour de son enfant ; il est forcé d'apprendre à dire très nettement et très haut ce qu'il a besoin de lui faire entendre. Aux champs, les enfants épars, éloignés du père, de la mère et des autres enfants, s'exercent à se faire entendre à
855 distance, et à mesurer la force de la voix sur l'intervalle qui les sépare de ceux dont ils veulent être entendus. Voilà comment on apprend véritablement à prononcer, et non pas en bégayant quelques voyelles à l'oreille d'une gouvernante attentive. Aussi, quand on interroge l'enfant d'un paysan, la
860 honte peut l'empêcher de répondre ; mais ce qu'il dit, il le dit nettement ; au lieu qu'il faut que la bonne serve d'interprète

---

1. **Grasseyer** : prononcer les *r* d'une façon affectée, par une sorte de roulement de la gorge.

à l'enfant de la ville ; sans quoi l'on n'entend rien à ce qu'il grommelle entre ses dents.

En grandissant, les garçons devraient se corriger de ce 865 défaut dans les collèges, et les filles dans les couvents ; en effet, les uns et les autres parlent en général plus distinctement que ceux qui ont été toujours élevés dans la maison paternelle. Mais ce qui les empêche d'acquérir jamais une prononciation aussi nette que celle des paysans, c'est la nécessité d'apprendre 870 par cœur beaucoup de choses, et de réciter tout haut ce qu'ils ont appris ; car, en étudiant, ils s'habituent à barbouiller, à prononcer négligemment et mal ; en récitant, c'est pis encore ; ils recherchent leurs mots avec effort, ils traînent et allongent leurs syllabes ; il n'est pas possible que, quand la mémoire 875 vacille, la langue ne balbutie aussi. Ainsi se contractent ou se conservent les vices de la prononciation. On verra ci-après que mon Émile n'aura pas ceux-là, ou du moins qu'il ne les aura pas contractés par les mêmes causes.

Je conviens que le peuple et les villageois tombent dans une 880 autre extrémité, qu'ils parlent presque toujours plus haut qu'il ne faut, qu'en prononçant trop exactement, ils ont les articulations fortes et rudes, qu'ils ont trop d'accent, qu'ils choisissent mal leurs termes, etc.

Mais, premièrement, cette extrémité me paraît beaucoup 885 moins vicieuse que l'autre, attendu que la première loi du discours étant de se faire entendre, la plus grande faute qu'on puisse faire est de parler sans être entendu. Se piquer de n'avoir point d'accent, c'est se piquer d'ôter aux phrases leur grâce et leur énergie. L'accent est l'âme du discours, il lui 890 donne le sentiment et la vérité. L'accent ment moins que la parole ; c'est peut-être pour cela que les gens bien élevés le craignent tant. C'est de l'usage de tout dire sur le même ton qu'est venu celui de persifler les gens sans qu'ils le sentent. À l'accent proscrit succèdent des manières de prononcer ridi-895 cules, affectées, et sujettes à la mode, telles qu'on les remarque surtout dans les jeunes gens de la cour. Cette affectation de parole et de maintien est ce qui rend généralement l'abord du

Français repoussant et désagréable aux autres nations. Au lieu de mettre de l'accent dans son parler, il y met de l'air.
900 Ce n'est pas le moyen de prévenir en sa faveur.

Tous ces petits défauts de langage qu'on craint tant de laisser contracter aux enfants ne sont rien ; on les prévient ou on les corrige avec la plus grande facilité ; mais ceux qu'on leur fait contracter en rendant leur parler sourd, confus, timide,
905 en critiquant incessamment leur ton, en épluchant tous leurs mots, ne se corrigent jamais. Un homme qui n'apprit à parler que dans les ruelles se fera mal entendre à la tête d'un bataillon, et n'en imposera guère au peuple dans une émeute. Enseignez premièrement aux enfants à parler aux hommes, ils sau-
910 ront bien parler aux femmes quand il faudra.

Nourris à la campagne dans toute la rusticité champêtre, vos enfants y prendront une voix plus sonore ; ils n'y contracteront point le confus bégayement des enfants de la ville ; ils n'y contracteront pas non plus les expressions ni le ton du
915 village, ou du moins ils les perdront aisément, lorsque le maître, vivant avec eux dès leur naissance, et y vivant de jour en jour plus exclusivement, préviendra ou effacera, par la correction de son langage, l'impression du langage des paysans. Émile parlera un français tout aussi pur que je peux le savoir,
920 mais il le parlera plus distinctement, et l'articulera beaucoup mieux que moi.

L'enfant qui veut parler ne doit écouter que les mots qu'il peut entendre, ne dire que ceux qu'il peut articuler. Les efforts qu'il fait pour cela le portent à redoubler la même syllabe,
925 comme pour s'exercer à la prononcer plus distinctement. Quand il commence à balbutier, ne vous tourmentez pas si fort à deviner ce qu'il dit. Prétendre être toujours écouté est encore une sorte d'empire, et l'enfant n'en doit exercer aucun. Qu'il vous suffise de pourvoir très attentivement au néces-
930 saire ; c'est à lui de tâcher de vous faire entendre ce qui ne l'est pas. Bien moins encore faut-il se hâter d'exiger qu'il parle ; il saura bien parler de lui-même à mesure qu'il en sentira l'utilité.

On remarque, il est vrai, que ceux qui commencent à parler
935 fort tard ne parlent jamais si distinctement que les autres ;
mais ce n'est pas parce qu'ils ont parlé tard que l'organe reste
embarrassé, c'est au contraire parce qu'ils sont nés avec un
organe embarrassé qu'ils commencent tard à parler ; car, sans
cela, pourquoi parleraient-ils plus tard que les autres ? Ont-
940 ils moins l'occasion de parler et les y excite-t-on moins ? Au
contraire, l'inquiétude que donne ce retard, aussitôt qu'on
s'en aperçoit, fait qu'on se tourmente beaucoup plus à les
faire balbutier que ceux qui ont articulé de meilleure heure ;
et cet empressement mal entendu peut contribuer beaucoup
945 à rendre confus leur parler, qu'avec moins de précipitation ils
auraient eu le temps de perfectionner davantage.

Les enfants qu'on presse trop de parler n'ont le temps ni
d'apprendre à bien prononcer, ni de bien concevoir ce qu'on
leur fait dire : au lieu que, quand on les laisse aller d'eux-
950 mêmes, ils s'exercent d'abord aux syllabes les plus faciles à
prononcer ; et y joignant peu à peu quelque signification
qu'on entend par leurs gestes, ils vous donnent leurs mots
avant de recevoir les vôtres : cela fait qu'ils ne reçoivent ceux-
ci qu'après les avoir entendus. N'étant point pressés de s'en
955 servir, ils commencent par bien observer quel sens vous leur
donnez ; et quand ils s'en sont assurés, ils les adoptent.

Le plus grand mal de la précipitation avec laquelle on fait
parler les enfants avant l'âge, n'est pas que les premiers discours qu'on leur tient et les premiers mots qu'il disent n'aient
960 aucun sens pour eux, mais qu'ils aient un autre sens que le
nôtre, sans que nous sachions nous en apercevoir ; en sorte
que, paraissant nous répondre fort exactement, ils nous
parlent sans nous entendre et sans que nous les entendions.
C'est pour l'ordinaire à de pareilles équivoques qu'est due la
965 surprise où nous jettent quelquefois leurs propos, auxquels
nous prêtons des idées qu'ils n'y ont point jointes. Cette inat-
tention de notre part au véritable sens que les mots ont pour
les enfants, me paraît être la cause de leurs premières erreurs ;
et ces erreurs, même après qu'ils en sont guéris, influent sur

970 leur tour d'esprit pour le reste de leur vie. J'aurai plus d'une occasion dans la suite d'éclaircir ceci par des exemples.

Resserrez donc le plus qu'il est possible le vocabulaire de l'enfant. C'est un très grand inconvénient qu'il ait plus de mots que d'idées, et qu'il sache dire plus de choses qu'il n'en 975 peut penser. Je crois qu'une des raisons pourquoi les paysans ont généralement l'esprit plus juste que les gens de la ville, est que leur dictionnaire est moins étendu. Ils ont peu d'idées, mais ils les comparent très bien.

Les premiers développements de l'enfance se font presque 980 tous à la fois. L'enfant apprend à parler, à manger, à marcher à peu près dans le même temps. C'est ici proprement la première époque de sa vie. Auparavant il n'est rien de plus que ce qu'il était dans le sein de sa mère ; il n'a nul sentiment, nulle idée ; à peine a-t-il des sensations ; il ne sent pas même 985 sa propre existence :

Vivit, et est vitæ nescius ipse suæ. « Il vit et n'a pas conscience de sa propre vie » (Ovide).

LES PRINCIPES DE L'ÉDUCATION NATURELLE (p. 47, l. 1 à p. 55, l. 245)

REPÈRES

• Qu'attend-on d'un incipit ? En quoi les premières pages de l'*Émile* annoncent-elles les thèmes et le ton de l'ouvrage ?
• Rousseau a le sens de la formule ; relevez-en cinq.

OBSERVATION

• Quel rapport Rousseau établit-il entre la nature et l'éducation ?
• Quelles sont les différentes sources de l'éducation ? Quels rapports y a-t-il entre elles ?
• Quel est le rôle de la mère ?
• Relevez les termes qui caractérisent le nouveau-né.
• Relevez les phrases qui caractérisent l'éducation. Commentez-les.
• Quelles sont les différentes formes de l'éducation ?
• Quelles sont les finalités de l'éducation ?

INTERPRÉTATIONS

• Résumez l'argumentation développée dans cet extrait.
• Dégagez les principes de l'éducation naturelle telle qu'elle est présentée.

LES ACTEURS DE L'ÉDUCATION NATURELLE (p. 55, l. 255 à p. 63, l. 492)

REPÈRES

• Quelle est la place attribuée à chaque éducateur ?
• À quel moment apparaît Émile ? Situez-le dans le texte.

OBSERVATION

• Quelle est l'argumentation développée par Rousseau concernant le lait maternel ?
• Quelles sont les conséquences d'un recours à la nourrice ?
• Quel est le rôle de la femme dans l'évolution de l'humanité ?

• Quel est le rôle du père ?
• Quelles sont les qualités d'un bon « gouverneur » ?

INTERPRÉTATIONS

• Quelle est l'originalité de la méthode proposée par Rousseau ?
• Quelles sont les difficultés auxquelles se heurte son système ?

LA PREMIÈRE ÉDUCATION
La naissance de l'entendement et de la conscience morale
(p. 63, l. 497 à p. 69, l. 682)

REPÈRES

• Dans quel type de discours peut-on classer cet extrait (dialogue, argumentation, narration, description) ?
• Comment le texte est-il construit ? Montrez qu'il a les caractéristiques d'une démonstration scientifique.

OBSERVATION

• En quoi Rousseau s'oppose-t-il aux thèses sensualistes ?
• Comment Rousseau caractérise-t-il le nourrisson ? Quelles sont ses manifestations physiques et psychiques ?
• Quel est le rôle de l'habitude ?
• Relevez les exemples choisis par Rousseau. À quoi servent-ils ?
• Qu'est-ce que Rousseau appelle « principe actif » ? Quel est son rôle dans le développement de l'enfant ? Quel effet a-t-il sur l'éducation ?

INTERPRÉTATIONS

• Quelle théorie Rousseau développe-t-il sur la formation de la conscience chez le nourrisson ?
• Quelle attitude condamne-t-il ?
• Quel est le rôle de l'éducation ? Quels sont ses objectifs ?

LA PREMIÈRE ÉDUCATION
La méthode
(p. 69, l. 683 à p. 78, l. 987)

REPÈRES

• Présentez le plan des arguments exposés.

OBSERVATION

• « Le principe une fois connu […] » (l. 692) : de quel principe s'agit-il ?
• Sous quelles formes se présentent les règles de conduite éducatives prescrites par Rousseau ? Relevez-les.
• Pourquoi ne faut-il pas céder aux pleurs des nourrissons ?
• Expliquez : « Tout est perdu » (l. 730).
• Quelle est la langue des enfants ? Comment se fait son acquisition ?

INTERPRÉTATIONS

• Expliquez la notion d' « équilibre » (l. 685) avancée par Rousseau dans le développement de l'enfant.
• Sur quels éléments porte l'équilibre ?

Un traité d'éducation

C'est en fonction d'une démarche à la fois théorique (Rousseau soutient avec une « éloquence » reconnue par ses contemporains les principes originels de l'ontogenèse) et polémique (Rousseau fustige les opinions communément admises par ses contemporains sur les progrès et sur les bienfaits de la civilisation, si bien que les mêmes contemporains dénoncent en lui « l'homme aux paradoxes ») qu'il nous faut maintenant interpréter ce premier livre de l'*Émile* :

Les premières pages de l'*Émile* fixent le cadre de la problématique éducative : l'homme de la nature est « défiguré » par l'environnement social et culturel dans lequel il baigne dès sa naissance, mais sans cette éducation « tout irait plus mal encore ». Même si l'éducation est dénoncée au départ comme une « dénaturation », elle est nécessaire pour l'immuniser contre « les préjugés, l'autorité, la nécessité, l'exemple, toutes les institutions sociales dans lesquelles nous nous trouvons submergés ». Il faut donc préserver l'homme naturel que chacun porte en soi en dressant une « enceinte », une « barrière » autour du jeune enfant, bref, en constituant un « laboratoire », de façon à le séparer du réel, mais aussi à créer toutes les conditions de l'action pédagogique de sorte que rien ne puisse être laissé au hasard et qu'il soit « façonné » par l'éducation qui lui apporte la force, l'assistance et le jugement dont il est démuni : « Nous naissons faibles, nous avons besoin de force ; nous naissons dépourvus de tout, nous avons besoin d'assistance ; nous naissons stupides, nous avons besoin de jugement. Tout ce que nous n'avons pas à notre naissance et dont nous avons besoin étant grands, nous est donné par l'éducation. » Or cette éducation, indispensable pour que l'enfant réalise l'humanité qu'il porte en lui, doit faire concourir harmonieusement son développement biologique, les contraintes de la société et les acquis de l'expérience : « Cette éducation nous vient de la nature ou des hommes ou des choses. » Mais, nous dit Rousseau, si l'éducateur doit donner toute priorité à la nature, ce n'est pas pour que « le développement interne de nos facultés et de nos organes » se déploie d'une façon anarchique sans prendre en compte leur bon « usage » dans la société et l'exercice du « jugement » qui naît de notre confrontation avec les choses ; c'est parce que nous devons respecter les lois biologiques du développement qui président à l'acquisition des « forces » de l'enfant, attendre qu'il puisse en faire usage dans la société et agir sur les choses pour en tirer une signification. Continuellement, Rousseau rappelle que, pour ce premier âge, « il faut savoir perdre du temps » et éviter toute action pédagogique prématurée.

Rousseau, après avoir donné une définition de l'éducation nous prévient des échecs possibles :

– Il faut d'abord être humble pour atteindre le but que s'est fixé la nature. L'éducation échoue dès lors qu'elle s'érige en un système clos liant théorie et pratique : « Sitôt que l'éducation est un art, il est presque impossible qu'elle réussisse... » Rousseau prend ainsi ses distances envers les traités d'éducation qui prolifèrent depuis 1750 et qui prétendent soumettre l'enfant à un sytème intellectuel et moral contraignant dans les moindres détails.

– Il ne faut pas demander à l'éducation de former à la fois « l'homme civil » et « l'homme social » car il serait toujours en contradiction avec lui-même : « Il faut opter entre faire un homme ou un citoyen. » Pourtant Émile sera d'abord formé en tant qu'homme avant de l'être en qualité de citoyen. Rousseau souligne ainsi la nécessité de suivre un « ordre » dans l'action éducative : il faut d'abord veiller à l'unité de la personnalité et à son équilibre harmonieux avec la société avant de vouloir former un individu qui se fondrait dans une notion de patrie fictive qu'il ne comprendrait pas et qui aliénerait sa liberté consubstantielle à l'essence humaine.

– Pour les mêmes raisons, Rousseau condamne l'éducation publique au profit de l'éducation domestique, au moment où toute l'Europe se mobilise pour mener à terme des réformes qui aboutiraient à mettre en place un enseignement public. Cependant, si Rousseau dénonce les « risibles établissements qu'on appelle collèges », comme le font, entre autres, les Encyclopédistes, c'est parce qu'ils ne sont propres « qu'à faire des hommes doubles » : l'enseignement public n'est pas condamné en tant que tel (d'ailleurs Rousseau avait pris position en faveur de l'enseignement public dans son *Discours sur l'économie politique* et dans le *Contrat social*, voir Pléiade, *op. cit.*, III, p. 260-261, p. 381 et p. 966). En fait, Rousseau assimile l'*Émile* à la *République* de Platon ; il construit sur le plan conceptuel l'utopie d'une éducation qui réaliserait l'unité de l'individu en formant en lui « l'homme naturel » destiné à vivre dans une société d'hommes libres, « en ôtant les contradictions de l'homme » inhérentes à la société actuelle. Le *Contrat social* est le pendant de l'*Émile*.

Les modalités

C'est en fonction de ce point de vue théorique que le lecteur est invité à comprendre les modalités de l'éducation du jeune enfant, sur lequel il faut continuellement veiller pour que la société ne vienne pas gâcher, dès la naissance, « la forme originelle ».

1) Rousseau, qui entend conduire cette éducation dans un milieu organisé et surprotégé (le « laboratoire »), souligne l'importance de « la première éducation » et la responsabilité des adultes. La mère d'abord : « La première éducation est celle qui importe le plus, et cette éducation appartient incontestablement aux femmes. » Les mères devraient s'occuper elles-mêmes de leurs enfants parce que « la sollicitude maternelle ne se supplée pas » : ainsi l'allaitement maternel n'est pas une question de santé physique (Rousseau élude ce débat), mais un lien affectif et moral indispensable au développement complet de l'enfant, à l'équilibre de la famille (« Qu'une fois les femmes redeviennent mères, bientôt les hommes redeviendront pères et maris ») et à la régénération de la société : « Que les mères daignent nourrir leurs enfants, les mœurs vont se réformer d'elles-mêmes. » Quant au père, il doit devenir « le véritable précepteur » de son enfant. Il y a donc un partage des responsabilités au sein de la famille, la mère veillant au développement physique, affectif et moral de l'enfant, le père à la formation intellectuelle, sociale et civique. Rousseau va développer dans le livre V cette notion de complémentarité entre l'homme et la femme au sein de la famille qui, précise-t-il dans le *Contrat social*, constitue la première société : « La première de toutes les sociétés et la plus naturelle est celle de la famille. » Cette image d'une famille unie, centrée autour des enfants, répartissant entre la mère et le père le rôle éducatif, s'impose, après l'*Émile*, dans la littérature pédagogique en Europe comme en témoignent, entre autres, *Adèle et Théodore* de Mme de Genlis (1782) ou, en Allemagne, *Robinson der jungere* de Johachim Heinrich Campe (1780), dont les auteurs se réclament de Rousseau.

2) Malheureusement, les mères délaissent leurs devoirs pour la vie mondaine, la législation ne leur permet pas d'assumer leur autorité et elles n'ont pas reçu l'éducation adéquate. Les pères s'occupent de leurs « affaires » et négligent leurs enfants. Aussi l'éducation est-elle confiée à des « mercenaires » que sont les nourrices ou les précepteurs. Il faut donc modifier les habitudes sociales pour changer l'éducation (c'est l'objet de ses *Discours* et du *Contrat social* : on voit combien « tout se tient » dans le « système » de Rousseau, comme il le précise lui-même dans le deuxième *Dialogue*. Mais comme ce n'est pas le sujet de son traité, Rousseau va se créer un « élève imaginaire », orphelin, riche, donc sans contraintes sociales, en bonne santé, « d'esprit commun et vulgaire » (d'intelligence moyenne), bref ce que Montaigne aurait pu appeler « de la commune sorte », un représentant de « l'humaine condition », si ce n'est qu'il place son éducation depuis sa naissance sous le contrôle de la nature, personnalisée par le gouverneur (cf. le portrait du gouverneur dans Action et personnages, p. 333).

3) Conformément aux conceptions exposées sur la nature de l'enfant et sur la finalité impartie à l'éducation (réaliser « l'homme naturel » dans « l'homme civil » bien intégré dans la société), Rousseau examine alors le nouveau-né en procédant par opposition dans son argumentation. Dès la naissance, la société pervertit le bébé par un emmaillotement qui gêne sa liberté, par une éducation trop molle ou trop sévère qui altère son caractère. En cédant à ses caprices, à ses pleurs, on introduit des sentiments étrangers à la nature, on le rend tyrannique, capricieux, orgueilleux, méchant. On va à l'encontre de ce que doit être une éducation à la liberté, car on le rend à la fois esclave des autres et de lui-même. Il faut veiller à ce que l'habitude n'ajoute pas « un nouveau besoin à celui de la nature ». Il importe au contraire que l'habitude, premier outil de l'éducation, conforte la force naissante, prépare l'enfant à conquérir progressivement son autonomie, l'usage de sa liberté.

Une éducation sur tous les plans

L'éducation commence dès le berceau sur tous les plans, affectif, moral, intellectuel, et c'est là qu'est l'originalité du système éducatif de Rousseau par rapport à Rabelais (il faut laisser faire la nature jusqu'à l'âge de raison) ou par rapport aux médecins de l'enfant, comme Ballexserd, dont le traité *Dissertation sur l'éducation physique des enfants* paraît la même année que l'*Émile*, dans la pure orthodoxie de Galien et des médecins hygiénistes.

1) Dans le cadre de la formation du caractère, il faut veiller à ce que l'enfant ne s'endorme pas dans le confort et la mollesse. Il faut que le développement des capacités physiques (la force) reste maîtrisé par la volonté naissante qu'il importe de former : « Préparez de loin le règne de sa liberté et l'usage de ses forces, en laissant à son corps l'habitude naturelle, en le mettant en état d'être toujours maître de lui-même, et de faire en toute chose sa volonté, sitôt qu'il en aura une. » Former la volonté, c'est habituer l'enfant aux intempéries, à ne pas avoir peur des ténèbres, le familiariser avec des spectacles ou des animaux effrayants ou des bruits impressionnants comme ceux des armes à feu.

2) En même temps, dans le cadre de la formation intellectuelle, l'enfant « s'instruit » dès la naissance en prenant contact avec le monde par les sens (p. 67, l. 626). Il faut « préparer » l'avènement des facultés supérieures (la mémoire, l'imagination, l'entendement) en les lui faisant exercer (toucher, manier...) et en lui faisant comparer les diverses sensations pour qu'il puisse découvrir la chaleur, le froid, la pesanteur, les distances... Il est significatif que le premier livre de l'*Émile* se termine sur le langage et son apprentissage (p. 72-78). Rousseau pense qu'il existe une langue naturelle qui est celle des enfants : « On a longtemps cherché s'il y avait une langue naturelle et commune à tous les hommes : sans doute il y en a une et c'est celle que les enfants parlent avant de savoir parler. » Il précise que l'acquisition du langage est naturel à la fois dans sa progression (« Quoiqu'on fasse ils apprendront toujours à parler de la même manière ») et dans sa logique (« Ils ont [...] une grammaire de leur âge »). Rousseau souligne l'importance de la mélodie et de l'articulation dans le babil de l'enfant : il faut veiller à parler distinctement, mais, surtout, il insiste sur l'intelligence du langage, sur le sens de la communication, aussi faut-il n'employer que des mots compris par l'enfant : « L'enfant ne doit écouter que les mots qu'il pût entendre. »

LIVRE DEUXIÈME

DE L'APPRENTISSAGE DE LA MARCHE JUSQU'À DOUZE ANS ENVIRON

*[C'est une période importante (« C'est ici le second terme
de la vie ») ; l'enfant apprend à parler en même temps qu'apparaît la mémoire, qui lui confère son identité, et qu'il accède
à l'être moral : « La mémoire étend le sentiment de l'identité*
5 *sur tous les moments de son existence ; il devient véritablement un, le même, et par conséquent déjà capable de bonheur
ou de misère. Il importe donc de commencer à le considérer
ici comme un être moral. » Rousseau préconise qu'on ne
sacrifie pas le présent des enfants à un avenir incertain. Cet*
10 *âge doit être celui de la gaieté, de l'insouciance et du bonheur
qui « consiste (pour les enfants comme pour les hommes)
dans l'usage de leur liberté ; mais cette liberté... est bornée
par leur faiblesse ». L'enfant n'a même pas la liberté de
l'homme naturel puisqu'il naît nécessairement dans la*
15 *dépendance.]*

L'ÉDUCATION NATURELLE NÉGATIVE

Maintenir l'enfant dans la dépendance des choses

Ces considérations sont importantes, et servent à résoudre
toutes les contradictions du système social. Il y a deux sortes
de dépendances : celle des choses, qui est de la nature ; celle
des hommes, qui est de la société. La dépendance des choses,
20 n'ayant aucune moralité, ne nuit point à la liberté, et n'engendre point de vices ; la dépendance des hommes étant dés-

ordonnée* les engendre tous, et c'est par elle que le maître et l'esclave se dépravent mutuellement. S'il y a quelque moyen de remédier à ce mal dans la société, c'est de substituer la loi
25 à l'homme, et d'armer les volontés générales d'une force réelle, supérieure à l'action de toute volonté particulière. Si les lois des nations pouvaient avoir, comme celles de la nature, une inflexibilité que jamais aucune force humaine ne pût vaincre, la dépendance des hommes redeviendrait alors
30 celle des choses ; on réunirait dans la république tous les avantages de l'état naturel à ceux de l'état civil ; on joindrait à la liberté qui maintient l'homme exempt de vices, la moralité qui l'élève à la vertu[1].

Maintenez l'enfant dans la seule dépendance des choses,
35 vous aurez suivi l'ordre de la nature dans le progrès de son éducation. N'offrez jamais à ses volontés indiscrètes que des obstacles physiques ou des punitions qui naissent des actions mêmes et qu'il se rappelle dans l'occasion ; sans lui défendre de mal faire, il suffit de l'en empêcher. L'expérience ou
40 l'impuissance doivent seules lui tenir lieu de loi. N'accordez rien à ses désirs parce qu'il le demande, mais parce qu'il en a besoin. Qu'il ne sache ce que c'est qu'obéissance quand il agit, ni ce que c'est qu'empire quand on agit pour lui. Qu'il sente également sa liberté dans ses actions et dans les vôtres.

---

* Dans mes *Principes du Droit politique*, il est démontré que nulle volonté particulière ne peut être ordonnée dans le système social.
1. Dans le *Contrat social*, Rousseau entend substituer, par un pacte social librement consenti, la volonté générale à la volonté particulière : « La volonté générale peut seule diriger les forces de l'État selon la fin de son institution, qui est le bien commun » (II, 1). Il s'agit, sur le plan collectif politique, de la même « dénaturation » effectuée par l'éducation sur le plan individuel. Le rôle de la raison, personnalisée par le gouverneur dans l'*Émile* et par le législateur dans le *Contrat social*, serait d'établir un « ordre » intérieur et social qui reproduise, par analogie, comme une autre nature, l'ordre de la volonté générale, indépendante des individus. On retrouve ainsi dans la société civile « les avantages » de l'état de nature en conciliant l'exigence de liberté inhérente à la nature humaine et la nécessité de la vertu, sans laquelle la société politique ne peut fonctionner.

45 Suppléez à la force qui lui manque, autant précisément qu'il en a besoin pour être libre et non pas impérieux ; qu'en recevant vos services avec une sorte d'humiliation, il aspire au moment où il pourra s'en passer, et où il aura l'honneur de se servir lui-même.

50 La nature a, pour fortifier le corps et le faire croître, des moyens qu'on ne doit jamais contrarier. Il ne faut point contraindre un enfant de rester quand il veut aller, ni d'aller quand il veut rester en place. Quand la volonté des enfants n'est point gâtée par notre faute, ils ne veulent rien inutile-
55 ment. Il faut qu'ils sautent, qu'ils courent, qu'ils crient, quand ils en ont envie. Tous leurs mouvements sont des besoins de leur constitution[1], qui cherche à se fortifier ; mais on doit se défier de ce qu'ils désirent sans le pouvoir faire eux-mêmes, et que d'autres sont obligés de faire pour eux. Alors il faut
60 distinguer avec soin le vrai besoin, le besoin naturel, du besoin de fantaisie qui commence à naître, ou de celui qui ne vient que de la surabondance de vie dont j'ai parlé.

J'ai déjà dit ce qu'il faut faire quand un enfant pleure pour avoir ceci ou cela. J'ajouterai seulement que, dès qu'il peut
65 demander en parlant ce qu'il désire, et que, pour l'obtenir plus vite ou pour vaincre un refus, il appuie de pleurs sa demande, elle lui doit être irrévocablement refusée. Si le besoin l'a fait parler, vous devez le savoir, et faire aussitôt ce qu'il demande ; mais céder quelque chose à ses larmes, c'est
70 l'exciter à en verser, c'est lui apprendre à douter de votre bonne volonté, et à croire que l'importunité peut plus sur vous que la bienveillance. S'il ne vous croit pas bon, bientôt il sera méchant ; s'il vous croit faible, il sera bientôt opiniâtre ; il importe d'accorder toujours au premier signe ce

---

1. Le fait que le mouvement est propre à la nature enfantine est un constat souvent rappelé par les médecins empiristes, notamment par John Locke dans ses traités médicaux *Anatomica* (1668), *De Arte medica* (1669). Mais Rousseau annonce la description du développement organique que donneront les médecins vitalistes de l'école de Montpellier. Voir la note de la p. 91.

75 qu'on ne veut pas refuser. Ne soyez point prodigue en refus, mais ne les révoquez jamais. [...]

[L'enfant ne doit pas commander (ni pleurs, ni formules de politesse) ; il ne doit pas être protégé des contraintes naturelles (le froid). On ne doit pas céder à ses caprices, à sa
80 *colère, car il exerce une « tyrannie », premier degré de la corruption qui le rendra dans l'avenir « misérable » quand il se frottera à la société.]*

Ne pas raisonner avec les enfants

Je reviens à la pratique. J'ai déjà dit que votre enfant ne doit rien obtenir parce qu'il le demande, mais parce qu'il en
85 a besoin, ni rien faire par obéissance, mais seulement par nécessité. Ainsi les mots d'obéir et de commander seront proscrits de son dictionnaire, encore plus ceux de devoir et d'obligation ; mais ceux de force, de nécessité, d'impuissance et de contrainte y doivent tenir une grande place. Avant l'âge
90 de raison, l'on ne saurait avoir aucune idée des êtres moraux ni des relations sociales ; il faut donc éviter, autant qu'il se peut, d'employer des mots qui les expriment, de peur que l'enfant n'attache d'abord à ces mots de fausses idées qu'on ne saura point ou qu'on ne pourra plus détruire. La première
95 fausse idée qui entre dans sa tête est en lui le germe de l'erreur et du vice ; c'est à ce premier pas qu'il faut surtout faire attention. Faites que tant qu'il n'est frappé que des choses sensibles, toutes ses idées s'arrêtent aux sensations ; faites que de toutes parts il n'aperçoive autour de lui que le monde
100 physique : sans quoi soyez sûr qu'il ne vous écoutera point du tout, ou qu'il se fera du monde moral, dont vous lui parlez, des notions fantastiques que vous n'effacerez de la vie.

Raisonner avec les enfants était la grande maxime de

Locke[1], c'est la plus en vogue aujourd'hui ; son succès ne
105 me paraît pourtant pas fort propre à la mettre en crédit ; et
pour moi je ne vois rien de plus sot que ces enfants avec qui
l'on a tant raisonné. De toutes les facultés de l'homme, la
raison, qui n'est, pour ainsi dire, qu'un composé de toutes
les autres, est celle qui se développe le plus difficilement et le
110 plus tard ; et c'est de celle-là qu'on veut se servir pour développer les premières ! Le chef-d'œuvre d'une bonne éducation
est de faire un homme raisonnable : et l'on prétend élever un
enfant par la raison ! C'est commencer par la fin, c'est vouloir
faire l'instrument de l'ouvrage. Si les enfants entendaient rai-
115 son, ils n'auraient pas besoin d'être élevés ; mais en leur parlant dès leur bas âge une langue qu'ils n'entendent point, on
les accoutume à se payer de mots, à contrôler tout ce qu'on
leur dit, à se croire aussi sages que leurs maîtres, à devenir
disputeurs et mutins ; et tout ce qu'on pense obtenir d'eux
120 par des motifs raisonnables, on ne l'obtient jamais que par
ceux de convoitise, ou de crainte, ou de vanité, qu'on est
toujours forcé d'y joindre. [...]

Dialogue entre le maître et l'enfant

La nature veut que les enfants soient enfants avant que
d'être hommes. Si nous voulons pervertir cet ordre, nous pro-
125 duirons des fruits précoces, qui n'auront ni maturité ni
saveur, et ne tarderont pas à se corrompre ; nous aurons de

---

1. John Locke (1632-1704), médecin particulier du comte de Shaftesbury,
mène une réflexion politique et religieuse (*Lettre sur la tolérance* [1669], *Deux
Traités sur le gouvernement civil* [1690]), avant d'écrire son *Essai philosophique
sur l'entendement humain* (1690), qui connaît un énorme succès et par lequel
il récuse la notion platonicienne et cartésienne d'idées innées. La connaissance
a pour origine l'expérience ; la sensation et la réflexion sont à l'origine de nos
idées. En 1693, il publie un traité d'éducation, *Some Thoughts on Education*
(Pensées sur l'éducation), immédiatement traduit en Europe et notamment en
France. Rousseau, dont la fortune des idées pédagogiques est souvent associée
à celle de Locke, ne cesse de polémiquer avec lui dans l'*Émile*. Locke estime
que les enfants entendent raison dès qu'ils parlent, à condition de leur tenir un
discours adapté. Pour Rousseau, l'enfant comprend de travers, comme le montre
l'histoire d'Alexandre et de son médecin (*cf.* p. 106-107).

jeunes docteurs et de vieux enfants. L'enfance a des manières
de voir, de penser, de sentir, qui lui sont propres ; rien n'est
moins sensé que d'y vouloir substituer les nôtres ; et j'aime-
130 rais autant exiger qu'un enfant eût cinq pieds de haut, que
du jugement à dix ans. En effet, à quoi lui servirait la raison
à cet âge ? Elle est le frein de la force, et l'enfant n'a pas
besoin de ce frein.

En essayant de persuader à vos élèves le devoir de l'obéis-
135 sance, vous joignez à cette prétendue persuasion la force et
les menaces, ou, qui pis est, la flatterie et les promesses. Ainsi
donc, amorcés par l'intérêt ou contraints par la force, ils font
semblant d'être convaincus par la raison. Ils voient très bien
que l'obéissance leur est avantageuse, et la rébellion nuisible,
140 aussitôt que vous vous apercevez de l'une ou de l'autre. Mais
comme vous n'exigez rien d'eux qui ne leur soit désagréable,
et qu'il est toujours pénible de faire les volontés d'autrui, ils
se cachent pour faire les leurs, persuadés qu'ils font bien si
l'on ignore leur désobéissance, mais prêts à convenir qu'ils
145 font mal, s'ils sont découverts, de crainte d'un plus grand
mal. La raison du devoir n'étant pas de leur âge, il n'y a
homme au monde qui vînt à bout de la leur rendre vraiment
sensible ; mais la crainte du châtiment, l'espoir du pardon,
l'importunité, l'embarras de répondre leur arrachent tous les
150 aveux qu'on exige ; et l'on croit les avoir convaincus, quand
on ne les a qu'ennuyés ou intimidés.

Qu'arrive-t-il de là ? Premièrement, qu'en leur imposant un
devoir qu'ils ne sentent pas, vous les indisposez contre votre
tyrannie et les détournez de vous aimer ; que vous leur appre-
155 nez à devenir dissimulés, faux, menteurs, pour extorquer des
récompenses ou se dérober aux châtiments ; qu'enfin, les
accoutumant à couvrir toujours d'un motif apparent un motif
secret, vous leur donnez vous-même le moyen de vous abuser
sans cesse, de vous ôter la connaissance de leur vrai caractère,
160 et de payer vous et les autres de vaines paroles dans l'occasion. Les lois, direz-vous, quoique obligatoires pour la
conscience, usent de même de contrainte avec les hommes

faits. J'en conviens. Mais que sont ces hommes, sinon des enfants gâtés par l'éducation ? Voilà précisément ce qu'il faut prévenir. Employez la force avec les enfants et la raison avec les hommes ; tel est l'ordre naturel ; le sage n'a pas besoin de lois.

Traitez votre élève selon son âge. Mettez-le d'abord à sa place, et tenez-l'y si bien, qu'il ne tente plus d'en sortir. Alors, avant de savoir ce que c'est que sagesse, il en pratiquera la plus importante leçon. Ne lui commandez jamais rien, quoi que ce soit au monde, absolument rien. Ne lui laissez pas même imaginer que vous prétendiez avoir aucune autorité sur lui. Qu'il sache seulement qu'il est faible et que vous êtes fort ; que, par son état et le vôtre, il est nécessairement à votre merci ; qu'il le sache, qu'il l'apprenne, qu'il le sente ; qu'il sente de bonne heure sur sa tête altière le dur joug que la nature impose à l'homme, le pesant joug de la nécessité, sous lequel il faut que tout être fini ploie ; qu'il voie cette nécessité dans les choses, jamais dans le caprice des hommes ; que le frein qui le retient soit la force, et non l'autorité. Ce dont il doit s'abstenir, ne le lui défendez pas ; empêchez-le de le faire, sans explications, sans raisonnements ; ce que vous lui accordez, accordez-le à son premier mot, sans sollicitations, sans prières, surtout sans conditions. Accordez avec plaisir, ne refusez qu'avec répugnance ; mais que tous vos refus soient irrévocables ; qu'aucune importunité ne vous ébranle ; que le *non* prononcé soit un mur d'airain, contre lequel l'enfant n'aura pas épuisé cinq ou six fois ses forces, qu'il ne tentera plus de le renverser.

C'est ainsi que vous le rendrez patient, égal, résigné, paisible, même quand il n'aura pas ce qu'il a voulu ; car il est dans la nature de l'homme d'endurer patiemment la nécessité des choses, mais non la mauvaise volonté d'autrui. Ce mot : *il n'y en a plus*, est une réponse contre laquelle jamais enfant ne s'est mutiné, à moins qu'il ne crût que c'était un mensonge. Au reste, il n'y a point ici de milieu ; il faut n'en rien exiger du tout, ou le plier d'abord à la plus parfaite obéis-

sance. La pire éducation est de le laisser flottant entre ses
200 volontés et les vôtres, et de disputer sans cesse entre vous et
lui à qui des deux sera le maître ; j'aimerais cent fois mieux
qu'il le fût toujours.

Il est bien étrange que, depuis qu'on se mêle d'élever des
enfants, on n'ait imaginé d'autre instrument pour les
205 conduire que l'émulation, la jalousie, l'envie, la vanité, l'avidité, la vile crainte, toutes les passions les plus dangereuses,
les plus promptes à fermenter, et les plus propres à corrompre
l'âme, même avant que le corps soit formé. À chaque instruction précoce qu'on veut faire entrer dans leur tête, on
210 plante un vice au fond de leur cœur ; d'insensés instituteurs
pensent faire des merveilles en les rendant méchants pour leur
apprendre ce que c'est que bonté ; et puis ils nous disent
gravement : Tel est l'homme, Oui, tel est l'homme que vous
avez fait.

215 On a essayé tous les instruments, hors un, le seul précisément qui peut réussir : la liberté bien réglée. Il ne faut point
se mêler d'élever un enfant quand on ne sait pas le conduire
où l'on veut par les seules lois du possible et de l'impossible.
La sphère de l'un et de l'autre lui étant également inconnue,
220 on l'étend, on la resserre autour de lui comme on veut. On
l'enchaîne, on le pousse, on le retient, avec le seul lien de la
nécessité, sans qu'il en murmure : on le rend souple et docile
par la seule force des choses, sans qu'aucun vice ait l'occasion
de germer en lui ; car jamais les passions ne s'animent, tant
225 qu'elles sont de nul effet.

Ne donnez à votre élève aucune espèce de leçon verbale ;
il n'en doit recevoir que de l'expérience : ne lui infligez
aucune espèce de châtiment, car il ne sait ce que c'est qu'être
en faute : ne lui faites jamais demander pardon, car il ne
230 saurait vous offenser. Dépourvu de toute moralité dans ses
actions, il ne peut rien faire qui soit moralement mal, et qui
mérite ni châtiment ni réprimande.

Je vois déjà le lecteur effrayé juger de cet enfant par les
nôtres : il se trompe. La gêne perpétuelle où vous tenez vos

235 élèves irrite leur vivacité ; plus ils sont contraints sous vos yeux, plus ils sont turbulents au moment qu'ils s'échappent ; il faut bien qu'ils se dédommagent quand ils peuvent de la dure contrainte où vous les tenez. Deux écoliers de la ville feront plus de dégât dans un pays que la jeunesse de tout un
240 village. Enfermez un petit monsieur et un petit paysan dans une chambre ; le premier aura tout renversé, tout brisé, avant que le second soit sorti de sa place. Pourquoi cela, si ce n'est que l'un se hâte d'abuser d'un moment de licence, tandis que l'autre, toujours sûr de sa liberté, ne se presse jamais d'en
245 user ? Et cependant les enfants des villageois, souvent flattés ou contrariés, sont encore bien loin de l'état où je veux qu'on les tienne.

Posons pour maxime incontestable que les premiers mouvements de la nature sont toujours droits : il n'y a point de
250 perversité originelle dans le cœur humain ; il ne s'y trouve pas un seul vice dont on ne puisse dire comment et par où il y est entré. La seule passion naturelle à l'homme est l'amour de soi-même, ou l'amour-propre pris dans un sens étendu. Cet amour-propre en soi ou relativement à nous est bon et
255 utile ; et, comme il n'a point de rapport nécessaire à autrui, il est à cet égard naturellement indifférent ; il ne devient bon ou mauvais que par l'application qu'on en fait et les relations qu'on lui donne. Jusqu'à ce que le guide de l'amour-propre, qui est la raison, puisse naître, il importe donc qu'un enfant
260 ne fasse rien parce qu'il est vu ou entendu, rien en un mot par rapport aux autres, mais seulement ce que la nature lui demande ; et alors il ne fera rien que de bien. [...]

Protéger la nature contre l'erreur et les vices extérieurs

Oserais-je exposer ici la plus grande, la plus importante, la plus utile règle de toute l'éducation ? ce n'est pas de gagner
265 du temps, c'est d'en perdre. Lecteurs vulgaires, pardonnez-moi mes paradoxes : il en faut faire quand on réfléchit ; et, quoi que vous puissiez dire, j'aime mieux être homme à paradoxes qu'homme à préjugés. Le plus dangereux intervalle de

la vie humaine est celui de la naissance à l'âge de douze ans.
270 C'est le temps où germent les erreurs et les vices, sans qu'on ait encore aucun instrument pour les détruire ; et quand l'instrument vient, les racines sont si profondes, qu'il n'est plus temps de les arracher. Si les enfants sautaient tout d'un coup de la mamelle à l'âge de raison, l'éducation qu'on leur 275 donne pourrait leur convenir ; mais, selon le progrès naturel, il leur en faut une toute contraire. Il faudrait qu'ils ne fissent rien de leur âme jusqu'à ce qu'elle eût toutes ses facultés ; car il est impossible qu'elle aperçoive le flambeau que vous lui présentez tandis qu'elle est aveugle, et qu'elle suive, dans 280 l'immense plaine des idées, une route que la raison trace encore si légèrement pour les meilleurs yeux.

La première éducation[1] doit donc être purement négative. Elle consiste, non point à enseigner la vertu ni la vérité, mais à garantir le cœur du vice et l'esprit de l'erreur. Si vous pou- 285 viez ne rien faire et ne rien laisser faire ; si vous pouviez amener votre élève sain et robuste à l'âge de douze ans, sans qu'il sût distinguer sa main droite de sa main gauche, dès vos premières leçons les yeux de son entendement s'ouvriraient à la raison ; sans préjugés, sans habitudes, il n'aurait rien en lui 290 qui pût contrarier l'effet de vos soins. Bientôt il deviendrait entre vos mains le plus sage des hommes ; et en commençant par ne rien faire, vous auriez fait un prodige d'éducation.

---

1. Pour Rousseau « l'enfance est le sommeil de la raison ». Celle-ci se crée progressivement en même temps que se développe le corps, à condition que l'éducateur veille à son éveil en ménageant toutes les situations pédagogiques propices à l'exercice des sens et en protégeant l'enfant de toute corruption de la conscience : « J'appelle éducation négative celle qui tend à perfectionner les organes, instruments de nos connaissances, avant de nous donner ces connaissances et qui prépare à la raison par l'exercice des sens. L'éducation négative n'est pas oisive, tant s'en faut. Elle ne donne pas les vertus, mais elle prévient les vices, elle n'apprend pas la vérité, mais elle prévient de l'erreur. Elle dispose l'enfant à tout ce qui peut le mener au vrai quand il est en état de l'entendre, et au bien quand il est en état de l'aimer. » (*Lettre à Christophe de Beaumont*, *op. cit.*, IV, p. 945 ; voir aussi le premier *Dialogue*, *op. cit.*, I, p. 687.)

Prenez bien le contre-pied de l'usage, et vous ferez presque toujours bien. Comme on ne veut pas faire d'un enfant un
295 enfant, mais un docteur, les pères et les maîtres n'ont jamais assez tôt tancé [1], corrigé, réprimandé, flatté, menacé, promis, instruit, parlé raison. Faites mieux : soyez raisonnable, et ne raisonnez point avec votre élève, surtout pour lui faire approuver ce qui lui déplaît ; car amener ainsi toujours la
300 raison dans les choses désagréables, ce n'est que la lui rendre ennuyeuse, et la décréditer de bonne heure dans un esprit qui n'est pas encore en état de l'entendre. Exercez son corps, ses organes, ses sens, ses forces, mais tenez son âme oisive aussi longtemps qu'il se pourra. Redoutez tous les sentiments anté-
305 rieurs au jugement qui les apprécie. Retenez, arrêtez les impressions étrangères : et, pour empêcher le mal de naître, ne vous pressez point de faire le bien ; car il n'est jamais tel que quand la raison l'éclaire. Regardez tous les délais comme des avantages : c'est gagner beaucoup que d'avancer vers le
310 terme sans rien perdre ; laissez mûrir l'enfance dans les enfants. Enfin, quelque leçon leur devient-elle nécessaire ? gardez-vous de la donner aujourd'hui, si vous pouvez différer jusqu'à demain sans danger.

Une autre considération qui confirme l'utilité de cette
315 méthode, est celle du génie particulier de l'enfant, qu'il faut bien connaître pour savoir quel régime moral lui convient. Chaque esprit a sa forme propre, selon laquelle il a besoin d'être gouverné ; et il importe au succès des soins qu'on prend qu'il soit gouverné par cette forme, et non par une
320 autre. Homme prudent, épiez longtemps la nature, observez bien votre élève avant de lui dire le premier mot ; laissez d'abord le germe de son caractère en pleine liberté de se montrer, ne le contraignez en quoi que ce puisse être, afin de le mieux voir tout entier. Pensez-vous que ce temps de liberté
325 soit perdu pour lui ? tout au contraire, il sera le mieux

---

1. **Tancer** : réprimander vertement, gronder.

employé ; car c'est ainsi que vous apprendrez à ne pas perdre un seul moment dans un temps précieux : au lieu que, si vous commencez d'agir avant de savoir ce qu'il faut faire, vous agirez au hasard ; sujet à vous tromper, il faudra revenir sur
330 vos pas ; vous serez plus éloigné du but que si vous eussiez été moins pressé de l'atteindre. Ne faites donc pas comme l'avare qui perd beaucoup pour ne vouloir rien perdre. Sacrifiez dans le premier âge un temps que vous regagnerez avec usure dans un âge plus avancé. Le sage médecin ne donne
335 pas étourdiment des ordonnances à la première vue, mais il étudie premièrement le tempérament du malade avant de lui rien prescrire ; il commence tard à le traiter, mais il le guérit, tandis que le médecin trop pressé le tue.

Mais où placerons-nous cet enfant pour l'élever ainsi
340 comme un être insensible, comme un automate ? Le tiendrons-nous dans le globe de la lune, dans une île déserte ? L'écarterons-nous de tous les humains ? N'aura-t-il pas continuellement dans le monde le spectacle et l'exemple des passions d'autrui ? Ne verra-t-il jamais d'autres enfants de son
345 âge ? Ne verra-t-il pas ses parents, ses voisins, sa nourrice, sa gouvernante, son laquais, son gouverneur même, qui après tout ne sera pas un ange ?

Cette objection est forte et solide. Mais vous ai-je dit que ce fût une entreprise aisée qu'une éducation naturelle ? Ô
350 hommes ! est-ce ma faute si vous avez rendu difficile tout ce qui est bien ? Je sens ces difficultés, j'en conviens : peut-être sont-elles insurmontables ; mais toujours est-il sûr qu'en s'appliquant à les prévenir on les prévient jusqu'à certain point. Je montre le but qu'il faut qu'on se propose : je ne dis
355 pas qu'on y puisse arriver ; mais je dis que celui qui en approchera davantage aura le mieux réussi. [...]

Un exemple : les premières relations sociales, l'éveil de la notion de propriété

Mon dessein n'est point d'entrer dans tous les détails, mais seulement d'exposer les maximes générales, et de donner des

exemples dans les occasions difficiles. Je tiens pour impossible
360 qu'au sein de la société l'on puisse amener un enfant à l'âge
de douze ans, sans lui donner quelque idée des rapports
d'homme à homme, et de la moralité des actions humaines.
Il suffit qu'on s'applique à lui rendre ces notions nécessaires
le plus tard qu'il se pourra, et que, quand elles deviendront
365 inévitables, on les borne à l'utilité présente, seulement pour
qu'il ne se croie pas le maître de tout, et qu'il ne fasse pas
du mal à autrui sans scrupule et sans le savoir. Il y a des
caractères doux et tranquilles qu'on peut mener loin sans
danger dans leur première innocence ; mais il y a aussi des
370 naturels violents dont la férocité se développe de bonne
heure, et qu'il faut se hâter de faire hommes, pour n'être pas
obligé de les enchaîner.

Nos premiers devoirs sont envers nous ; nos sentiments primitifs[1] se concentrent en nous-mêmes ; tous nos mouvements
375 naturels se rapportent d'abord à notre conservation et à notre
bien-être. Ainsi le premier sentiment de la justice ne nous
vient pas de celle que nous devons, mais de celle qui nous est
due ; et c'est encore un des contre-sens des éducations
communes, que, parlant d'abord aux enfants de leurs devoirs,
380 jamais de leurs droits, on commence par leur dire le contraire
de ce qu'il faut, ce qu'ils ne sauraient entendre, et ce qui ne
peut les intéresser.

Si j'avais donc à conduire un de ceux que je viens de supposer, je me dirais : Un enfant ne s'attaque pas aux per-
385 sonnes, mais aux choses ; et bientôt il apprend par l'expérience à respecter quiconque le passe en âge et en force ; mais
les choses ne se défendent pas elles-mêmes. La première idée
qu'il faut lui donner est donc moins celle de la liberté que de
la propriété ; et, pour qu'il puisse avoir cette idée, il faut qu'il
390 ait quelque chose en propre. Lui citer ses hardes[2], ses
meubles, ses jouets, c'est ne lui rien dire ; puisque, bien qu'il

---

1. **Nos sentiments primitifs** : tels qu'ils sont à l'origine (dans l'homme naturel).
2. **Hardes** : effets personnels, vêtements.

dispose de ces choses, il ne sait ni pourquoi ni comment il les a. Lui dire qu'il les a parce qu'on les lui a données, c'est ne faire guère mieux ; car, pour donner il faut avoir : voilà 395 donc une propriété antérieure à la sienne ; et c'est le principe de la propriété qu'on lui veut expliquer ; sans compter que le don est une convention, et que l'enfant ne peut savoir encore ce que c'est que convention. Lecteurs, remarquez, je vous prie, dans cet exemple et dans cent mille autres, 400 comment, fourrant dans la tête des enfants des mots qui n'ont aucun sens à leur portée, on croit pourtant les avoir fort bien instruits.

Il s'agit donc de remonter à l'origine de la propriété ; car c'est de là que la première idée en doit naître. L'enfant, vivant 405 à la campagne, aura pris quelque notion des travaux champêtres ; il ne faut pour cela que des yeux, du loisir, et il aura l'un et l'autre. Il est de tout âge, surtout du sien, de vouloir créer, imiter, produire, donner des signes de puissance et d'activité. Il n'aura pas vu deux fois labourer un jardin, 410 semer, lever, croître des légumes, qu'il voudra jardiner à son tour.

Par les principes ci-devant établis, je ne m'oppose point à son envie ; au contraire, je la favorise, je partage son goût, je travaille avec lui, non pour son plaisir, mais pour le mien ; 415 du moins il le croit ainsi ; je deviens son garçon jardinier ; en attendant qu'il ait des bras, je laboure pour lui la terre ; il en prend possession en y plantant une fève ; et sûrement cette possession est plus sacrée et plus respectable que celle que prenait Nuñes Balboa[1] de l'Amérique méridionale au nom 420 du roi d'Espagne, en plantant son étendard sur les côtes de la mer du Sud.

On vient tous les jours arroser les fèves, on les voit lever dans des transports de joie. J'augmente cette joie en lui disant : Cela vous appartient ; et lui expliquant alors ce terme

---

1. **Nuñes Balboa** : marin espagnol (1475-1517) qui découvrit l'océan Pacifique en 1513.

425 d'appartenir, je lui fais sentir qu'il a mis là son temps, son travail, sa peine, sa personne enfin ; qu'il y a dans cette terre quelque chose de lui-même qu'il peut réclamer contre qui que ce soit, comme il pourrait retirer son bras de la main d'un autre homme qui voudrait le retenir malgré lui.

430 Un beau jour il arrive empressé, et l'arrosoir à la main. Ô spectacle ! ô douleur ! toutes les fèves sont arrachées, tout le terrain est bouleversé, la place même ne se reconnaît plus. Ah ! qu'est devenu mon travail, mon ouvrage, le doux fruit de mes soins et de mes sueurs ? Qui m'a ravi mon bien ? qui 435 m'a pris mes fèves ? Ce jeune cœur se soulève ; le premier sentiment de l'injustice y vient verser sa triste amertume ; les larmes coulent en ruisseaux ; l'enfant désolé remplit l'air de gémissements et de cris. On prend part à sa peine, à son indignation ; on cherche, on s'informe, on fait des perquisi- 440 tions. Enfin l'on découvre que le jardinier a fait le coup : on le fait venir.

Mais nous voici bien loin de compte. Le jardinier, appre- nant de quoi on se plaint, commence à se plaindre plus haut que nous. Quoi ! messieurs, c'est vous qui m'avez ainsi gâté 445 mon ouvrage ! J'avais semé là des melons de Malte dont la graine m'avait été donnée comme un trésor, et desquels j'espérais vous régaler quand ils seraient mûrs ; mais voilà que, pour y planter vos misérables fèves, vous m'avez détruit mes melons déjà tout levés, et que je ne remplacerai jamais. 450 Vous m'avez fait un tort irréparable, et vous vous êtes privés vous-mêmes du plaisir de manger des melons exquis. [...]

[Rousseau imagine alors un dialogue entre le jardinier et le gouverneur (appelé Jean-Jacques) pour faire prendre conscience à Émile du tort qu'il a causé.

455 *En entrant dans le monde moral, l'enfant est menacé du vice : le mensonge. La charité s'apprend par l'exemple :* « *Maîtres, laissez les simagrées, soyez vertueux et bons, que vos exemples se gravent dans la mémoire de vos élèves, en attendant qu'ils puissent entrer dans leur cœur. Au lieu de*

460 *me hâter d'exiger du mien des actes de charité, j'aime mieux*
en faire en sa présence [...] » La morale qui convient à l'en-
fance « est de ne jamais faire de mal à personne ».]

LE COMMENCEMENT DE L'ÉDUCATION INTELLECTUELLE

Conseils généraux

L'apparente facilité d'apprendre est cause de la perte des
enfants. On ne voit pas que cette facilité même est la preuve
465 qu'ils n'apprennent rien. Leur cerveau lisse et poli rend
comme un miroir les objets qu'on lui présente ; mais rien ne
reste, rien ne pénètre. L'enfant retient les mots, les idées se
réfléchissent ; ceux qui l'écoutent les entendent, lui seul ne les
entend point.

470 Quoique la mémoire et le raisonnement soient deux
facultés essentiellement différentes, cependant l'une ne se
développe véritablement qu'avec l'autre. Avant l'âge de raison l'enfant ne reçoit pas des idées, mais des images ; et il y
a cette différence entre les unes et les autres, que les images
475 ne sont que des peintures absolues des objets sensibles, et que
les idées sont des notions des objets, déterminées par des rapports. Une image peut être seule dans l'esprit qui se la représente ; mais toute idée en suppose d'autres. Quand on imagine, on ne fait que voir ; quand on conçoit, on compare.
480 Nos sensations sont purement passives, au lieu que toutes nos
perceptions ou idées naissent d'un principe actif qui juge[1].
Cela sera démontré ci-après.

---

1. Rousseau se distingue nettement du sensualisme et notamment de Condillac
qui, dépassant l'empirisme de Locke, réduit toute l'expérience psychologique à
la simple sensation et renonce ainsi à faire intervenir tout principe mental actif.
Dépassant la distinction que maintenait Locke entre sensation et perception,
Condillac montre que les facultés supérieures de l'esprit, la mémoire, la
comparaison, le jugement et la réflexion ne sont que sensations transformées.
Pour illustrer cette thèse, il imagine une statue de marbre qui est progressivement
animée et pourvue d'une vie psychique toujours plus riche au fur et à mesure
que chacun des sens vient imprimer, inscrire dans le marbre, une à une les
facultés respectives (voir les notes p. 175 et 219).

Je dis donc que les enfants, n'étant pas capables de jugement, n'ont point de véritable mémoire. Ils retiennent des
485 sons, des figures, des sensations, rarement des idées, plus rarement leurs liaisons. En m'objectant qu'ils apprennent quelques éléments de géométrie, on croit bien prouver contre moi ; et tout au contraire, c'est pour moi qu'on prouve : on montre que, loin de savoir raisonner d'eux-mêmes, ils ne
490 savent pas même retenir les raisonnements d'autrui ; car suivez ces petits géomètres dans leur méthode, vous voyez aussitôt qu'ils n'ont retenu que l'exacte impression de la figure et les termes de la démonstration. À la moindre objection nouvelle, ils n'y sont plus ; renversez la figure, ils n'y sont
495 plus. Tout leur savoir est dans la sensation, rien n'a passé jusqu'à l'entendement. Leur mémoire elle-même n'est guère plus parfaite que leurs autres facultés, puisqu'il faut presque toujours qu'ils rapprennent, étant grands, les choses dont ils ont appris les mots dans l'enfance.
500 Je suis cependant bien éloigné de penser que les enfants n'aient aucune espèce de raisonnement. Au contraire, je vois qu'ils raisonnent très bien dans tout ce qu'ils connaissent et qui se rapporte à leur intérêt présent et sensible. Mais c'est sur leurs connaissances que l'on se trompe en leur prêtant
505 celles qu'ils n'ont pas, et les faisant raisonner sur ce qu'ils ne sauraient comprendre. On se trompe encore en voulant les rendre attentifs à des considérations qui ne les touchent en aucune manière, comme celle de leur intérêt à venir, de leur bonheur étant hommes, de l'estime qu'on aura pour eux
510 quand ils seront grands ; discours qui, tenus à des êtres dépourvus de toute prévoyance, ne signifient absolument rien pour eux. Or, toutes les études forcées de ces pauvres infortunés tendent à ces objets entièrement étrangers à leurs esprits. Qu'on juge de l'attention qu'ils y peuvent donner.
515 Les pédagogues qui nous étalent en grand appareil les instructions qu'ils donnent à leurs disciples sont payés pour tenir un autre langage : cependant on voit, par leur propre conduite, qu'ils pensent exactement comme moi. Car, que

leur apprennent-ils, enfin ? Des mots, encore des mots, et tou-
520 jours des mots. Parmi les diverses sciences qu'ils se vantent
de leur enseigner, ils se gardent bien de choisir celles qui leur
seraient véritablement utiles, parce que ce seraient des
sciences de choses, et qu'ils n'y réussiraient pas ; mais celles
qu'on paraît savoir quand on en sait les termes, le blason[1],
525 la géographie, la chronologie[2], les langues, etc. ; toutes
études si loin de l'homme, et surtout de l'enfant, que c'est
une merveille si rien de tout cela lui peut être utile une seule
fois en sa vie.

Les matières enseignées

On sera surpris que je compte l'étude des langues au
530 nombre des inutilités de l'éducation : mais on se souviendra
que je ne parle ici que des études du premier âge ; et, quoi
qu'on puisse dire, je ne crois pas que, jusqu'à l'âge de douze
ou quinze ans, nul enfant, les prodiges à part, ait jamais vraiment appris deux langues.

535 Je conviens que si l'étude des langues n'était que celle des
mots, c'est-à-dire des figures ou des sons qui les expriment,
cette étude pourrait convenir aux enfants : mais les langues,
en changeant les signes, modifient aussi les idées qu'ils représentent. Les têtes se forment sur les langages, les pensées pren-
540 nent la teinte des idiomes[3]. La raison seule est commune,
l'esprit en chaque langue a sa forme particulière ; différence
qui pourrait bien être en partie la cause ou l'effet des carac-

---

1. **Le blason** : la science des armoiries familiales. Les armoiries constituent
l'ensemble des emblèmes figurés d'abord sur l'écu des anciens chevaliers pour
servir de signes distinctifs dans les batailles et les tournois, puis sur un écu
armorial (symbolique) pour distinguer une famille noble.

2. **La chronologie** : la science des événements historiques selon leur succession
dans le temps.
L'enseignement de l'histoire reste encore au XVIIIe siècle très marginal, réduit le plus
souvent, pour les jeunes nobles, à l'étude du blason de leur famille et à la
chronologie, notamment dans les collèges comme à Juilly, tenu par les oratoriens.

3. **Idiome** : « particularité propre à une langue » ; ensemble des moyens
d'expression d'une communauté correspondant à un mode de pensée spécifique.

tères nationaux ; et, ce qui paraît confirmer cette conjecture est que, chez toutes les nations du monde, la langue suit les 545 vicissitudes des mœurs, et se conserve ou s'altère comme elles. [...]

En quelque étude que ce puisse être, sans l'idée des choses représentées, les signes représentants ne sont rien. On borne pourtant toujours l'enfant à ces signes, sans jamais pouvoir 550 lui faire comprendre aucune des choses qu'ils représentent. En pensant lui apprendre la description de la terre, on ne lui apprend qu'à connaître des cartes ; on lui apprend des noms de villes, de pays, de rivières, qu'il ne conçoit pas exister ailleurs que sur le papier où on les lui montre. Je me souviens 555 d'avoir vu quelque part une géographie qui commençait ainsi : *Qu'est-ce que le monde ? C'est un globe de carton.* Telle est précisément la géographie des enfants. Je pose en fait qu'après deux ans de sphère et de cosmographie[1], il n'y a pas un seul enfant de dix ans qui, sur les règles qu'on lui 560 a données, sût se conduire de Paris à Saint-Denis. Je pose en fait qu'il n'y en a pas un qui, sur un plan du jardin de son père, fût en état d'en suivre les détours sans s'égarer. Voilà ces docteurs qui savent à point nommé où sont Pékin, Ispahan, le Mexique, et tous les pays de la terre.

565 J'entends dire qu'il convient d'occuper les enfants à des études où il ne faille que des yeux : cela pourrait être s'il y avait quelque étude où il ne fallût que des yeux ; mais je n'en connais point de telle.

Par une erreur encore plus ridicule, on leur fait étudier 570 l'histoire : on s'imagine que l'histoire est à leur portée, parce qu'elle n'est qu'un recueil de faits. Mais qu'entend-on par ce mot de faits ? Croit-on que les rapports qui déterminent les faits historiques soient si faciles à saisir, que les idées s'en forment sans peine dans l'esprit des enfants ? Croit-on que la 575 véritable connaissance des événements soit séparable de celle

---

1. Lisez : deux ans d'étude de la sphère et de la cosmographie.

de leurs causes, de celle de leurs effets, et que l'historique
tienne si peu au moral qu'on puisse connaître l'un sans
l'autre ? Si vous ne voyez dans les actions des hommes que
les mouvements extérieurs et purement physiques, qu'appre-
580 nez-vous dans l'histoire ? Absolument rien ; et cette étude,
dénuée de tout intérêt, ne vous donne pas plus de plaisir que
d'instruction. Si vous voulez apprécier ces actions par leurs
rapports moraux, essayez de faire entendre ces rapports à vos
élèves, et vous verrez alors si l'histoire est de leur âge.

585   Lecteurs, souvenez-vous toujours que celui qui vous parle
n'est ni un savant ni un philosophe, mais un homme simple,
ami de la vérité, sans parti, sans système ; un solitaire qui,
vivant peu avec les hommes, a moins d'occasions de s'imboire
de leurs préjugés, et plus de temps pour réfléchir sur ce qui
590 le frappe quand il commerce avec eux. Mes raisonnements
sont moins fondés sur des principes que sur des faits ; et je
crois ne pouvoir mieux vous mettre à portée d'en juger, que
de vous rapporter souvent quelque exemple des observations
qui me les suggèrent.

595   J'étais allé passer quelques jours à la campagne chez une
bonne mère de famille qui prenait grand soin de ses enfants
et de leur éducation. Un matin que j'étais présent aux leçons
de l'aîné, son gouverneur, qui l'avait très bien instruit de
l'histoire ancienne, reprenant celle d'Alexandre, tomba sur le
600 trait connu du médecin Philippe, qu'on a mis en tableau, et
qui sûrement en valait bien la peine. Le gouverneur, homme
de mérite, fit sur l'intrépidité d'Alexandre plusieurs réflexions
qui ne me plurent point, mais que j'évitai de combattre, pour
ne pas le décréditer dans l'esprit de son élève. À table, on ne
605 manqua pas, selon la méthode française, de faire beaucoup
babiller le petit bonhomme. La vivacité naturelle à son âge,
et l'attente d'un applaudissement sûr, lui firent débiter mille
sottises, tout à travers lesquelles partaient de temps en temps
quelques mots heureux qui faisaient oublier le reste. Enfin
610 vint l'histoire du médecin Philippe : il la raconta fort nettement et avec beaucoup de grâce. Après l'ordinaire tribut

d'éloges[1] qu'exigeait la mère et qu'attendait le fils, on raisonna sur ce qu'il avait dit. Le plus grand nombre blâma la témérité d'Alexandre ; quelques-uns, à l'exemple du gouver-
615 neur, admiraient sa fermeté, son courage : ce qui me fit comprendre qu'aucun de ceux qui étaient présents ne voyait en quoi consistait la véritable beauté de ce trait. Pour moi, leur dis-je, il me paraît que s'il y a le moindre courage, la moindre fermeté dans l'action d'Alexandre, elle n'est qu'une
620 extravagance. Alors tout le monde se réunit, et convint que c'était une extravagance. J'allais répondre et m'échauffer, quand une femme qui était à côté de moi, et qui n'avait pas ouvert la bouche, se pencha vers mon oreille, et me dit tout bas : Tais-toi, Jean-Jacques, ils ne t'entendront pas. Je la
625 regardai, je fus frappé, et je me tus.

Après le dîner, soupçonnant sur plusieurs indices que mon jeune docteur n'avait rien compris du tout à l'histoire qu'il avait si bien racontée, je le pris par la main, je fis avec lui un tour de parc, et l'ayant questionné tout à mon aise, je trouvai
630 qu'il admirait plus que personne le courage si vanté d'Alexandre : mais savez-vous où il voyait ce courage ? uniquement dans celui d'avaler d'un seul trait un breuvage de mauvais goût, sans hésiter, sans marquer la moindre répugnance. Le pauvre enfant, à qui l'on avait fait prendre méde-
635 cine il n'y avait pas quinze jours, et qui ne l'avait prise qu'avec une peine infinie, en avait encore le déboire à la bouche. La mort, l'empoisonnement, ne passaient dans son esprit que pour des sensations désagréables, et il ne concevait pas, pour lui, d'autre poison que du séné. Cependant il faut
640 avouer que la fermeté du héros avait fait une grande impression sur son jeune cœur, et qu'à la première médecine qu'il faudrait avaler il avait bien résolu d'être un Alexandre. Sans entrer dans des éclaircissements qui passaient évidemment sa portée, je le confirmai dans ces dispositions louables, et je

---

1. **Tribut d'éloges :** ce qu'on est obligé d'accorder, les hommages habituels.

645 m'en retournai riant en moi-même de la haute sagesse des pères et des maîtres, qui pensent apprendre l'histoire aux enfants.

Il est aisé de mettre dans leurs bouches les mots de rois, d'empires, de guerres, de conquêtes, de révolutions, de lois ;
650 mais quand il sera question d'attacher à ces mots des idées nettes, il y aura loin de l'entretien du jardinier Robert à toutes ces explications. [...]

S'il n'y a point de science de mots, il n'y a point d'étude propre aux enfants. S'ils n'ont pas de vraies idées, ils n'ont
655 point de véritable mémoire ; car je n'appelle pas ainsi celle qui ne retient que des sensations. Que sert d'inscrire dans leur tête un catalogue de signes qui ne représentent rien pour eux ? En apprenant les choses, n'apprendront-ils pas les signes ? Pourquoi leur donner la peine inutile de les
660 apprendre deux fois ? Et cependant quels dangereux préjugés ne commence-t-on pas à leur inspirer, en leur faisant prendre pour de la science des mots qui n'ont aucun sens pour eux ! C'est du premier mot dont l'enfant se paye, c'est de la première chose qu'il apprend sur la parole d'autrui, sans en voir
665 l'utilité lui-même, que son jugement est perdu : il aura long-temps à briller aux yeux des sots avant qu'il répare une telle perte. [...]

Émile n'apprendra jamais rien par cœur, pas même des fables, pas même celles de La Fontaine, toutes naïves, toutes
670 charmantes qu'elles sont ; car les mots des fables ne sont pas plus les fables que les mots de l'histoire ne sont l'histoire. Comment peut-on s'aveugler assez pour appeler les fables la morale des enfants, sans songer que l'apologue [1], en les amu-sant, les abuse ; que, séduits par le mensonge, ils laissent
675 échapper la vérité, et que ce qu'on fait pour leur rendre l'instruction agréable les empêche d'en profiter ? Les fables peuvent instruire les hommes ; mais il faut dire la vérité nue

---

1. **Apologue** : court récit qui illustre une leçon de morale pratique ou un enseignement.

aux enfants : sitôt qu'on la couvre d'un voile, ils ne se donnent plus la peine de le lever.

680 On fait apprendre les fables de La Fontaine à tous les enfants, et il n'y en a pas un seul qui les entende. Quand ils les entendraient, ce serait encore pis ; car la morale en est tellement mêlée et si disproportionnée à leur âge, qu'elle les porterait plus au vice qu'à la vertu. Ce sont encore là, direz-

685 vous, des paradoxes. Soit ; mais voyons si ce sont des vérités. [...]

[Rousseau analyse Le Corbeau et le Renard *pour montrer que cette fable est inintelligible pour les enfants.]*

L'apprentissage de la lecture

On se fait une grande affaire de chercher les meilleures

690 méthodes d'apprendre à lire ; on invente des bureaux, des cartes ; on fait de la chambre d'un enfant un atelier d'imprimerie. Locke[1] veut qu'il apprenne à lire avec des dés. Ne voilà-t-il pas une invention bien trouvée ? Quelle pitié ! Un moyen plus sûr que tout cela, et celui qu'on oublie toujours,

695 est le désir d'apprendre. Donnez à l'enfant ce désir, puis laissez là vos bureaux et vos dés, toute méthode lui sera bonne.

L'intérêt présent, voilà le grand mobile, le seul qui mène sûrement et loin. Émile reçoit quelquefois de son père, de sa mère, de ses parents, de ses amis, des billets d'invitation pour

700 un dîner, pour une promenade, pour une partie sur l'eau, pour voir quelque fête publique. Ces billets sont courts, clairs, nets, bien écrits. Il faut trouver quelqu'un qui les lui lise ; ce quelqu'un ou ne se trouve pas toujours à point nommé, ou rend à l'enfant le peu de complaisance que l'enfant eut pour

---

1. **John Locke** : voir la note 1, p. 91. Dans son traité *Pensées sur l'éducation* (§ 153), Locke imagine un polyèdre d'ivoire à 35 faces sur lesquelles on inscrivait les lettres. À la suite de l'empirisme et du sensualisme, le XVIIIe siècle renouvelle les méthodes d'apprentissage de la lecture : il s'agit d'apprendre à lire vite, en jouant, en mobilisant les différents sens.

705 lui la veille. Ainsi l'occasion, le moment se passe. On lui lit
enfin le billet, mais il n'est plus temps. Ah ! si l'on eût su lire
soi-même ! On en reçoit d'autres : ils sont si courts ! le sujet
en est si intéressant ! on voudrait essayer de les déchiffrer ;
on trouve tantôt de l'aide et tantôt des refus. On s'évertue,
710 on déchiffre enfin la moitié d'un billet : il s'agit d'aller demain
manger de la crème... on ne sait où ni avec qui... Combien
on fait d'efforts pour lire le reste ! Je ne crois pas qu'Émile
ait besoin du bureau. Parlerai-je à présent de l'écriture ? Non,
j'ai honte de m'amuser à ces niaiseries dans un traité de
715 l'éducation. [...]

[*Pour « cultiver l'intelligence » de l'enfant, il faut « cultiver
les forces qu'elle doit gouverner. Exercez continuellement son
corps ; rendez-le robuste et sain, pour le rendre sage et raisonnable ; qu'il travaille, qu'il agisse, qu'il coure, qu'il soit*
720 *toujours en mouvement ; qu'il soit homme par la vigueur, et
bientôt il le sera par la raison ». La raison dépend du développement de la force du corps, à condition de ne pas
enfreindre la liberté, d'où la supériorité du sauvage sur le
paysan. Le maître doit s'appuyer sur ce besoin naturel de*
725 *liberté pour diriger les activités intellectuelles.*]

Prenez une route opposée avec votre élève ; qu'il croie toujours être le maître, et que ce soit toujours vous qui le soyez.
Il n'y a point d'assujettissement si parfait que celui qui garde
l'apparence de la liberté ; on captive ainsi la volonté même.
730 Le pauvre enfant qui ne sait rien, qui ne peut rien, qui ne
connaît rien, n'est-il pas à votre merci ? Ne disposez-vous
pas, par rapport à lui, de tout ce qui l'environne ? N'êtes-
vous pas le maître de l'affecter comme il vous plaît ? Ses travaux, ses jeux, ses plaisirs, ses peines, tout n'est-il pas dans
735 vos mains sans qu'il le sache ? Sans doute il ne doit faire que
ce qu'il veut ; mais il ne doit vouloir que ce que vous voulez
qu'il fasse ; il ne doit pas faire un pas que vous ne l'ayez

prévu ; il ne doit pas ouvrir la bouche que vous ne sachiez ce qu'il va dire. [...]

740 *[Il importe, à cet âge, de donner toute priorité au développement du corps (l'habiller, le baigner à l'eau froide, lui apprendre à nager).]*

UNE PRIORITÉ : L'EXERCICE DES SENS

Les sens engendrent le jugement par la pratique
Un enfant est moins grand qu'un homme ; il n'a ni sa force ni sa raison : mais il voit et entend aussi bien que lui, ou à
745 très peu près ; il a le goût aussi sensible, quoiqu'il l'ait moins délicat, et distingue aussi bien les odeurs, quoiqu'il n'y mette pas la même sensualité. Les premières facultés qui se forment et se perfectionnent en nous sont les sens. Ce sont donc les premières qu'il faudrait cultiver ; ce sont les seules qu'on
750 oublie, ou celles qu'on néglige le plus.

Exercer les sens n'est pas seulement en faire usage, c'est apprendre à bien juger par eux, c'est apprendre, pour ainsi dire, à sentir ; car nous ne savons ni toucher, ni voir, ni entendre, que comme nous avons appris.
755 Il y a un exercice purement naturel et mécanique, qui sert à rendre le corps robuste sans donner aucune prise au jugement : nager, courir, sauter, fouetter un sabot, lancer des pierres ; tout cela est fort bien ; mais n'avons-nous que des bras et des jambes ? n'avons-nous pas aussi des yeux, des
760 oreilles ? et ces organes sont-ils superflus à l'usage des premiers ? N'exercez donc pas seulement les forces, exercez tous les sens qui les dirigent ; tirez de chacun d'eux tout le parti possible, puis vérifiez l'impression de l'un par l'autre. Mesurez, comptez, pesez, comparez. N'employez la force qu'après
765 avoir estimé la résistance ; faites toujours en sorte que l'estimation de l'effet précède l'usage des moyens. Intéressez l'enfant à ne jamais faire d'efforts insuffisants ou superflus.

Si vous l'accoutumez à prévoir ainsi l'effet de tous ses mouvements, et à redresser ses erreurs par l'expérience, n'est-il
770 pas clair que plus il agira, plus il deviendra judicieux ?

S'agit-il d'ébranler une masse ; s'il prend un levier trop
long, il dépensera trop de mouvement ; s'il le prend trop
court, il n'aura pas assez de force ; l'expérience lui peut
apprendre à choisir précisément le bâton qu'il lui faut. Cette
775 sagesse n'est donc pas au-dessus de son âge. S'agit-il de porter
un fardeau ; s'il veut le prendre aussi pesant qu'il peut le
porter et n'en point essayer qu'il ne soulève, ne sera-t-il pas
forcé d'en estimer le poids à la vue ? Sait-il comparer des
masses de même matière et de différentes grosseurs, qu'il
780 choisisse entre des masses de même grosseur et de différentes
matières ; il faudra bien qu'il s'applique à comparer leurs
poids spécifiques. J'ai vu un jeune homme, très bien élevé,
qui ne voulut croire qu'après l'épreuve qu'un seau plein de
gros copeaux de bois de chêne fût moins pesant que le même
785 seau rempli d'eau.

Le toucher

Nous ne sommes pas également maîtres de l'usage de tous
nos sens. Il y en a un, savoir, le toucher, dont l'action n'est
jamais suspendue durant la veille ; il a été répandu sur la
surface entière de notre corps, comme une garde continuelle
790 pour nous avertir de tout ce qui peut l'offenser. C'est aussi
celui dont, bon gré, mal gré, nous acquérons le plus tôt
l'expérience par cet exercice continuel, et auquel, par conséquent, nous avons moins besoin de donner une culture particulière. Cependant nous observons que les aveugles ont le
795 tact[1] plus sûr et plus fin que nous, parce que, n'étant pas
guidés par la vue, ils sont forcés d'apprendre à tirer uniquement du premier sens les jugements que nous fournit l'autre.
Pourquoi donc ne nous exerce-t-on pas à marcher comme

---

1. **Le tact** : sensibilité au contact, à la température, à la pression d'un objet ;
sensibilité qui permet d'apprécier tel ou tel caractère d'une surface.

eux dans l'obscurité, à connaître les corps que nous pouvons
800 atteindre, à juger des objets qui nous environnent, à faire, en
un mot, de nuit et sans lumière, tout ce qu'ils font de jour et
sans yeux ? Tant que le soleil luit, nous avons sur eux l'avantage ; dans les ténèbres, ils sont nos guides à leur tour. Nous
sommes aveugles la moitié de la vie ; avec la différence que
805 les vrais aveugles savent toujours se conduire ; et que nous
n'osons faire un pas au cœur de la nuit. On a de la lumière,
me dira-t-on. Eh quoi ! toujours des machines ! Qui vous
répond qu'elles vous suivront partout au besoin ? Pour moi,
j'aime mieux qu'Émile ait des yeux au bout de ses doigts que
810 dans la boutique d'un chandelier. [...]

La vue

Autant le toucher concentre ses opérations autour de
l'homme, autant la vue étend les siennes au-delà de lui ; c'est
là ce qui rend celles-ci trompeuses : d'un coup d'œil un
homme embrasse la moitié de son horizon. Dans cette mul-
815 titude de sensations simultanées et de jugements qu'elles excitent, comment ne se tromper sur aucun ? Ainsi la vue est de
tous nos sens le plus fautif, précisément parce qu'il est le plus
étendu, et que, précédant de bien loin tous les autres, ses
opérations sont trop promptes et trop vastes pour pouvoir
820 être rectifiées par eux. Il y a plus, les illusions mêmes de la
perspective nous sont nécessaires pour parvenir à connaître
l'étendue et à comparer ses parties. Sans les fausses apparences, nous ne verrions rien dans l'éloignement ; sans les
gradations de grandeur et de lumière, nous ne pourrions esti-
825 mer aucune distance, ou plutôt, il n'y en aurait point pour
nous. Si de deux arbres égaux celui qui est à cent pas de nous
nous paraissait aussi grand et aussi distinct que celui qui est
à dix, nous les placerions à côté l'un de l'autre. Si nous aper-
cevions toutes les dimensions des objets sous leur véritable
830 mesure, nous ne verrions aucun espace, et tout nous paraîtrait sur notre œil.

Le sens de la vue n'a, pour juger la grandeur des objets et

leur distance, qu'une même mesure, savoir, l'ouverture de l'angle qu'ils font dans notre œil ; et comme cette ouverture
835 est un effet simple d'une cause composée, le jugement qu'il excite en nous laisse chaque cause particulière indéterminée, ou devient nécessairement fautif. Car, comment distinguer à la simple vue si l'angle sous lequel je vois un objet plus petit qu'un autre est tel parce que ce premier objet est en effet plus
840 petit, ou parce qu'il est plus éloigné ?

Il faut donc suivre ici une méthode contraire à la précédente ; au lieu de simplifier la sensation, la doubler, la vérifier toujours par une autre, assujettir[1] l'organe visuel à l'organe tactile, et réprimer, pour ainsi dire, l'impétuosité du premier
845 sens par la marche pesante et réglée du second. Faute de nous asservir à cette pratique, nos mesures par estimation sont très inexactes. Nous n'avons nulle précision dans le coup d'œil pour juger les hauteurs, les longueurs, les profondeurs, les distances ; et la preuve que ce n'est pas tant la faute du sens
850 que de son usage, c'est que les ingénieurs, les arpenteurs, les architectes, les maçons, les peintres ont en général le coup d'œil beaucoup plus sûr que nous, et apprécient les mesures de l'étendue avec plus de justesse ; parce que leur métier leur donnant en ceci l'expérience que nous négligeons d'acquérir,
855 ils ôtent l'équivoque[2] de l'angle par les apparences qui l'accompagnent, et qui déterminent plus exactement à leurs yeux le rapport des deux causes de cet angle.

Tout ce qui donne du mouvement au corps sans le contraindre est toujours facile à obtenir des enfants. Il y a
860 mille moyens de les intéresser à mesurer, à connaître, à estimer les distances. Voilà un cerisier fort haut, comment ferons-nous pour cueillir des cerises ? L'échelle de la grange est-elle bonne pour cela ? Voilà un ruisseau fort large, comment le traverserons-nous ? une des planches de la cour

---

1. **Assujettir** : soumettre.
2. **L'équivoque** : ce dont la signification n'est pas certaine, qui peut s'expliquer de différentes façons.

865 posera-t-elle sur les deux bords ? Nous voudrions, de nos fenêtres, pêcher dans les fossés du château ; combien de brasses[1] doit avoir notre ligne ? Je voudrais faire une balançoire entre ces deux arbres ; une corde de deux toises nous suffira-t-elle ? On me dit que dans l'autre maison notre
870 chambre aura vingt-cinq pieds[2] carrés ; croyez-vous qu'elle nous convienne ? sera-t-elle plus grande que celle-ci ? Nous avons grand-faim ; voilà deux villages ; auquel des deux serons-nous plus tôt pour dîner ? etc.

Il s'agissait d'exercer à la course un enfant indolent et
875 paresseux, qui ne se portait pas de lui-même à cet exercice ni à aucun autre, quoiqu'on le destinât à l'état militaire ; il s'était persuadé, je ne sais comment, qu'un homme de son rang ne devait rien faire ni rien savoir, et que sa noblesse devait tenir lieu de bras, de jambes, ainsi que de toute espèce
880 de mérite. À faire d'un tel gentilhomme un Achille[3] au pied léger, l'adresse de Chiron[4] même eût eu peine à suffire. La difficulté était d'autant plus grande que je ne voulais lui prescrire absolument rien ; j'avais banni de mes droits les exhortations, les promesses, les menaces, l'émulation, le désir de
885 briller ; comment lui donner celui de courir sans lui rien dire ? Courir moi-même eût été un moyen peu sûr et sujet à inconvénient. D'ailleurs il s'agissait encore de tirer de cet exercice quelque objet d'instruction pour lui, afin d'accoutumer les opérations de la machine et celles du jugement à marcher
890 toujours de concert. Voici comment je m'y pris : moi, c'est-à-dire celui qui parle dans cet exemple.

En m'allant promener avec lui les après-midi, je mettais quelquefois dans ma poche deux gâteaux d'une espèce qu'il

---

1. **Brasse** : ancienne mesure de longueur égale à 5 pieds (environ 1,60 m).

2. **Pied** : unité de longueur avant l'introduction du système métrique (environ 0,324 m), divisée en 12 pouces.

3. **Achille** : héros grec célébré par Homère dans l'*Iliade*. Au siège de Troie, il tua Hector, mais fut blessé au talon par une flèche empoisonnée que lui lança Pâris.

4. **Chiron** : centaure à qui fut confiée l'éducation d'Achille.

aimait beaucoup ; nous en mangions chacun un à la pro-
895 menade*, et nous revenions fort contents. Un jour il s'aperçut
que j'avais trois gâteaux ; il en aurait pu manger six sans
s'incommoder ; il dépêche promptement le sien pour me
demander le troisième. Non, lui dis-je : je le mangerais fort
bien moi-même, ou nous le partagerions ; mais j'aime mieux
900 le voir disputer à la course par ces deux petits garçons que
voilà. Je les appelai, je leur montrai le gâteau et leur proposai
la condition. Ils ne demandèrent pas mieux. Le gâteau fut
posé sur une grande pierre qui servit de but ; la carrière fut
marquée : nous allâmes nous asseoir ; au signal donné, les
905 petits garçons partirent ; le victorieux se saisit du gâteau, et
le mangea sans miséricorde aux yeux des spectateurs et du
vaincu.

Cet amusement valait mieux que le gâteau ; mais il ne prit
pas d'abord et ne produisit rien. Je ne me rebutai ni ne me
910 pressai : l'instruction des enfants est un métier où il faut
savoir perdre du temps pour en gagner. Nous continuâmes
nos promenades ; souvent on prenait trois gâteaux, quelquefois quatre, et de temps à autre il y en avait un, même deux
pour les coureurs. Si le prix n'était pas grand, ceux qui le
915 disputaient n'étaient pas ambitieux : celui qui le remportait
était loué, fêté ; tout se faisait avec appareil. Pour donner lieu
aux révolutions et augmenter l'intérêt, je marquais la carrière
plus longue, j'y souffrais plusieurs concurrents. À peine
étaient-ils dans la lice, que tous les passants s'arrêtaient pour
920 les voir ; les acclamations, les cris, les battements de mains

---

* Promenade champêtre, comme on verra dans l'instant. Les promenades
publiques des villes sont pernicieuses[1] aux enfants de l'un et de l'autre sexe.
C'est là qu'ils commencent à se rendre vains et à vouloir être regardés : c'est au
Luxembourg, aux Tuileries, surtout au Palais-Royal, que la belle jeunesse de
Paris va prendre cet air impertinent et fat qui la rend si ridicule, et la fait tuer
et détester dans toute l'Europe.
1. **Pernicieux/se** : dangereux, nuisible pour la santé. Les médecins, comme
Tissot au XVIIIᵉ siècle, dénoncent ce que nous appellerions aujourd'hui la
pollution des villes.

les animaient ; je voyais quelquefois mon petit bonhomme tressaillir, se lever, s'écrier quand l'un était près d'atteindre ou de passer l'autre ; c'étaient pour lui les jeux olympiques.

Cependant les concurrents usaient quelquefois de super-
925 cherie[1], ils se retenaient mutuellement, ou se faisaient tomber, ou poussaient des cailloux au passage l'un de l'autre. Cela me fournit un sujet de les séparer, et de les faire partir de différents termes, quoique également éloignés du but : on verra bientôt la raison de cette prévoyance ; car je dois traiter
930 cette importante affaire dans un grand détail.

Ennuyé de voir toujours manger sous ses yeux des gâteaux qui lui faisaient grande envie, monsieur le chevalier[2] s'avisa de soupçonner enfin que bien courir pouvait être bon à quelque chose et voyant qu'il avait aussi deux jambes, il
935 commença de s'essayer en secret. Je me gardai d'en rien voir ; mais je compris que mon stratagème avait réussi. Quand il se crut assez fort, et je lus avant lui dans sa pensée, il affecta de m'importuner pour avoir le gâteau restant. Je le refuse, il s'obstine, et d'un air dépité il me dit à la fin : Eh bien ! met-
940 tez-le sur la pierre, marquez le champ, et nous verrons. Bon ! lui dis-je en riant, est-ce qu'un chevalier sait courir ? Vous gagnerez plus d'appétit, et non de quoi le satisfaire. Piqué de ma raillerie, il s'évertue[3] ; et remporte le prix d'autant plus aisément, que j'avais fait la lice[4] très courte et pris soin
945 d'écarter le meilleur coureur. On conçoit comment, ce premier pas étant fait, il me fut aisé de le tenir en haleine. Bientôt il prit un tel goût à cet exercice, que, sans faveur, il était presque sûr de vaincre mes polissons à la course, quelque longue que fût la carrière[5].
950 Cet avantage obtenu en produisit un autre auquel je

---

1. **Supercherie** : tromperie calculée.
2. **Monsieur le chevalier** : titre de noblesse. Rappelons qu'Émile est un jeune noble.
3. **Il s'évertue** : il fait tous ses efforts.
4. **Lice** : espace clos où se déroule une compétition.
5. **Carrière** : lieu disposé pour la course (dans l'Antiquité, la course de chars).

Émile et ses compagnons de jeux.
Illustration d'A. Johannot pour une édition du XIXᵉ siècle.

n'avais pas songé. Quand il remportait rarement le prix, il le mangeait presque toujours seul, ainsi que faisaient ses concurrents ; mais en s'accoutumant à la victoire, il devint généreux et partageait souvent avec les vaincus. Cela me four-
955 nit à moi-même une observation morale, et j'appris par là quel était le vrai principe de la générosité.

En continuant avec lui de marquer en différents lieux les termes d'où chacun devait partir à la fois, je fis, sans qu'il s'en aperçût, les distances inégales, de sorte que l'un, ayant
960 à faire plus de chemin que l'autre pour arriver au même but, avait un désavantage visible ; mais, quoique je laissasse le choix à mon disciple, il ne savait pas s'en prévaloir. Sans s'embarrasser de la distance, il préférait toujours le plus beau chemin ; de sorte que, prévoyant aisément son choix, j'étais
965 à peu près le maître de lui faire perdre ou gagner le gâteau à ma volonté ; et cette adresse avait aussi son usage à plus d'une fin. Cependant, comme mon dessein était qu'il s'aperçût de la différence, je tâchais de la lui rendre sensible ; mais, quoique indolent dans le calme, il était si vif dans ses jeux,
970 et se défiait si peu de moi, que j'eus toutes les peines du monde à lui faire apercevoir que je le trichais[1]. Enfin j'en vins à bout malgré son étourderie ; il m'en fit des reproches. Je lui dis : De quoi vous plaignez-vous ? dans un don que je veux bien faire, ne suis-je pas maître de mes conditions ? Qui
975 vous force à courir ? vous ai-je promis de faire les lices égales ? n'avez-vous pas le choix ? Prenez la plus courte, on ne vous en empêche point. Comment ne voyez-vous pas que c'est vous que je favorise, et que l'inégalité dont vous murmurez est tout à votre avantage si vous savez vous en pré-
980 valoir ? Cela était clair ; il le comprit, et, pour choisir, il fallut y regarder de plus près. D'abord on voulut compter les pas ; mais la mesure des pas d'un enfant est lente et fautive ; de plus, je m'avisai de multiplier les courses dans un même jour ;

---

1. Je le trichais : je trichais à son désavantage (l'emploi transitif est aujourd'hui incorrect).

et alors, l'amusement devenant une espèce de passion, l'on
985 avait regret de perdre à mesurer les lices le temps destiné à
les parcourir. La vivacité de l'enfance s'accommode mal de
ces lenteurs ; on s'exerça donc à mieux voir, à mieux estimer
une distance à la vue. Alors j'eus peu de peine à étendre et
nourrir ce goût. Enfin, quelques mois d'épreuves et d'erreurs
990 corrigées lui formèrent tellement le compas visuel, que, quand
je lui mettais par la pensée un gâteau sur quelque objet
éloigné, il avait le coup d'œil presque aussi sûr que la chaîne
d'un arpenteur.

Comme la vue est de tous les sens celui dont on peut le
995 moins séparer les jugements de l'esprit, il faut beaucoup de
temps pour apprendre à voir ; il faut avoir longtemps
comparé la vue au toucher pour accoutumer le premier de
ces deux sens à nous faire un rapport fidèle des figures et des
distances ; sans le toucher, sans le mouvement progressif, les
1000 yeux du monde les plus perçants ne sauraient nous donner
aucune idée de l'étendue. L'univers entier ne doit être qu'un
point pour une huître ; il ne lui paraîtrait rien de plus quand
même une âme humaine informerait cette huître. Ce n'est
qu'à force de marcher, de palper, de nombrer, de mesurer les
1005 dimensions, qu'on apprend à les estimer ; mais aussi, si l'on
mesurait toujours, le sens, se reposant sur l'instrument,
n'acquerrait aucune justesse. Il ne faut pas non plus que
l'enfant passe tout d'un coup de la mesure à l'estimation ; il
faut d'abord que, continuant à comparer par parties ce qu'il
1010 ne saurait comparer tout d'un coup, à des aliquotes [1] précises
il substitue des aliquotes par appréciation, et qu'au lieu
d'appliquer toujours avec la main la mesure, il s'accoutume
à l'appliquer seulement avec les yeux. Je voudrais pourtant
qu'on vérifiât ses premières opérations par des mesures
1015 réelles, afin qu'il corrigeât ses erreurs, et que, s'il reste dans
le sens quelque fausse apparence, il apprît à la rectifier par

---

1. **Aliquote** : se dit des parties qui sont contenues un nombre exact de fois
dans un tout, ainsi le nombre 5 est l'aliquote de 20 (arythm.).

un meilleur jugement. On a des mesures naturelles qui sont à peu près les mêmes en tous lieux : les pas d'un homme, l'étendue de ses bras, sa stature. Quand l'enfant estime la
1020 hauteur d'un étage, son gouverneur peut lui servir de toise [1], s'il estime la hauteur d'un clocher, qu'il le toise avec les maisons ; s'il veut savoir les lieues [2] de chemin, qu'il compte les heures de marche ; et surtout qu'on ne fasse rien de tout cela pour lui, mais qu'il le fasse lui-même.

1025 On ne saurait apprendre à bien juger de l'étendue et de la grandeur des corps, qu'on n'apprenne à connaître aussi leurs figures et même à les imiter ; car au fond cette imitation ne tient absolument qu'aux lois de la perspective ; et l'on ne peut estimer l'étendue sur ses apparences, qu'on n'ait quelque sen-
1030 timent de ces lois. Les enfants, grands imitateurs, essayent tous de dessiner : je voudrais que le mien cultivât cet art, non précisément pour l'art même, mais pour se rendre l'œil juste et la main flexible ; et, en général, il importe fort peu qu'il sache tel ou tel exercice, pourvu qu'il acquière la perspicacité
1035 du sens et la bonne habitude du corps qu'on gagne par cet exercice. Je me garderai donc bien de lui donner un maître à dessiner, qui ne lui donnerait à imiter que des imitations, et ne le ferait dessiner que sur des dessins : je veux qu'il n'ait d'autre maître que la nature, ni d'autre modèle que les objets.
1040 Je veux qu'il ait sous les yeux l'original même et non pas le papier qui le représente, qu'il crayonne une maison sur une maison, un arbre sur un arbre, un homme sur un homme, afin qu'il s'accoutume à bien observer les corps et leurs apparences, et non pas à prendre des imitations fausses et conven-
1045 tionnelles pour de véritables imitations. Je le détournerai même de rien tracer de mémoire en l'absence des objets, jusqu'à ce que, par des observations fréquentes, leurs figures

---

1. **Toise** : ancienne mesure de longueur française valant 1,949 m. Il le toise : il le mesure à l'aune de la toise.
2. **Lieue** : mesure qui servait à évaluer les distances avant l'adoption du système métrique.

exactes s'impriment bien dans son imagination ; de peur que, substituant à la vérité des choses des figures bizarres et fantastiques [1], il ne perde la connaissance des proportions et le goût des beautés de la nature.

Je sais bien que de cette manière il barbouillera longtemps sans rien faire de reconnaissable, qu'il prendra tard l'élégance des contours et le trait léger des dessinateurs, peut-être jamais le discernement des effets pittoresques [2] et le bon goût du dessin ; en revanche, il contractera certainement un coup d'œil plus juste, une main plus sûre, la connaissance des vrais rapports de grandeur et de figure qui sont entre les animaux, les plantes, les corps naturels, et une plus prompte expérience du jeu de la perspective. Voilà précisément ce que j'ai voulu faire, et mon intention n'est pas tant qu'il sache imiter les objets que les connaître ; j'aime mieux qu'il me montre une plante d'acanthe [3], et qu'il trace moins bien le feuillage d'un chapiteau.

Au reste, dans cet exercice, ainsi que dans tous les autres, je ne prétends pas que mon élève en ait seul l'amusement. Je veux le lui rendre plus agréable encore en le partageant sans cesse avec lui. Je ne veux point qu'il ait d'autre émule que moi, mais je serai son émule [4] sans relâche et sans risque ; cela mettra de l'intérêt dans ses occupations, sans causer de jalousie entre nous. Je prendrai le crayon à son exemple ; je l'emploierai d'abord aussi maladroitement que lui. Je serais un Apelle [5], que je ne me trouverai qu'un barbouilleur. Je commencerai par tracer un homme comme les laquais les tracent contre les murs ; une barre pour chaque bras, une barre pour chaque jambe, et des doigts plus gros que le bras.

---

1. **Fantastique** : né de l'imagination.
2. **Pittoresque** : qui appartient à la peinture, qui est digne d'être peint.
3. **Acanthe** : plante d'ornement.
4. **Émule** : celui qui cherche à égaler ou à surpasser quelqu'un, compétiteur, concurrent, rival. Émulation : compétition, rivalité, concurrence.
5. **Apelle** : le plus illustre des peintres grecs ; il vécut à la cour d'Alexandre le Grand dont il fit le portrait.

Bien longtemps après nous nous apercevrons l'un ou l'autre de cette disproportion ; nous remarquerons qu'une jambe a de l'épaisseur, que cette épaisseur n'est pas partout la même ; que le bras a sa longueur déterminée par rapport au corps, etc. Dans ce progrès, je marcherai tout au plus à côté de lui, ou je le devancerai de si peu, qu'il lui sera toujours aisé de m'atteindre, et souvent de me surpasser. Nous aurons des couleurs, des pinceaux ; nous tâcherons d'imiter le coloris des objets et toute leur apparence aussi bien que leur figure. Nous enluminerons[1], nous peindrons, nous barbouillerons ; mais, dans tous nos barbouillages, nous ne cesserons d'épier la nature ; nous ne ferons jamais rien que sous les yeux du maître.

Nous étions en peine d'ornements pour notre chambre, en voilà de tout trouvés. Je fais encadrer nos dessins ; je les fais couvrir de beaux verres, afin qu'on n'y touche plus, et que, les voyant rester dans l'état où nous les avons mis, chacun ait intérêt de ne pas négliger les siens. Je les arrange par ordre autour de la chambre, chaque dessin répété vingt, trente fois, et montrant à chaque exemplaire le progrès de l'auteur, depuis le moment où la maison n'est qu'un carré presque informe, jusqu'à celui où sa façade, son profil, ses proportions, ses ombres, sont dans la plus exacte vérité. Ces gradations ne peuvent manquer de nous offrir sans cesse des tableaux intéressants pour nous, curieux pour d'autres, et d'exciter toujours plus notre émulation. Aux premiers, aux plus grossiers de ces dessins, je mets des cadres bien brillants, bien dorés, qui les rehaussent ; mais quand l'imitation devient plus exacte et que le dessin est véritablement bon, alors je ne lui donne plus qu'un cadre noir très simple ; il n'a plus besoin d'autre ornement que lui-même, et ce serait dommage que la bordure partageât l'attention que mérite l'objet. Ainsi chacun de nous aspire à l'honneur du cadre uni ; et quand l'un veut

---

1. **Enluminer** : peindre de couleurs vives.

1110 dédaigner un dessin de l'autre, il le condamne au cadre doré. Quelque jour, peut-être, ces cadres dorés passeront entre nous en proverbe, et nous admirerons combien d'hommes se rendent justice en se faisant encadrer ainsi.

J'ai dit que la géométrie n'était pas à la portée des enfants ;
1115 mais c'est notre faute. Nous ne sentons pas que leur méthode n'est point la nôtre, et que ce qui devient pour nous l'art de raisonner ne doit être pour eux que l'art de voir. Au lieu de leur donner notre méthode, nous ferions mieux de prendre la leur ; car notre manière d'apprendre la géométrie est bien
1120 autant une affaire d'imagination que de raisonnement. Quand la proposition est énoncée, il faut en imaginer la démonstration, c'est-à-dire trouver de quelle proposition déjà sue celle-là doit être une conséquence, et, de toutes les conséquences qu'on peut tirer de cette même proposition, choisir
1125 précisément celle dont il s'agit.

De cette manière, le raisonneur le plus exact, s'il n'est pas inventif, doit rester court. Aussi qu'arrive-t-il de là ? Qu'au lieu de nous faire trouver les démonstrations, on nous les dicte ; qu'au lieu de nous apprendre à raisonner, le maître
1130 raisonne pour nous et n'exerce que notre mémoire.

Faites des figures exactes, combinez-les, posez-les l'une sur l'autre, examinez leurs rapports ; vous trouverez toute la géométrie élémentaire en marchant d'observation en observation, sans qu'il soit question ni de définitions, ni de pro-
1135 blèmes, ni d'aucune autre forme démonstrative que la simple superposition. Pour moi, je ne prétends point apprendre la géométrie à Émile, c'est lui qui me l'apprendra, je chercherai les rapports, et il les trouvera ; car je les chercherai de manière à les lui faire trouver. Par exemple, au lieu de me
1140 servir d'un compas pour tracer un cercle, je le tracerai avec une pointe au bout d'un fil tournant sur un pivot. Après cela, quand je voudrai comparer les rayons entre eux, Émile se moquera de moi, et il me fera comprendre que le même fil toujours tendu ne peut avoir tracé des distances inégales.

1145 Si je veux mesurer un angle de soixante degrés, je décris du sommet de cet angle, non pas un arc, mais un cercle entier ; car avec les enfants il ne faut jamais rien sous-entendre. Je trouve que la portion du cercle comprise entre les deux côtés de l'angle est la sixième partie du cercle. Après 1150 cela je décris du même sommet un autre plus grand cercle, et je trouve que ce second arc est encore la sixième partie de son cercle. Je décris un troisième cercle concentrique sur lequel je fais la même épreuve ; et je la continue sur de nouveaux cercles, jusqu'à ce qu'Émile, choqué de ma stupidité, 1155 m'avertisse que chaque arc, grand ou petit, compris par le même angle, sera toujours la sixième partie de son cercle, etc. Nous voilà tout à l'heure à l'usage du rapporteur.

Pour prouver que les angles de suite sont égaux à deux droits, on décrit un cercle ; moi, tout au contraire, je fais en 1160 sorte qu'Émile remarque cela premièrement dans le cercle, et puis je lui dis : Si l'on ôtait le cercle et les lignes droites, les angles auraient-ils changé de grandeur, etc.

On néglige la justesse des figures, on la suppose, et l'on s'attache à la démonstration. Entre nous, au contraire, il ne 1165 sera jamais question de démonstration ; notre plus importante affaire sera de tirer des lignes bien droites, bien justes, bien égales ; de faire un carré bien parfait, de tracer un cercle bien rond. Pour vérifier la justesse de la figure, nous l'examinerons par toutes ses propriétés sensibles ; et cela nous 1170 donnera occasion d'en découvrir chaque jour de nouvelles. Nous plierons par le diamètre les deux demi-cercles ; par la diagonale, les deux moitiés du carré ; nous comparerons nos deux figures pour voir celle dont les bords conviennent le plus exactement, et par conséquent la mieux faite ; nous disputerons 1175 rons si cette égalité de partage doit avoir toujours lieu dans les parallélogrammes, dans les trapèzes, etc. On essayera quelquefois de prévoir le succès de l'expérience avant de la faire ; on tâchera de trouver des raisons, etc.

La géométrie n'est pour mon élève que l'art de se bien 1180 servir de la règle et du compas ; il ne doit point la confondre avec le dessin, où il n'emploiera ni l'un ni l'autre de ces ins-

truments. La règle et le compas seront enfermés sous la clef, et l'on ne lui en accordera que rarement l'usage et pour peu de temps, afin qu'il ne s'accoutume pas à barbouiller ; mais
1185 nous pourrons quelquefois porter nos figures à la promenade, et causer de ce que nous aurons fait ou de ce que nous voudrons faire. [...]

L'ouïe

Comme nous avons comparé la vue au toucher, il est bon de la comparer de même à l'ouïe, et de savoir laquelle des
1190 deux impressions, partant à la fois du même corps, arrivera le plus tôt à son organe. Quand on voit le feu d'un canon, l'on peut encore se mettre à l'abri du coup ; mais sitôt qu'on entend le bruit, il n'est plus temps, le boulet est là. On peut juger de la distance où se fait le tonnerre par l'intervalle de
1195 temps qui se passe de l'éclair au coup. Faites en sorte que l'enfant connaisse toutes ces expériences ; qu'il fasse celles qui sont à sa portée, et qu'il trouve les autres par induction[1], mais j'aime cent fois mieux qu'il les ignore que s'il faut que vous les lui disiez. [...]

Le goût

1200 *[Il nous porte naturellement vers une alimentation saine ; « plus nos goûts sont simples, plus ils sont universels ». Il faut « conserver à l'enfant son goût primitif le plus qu'il est possible ; que sa nourriture soit commune et simple, que son palais ne se familiarise qu'à des saveurs peu relevées, et ne se*
1205 *forme point un goût exclusif ». La gourmandise est naturelle à l'enfance, on peut l'utiliser comme moyen pédagogique : « Émile ne regarde point le gâteau que j'ai mis sur la pierre comme le prix d'avoir bien couru ; il sait seulement que le seul moyen d'avoir ce gâteau est d'y arriver plus tôt qu'un*
1210 *autre. »]*

---

1. **Par induction** : l'induction est l'opération mentale qui consiste à remonter des cas particuliers ou singuliers à une proposition plus générale.

L'odorat

[« *L'odorat est le sens de l'imagination ; donnant aux nerfs un ton plus fort, il doit beaucoup agiter le cerveau, c'est pour cela qu'il ranime un moment le tempérament, et l'épuise à la longue. Il a dans l'amour des effets assez connus [...]* » *Il est*
1215 *plus développé chez les femmes. Les sauvages exercent le sens de l'odorat pour s'en servir à la chasse. Inséparable du goût, il importe que ces « rapports naturels » ne soient pas altérés chez l'enfant.*]

Le sens commun

[*Rousseau ajoute « un sixième sens », qu'il appelle « le*
1220 *sens commun », moins parce qu'il est commun à tous les hommes, que parce qu'il résulte de l'usage bien réglé des autres sens, et qu'il nous instruit de la nature des choses par le concours de toutes leurs apparences. Ce sixième sens n'a point par conséquent d'organe particulier : il ne réside que*
1225 *dans le cerveau, et ses sensations, purement internes, s'appellent perceptions ou idées. C'est par le nombre de ces idées que se mesurent l'étendue de nos connaissances : c'est leur netteté, leur clarté qui fait la justesse de l'esprit ; c'est l'art de de les comparer entre elles qu'on appelle raison humaine.*
1230 *Ainsi ce que j'appelais raison sensitive ou puérile consiste à former des idées simples par le concours de plusieurs sensations, et ce que j'appelle raison intellectuelle ou humaine consiste à former des idées complexes par le concours de plusieurs idées simples »*.]

PORTRAIT DE L'ENFANT DE DOUZE ANS

[*Le livre II s'achève par le portrait d'Émile à douze ans.*]

1235 Mais quand je me figure un enfant de dix à douze ans, sain, vigoureux, bien formé pour son âge, il ne me fait pas naître une idée qui ne soit agréable, soit pour le présent, soit pour l'avenir : je le vois bouillant, vif, animé, sans souci ron-

geant, sans longue et pénible prévoyance, tout entier à son
1240 être actuel, et jouissant d'une plénitude de vie qui semble vouloir s'étendre hors de lui. Je le prévois dans un autre âge,
exerçant le sens, l'esprit, les forces qui se développent en lui
de jour en jour, et dont il donne à chaque instant de nouveaux indices ; je le contemple enfant, et il me plaît ; je
1245 l'imagine homme, et il me plaît davantage ; son sang ardent
semble réchauffer le mien ; je crois vivre de sa vie, et sa vivacité me rajeunit.

L'heure sonne, quel changement ! À l'instant son œil se
ternit, sa gaieté s'efface ; adieu la joie, adieu les folâtres jeux.
1250 Un homme sévère et fâché le prend par la main, lui dit gravement : *Allons, monsieur*, et l'emmène. Dans la chambre où
ils entrent j'entrevois des livres. Des livres ! quel triste ameu-
blement pour son âge ! Le pauvre enfant se laisse entraîner,
tourne un œil de regret sur tout ce qui l'environne, se tait, et
1255 part, les yeux gonflés de pleurs qu'il n'ose répandre, et le cœur
gros de soupirs qu'il n'ose exhaler.

Ô toi qui n'as rien de pareil à craindre, toi pour qui nul
temps de la vie n'est un temps de gêne et d'ennui, toi qui vois
venir le jour sans inquiétude, la nuit sans impatience, et ne
1260 comptes les heures que par tes plaisirs, viens, mon heureux,
mon aimable élève, nous consoler par ta présence du départ
de cet infortuné ; viens... Il arrive, et je sens à son approche
un mouvement de joie que je lui vois partager. C'est son ami,
son camarade, c'est le compagnon de ses jeux qu'il aborde ;
1265 il est bien sûr, en me voyant, qu'il ne restera pas longtemps
sans amusement ; nous ne dépendons jamais l'un de l'autre,
mais nous nous accordons toujours, et nous ne sommes avec
personne aussi bien qu'ensemble.

Sa figure, son port, sa contenance[1], annoncent l'assurance
1270 et le contentement[2], la santé brille sur son visage ; ses pas

---

1. Le port est la manière naturelle de se tenir debout ou dans la marche (allure, démarche, maintien). La contenance est la manière de se présenter (l'allure).
2. **Contentement** : état de celui qui ne désire rien de mieux que ce qu'il a. Content : satisfait.

affermis lui donnent un air de vigueur ; son teint, délicat
encore sans être fade, n'a rien d'une mollesse efféminée ; l'air
et le soleil y ont déjà mis l'empreinte honorable de son sexe ;
ses muscles, encore arrondis, commencent à marquer
1275 quelques traits d'une physionomie naissante ; ses yeux, que
le feu du sentiment n'anime point encore, ont au moins toute
leur sérénité native *, de longs chagrins ne les ont point obs-
curcis, des pleurs sans fin n'ont point sillonné ses joues. Voyez
dans ses mouvements prompts, mais sûrs, la vivacité de son
1280 âge, la fermeté de l'indépendance, l'expérience des exercices
multipliés. Il a l'air ouvert et libre, mais non pas insolent ni
vain : son visage, qu'on n'a pas collé sur des livres, ne tombe
point sur son estomac ; on n'a pas besoin de lui dire : *Levez
la tête* ; la honte ni la crainte ne la lui firent jamais baisser.

1285 Faisons-lui place au milieu de l'assemblée : messieurs, exa-
minez-le, interrogez-le en toute confiance ; ne craignez ni ses
importunités, ni son babil, ni ses questions indiscrètes. N'ayez
pas peur qu'il s'empare de vous, qu'il prétende vous occuper
de lui seul, et que vous ne puissiez plus vous en défaire.

1290 N'attendez pas non plus de lui des propos agréables, ni
qu'il vous dise ce que je lui aurai dicté ; n'en attendez que la
vérité naïve et simple, sans ornement, sans apprêt, sans
vanité. Il vous dira le mal qu'il a fait ou celui qu'il pense,
tout aussi librement que le bien, sans s'embarrasser en aucune
1295 sorte de l'effet que fera sur vous ce qu'il aura dit : il usera de
la parole dans toute la simplicité de sa première institution.

L'on aime à bien augurer des enfants, et l'on a toujours
regret à ce flux d'inepties[1] qui vient presque toujours renverser les espérances qu'on voudrait tirer de quelque heureuse
1300 rencontre qui par hasard leur tombe sur la langue. Si le mien
donne rarement de telles espérances, il ne donnera jamais ce

---

* *Natia.* J'emploie ce mot dans une acception italienne, faute de lui trouver un
synonyme en français. Si j'ai tort, peu importe, pourvu qu'on m'entende (note
de Rousseau).
1. **Inepties** : sottises.

regret ; car il ne dit jamais un mot inutile, et ne s'épuise pas sur un babil qu'il sait qu'on n'écoute point. Ses idées sont bornées, mais nettes ; s'il ne sait rien par cœur, il sait beau-
1305 coup par expérience ; s'il lit moins bien qu'un autre enfant dans nos livres, il lit mieux dans celui de la nature ; son esprit n'est pas dans sa langue, mais dans sa tête ; il a moins de mémoire que de jugement ; il ne sait parler qu'un langage, mais il entend ce qu'il dit ; et s'il ne dit pas si bien que les
1310 autres disent, en revanche, il fait mieux qu'ils ne font.

Il ne sait ce que c'est que routine, usage, habitude ; ce qu'il fit hier n'influe point sur ce qu'il fait aujourd'hui* : il ne suit jamais de formule, ne cède point à l'autorité ni à l'exemple, et n'agit ni ne parle que comme il lui convient. Ainsi n'atten-
1315 dez pas de lui des discours dictés ni des manières étudiées, mais toujours l'expression fidèle de ses idées et la conduite qui naît de ses penchants.

Vous lui trouvez un petit nombre de notions morales qui se rapportent à son état actuel, aucune sur l'état relatif des
1320 hommes : et de quoi lui serviraient-elles, puisqu'un enfant n'est pas encore membre actif de la société ? Parlez-lui de liberté, de propriété, de convention même ; il peut en savoir jusque-là, il sait pourquoi ce qui est à lui est à lui, et pourquoi ce qui n'est pas à lui n'est pas à lui : passé cela, il ne sait plus
1325 rien. Parlez-lui de devoir, d'obéissance, il ne sait ce que vous voulez dire ; commandez-lui quelque chose, il ne vous enten-dra pas ; mais dites-lui : Si vous me faisiez tel plaisir, je vous le rendrais dans l'occasion ; à l'instant il s'empressera de vous complaire, car il ne demande pas mieux que d'étendre son

---

* L'attrait de l'habitude vient de la paresse naturelle à l'homme, et cette paresse augmente en s'y livrant : on fait plus aisément ce qu'on a déjà fait : la route étant frayée en devient plus facile à suivre. Aussi peut-on remarquer que l'empire de l'habitude est très grand sur les vieillards et sur les gens indolents, très petit sur la jeunesse et sur les gens vifs. Ce régime n'est bon qu'aux âmes faibles, et les affaiblit davantage de jour en jour. La seule habitude utile aux enfants est de s'asservir sans peine à la nécessité des choses, et la seule habitude utile aux hommes est de s'asservir sans peine à la raison. Toute autre habitude est un vice.

1330 domaine, et d'acquérir sur vous des droits qu'il sait être inviolables. Peut-être même n'est-il pas fâché de tenir une place, de faire nombre, d'être compté pour quelque chose ; mais s'il a ce dernier motif, le voilà déjà sorti de la nature, et vous n'avez pas bien bouché d'avance toutes les portes de la vanité.

1335 De son côté, s'il a besoin de quelque assistance, il la demandera indifféremment au premier qu'il rencontre ; il la demanderait au roi comme à son laquais : tous les hommes sont encore égaux à ses yeux. Vous voyez, à l'air dont il prie, qu'il sent qu'on ne doit rien ; il sait que ce qu'il demande est une

1340 grâce. Il sait aussi que l'humanité porte à en accorder. Ses expressions sont simples et laconiques[1]. Sa voix, son regard, son geste sont d'un être également accoutumé à la complaisance et au refus. Ce n'est ni la rampante et servile soumission d'un esclave, ni l'impérieux accent d'un maître ; c'est une

1345 modeste confiance en son semblable, c'est la noble et touchante douceur d'un être libre, mais sensible et faible, qui implore l'assistance d'un être libre, mais fort et bienfaisant. Si vous lui accordez ce qu'il vous demande, il ne vous remerciera pas, mais il sentira qu'il a contracté une dette. Si vous

1350 le lui refusez, il ne se plaindra point, il n'insistera point, il sait que cela serait inutile. Il ne se dira point : On m'a refusé ; mais il se dira : Cela ne pouvait pas être ; et, comme je l'ai déjà dit, on ne se mutine guère[2] contre la nécessité bien reconnue.

Laissez-le seul en liberté, voyez-le agir sans lui rien dire ;

1355 considérez ce qu'il fera et comment il s'y prendra. N'ayant pas besoin de se prouver qu'il est libre, il ne fait jamais rien par étourderie, et seulement pour faire un acte de pouvoir sur lui-même ; ne sait-il pas qu'il est toujours maître de lui ? Il est alerte[3], léger, dispos[4], ses mouvements ont toute la viva-

1360 cité de son âge, mais vous n'en voyez pas un qui n'ait une

---

1. **Laconique** : qui tient en peu de mots.
2. **On ne se mutine guère** : on ne se révolte guère.
3. **Alerte** : qui est en éveil, prompt à agir.
4. **Dispos** : qui est dans de bonnes dispositions de santé, de force.

fin. Quoi qu'il veuille faire, il n'entreprendra jamais rien qui soit au-dessus de ses forces, car il les a bien éprouvées et les connaît ; ses moyens seront toujours appropriés à ses desseins, et rarement il agira sans être assuré du succès. Il aura

1365 l'œil attentif et judicieux ; il n'ira pas niaisement interrogeant les autres sur tout ce qu'il voit ; mais il l'examinera lui-même et se fatiguera pour trouver ce qu'il veut apprendre, avant de le demander. S'il tombe dans des embarras imprévus, il se troublera moins qu'un autre ; s'il y a du risque, il s'effrayera

1370 moins aussi. Comme son imagination reste encore inactive, et qu'on n'a rien fait pour l'animer, il ne voit que ce qui est, n'estime les dangers que ce qu'ils valent, et garde toujours son sang-froid. La nécessité s'appesantit trop souvent sur lui pour qu'il regimbe encore contre elle ; il en porte le joug dès

1375 sa naissance, l'y voilà bien accoutumé ; il est toujours prêt à tout.

Qu'il s'occupe ou qu'il s'amuse, l'un et l'autre est égal pour lui ; ses jeux sont ses occupations, il n'y sent point de différence. Il met à tout ce qu'il fait un intérêt qui fait rire et une

1380 liberté qui plaît, en montrant à la fois le tour de son esprit et la sphère de ses connaissances. N'est-ce pas le spectacle de cet âge, un spectacle charmant et doux, de voir un joli enfant, l'œil vif et gai, l'air content et serein, la physionomie ouverte et riante, faire, en se jouant, les choses les plus sérieuses, ou

1385 profondément occupé des plus frivoles amusements ?

Voulez-vous à présent le juger par comparaison ? Mêlez-le avec d'autres enfants, et laissez-le faire. Vous verrez bientôt lequel est le plus vraiment formé, lequel approche le mieux de la perfection de leur âge. Parmi les enfants de la ville, nul

1390 n'est plus adroit que lui, mais il est plus fort qu'aucun autre. Parmi de jeunes paysans, il les égale en force et les passe en adresse. Dans tout ce qui est à portée de l'enfance, il juge, il raisonne, il prévoit mieux qu'eux tous. Est-il question d'agir, de courir, de sauter, d'ébranler des corps, d'enlever des

1395 masses, d'estimer des distances, d'inventer des jeux, d'emporter des prix ? on dirait que la nature est à ses ordres, tant il sait aisément plier toute chose à ses volontés. Il est fait pour guider, pour gouverner ses égaux : le talent, l'expérience, lui tiennent lieu de droit et d'autorité. Donnez-lui l'habit et le nom qu'il vous plaira, peu importe, il primera partout, il deviendra partout le chef des autres ; ils sentiront toujours sa supériorité sur eux ; sans vouloir commander, il sera le maître ; sans croire obéir, ils obéiront.

Il est parvenu à la maturité de l'enfance, il a vécu de la vie d'un enfant, il n'a point acheté sa perfection aux dépens de son bonheur ; au contraire, ils ont concouru l'un à l'autre. En acquérant toute la raison de son âge, il a été heureux et libre autant que sa constitution lui permettait de l'être. Si la fatale faux vient moissonner en lui la fleur de nos espérances, nous n'aurons point à pleurer à la fois sa vie et sa mort, nous n'aigrirons point nos douleurs du souvenir de celles que nous lui aurons causées ; nous nous dirons : Au moins il a joui de son enfance ; nous ne lui avons rien fait perdre de ce que la nature lui avait donné.

Le grand inconvénient de cette première éducation est qu'elle n'est sensible qu'aux hommes clairvoyants et, que, dans un enfant élevé avec tant de soin, des yeux vulgaires ne voient qu'un polisson. Un précepteur songe à son intérêt plus qu'à celui de son disciple ; il s'attache à prouver qu'il ne perd pas son temps, et qu'il gagne bien l'argent qu'on lui donne ; il le pourvoit d'un acquis de facile étalage et qu'on puisse montrer quand on veut ; il n'importe que ce qu'il lui apprend soit utile, pourvu qu'il se voie aisément. Il accumule, sans choix, sans discernement, cent fatras dans sa mémoire. Quand il s'agit d'examiner l'enfant, on lui fait déployer sa marchandise ; il l'étale, on est content ; puis il replie son ballot, et s'en va. Mon élève n'est pas si riche, il n'a point de ballot à déployer, il n'a rien à montrer que lui-même. Or un enfant, non plus qu'un homme, ne se voit pas en un moment. Où sont les observateurs qui sachent saisir au premier coup d'œil les traits qui le caractérisent ? Il en est, mais il en est peu ; et sur cent mille pères, il ne s'en trouvera pas un de ce nombre.

Les questions trop multipliées ennuient et rebutent tout le monde, à plus forte raison les enfants. Au bout de quelques minutes leur attention se lasse, ils n'écoutent plus ce qu'un obstiné questionneur leur demande, et ne répondent plus qu'au hasard. Cette manière de les examiner est vaine et pédantesque ; souvent un mot pris à la volée peint mieux leur sens et leur esprit que ne feraient de longs discours ; mais il faut prendre garde que ce mot ne soit ni dicté ni fortuit. Il faut avoir beaucoup de jugement soi-même pour apprécier celui d'un enfant.

J'ai ouï raconter à feu milord Hyde[1] qu'un de ses amis, revenu d'Italie après trois ans d'absence, voulut examiner les progrès de son fils âgé de neuf à dix ans. Ils vont un soir se promener avec son gouverneur et lui dans une plaine où des écoliers s'amusaient à guider des cerfs-volants. Le père en passant dit à son fils : *Où est le cerf-volant dont voilà l'ombre.* Sans hésiter, sans lever la tête, l'enfant dit : *Sur le grand chemin.* Et en effet, ajoutait milord Hyde, le grand chemin était entre le soleil et nous. Le père, à ce mot, embrasse son fils, et, finissant là son examen, s'en va sans rien dire. Le lendemain il envoya au gouverneur l'acte d'une pension viagère outre ses appointements.

Quel homme que ce père-là ! et quel fils lui était promis ! La question est précisément de l'âge : la réponse est bien simple ; mais voyez quelle netteté de judiciaire enfantine elle suppose ! C'est ainsi que l'élève d'Aristote[2] apprivoisait ce coursier célèbre qu'aucun écuyer n'avait pu dompter.

---

1. Henry, vicomte de Canterbury, baron Hyde né en 1710, mort en 1753 à la suite d'une chute de cheval, était un esprit distingué, modeste et honnête homme, grand voyageur.
2. **Aristote** : philosophe grec (384-322 av. J.-C.), précepteur et ami d'Alexandre le Grand.

L'ÉDUCATION NATURELLE NÉGATIVE (p. 87, l. 16 à p. 101, l. 451)

REPÈRES

• Justifiez la place de ces extraits. Dans quel ordre se présentent-ils ?

OBSERVATION

• Quel rapport y a-t-il entre l'éducation de la nature et l'éducation des choses ?

• Que veut dire Rousseau quand il recommande de soumettre l'enfant « au joug de la nécessité » ?

• Qu'appelle-t-il « la liberté bien réglée », « l'éducation négative » ?

• Quelle distinction Rousseau fait-il entre « l'amour-propre » et « l'amour de soi » ?

• Comment naissent les premiers sentiments sociaux ? Comment s'acquièrent les premières vertus sociales ?

INTERPRÉTATIONS

• Définissez l'enfant à ce stade de son développement.

• Quel est le rôle du gouverneur ? Quelle est sa méthode ?

• Quelle est, selon Rousseau, la mauvaise éducation ? Que condamne-t-il ?

• Quelle est « la première idée » sociale qu'il faut donner à un enfant ? Pourquoi ?

LE COMMENCEMENT DE L'ÉDUCATION INTELLECTUELLE
(p. 102, l. 463 à p. 111, l. 739)

REPÈRES

• Présentez un plan précis et concis des conceptions pédagogiques exposées.

OBSERVATION

• Quelles sont les matières qu'il faut enseigner à un jeune enfant ? Quelles sont celles qu'il ne faut pas enseigner ? Pourquoi ?

- Rousseau condamne-t-il l'étude prématurée des langues ? Pourquoi ?
- Quelle critique fait-il à l'enseignement de la géographie et de l'histoire ?
- Exposez les arguments contre l'utilisation pédagogique des fables.

INTERPRÉTATIONS

- Pourquoi l'enfance est-elle « le plus dangereux intervalle de la vie humaine » ?
- Montrez que les principes et les applications pédagogiques découlent des conceptions théoriques de Rousseau.

UNE PRIORITÉ : L'EXERCICE DES SENS
(p. 111, l. 743 à p. 126, l. 1199)

REPÈRES

- Quelle est l'idée directrice de cet exposé ? En quoi se rattache-t-il aux conceptions précédemment exprimées ?

OBSERVATION

- Pourquoi Rousseau commence-t-il par le toucher ? En quoi est-il « le sens du réel » ?
- Pourquoi la vue est-elle « le sens le plus fautif » ?
- Pourquoi Rousseau veut-il que les enfants apprennent à dessiner ?
- Pourquoi la géométrie n'est-elle pas à la portée des enfants ? Comment doit-on l'enseigner ?
- À quelles expériences se réfère Rousseau pour l'exercice de l'ouïe ?

INTERPRÉTATIONS

- En quoi la théorie des sens se rattache-t-elle au thème de l'homme naturel ?
- Quel est le rôle de l'action pédagogique dans l'exercice des sens ?

• Comment se forme le jugement ? Donnez des références précises au texte.
• Donnez des exemples de séquences pédagogiques, commentez-les.
• Comment peut-on caractériser la méthode préconisée par Rousseau : didactique ? intuitive ? active ?
• Étudiez l'art de l'argumentation chez Rousseau : l'exposé didactique, la réfutation polémique, les exemples et anecdotes.

PORTRAIT DE L'ENFANT À DOUZE ANS
(p. 127, l. 1235 à p. 134, l. 1460)

REPÈRES

• Justifiez la place de ce portrait.

OBSERVATION

• Rousseau présente à la fois un portrait positif et en contrepartie un portrait en négatif de l'enfant de 10-12 ans. Classez les éléments de ce portrait.
• Quels sont les rapports entre Émile et son gouverneur ?
• Quelle est la place d'un enfant ?

INTERPRÉTATIONS

• En quoi peut-on dire que ce long portrait sert de conclusion au Livre II ?

Dans la première version (manuscrit Favre, *op. cit.*, IV, p. 60), Rousseau termine son introduction par une indication de plan qui situe le Livre II dans une dynamique de développement par rapport à l'âge de l'enfant :

« 1. L'âge de la nature   12
2. L'âge de raison   15
3. L'âge de force   20
4. L'âge de sagesse   25

1. L'âge de bonheur
tout le reste de la vie

Prière à la fin. »

Ce plan, qui nous informe sur la structure de l'*Émile*, situe l'ouvrage, au départ, autant dans le genre des traités d'éducation que dans le genre des traités consacrés à la médecine des enfants, traités qui se succèdent dans la lignée d'Hippocrate et de Galien, plus particulièrement du XVIe au XVIIe siècle. La plupart des médecins, depuis Simon de Vallembert (*De la manière de nourrir et de gouverner les enfants depuis leur naissance*, 1565) jusqu'à Ballexserd (*Dissertation sur l'éducation physique des enfants depuis leur naissance jusqu'à l'âge de la puberté*, 1762), divisent la période de l'enfance en plusieurs phases, le plus souvent quatre. Cette division en livres qui correspondent chacun à une phase de l'enfance ayant des caractères spécifiques sur les plans physique, affectif et mental assimile curieusement pour nous aujourd'hui l'*Émile* à un traité de médecine des enfants recommandé, à sa parution, aux mères à qui ils s'adressent. Cependant Rousseau prolonge la période des phases tout en précisant qu'elles dépendent des pays et des individus ; il attribue à la finalité de la nature la recherche du bonheur, thème propre au Siècle des lumières.

Ces considérations permettent de saisir la spécificité du livre II dans le cadre de l'autonomie propre à l'enfance qui précède l'adolescence. Le titre repris par le manuscrit Favre « âge d'intelligence » est significatif : c'est la période où se mettent en place les facultés intellectuelles de l'enfant.

La spécificité de l'enfance

La notion d'enfance correspond à un stade de la vie humaine qui va de l'apprentissage de la marche et du langage jusqu'à la préadolescence. C'est l'époque où le développement des forces (l'activité du corps) répond à des besoins heureusement limités. L'erreur des éducateurs est de traiter l'enfant comme un homme alors qu'il doit être considéré dans sa condition d'enfant, « ni homme ni bête mais enfant » : « L'humanité a sa place dans l'ordre des choses, l'enfance a la sienne dans l'ordre de la vie humaine, il faut considérer l'homme dans l'homme et l'enfant dans l'enfant ». Pour mieux rendre absurde l'anticipation de l'homme dans l'éducation de l'enfant, le livre II se place dans l'hypothèse de la mort prochaine de l'enfant pour bien récuser toute finalisation de l'éducation : « Que faut-il penser de cette éducation barbare qui sacrifie le présent à un avenir incertain… et commence par le rendre misérable ? » Rousseau définit l'enfance comme une période particulière de la vie et l'enfant comme un être singulier dont il faut respecter la nature propre : « L'enfance a des manières de voir, de penser, de sentir qui lui sont propres. » Elle a sa logique propre qu'il faut respecter : « La raison […] puérile consiste à former des idées simples. » Aussi s'oppose-t-il aux éducateurs qui précipitent l'ordre la nature et s'empressent de raisonner avec les enfants sans comprendre qu'ils obtiennent « de jeunes docteurs et de vieux enfants ».

Favoriser le développement naturel de l'enfance

1) L'éducateur (dans l'*Émile*, le gouverneur) doit se conformer à la nature de l'enfant, favoriser le développement de la nature : « Laissez longtemps agir la nature avant de vous mêler d'agir à sa place, de peur de contrarier ses opérations. » L'éducation naturelle négative est donc la seule méthode qui prenne en compte la nature spécifique de l'enfant en respectant sa « bonté » native. Puisque l'homme est bon à l'origine et que les « premiers mouvements de la nature sont toujours droits », le rôle premier de l'éducateur est de protéger l'enfant à l'intérieur d'un monde pédagogique clos comme un laboratoire, d'empêcher « l'erreur » de s'installer dans son esprit et par là d'introduire « le vice » dans sa conscience.

2) Il ne s'agit pas de « laisser faire la nature » et de borner l'éducation à protéger l'enfant de toute corruption sociale. Si cette éducation est dite « inactive » en ce qu'elle consiste essentiellement à « laisser mûrir l'enfance dans l'enfant » avant de laisser entrer les connaissances intellectuelles ou morales, « elle n'est pas oisive, tant s'en faut ». Le gouverneur complète « l'éducation de la nature », c'est-à-dire le développement physique et mental de l'enfant, par « l'éducation des choses », soit par l'expérience, par la confrontation avec l'environnement. L'enfant, dans toute sa faiblesse, se trouve ainsi confronté à la force des choses : « Maintenez l'enfant dans la seule dépendance des choses [...] N'offrez jamais à ses volontés [...] que les obstacles physiques. » Il faut alors plier sa volonté « au pesant joug de la nécessité » qui sont ses premiers rapports avec le monde.

3) Cette « éducation des choses » s'appuie sur la nature sensible de l'enfant qui « ne retient que des sensations ». Aussi le gouverneur doit-il veiller à ce que « toutes ses idées s'arrêtent aux sensations ». Ses « premiers maîtres de philosophie sont (ses) pieds, (ses) mains, (ses) yeux ». L'amour de soi, « la seule passion naturelle », attaché à sa sensibilité, fait des enfants des êtres spontanés sans raison (« car je n'appelle point ainsi celle qui ne retient que des sensations »), qui vivent dans l'instant présent, privés d'imagination et « incapables de jugement ». Aussi ne peuvent-ils « rien apprendre dont ils ne sentent l'avantage actuel et présent ». L'éducateur recherchera les centres d'intérêt de l'enfant : « L'intérêt présent voilà le grand mobile. »

Une pédagogie pratique

1) La première règle en matière de pédagogie consiste à solliciter la sensation et non la raison : « La première raison de l'homme est une raison sensitive [...] nous apprendre à nous servir de la raison d'autrui c'est nous apprendre à beaucoup croire et ne rien savoir. »
– Cette première « raison puérile ou sensitive », distincte de la « raison intellectuelle ou humaine » permet d'élaborer les notions de propriété et de convention dans la mesure où elles se réfèrent à un rapport de force entre le plus faible (Émile) et le plus fort (le jardinier Robert) qui se fait seulement sentir comme dans le *Discours*

sur l'origine de l'inégalité entre les riches et les pauvres. Mais ces notions de propriété et de convention s'élaborent par rapport au rapport aux choses (les fèves) et non aux hommes (il n'y a pas de leçon morale). Émile conclut une convention sans avoir à connaître le jugement des hommes, sinon il entrerait prématurément « dans le monde moral » et serait contaminé par le « vice » et le mensonge.

– C'est cette « éducation des choses », mobilisant « l'intérêt présent » dans un rapport avec les hommes considérés comme des « hommes-choses », qui règle l'apprentissage de la lecture. Émile apprend à lire aiguillonné par le désir de se rendre aux invitations que lui adressent ses parents ou ses amis. Émile passe du désir « sensible » d'un goûter au désir d'apprendre à lire : « Faites que cet instument serve à ses désirs. » Lire est donc une force qui sert à satisfaire un besoin et non, comme le prétendait Condillac, un acte réfléchi de communication. Car si la lecture et l'écriture étaient liées à une communication, le besoin s'en ferait sentir plus tard au moment où se créent les rapports avec autrui.

2) La connaissance progressive des « choses » s'effectue par les expériences. La « raison sensitive » est la faculté organisatrice de cette époque : « Les premiers mouvements naturels de l'homme étant de se mesurer avec tout ce qui l'environne [...] sa première étude est une sorte de physique expérimentale relative à sa propre conservation. » Rousseau met en scène des tableaux, des saynettes, des récits pour évoquer la mise en place progressive des facultés cognitives dépendantes du développement du corps qu'il importe d'exercer : « Pour apprendre à penser il faut exercer nos membres, nos sens, nos organes, qui sont les instuments de notre intelligence. » Les exercices physiques constituent un instrument de formation de la pensée. Il ne s'agit pas seulement d'exercer les sens, il s'agit par ses exercices « d'apprendre à bien juger par eux ». Chaque sens s'éveille dans l'ordre à peu près établi par Condillac : le toucher, la vue, l'ouïe, le goût, l'odorat, se suivent et définissent leur utilité dans la formation de la personnalité mais, à la différence du sensualisme de Condillac, la conscience ne reste pas inactive dans l'émergence des facultés, elle est <u>active</u>, mobilisée par l'intérêt présent, par son action sur le monde. C'est par le jeu qu'Émile acquiert les premières leçons de géométrie.

LIVRE TROISIÈME

DE DOUZE À QUINZE ANS

CONSIDÉRATIONS GÉNÉRALES

*[« À douze ou treize ans les forces de l'enfant se dévelop-
pent bien plus rapidement que ses besoins... » ; à l'activité du
corps succède alors celle de l'esprit. « Cet intervalle où l'individu peut plus qu'il ne désire... est le temps le plus précieux
de la vie » ; aussi comme il est « très court », faut-il bien
l'employer à préparer l'avenir : « Voici donc le temps des travaux, des instructions, des études ». Mais encore faut-il choisir « les choses qu'on doit enseigner », écarter celles qui sont
fausses, inutiles ou flattent son orgueil, comme celles qui
« supposent un entendement déjà tout formé », pour ne retenir que celles qui sont « utiles » et contribueront à former
son intelligence.]*

PROGRAMME ET MÉTHODE

*[Il faut donc changer de méthode en s'appuyant sur
« l'instinct de curiosité » naturel à l'homme, dès lors qu'on
rend l'élève « attentif aux phénomènes de la nature » ; et
suivre un programme qui n'enseigne que ce qui est utile, soit
ce qui est nécessaire au bien-être et au bonheur de l'homme.]*

La géométrie
*[Elle est indispensable pour la formation de l'esprit, elle
développe l'imagination et favorise l'instinct de curiosité.]*

20 Ses progrès dans la géométrie vous[1] pourraient servir
d'épreuve et de mesure certaine pour le développement de son
intelligence : mais sitôt qu'il peut discerner ce qui est utile et
ce qui ne l'est pas, il importe d'user de beaucoup de ménagement et d'art pour l'amener aux études spéculatives. Vou-
25 lez-vous, par exemple, qu'il cherche une moyenne propor-
tionnelle entre deux lignes ; commencez par faire en sorte
qu'il ait besoin de trouver un carré égal à un rectangle
donné : s'il s'agissait de deux moyennes proportionnelles, il
faudrait d'abord lui rendre le problème de la duplication du
30 cube intéressant, etc. Voyez comment nous approchons par
degrés des notions morales qui distinguent le bien et le mal.
Jusqu'ici nous n'avons connu de loi que celle de la nécessité :
maintenant nous avons égard à ce qui est utile ; nous arri-
verons bientôt à ce qui est convenable et bon.
35 Le même instinct anime les diverses facultés de l'homme.
À l'activité du corps, qui cherche à se développer, succède
l'activité de l'esprit, qui cherche à s'instruire. D'abord les
enfants ne sont que remuants, ensuite ils sont curieux ; et
cette curiosité bien dirigée est le mobile de l'âge où nous voilà
40 parvenus. Distinguons toujours les penchants qui viennent de
la nature de ceux qui viennent de l'opinion. Il est une ardeur
de savoir qui n'est fondée que sur le désir d'être estimé
savant ; il en est une autre qui naît d'une curiosité naturelle
à l'homme pour tout ce qui peut l'intéresser de près ou de
45 loin. Le désir inné du bien-être et l'impossibilité de contenter
pleinement ce désir lui font rechercher sans cesse de nouveaux
moyens d'y contribuer. Tel est le premier principe de la curiosité ; principe naturel au cœur humain, mais dont le développement ne se fait qu'en proportion de nos passions et de nos
50 lumières. Supposez un philosophe relégué dans une île déserte
avec des instruments et des livres, sûr d'y passer seul le reste
de ses jours ; il ne s'embarrassera plus guère du système du

---

1. **Ses progrès... vous pourraient servir** : pourraient vous servir.

monde, des lois de l'attraction, du calcul différentiel : il n'ouvrira peut-être de sa vie un seul livre, mais jamais il ne
55 s'abstiendra de visiter son île jusqu'au dernier recoin, quelque grande qu'elle puisse être. Rejetons donc encore de nos premières études les connaissances dont le goût n'est point naturel à l'homme, et bornons-nous à celles que l'instinct nous porte à chercher. [...]

L'initiation scientifique

60 Rendez votre élève attentif aux phénomènes de la nature, bientôt vous le rendrez curieux ; mais, pour nourrir sa curiosité, ne vous pressez jamais de la satisfaire. Mettez les questions à sa portée, et laissez-les lui résoudre. Qu'il ne sache rien parce que vous le lui avez dit, mais parce qu'il l'a
65 compris lui-même ; qu'il n'apprenne pas la science, qu'il l'invente. Si jamais vous substituez dans son esprit l'autorité à la raison, il ne raisonnera plus ; il ne sera plus que le jouet de l'opinion des autres.

Vous voulez apprendre la géographie à cet enfant, et vous
70 lui allez chercher des globes, des sphères, des cartes : que de machines[1]. Pourquoi toutes ces représentations ? que ne commencez-vous par lui montrer l'objet même, afin qu'il sache au moins de quoi vous lui parlez !

Une belle soirée on va se promener dans un lieu favorable,
75 où l'horizon bien découvert laisse voir à plein le soleil couchant, et l'on observe les objets qui rendent reconnaissable le lieu de son coucher. Le lendemain, pour respirer le frais, on retourne au même lieu avant que le soleil se lève. On le voit s'annoncer de loin par les traits de feu qu'il lance au-devant
80 de lui. L'incendie augmente, l'orient paraît tout en flammes ; à leur éclat on attend l'astre longtemps avant qu'il se montre[2] ; à chaque instant on croit le voir paraître ; on le voit enfin. Un point brillant part comme un éclair et remplit

---

1. **Machine** : procédé ingénieux, artificiel.
2. **Avant qu'il se montre** : avant qu'il ne se montre.

aussitôt tout l'espace ; le voile des ténèbres s'efface et tombe.
85 L'homme reconnaît son séjour et le trouve embelli. La verdure a pris durant la nuit une vigueur nouvelle ; le jour naissant qui l'éclaire, les premiers rayons qui la dorent, la montrent couverte d'un brillant réseau de rosée, qui, réfléchit à l'œil la lumière et les couleurs. Les oiseaux en chœur se
90 réunissent et saluent de concert le père de la vie ; en ce moment pas un seul ne se tait ; leur gazouillement, faible encore, est plus lent et plus doux que dans le reste de la journée, il se sent de la langueur d'un paisible réveil. Le concours de tous ces objets porte au sens une impression de
95 fraîcheur qui semble pénétrer jusqu'à l'âme. Il y a là une demi-heure d'enchantement auquel nul homme ne résiste ; un spectacle si grand, si beau, si délicieux, n'en laisse aucun de sang-froid.

Plein de l'enthousiasme qu'il éprouve, le maître veut le
100 communiquer à l'enfant : il croit l'émouvoir en le rendant attentif aux sensations dont il est ému lui-même. Pure bêtise ! c'est dans le cœur de l'homme qu'est la vie du spectacle de la nature ; pour le voir, il faut le sentir. L'enfant aperçoit les objets, mais il ne peut apercevoir les rapports qui les lient, il
105 ne peut entendre la douce harmonie de leur concert. Il faut une expérience qu'il n'a point acquise, il faut des sentiments qu'il n'a point éprouvés, pour sentir l'impression composée qui résulte à la fois de toutes ces sensations. S'il n'a longtemps parcouru des plaines arides, si des sables ardents n'ont brûlé
110 ses pieds, si la réverbération suffocante des rochers frappés du soleil ne l'oppressa jamais, comment goûtera-t-il l'air frais d'une belle matinée ? comment le parfum des fleurs, le charme de la verdure, l'humide vapeur de la rosée, le marcher mol et doux sur la pelouse, enchanteront-ils ses sens ?
115 Comment le chant des oiseaux lui causera-t-il une émotion voluptueuse, si les accents de l'amour et du plaisir lui sont encore inconnus ? Avec quels transports verra-t-il naître une si belle journée, si son imagination ne sait pas lui peindre ceux dont on peut la remplir ? Enfin comment s'attendrira-t-

120 il sur la beauté du spectacle de la nature, s'il ignore quelle main prit soin de l'orner ?

Ne tenez point à l'enfant des discours qu'il ne peut entendre. Point de descriptions, point d'éloquence, point de figures, point de poésie. Il n'est pas maintenant question de
125 sentiment ni de goût. Continuez d'être clair, simple et froid, le temps ne viendra que trop tôt de prendre un autre langage.

Élevé dans l'esprit de nos maximes, accoutumé à tirer tous ses instruments de lui-même, et à ne recourir jamais à autrui qu'après avoir reconnu son insuffisance, à chaque nouvel
130 objet qu'il voit il l'examine longtemps sans rien dire. Il est pensif et non questionneur. Contentez-vous de lui présenter à propos les objets ; puis, quand vous verrez sa curiosité suffisamment occupée, faites-lui quelque question laconique qui le mette sur la voie de la résoudre.

135 Dans cette occasion, après avoir bien contemplé avec lui le soleil levant, après lui avoir fait remarquer du même côté les montagnes et les autres objets voisins, après l'avoir laissé causer là-dessus tout à son aise, gardez quelques moments le silence comme un homme qui rêve, et puis vous lui direz : Je
140 songe qu'hier au soir le soleil s'est couché là, et qu'il s'est levé là ce matin. Comment cela peut-il se faire ? N'ajoutez rien de plus : s'il vous fait des questions, n'y répondez point ; parlez d'autre chose. Laissez-le à lui-même, et soyez sûr qu'il y pensera.

145 Pour qu'un enfant s'accoutume à être attentif, et qu'il soit bien frappé de quelque vérité sensible, il faut bien qu'elle lui donne quelques jours d'inquiétude avant de la découvrir. S'il ne conçoit pas assez celle-ci de cette manière, il y a moyen de la lui rendre plus sensible encore, et ce moyen c'est de
150 retourner la question. S'il ne sait pas comment le soleil parvient de son coucher à son lever, il sait au moins comment il parvient de son lever à son coucher, ses yeux seuls le lui apprennent. Éclaircissez donc la première question par l'autre : ou votre élève est absolument stupide, ou l'analogie

155 est trop claire pour lui pouvoir échapper. Voilà sa première leçon de cosmographie.

Comme nous procédons toujours lentement d'idée sensible en idée sensible, que nous nous familiarisons longtemps avec la même avant de passer à une autre, et qu'enfin nous ne 160 forçons jamais notre élève d'être attentif, il y a loin de cette première leçon à la connaissance du cours du soleil et de la figure de la terre : mais comme tous les mouvements apparents des corps célestes tiennent au même principe, et que la première observation mène à toutes les autres, il faut moins 165 d'effort, quoiqu'il faille plus de temps, pour arriver d'une révolution diurne au calcul des éclipses, que pour bien comprendre le jour et la nuit.

Puisque le soleil tourne autour du monde, il décrit un cercle et tout cercle doit avoir un centre ; nous savons déjà cela. Ce 170 centre ne saurait se voir, car il est au cœur de la terre, mais on peut sur la surface marquer deux points opposées qui lui correspondent. Une broche passant par les trois points et prolongée jusqu'au ciel de part et d'autre sera l'axe du monde et du mouvement journalier du soleil. Un toton rond tour-175 nant sur sa pointe représente le ciel tournant sur son axe ; les deux pointes du toton sont les deux pôles : l'enfant sera fort aise d'en connaître un ; je le lui montre à la queue de la Petite Ourse. Voilà de l'amusement pour la nuit ; peu à peu l'on se familiarise avec les étoiles, et de là naît le premier goût 180 de connaître les planètes et d'observer les constellations.

Nous avons vu lever le soleil à la Saint-Jean ; nous l'allons voir aussi lever à Noël ou quelque autre beau jour d'hiver ; car on sait que nous ne sommes pas paresseux, et que nous nous faisons un jeu de braver le froid. J'ai soin de faire cette 185 seconde observation dans le même lieu où nous avons fait la première ; et moyennant quelque adresse pour préparer la remarque, l'un ou l'autre ne manquera pas de s'écrier : Oh ! oh ! voilà qui est plaisant ! le soleil ne se lève plus à la même place ! ici sont nos anciens renseignements, et à présent il s'est 190 levé là, etc... Il y a donc un orient d'été, et un orient d'hiver, etc... Jeune maître, vous voilà sur la voie. Ces exemples vous doivent suffire pour enseigner très clairement la sphère, en prenant le monde pour le monde, et le soleil pour le soleil.

En général, ne substituez jamais le signe à la chose que
195 quand il vous est impossible de la montrer ; car le signe absorbe l'attention de l'enfant et lui fait oublier la chose représentée.

La sphère armillaire[1] me paraît une machine mal composée et exécutée dans de mauvaises proportions. Cette confu-
200 sion de cercles et les bizarres figures[2] qu'on y marque lui donnent un air de grimoire qui effarouche l'esprit des enfants. La terre est trop petite, les cercles sont trop grands, trop nombreux ; quelques-uns, comme les colures[3], sont parfaitement inutiles ; chaque cercle est plus large que la terre ; l'épaisseur
205 du carton leur donne un air de solidité qui les fait prendre pour des masses circulaires réellement existantes ; et quand vous dites à l'enfant que ces cercles sont imaginaires, il ne sait ce qu'il voit, il n'entend plus rien.

Nous ne savons jamais nous mettre à la place des enfants ;
210 nous n'entrons pas dans leurs idées, nous leur prêtons les nôtres ; et suivant toujours nos propres raisonnements, avec des chaînes de vérités nous n'entassons qu'extravagances et qu'erreurs dans leur tête.

On dispute sur le choix de l'analyse ou de la synthèse pour
215 étudier les sciences ; il n'est pas toujours besoin de choisir. Quelquefois on peut résoudre et composer dans les mêmes recherches, et guider l'enfant par la méthode enseignante lorsqu'il croit ne faire qu'analyser. Alors, en employant en même temps l'une et l'autre, elles se serviraient mutuellement de
220 preuves. Partant à la fois des deux points opposés, sans pen-

---

1. **Sphère armillaire** : globe formé d'anneaux ou de cercles représentant le monde tel que les anciens astronomes l'imaginaient.

2. **Bizarres figures** : signes représentant les constellations du zodiaque.

3. **Colures** : les deux cercles de la sphère qui se coupent à angles droits aux deux pôles et qui passent l'un par les solstices (colure des solstices), l'autre par les équinoxes (colure des équinoxes).

ser faire la même route, il serait tout surpris de se rencontrer, et cette surprise ne pourrait qu'être fort agréable. Je voudrais, par exemple, prendre la géographie par ces deux termes, et joindre à l'étude des révolutions du globe la mesure de ses 225 parties, à commencer du lieu qu'on habite. Tandis que l'enfant étudie la sphère et se transporte ainsi dans le cieux, ramenez-le à la division de la terre, et montrez-lui d'abord son propre séjour.

Ses deux premiers points de géographie seront la ville où 230 il demeure et la maison de campagne de son père, ensuite les lieux intermédiaires, ensuite les rivières du voisinage, enfin l'aspect du soleil et la manière de s'orienter. C'est ici le point de réunion. Qu'il fasse lui-même la carte de tout cela ; carte très simple et d'abord formée de deux seuls objets, auxquels 235 il ajoute peu à peu les autres, à mesure qu'il sait ou qu'il estime leur distance et leur position. Vous voyez déjà quel avantage nous lui avons procuré d'avance en lui mettant un compas dans les yeux.

Malgré cela, sans doute, il faudra le guider un peu ; mais 240 très peu, sans qu'il y paraisse. S'il se trompe, laissez-le faire, ne corrigez point ses erreurs, attendez en silence qu'il soit en état de les voir et de les corriger lui-même ; ou tout au plus, dans une occasion favorable, amenez quelque opération qui les lui fasse sentir. S'il ne se trompait jamais, il n'apprendrait 245 pas si bien. Au reste, il ne s'agit pas qu'il sache exactement la topographie du pays, mais le moyen de s'en instruire ; peu importe qu'il ait des cartes dans la tête pourvu qu'il conçoive bien ce qu'elles représentent, et qu'il ait une idée nette de l'art qui sert à les dresser. Voyez déjà la différence qu'il y a du 250 savoir de vos élèves à l'ignorance du mien ! Ils savent les cartes, et lui les fait. Voici de nouveaux ornements pour sa chambre.

Souvenez-vous toujours que l'esprit de mon institution n'est pas d'enseigner à l'enfant beaucoup de choses, mais de 255 ne laisser jamais entrer dans son cerveau que des idées justes et claires. Quand il ne saurait rien, peu m'importe, pourvu qu'il ne se trompe pas, et je ne mets des vérités dans sa tête que pour le garantir des erreurs qu'il apprendrait à leur place.

La raison, le jugement, viennent lentement, les préjugés
260 accourent en foule ; c'est d'eux qu'il le faut préserver. Mais si vous regardez la science en elle-même, vous entrez dans une mer sans fond, sans rive, toute pleine d'écueils ; vous ne vous en tirerez jamais. Quand je vois un homme épris de l'amour des connaissances se laisser séduire à leur charme et
265 courir de l'une à l'autre sans savoir s'arrêter, je crois voir un enfant sur le rivage amassant des coquilles, et commençant par s'en charger, puis, tenté par celles qu'il voit encore, en rejeter, en reprendre, jusqu'à ce qu'accablé de leur multitude et ne sachant plus choisir, il finisse par tout jeter et retourne
270 à vide.

Durant le premier âge, le temps était long : nous ne cherchions qu'à le perdre, de peur de le mal employer. Ici c'est tout le contraire, et nous n'en avons pas assez pour faire tout ce qui serait utile. Songez que les passions approchent, et que,
275 sitôt qu'elles frapperont à la porte, votre élève n'aura plus attention que pour elles. L'âge paisible d'intelligence est si court, il passe si rapidement, il a tant d'autres usages nécessaires, que c'est une folie de vouloir qu'il suffise à rendre un enfant savant. Il ne s'agit point de lui enseigner les sciences,
280 mais de lui donner du goût pour les aimer et des méthodes pour les apprendre, quand ce goût sera mieux développé. C'est là très certainement un principe fondamental de toute bonne éducation.

Voici le temps aussi de l'accoutumer peu à peu à donner
285 une attention suivie au même objet : mais ce n'est jamais la contrainte, c'est toujours le plaisir ou le désir qui doit produire cette attention ; il faut avoir grand soin qu'elle ne l'accable point et n'aille pas jusqu'à l'ennui. Tenez donc toujours l'œil au guet ; et, quoi qu'il arrive, quittez tout avant
290 qu'il s'ennuie ; car il n'importe jamais autant qu'il apprenne, qu'il importe qu'il ne fasse rien malgré lui.

S'il vous questionne lui-même, répondez autant qu'il faut

pour nourrir sa curiosité, non pour la rassasier : surtout quand vous voyez qu'au lieu de questionner pour s'instruire, il se met à battre la campagne et à vous accabler de sottes questions, arrêtez-vous à l'instant, sûr qu'alors il ne se soucie plus de la chose, mais seulement de vous asservir à ses interrogations. Il faut avoir moins d'égard aux mots qu'il prononce qu'au motif qui le fait parler. Cet avertissement, jusqu'ici moins nécessaire, devient de la dernière importance aussitôt que l'enfant commence à raisonner.

Il y a une chaîne de vérités générales par laquelle toutes les sciences tiennent à des principes communs et se développent successivement : cette chaîne est la méthode des philosophes. Ce n'est point de celle-là qu'il s'agit ici. Il y en a une toute différente, par laquelle chaque objet particulier en attire un autre et montre toujours celui qui le suit. Cet ordre, qui nourrit, par une curiosité continuelle, l'attention qu'ils exigent tous, est celui que suivent la plupart des hommes, et surtout celui qu'il faut aux enfants. En nous orientant pour lever nos cartes, il a fallu tracer des méridiennes. Deux points d'intersection entre les ombres égales du matin et du soir donnent une méridienne excellente pour un astronome de treize ans. Mais ces méridiennes s'effacent, il faut du temps pour les tracer ; elles assujettissent à travailler toujours dans le même lieu : tant de soins, tant de gêne, l'ennuieraient à la fin. Nous l'avons prévu ; nous y pourvoyons d'avance.

Me voici de nouveau dans mes longs et minutieux détails. Lecteurs, j'entends vos murmures, et je les brave : je ne veux point sacrifier à votre impatience la partie la plus utile de ce livre. Prenez votre parti sur mes longueurs ; car pour moi j'ai pris le mien sur vos plaintes.

Depuis longtemps nous nous étions aperçus, mon élève et moi, que l'ambre, le verre, la cire, divers corps frottés attiraient les pailles, et que d'autres ne les attiraient pas. Par hasard nous en trouvons un qui a une vertu plus singulière encore ; c'est d'attirer à quelque distance, et sans être frotté, la limaille et d'autres brins de fer. Combien de temps cette

qualité nous amuse, sans que nous puissions y rien voir de
330 plus ! Enfin nous trouvons qu'elle se communique au fer
même, aimanté dans un certain sens. Un jour nous allons à
la foire ; un joueur de gobelets attire avec un morceau de
pain un canard de cire flottant sur un bassin d'eau. Fort surpris, nous ne disons pourtant pas : c'est un sorcier ; car nous
335 ne savons ce que c'est qu'un sorcier. Sans cesse frappés
d'effets dont nous ignorons les causes, nous ne nous pressons
de juger de rien, et nous restons en repos dans notre ignorance jusqu'à ce que nous trouvions l'occasion d'en sortir.

De retour au logis, à force de parler du canard de la foire,
340 nous allons nous mettre en tête de l'imiter : nous prenons une
bonne aiguille bien aimantée, nous l'entourons de cire
blanche, que nous façonnons de notre mieux en forme de
canard, de sorte que l'aiguille traverse le corps et que la tête
fasse le bec. Nous posons sur l'eau le canard, nous appro-
345 chons du bec un anneau de clef, et nous voyons, avec une
joie facile à comprendre, que notre canard suit la clef précisément comme celui de la foire suivait le morceau de pain.
Observer dans quelle direction le canard s'arrête sur l'eau
quand on l'y laisse en repos, c'est ce que nous pourrons faire
350 une autre fois. Quant à présent, tout occupés de notre objet,
nous n'en voulons pas davantage.

Dès le même soir nous retournons à la foire avec du pain
préparé dans nos poches ; et, sitôt que le joueur de gobelets
a fait son tour, mon petit docteur, qui se contenait à peine,
355 lui dit que ce tour n'est pas difficile, et que lui-même en fera
bien autant. Il est pris au mot : à l'instant, il tire de sa poche
le pain où est caché le morceau de fer ; en approchant de la
table, le cœur lui bat ; il présente le pain presque en tremblant ; le canard vient et le suit ; l'enfant s'écrie et tressaillit
360 d'aise. Aux battements de mains, aux acclamations de l'assemblée la tête lui tourne, il est hors de lui. Le bateleur [1]

---

1. **Bateleur** : celui qui fait des tours d'acrobatie, d'adresse, de prestidigitation...
en général dans les foires, sur les places publiques.

interdit vient pourtant l'embrasser, le féliciter, et le prie de l'honorer encore le lendemain de sa présence, ajoutant qu'il aura soin d'assembler plus de monde encore pour applaudir
365 à son habileté. Mon petit naturaliste enorgueilli veut babiller, mais sur-le-champ je lui ferme la bouche, et l'emmène comblé d'éloges.

L'enfant, jusqu'au lendemain, compte les minutes avec une risible inquiétude. Il invite tout ce qu'il rencontre ; il voudrait
370 que tout le genre humain fût témoin de sa gloire ; il attend l'heure avec peine, il la devance ; on vole au rendez-vous ; la salle est déjà pleine. En entrant, son jeune cœur s'épanouit. D'autres jeux doivent précéder ; le joueur de gobelets se surpasse et fait des choses surprenantes. L'enfant ne voit rien de
375 tout cela ; il s'agite, il sue, il respire à peine ; il passe son temps à manier dans sa poche son morceau de pain d'une main tremblante d'impatience. Enfin son tour vient ; le maître l'annonce au public avec pompe. Il s'approche un peu honteux, il tire son pain... Nouvelle vicissitude[1] des choses
380 humaines ! Le canard, si privé[2] la veille, est devenu sauvage aujourd'hui ; au lieu de présenter le bec, il tourne la queue et s'enfuit ; il évite le pain et la main qui le présente avec autant de soin qu'il les suivait auparavant. Après mille essais inutiles et toujours hués, l'enfant se plaint, dit qu'on le
385 trompe, que c'est un autre canard qu'on a substitué au premier, et défie le joueur de gobelets d'attirer celui-ci.

Le joueur de gobelets, sans répondre, prend un morceau de pain, le présente au canard ; à l'instant le canard suit le pain, et vient à la main qui le retire. L'enfant prend le même
390 morceau de pain ; mais loin de réussir mieux qu'auparavant, il voit le canard se moquer de lui et faire des pirouettes tout autour du bassin : il s'éloigne enfin tout confus, et n'ose plus s'exposer aux huées.

---

1. **Vicissitude** : changement, avatar de la vie, chose bonne ou mauvaise, événement heureux ou malheureux qui survient au hasard de la vie.
2. **Privé** : apprivoisé.

Alors le joueur de gobelets prend le morceau de pain que
395 l'enfant avait apporté, et s'en sert avec autant de succès que
du sien : il en tire le fer devant tout le monde, autre risée à
nos dépens ; puis de ce pain ainsi vidé, il attire le canard
comme auparavant. Il fait la même chose avec un autre morceau coupé devant tout le monde par une main tierce, il en
400 fait autant avec son gant, avec le bout de son doigt ; enfin il
s'éloigne au milieu de la chambre, et, du ton d'emphase
propre à ces gens-là, déclarant que son canard n'obéira pas
moins à sa voix qu'à son geste, il lui parle et le canard obéit ;
il lui dit d'aller à droite et il va à droite, de revenir et il
405 revient, de tourner et il tourne : le mouvement est aussi
prompt que l'ordre. Les applaudissements redoublés sont
autant d'affronts pour nous. Nous nous évadons sans être
aperçus, et nous nous renfermons dans notre chambre, sans
aller raconter nos succès à tout le monde comme nous
410 l'avions projeté.

Le lendemain matin l'on frappe à notre porte ; j'ouvre :
c'est l'homme aux gobelets. Il se plaint modestement de notre
conduite. Que nous avait-il fait pour nous engager à vouloir
décréditer ses jeux et lui ôter son gagne-pain ? Qu'y a-t-il
415 donc de si merveilleux dans l'art d'attirer un canard de cire,
pour acheter cet honneur aux dépens de la subsistance d'un
honnête homme ? Ma foi, messieurs, si j'avais quelque autre
talent pour vivre, je ne me glorifierais guère de celui-ci. Vous
deviez croire qu'un homme qui a passé sa vie à s'exercer à
420 cette chétive industrie en sait là-dessus plus que vous, qui ne
vous en occupez que quelques moments. Si je ne vous ai pas
d'abord montré mes coups de maître, c'est qu'il ne faut pas
se presser d'étaler étourdiment ce qu'on sait ; j'ai toujours
soin de conserver mes meilleurs tours pour l'occasion, et
425 après celui-ci, j'en ai d'autres encore pour arrêter de jeunes
indiscrets. Au reste, messieurs, je viens de bon cœur vous
apprendre ce secret qui vous a tant embarrassés, vous priant
de n'en pas abuser pour me nuire, et d'être plus retenus une
autre fois.

430   Alors il nous montre sa machine, et nous voyons avec la dernière surprise qu'elle ne consiste qu'en un aimant fort et bien armé, qu'un enfant caché sous la table faisait mouvoir sans qu'on s'en aperçût.

    L'homme replie sa machine ; et, après lui avoir fait nos
435 remerciements et nos excuses, nous voulons lui faire un présent ; il le refuse. « Non, messieurs, je n'ai pas assez à me louer de vous pour accepter vos dons ; je vous laisse obligés à moi malgré vous ; c'est ma seule vengeance. Apprenez qu'il y a de la générosité dans tous les états ; je fais payer mes
440 tours et non mes leçons. »

    En sortant, il m'adresse à moi nommément et tout haut une réprimande. J'excuse volontiers, me dit-il, cet enfant ; il n'a péché que par ignorance. Mais vous, monsieur, qui deviez connaître sa faute, pourquoi la lui avoir laissé faire ? Puisque
445 vous vivez ensemble, comme le plus âgé vous lui devez vos soins, vos conseils ; votre expérience est l'autorité qui doit le conduire. En se reprochant, étant grand, les torts de sa jeunesse, il vous reprochera sans doute ceux dont vous ne l'aurez pas averti.

450   Il part et nous laisse tous deux très confus. Je me blâme de ma molle facilité[1], je promets à l'enfant de la sacrifier une autre fois à son intérêt, et de l'avertir de ses fautes avant qu'il en fasse ; car le temps approche où nos rapports vont changer, et où la sévérité du maître doit succéder à la complai-
455 sance du camarade ; ce changement doit s'amener par degrés ; il faut tout prévoir, et tout prévoir de fort loin.

    Le lendemain nous retournons à la foire pour revoir le tour dont nous avons appris le secret. Nous abordons avec un profond respect notre bateleur Socrate ; à peine osons-nous
460 lever les yeux sur lui : il nous comble d'honnêtetés ; et nous place avec une distinction qui nous humilie encore. Il fait ses tours comme à l'ordinaire ; mais il s'amuse et se complaît

---

1. **Facilité** : manque de fermeté.

longtemps à celui du canard, en nous regardant souvent d'un air assez fier. Nous savons tout, et nous ne soufflons pas. Si
465 mon élève osait seulement ouvrir la bouche, ce serait un enfant à écraser.

Tout le détail de cet exemple importe plus qu'il ne semble. Que de leçons dans une seule ! Que de suites mortifiantes attire le premier mouvement de vanité ! Jeune maître, épiez
470 ce premier mouvement avec soin. Si vous savez en faire sortir ainsi l'humiliation, les disgrâces[1], soyez sûr qu'il n'en reviendra de longtemps un second. Que d'apprêts ! direz-vous. J'en conviens, et le tout pour nous faire une boussole qui nous tienne lieu de méridienne[2].

475 Ayant appris que l'aimant agit à travers les autres corps, nous n'avons rien de plus pressé que de faire une machine semblable à celle que nous avons vue : une table évidée, un bassin très plat ajusté sur cette table, et rempli de quelques lignes[3] d'eau, un canard fait avec un peu plus de soin, etc.
480 Souvent attentifs autour du bassin, nous remarquons enfin que le canard en repos affecte toujours à peu près la même direction. Nous suivons cette expérience, nous examinons cette direction : nous trouvons qu'elle est du midi au nord. Il n'en faut pas davantage : notre boussole est trouvée, ou
485 autant vaut ; nous voilà dans la physique.

Il y a divers climats sur la terre, et diverses températures à ces climats. Les saisons varient plus sensiblement à mesure qu'on approche du pôle ; tous les corps se resserrent au froid et se dilatent à la chaleur ; cet effet est plus mesurable dans
490 les liqueurs, et plus sensible dans les liqueurs spiritueuses ; de là le thermomètre. Le vent frappe le visage ; l'air est donc un corps, un fluide ; on le sent, quoiqu'on n'ait aucun moyen de le voir. Renversez un verre dans l'eau, l'eau ne le remplira

---

1. **Disgrâces** : événements malheureux.
2. **Méridienne** : ligne qu'on suppose tracée du nord au sud dans le plan méridien d'un lieu donné.
3. **Ligne** : mesure de longueur, douzième partie du pouce, soit 2,25 mm.

pas à moins que vous ne laissiez à l'air une issue ; l'air est
495 donc capable de résistance. Enfoncez le verre davantage, l'eau
gagnera dans l'espace l'air, sans pouvoir remplir tout à fait
cet espace ; l'air est donc capable de compression jusqu'à certain point. Un ballon rempli d'air comprimé bondit mieux
que rempli de toute autre matière ; l'air est donc un corps
500 élastique. Étant étendu dans le bain, soulevez horizontale-
ment le bras hors de l'eau, vous le sentirez chargé d'un poids
terrible ; l'air est donc un corps pesant. En mettant l'air en
équilibre avec d'autres fluides, on peut mesurer son poids :
de là le baromètre, le siphon, la canne à vent, la machine
505 pneumatique. Toutes les lois de la statique et de l'hydrostatique se trouvent par des expériences tout aussi grossières. Je
ne veux pas qu'on entre pour rien de tout cela dans un cabinet de physique expérimentale : tout cet appareil d'instruments et de machines me déplaît. L'air scientifique tue la
510 science. Ou toutes ces machines effrayent un enfant, ou leurs
figures partagent et dérobent l'attention qu'il devrait à leurs
effets.

Je veux que nous fassions nous-mêmes toutes nos
machines ; et je ne veux pas commencer par faire l'instrument
515 avant l'expérience ; mais je veux qu'après avoir entrevu
l'expérience comme par hasard, nous inventions peu à peu
l'instrument qui doit la vérifier. J'aime mieux que nos instruments ne soient point si parfaits et si justes, et que nous ayons
des idées plus nettes de ce qu'ils doivent être, et des opéra-
520 tions qui doivent en résulter. Pour ma première leçon de statique, au lieu d'aller chercher des balances, je mets un bâton
en travers sur le dos d'une chaise, je mesure la longueur des
deux parties du bâton en équilibre, j'ajoute de part et d'autre
des poids, tantôt égaux, tantôt inégaux ; et, le tirant ou le
525 poussant autant qu'il est nécessaire, je trouve enfin que
l'équilibre résulte d'une proportion réciproque entre la quantité des poids et la longueur des leviers. Voilà déjà mon petit
physicien capable de rectifier des balances avant que d'en
avoir vu.

530 Sans contredit on prend des notions bien plus claires et bien plus sûres des choses qu'on apprend ainsi de soi-même, que de celles qu'on tient des enseignements d'autrui ; et, outre qu'on n'accoutume point sa raison à se soumettre servilement à l'autorité, l'on se rend plus ingénieux à trouver des rap-
535 ports, à lier des idées, à inventer des instruments, que quand, adoptant tout cela tel qu'on nous le donne, nous laissons affaisser notre esprit dans la nonchalance, comme le corps d'un homme qui, toujours habillé, chaussé, servi par ses gens et traîné par ses chevaux, perd à la fin la force et l'usage de
540 ses membres. [...]

[Il ne s'agit pas d'imposer aux enfants des connaissances spéculatives qui dépasseraient leur entendement ; mais sans leur enseigner la physique théorique, « faites pourtant que toutes leurs expériences se lient l'une à l'autre par quelque
545 *sorte de déduction », pour les initier à l'esprit scientifique. À mesure que l'intelligence se développe chez l'enfant, il importe de varier ses occupations en lui apprenant tout ce qui lui est utile à son âge.]*

Un principe pédagogique : l'utilité

Sitôt que nous sommes parvenus à donner à notre élève
550 une idée du mot *utile*, nous avons une grande prise de plus pour le gouverner ; car ce mot le frappe beaucoup, attendu qu'il n'a pour lui qu'un sens relatif à son âge, et qu'il en voit clairement le rapport à son bien-être actuel. Vos enfants ne sont point frappés de ce mot parce que vous n'avez pas eu
555 soin de leur en donner une idée qui soit à leur portée, et que d'autres se chargeant toujours de pourvoir à ce qui leur est utile, ils n'ont jamais besoin d'y songer eux-mêmes, et ne savent ce que c'est qu'utilité.

À quoi cela est-il bon ? Voilà désormais le mot sacré, le
560 mot déterminant entre lui et moi dans toutes les actions de notre vie : voilà la question qui de ma part suit infailliblement

toutes ses questions, et qui sert de frein à ces multitudes d'interrogations sottes et fastidieuses dont les enfants fatiguent sans relâche et sans fruit tous ceux qui les environ-
565 nent, plus pour exercer sur eux quelque espèce d'empire que pour en tirer quelque profit. Celui à qui, pour sa plus importante leçon, l'on apprend à ne vouloir rien savoir que d'utile, interroge comme Socrate ; il ne fait pas une question sans s'en rendre à lui-même la raison qu'il sait qu'on lui en va
570 demander avant que de la résoudre [1].

Voyez quel puissant instrument je vous mets entre les mains pour agir sur votre élève. Ne sachant les raisons de rien, le voilà presque réduit au silence quand il vous plaît ; et vous, au contraire, quel avantage vos connaissances et
575 votre expérience ne vous donnent-elles point pour lui montrer l'utilité de tout ce que vous lui proposez ! Car, ne vous y trompez pas, lui faire cette question, c'est lui apprendre à vous la faire à son tour ; et vous devez compter, sur tout ce que vous lui proposerez dans la suite, qu'à votre exemple il
580 ne manquera pas de dire : *À quoi cela est-il bon ?*

C'est ici peut-être le piège le plus difficile à éviter pour un gouverneur. Si, sur la question de l'enfant, ne cherchant qu'à vous tirer d'affaire, vous lui donnez une seule raison qu'il ne soit pas en état d'entendre, voyant que vous raisonnez sur
585 vos idées et non sur les siennes, il croira ce que vous lui dites bon pour votre âge, et non pour le sien ; il ne se fiera plus à vous, et tout est perdu. Mais où est le maître qui veuille bien rester court et convenir de ses torts avec son élève ? tous se font une loi de ne pas convenir même de ceux qu'ils ont ; et
590 moi je m'en ferais une de convenir même de ceux que je n'aurais pas, quand je ne pourrais mettre mes raisons à sa portée : ainsi ma conduite, toujours nette dans son esprit, ne lui serait jamais suspecte, et je me conserverais plus de crédit

---

1. **Avant que de la résoudre :** avant de la résoudre, d'en donner une explication.

en me supposant des fautes, qu'ils ne font en cachant les
595 leurs.

Premièrement, songez bien que c'est rarement à vous de lui
proposer ce qu'il doit apprendre ; c'est à lui de le désirer, de
le chercher, de le trouver ; à vous de le mettre à sa portée,
de faire naître adroitement ce désir et de lui fournir les
600 moyens de le satisfaire. Il suit de là que vos questions doivent
être peu fréquentes, mais bien choisies ; et que, comme il en
aura beaucoup plus à vous faire que vous à lui, vous serez
toujours moins à découvert, et plus souvent dans le cas de
lui dire : *En quoi ce que vous me demandez est-il utile à*
605 *savoir ?*

De plus, comme il importe peu qu'il apprenne ceci ou cela,
pourvu qu'il conçoive bien ce qu'il apprend, et l'usage de ce
qu'il apprend, sitôt que vous n'avez pas à lui donner sur ce
que vous lui dites un éclaircissement qui soit bon pour lui ne
610 lui en donnez point du tout. Dites-lui sans scrupule : Je n'ai
pas de bonne réponse à vous faire ; j'avais tort, laissons cela.
Si votre instruction était réellement déplacée, il n'y a pas de
mal à l'abandonner tout à fait ; si elle ne l'était pas, avec un
peu de soin vous trouverez bientôt l'occasion de lui en rendre
615 l'utilité sensible.

Je n'aime point les explications en discours, les jeunes gens
y font peu d'attention et ne les retiennent guère. Les choses !
les choses ! Je ne répéterai jamais assez que nous donnons
trop de pouvoir aux mots ; avec notre éducation babillarde[1]
620 nous ne faisons que des babillards.

Supposons que, tandis que j'étudie avec mon élève le cours
du soleil et la manière de s'orienter, tout à coup il m'inter-
rompe pour me demander à quoi sert tout cela. Quel beau
discours je vais lui faire ! de combien de choses je saisis
625 l'occasion de l'instruire en répondant à sa question, surtout
si nous avons des témoins de notre entretien. Je lui parlerai

---

1. **Babillarde** : qui parle beaucoup pour ne rien dire, bavard.

de l'utilité des voyages, des avantages du commerce, des productions particulières à chaque climat, des mœurs des différents peuples, de l'usage du calendrier, de la supputation du
630 retour des saisons pour l'agriculture, de l'art de la navigation,
de la manière de se conduire sur mer et de suivre exactement
sa route, sans savoir où l'on est. La politique, l'histoire naturelle, l'astronomie, la morale même et le droit des gens entre-
ront dans mon explication, de manière à donner à mon élève
635 une grande idée de toutes ces sciences et un grand désir de
les apprendre. Quand j'aurai tout dit, j'aurai fait l'étalage
d'un vrai pédant, auquel il n'aura pas compris une seule idée.
Il aurait grande envie de me demander comme auparavant à
quoi sert de s'orienter ; mais il n'ose, de peur que je me fâche.
640 Il trouve mieux son compte à feindre d'entendre ce qu'on l'a
forcé d'écouter. Ainsi se pratiquent les belles éducations.

Mais notre Émile, plus rustiquement élevé, et à qui nous
donnons avec tant de peine une conception dure, n'écoutera
rien de tout cela. Du premier mot qu'il n'entendra pas, il va
645 s'enfuir, il va folâtrer par la chambre, et me laisser pérorer
tout seul. Cherchons une solution plus grossière ; mon appareil scientifique ne vaut rien pour lui.

Nous observions la position de la forêt au nord de Montmorency [1], quand il m'a interrompu par son importune ques-
650 tion : *À quoi sert cela ?* Vous avez raison, lui dis-je, il y faut
penser à loisir ; et si nous trouvons que ce travail n'est bon
à rien, nous ne le reprendrons plus, car nous ne manquons
pas d'amusements utiles. On s'occupe d'autre chose, et il n'est
plus question de géographie du reste de la journée.

655 Le lendemain matin, je lui propose un tour de promenade
avant le déjeuner ; il ne demande pas mieux ; pour courir, les

---

1. Rousseau, hébergé par Mme d'Épinay à l'Ermitage, près des bois de
Montmorency, en 1756 (où il va « rêver »), s'installe dans le village de
Montmorency, au jardin de Mont-Louis, le 17 décembre 1757. Voir le
Dictionnaire de Jean-Jacques Rousseau, R. Trousson et F. S. Eigeldinger,
Honoré Champion, art. « Montmorency » et « Oratoriens ».

La vie paysanne au XVIIᵉ *siècle.*
*Planche de l'*Encyclopédie *de Diderot.*

enfants sont toujours prêts, et celui-ci a de bonnes jambes. Nous montons dans la forêt, nous parcourons les Champeaux[1], nous nous égarons, nous ne savons plus où nous
660 sommes ; et, quand il s'agit de revenir, nous ne pouvons plus retrouver notre chemin. Le temps se passe, la chaleur vient, nous avons faim ; nous nous pressons, nous errons vainement de côté et d'autre, nous ne trouvons partout que des bois, des carrières, des plaines, nul renseignement pour nous recon-
665 naître. Bien échauffés, bien recrus[2] ; bien affamés, nous ne faisons avec nos courses que nous égarer davantage. Nous nous asseyons enfin pour nous reposer, pour délibérer. Émile, que je suppose élevé comme un autre enfant, ne délibère point, il pleure ; il ne sait pas que nous sommes à la porte
670 de Montmorency, et qu'un simple taillis nous le cache ; mais ce taillis est une forêt pour lui, un homme de sa stature est enterré dans des buissons.

Après quelques moments de silence, je lui dis d'un air inquiet : Mon cher Émile, comment ferons-nous pour sortir
675 d'ici ?

ÉMILE, *en nage, et pleurant à chaudes larmes.*

Je n'en sais rien. Je suis las ; j'ai faim ; j'ai soif ; je n'en puis plus.

JEAN-JACQUES

Me croyez-vous en meilleur état que vous ? et pensez-vous que je me fisse faute de pleurer, si je pouvais déjeuner de mes
680 larmes ? Il ne s'agit pas de pleurer, il s'agit de se reconnaître. Voyons votre montre ; quelle heure est-il ?

ÉMILE

Il est midi, et je suis à jeun.

---

1. Les **Champeaux** : plateau recouvert par un pré, occupé aujourd'hui par le fort de Montmorency. Le 8 juin 1762, date du décret de prise de corps, Rousseau se promène aux Champeaux en compagnie de deux oratoriens avec lesquels il goûte (cf. *Conf.*, XII, *op. cit.* I, p. 579).
2. **Recrus** : épuisés de fatigue.

JEAN-JACQUES
Cela est vrai, il est midi, et je suis à jeun.

ÉMILE
Oh ! que vous devez avoir faim !

JEAN-JACQUES
685 Le malheur est que mon dîner ne viendra pas me chercher ici. Il est midi : c'est justement l'heure où nous observions hier de Montmorency la position de la forêt. Si nous pouvions de même observer de la forêt la position de Montmorency !...

ÉMILE
690 Oui ; mais hier nous voyions la forêt, et d'ici nous ne voyons pas la ville.

JEAN-JACQUES
Voilà le mal... Si nous pouvions nous passer de la voir pour trouver sa position !...

ÉMILE
Ô mon bon ami !

JEAN-JACQUES
695 Ne disions-nous pas que la forêt était...

ÉMILE
Au nord de Montmorency.

JEAN-JACQUES
Par conséquent Montmorency doit être...

ÉMILE
Au sud de la forêt.

JEAN-JACQUES
Nous avons un moyen de trouver le nord à midi ?

ÉMILE
700 Oui, par la direction de l'ombre.

JEAN-JACQUES
Mais le sud ?

ÉMILE
Comment faire ?

JEAN-JACQUES
Le sud est l'opposé du nord.

ÉMILE
Cela est vrai ; il n'y a qu'à chercher l'opposé de l'ombre.
705 Oh ! voilà le sud ! voilà le sud ! sûrement Montmorency est
de ce côté.

JEAN-JACQUES
Vous pouvez avoir raison : prenons ce sentier à travers le
bois.

ÉMILE, *frappant des mains, et poussant un cri de joie.*
Ah ! je vois Montmorency ! le voilà tout devant nous, tout
710 à découvert. Allons déjeuner, allons dîner, courons vite :
l'astronomie est bonne à quelque chose.

Prenez garde que, s'il ne dit pas cette dernière phrase, il la
pensera ; peu importe, pourvu que ce ne soit pas moi qui la
dise. Or soyez sûr qu'il n'oubliera de sa vie la leçon de cette
715 journée ; au lieu que, si je n'avais fait que lui supposer tout
cela dans sa chambre, mon discours eût été oublié dès le
lendemain. Il faut parler tant qu'on peut par les actions, et
ne dire que ce qu'on ne saurait faire.

Le lecteur ne s'attend pas que je le méprise assez pour lui
720 donner un exemple sur chaque espèce d'étude : mais, de quoi
qu'il soit question, je ne puis trop exhorter le gouverneur à
bien mesurer sa preuve sur la capacité de l'élève ; car, encore
une fois, le mal n'est pas dans ce qu'il n'entend point, mais
dans ce qu'il croit entendre. [...]

Un seul livre : *Robinson Crusoé*
725 Je hais les livres ; ils n'apprennent qu'à parler de ce qu'on

ne sait pas. On dit qu'Hermès[1] grava sur des colonnes les éléments des sciences, pour mettre ses découvertes à l'abri d'un déluge. S'il les eût bien imprimées dans la tête des hommes, elles s'y seraient conservées par tradition. Des cer-
730 veaux bien préparés sont les monuments où se gravent le plus sûrement les connaissances humaines. N'y aurait-il point moyen de rapprocher tant de leçons éparses dans tant de livres, de les réunir sous un objet commun qui pût être facile à voir, intéressant à suivre, et qui pût servir de stimulant,
735 même à cet âge ? Si l'on peut inventer une situation où tous les besoins naturels de l'homme se montrent d'une manière sensible à l'esprit d'un enfant, et où les moyens de pourvoir à ces mêmes besoins se développent successivement avec la même facilité, c'est par la peinture vive et naïve de cet état
740 qu'il faut donner le premier exercice à son imagination.

Philosophe ardent, je vois déjà s'allumer la vôtre. Ne vous mettez pas en frais ; cette situation est trouvée, elle est décrite, et, sans vous faire tort, beaucoup mieux que vous ne la décririez vous-même, du moins avec plus de vérité et de simplicité.
745 Puisqu'il nous faut absolument des livres, il en existe un qui fournit, à mon gré, le plus heureux traité d'éducation naturelle. Ce livre sera le premier que lira mon Émile ; seul il composera durant longtemps toute sa bibliothèque, et il y tiendra toujours une place distinguée. Il sera le texte auquel
750 tous nos entretiens sur les sciences naturelles ne serviront que de commentaire. Il servira d'épreuve durant nos progrès à l'état de notre jugement ; et, tant que notre goût ne sera pas gâté, sa lecture nous plaira toujours. Quel est donc ce mer-

---

1. **Hermès** : dieu grec, fils de Zeus et de Maia ; dieu de l'éloquence, du commerce, et messager des dieux.

veilleux livre ? Est-ce Aristote[1] ? est-ce Pline[2] ? est-ce Buf-
755 fon[3] ? Non, c'est Robinson Crusoé.

Robinson Crusoé[4] dans son île, seul, dépourvu de l'assistance de ses semblables et des instruments de tous les arts,
pourvoyant cependant à sa subsistance, à sa conservation, et
se procurant même une sorte de bien-être, voilà un objet inté-
760 ressant pour tout âge, et qu'on a mille moyens de rendre
agréable aux enfants. Voilà comment nous réalisons l'île déserte qui me servait d'abord de comparaison. Cet état n'est
pas, j'en conviens, celui de l'homme social ; vraisemblable-
ment il ne doit pas être celui d'Émile : mais c'est sur ce même
765 état qu'il doit apprécier tous les autres. Le plus sûr moyen
de s'élever au-dessus des préjugés et d'ordonner ses jugements
sur les vrais rapports des choses, est de se mettre à la place
d'un homme isolé, et de juger de tout comme cet homme en
doit juger lui-même, eu égard à sa propre utilité.

770 Ce roman, débarrassé de tout son fatras, commençant au
naufrage de Robinson près de son île, et finissant à l'arrivée
du vaisseau qui vient l'en tirer, sera tout à la fois l'amusement
et l'instruction d'Émile durant l'époque dont il est ici question. Je veux que la tête lui en tourne, qu'il s'occupe sans
775 cesse de son château, de ses chèvres, de ses plantations ; qu'il
apprenne en détail, non dans ses livres, mais sur les choses,
tout ce qu'il faut savoir en pareil cas ; qu'il pense être Robinson lui-même ; qu'il se voie habillé de peaux, portant un
grand bonnet, un grand sabre, tout le grotesque équipage de
780 la figure, au parasol près, dont il n'aura pas besoin. Je veux

---

1. **Aristote** : philosophe grec ami et précepteur d'Alexandre.
2. **Pline** : naturaliste romain du Ier siècle, auteur d'une *Histoire naturelle* en
37 volumes.
3. **Buffon** : naturaliste contemporain de Rousseau, auteur d'une *Histoire
naturelle* et des *Époques de la nature* qui connurent un grand succès.
4. *The Life and Strange Surprising Adventures of Robinson Crusoe of York,
Mariner* (1719), roman de Daniel Defoë, écrivain anglais (1660-1731), traduit
dans toutes les langues et dont le succès fut considérable, connut, à la suite des
conseils de Rousseau, de très nombreuses adaptations pour enfants.

qu'il s'inquiète des mesures à prendre, si ceci ou cela venait à lui manquer, qu'il examine la conduite de son héros, qu'il cherche s'il n'a rien omis, s'il n'y avait rien de mieux à faire ; qu'il marque attentivement ses fautes, et qu'il en profite pour
785 n'y pas tomber lui-même en pareil cas ; car ne doutez point qu'il ne projette d'aller faire un établissement semblable ; c'est le vrai château en Espagne de cet heureux âge, où l'on ne connaît d'autre bonheur que le nécessaire et la liberté.

Quelle ressource que cette folie pour un homme habile, qui
790 n'a su la faire naître qu'afin de la mettre à profit ! L'enfant, pressé de se faire un magasin[1] pour son île, sera plus ardent pour apprendre que le maître pour enseigner. Il voudra savoir tout ce qui est utile, et ne voudra savoir que cela ; vous n'aurez plus besoin de le guider, vous n'aurez qu'à le retenir.
795 Au reste, dépêchons-nous de l'établir dans cette île, tandis qu'il y borne sa félicité ; car le jour approche où, s'il y veut vivre encore, il n'y voudra plus vivre seul, et où *Vendredi*[2], qui maintenant ne le touche guère, ne lui suffira pas longtemps. [...]

L'INITIATION AUX RELATIONS SOCIALES : LEÇONS D'ÉCONOMIE, APPRENTISSAGE D'UN MÉTIER

800 *[Émile n'apprécie les travaux des hommes que par rapport à lui-même, à son bien-être. Il est temps alors de fonder le jugement d'Émile sur les métiers, non plus selon un ordre prescrit par l'utilité, mais par la dépendance entre les hommes.]*

805 Votre plus grand soin doit être d'écarter de l'esprit de votre élève toutes les notions des relations sociales qui ne sont pas

---

1. **Magasin** : accumulation de connaissances.
2. *Vendredi :* jeune sauvage, serviteur et fidèle compagnon de Robinson qui le sauve et parvient à le civiliser.

à sa portée ; mais, quand l'enchaînement des connaissances vous force à lui montrer la mutuelle dépendance des hommes, au lieu de la lui montrer par le côté moral, tournez d'abord
810 toute son attention vers l'industrie[1] et les arts mécaniques[2], qui les rendent utiles les uns aux autres. En le promenant d'atelier en atelier, ne souffrez jamais qu'il voie aucun travail sans mettre lui-même la main à l'œuvre, ni qu'il en sorte sans savoir parfaitement la raison de tout ce qui s'y fait, ou du
815 moins de tout ce qu'il a observé. Pour cela, travaillez vous-même, donnez-lui partout l'exemple ; pour le rendre maître, soyez partout apprenti, et comptez qu'une heure de travail lui apprendra plus de choses qu'il n'en retiendrait d'un jour d'explications. [...]
820   Vous voyez que jusqu'ici je n'ai point parlé des hommes à mon élève, il aurait eu trop de bon sens pour m'entendre ; ses relations avec son espèce ne lui sont pas encore assez sensibles pour qu'il puisse juger des autres par lui. Il ne connaît d'être humain que lui seul, et même il est bien éloigné
825 de se connaître ; mais s'il porte peu de jugements sur sa personne, au moins il n'en porte que de justes. Il ignore quelle est la place des autres, mais il sent la sienne et s'y tient. Au lieu des lois sociales qu'il ne peut connaître, nous l'avons lié des chaînes de la nécessité. Il n'est presque encore qu'un être
830 physique, continuons de le traiter comme tel.
     C'est par leur rapport sensible avec son utilité, sa sûreté[3], sa conservation, son bien-être, qu'il doit apprécier tous les corps de la nature et tous les travaux des hommes. Ainsi le fer doit être à ses yeux d'un beaucoup plus grand prix que
835 l'or, et le verre que le diamant ; de même, il honore beaucoup plus un cordonnier, un maçon, qu'un Lempereur, un

---

1. **Industrie** : profession comportant une activité manuelle.
2. **Arts mécaniques** : métiers qui exigent le travail des mains, savoir-faire de l'artisan (par exemple d'un cordonnier, d'un menuisier, etc.).
3. **Sûreté** : sécurité.

Le Blanc [1], et tous les joailliers de l'Europe ; un pâtissier est surtout à ses yeux une homme très important, et il donnerait toute l'Académie des sciences pour le moindre confiseur de
840 la rue des Lombards. Les orfèvres, les graveurs, les doreurs, les brodeurs, ne sont à son avis que des fainéants qui s'amusent à des jeux parfaitement inutiles ; il ne fait pas même un grand cas de l'horlogerie. L'heureux enfant jouit du temps sans en être esclave : il en profite et n'en connaît pas le prix.
845 Le calme des passions qui rend pour lui sa succession toujours égale lui tient lieu d'instrument pour le mesurer au besoin. En lui supposant une montre, aussi bien qu'en le faisant pleurer, je me donnais un Émile vulgaire, pour être utile et me faire entendre ; car, quant au véritable, un enfant si
850 différent des autres ne servirait d'exemple à rien.

Il y a un ordre non moins naturel et plus judicieux encore, par lequel on considère les arts selon les rapports de nécessité qui les lient, mettant au premier rang les plus indépendants, et au dernier ceux qui dépendent d'un plus grand nombre
855 d'autres. Cet ordre, qui fournit d'importantes considérations sur celui de la société générale, est semblable au précédent, et soumis au même renversement dans l'estime des hommes ; en sorte que l'emploi des matières premières se fait dans des métiers sans honneur, presque sans profit, et que plus elles
860 changent de mains, plus la main-d'œuvre augmente de prix et devient honorable. Je n'examine pas s'il est vrai que l'industrie soit plus grande et mérite plus de récompense dans les arts minutieux qui donnent la dernière forme à ces matières, que dans le premier travail qui les convertit à
865 l'usage des hommes : mais je dis qu'en chaque chose l'art dont l'usage est le plus général et le plus indispensable est incontestablement celui qui mérite le plus d'estime, et que celui à qui moins d'autres arts ont nécessaires, la mérite encore par-dessus les plus subordonnés, parce qu'il est plus

---

1. Jean-Daniel Lempereur et Sébastien-Louis Le Blanc étaient des orfèvres joailliers, experts auprès des grandes familles du royaume.

870 libre et plus près de l'indépendance. Voilà les véritables règles de l'appréciation des arts et de l'industrie ; tout le reste est arbitraire et dépend de l'opinion.

Le premier et le plus respectable de tous les arts est l'agriculture[1] : je mettrais la forge au second rang, la charpente
875 au troisième, et ainsi de suite. L'enfant qui n'aura point été séduit par les préjugés vulgaires en jugera précisément ainsi. Que de réflexions importantes notre Émile ne tirera-t-il point là-dessus de son Robinson ! Que pensera-t-il en voyant que les arts ne se perfectionnent qu'en se subdivisant, en multi-
880 pliant à l'infini les instruments des uns et des autres ? Il se dira : Tous ces gens-là sont sottement ingénieux : on croirait qu'ils ont peur que leurs bras et leurs doigts ne leur servent à quelque chose, tant ils inventent d'instruments pour s'en passer. Pour exercer un seul art ils sont asservis à mille
885 autres ; il faut une ville à chaque ouvrier. Pour mon camarade et moi, nous mettons notre génie dans notre adresse ; nous nous faisons des outils que nous puissions porter partout avec nous. Tous ces gens si fiers de leurs talents dans Paris ne sauraient rien dans notre île, et seraient nos apprentis à leur
890 tour. [...]

[C'est le moment des premières leçons d'économie politique, sur la notion d'échange, sur la nécessité de réguler les relations entre les hommes par les lois pour substituer à « l'égalité naturelle » une « égalité conventionnelle », sur la
895 *nécessité d'inventer une monnaie pour trouver une mesure commune, sur « les idées des relations sociales » par rapport à l'instinct naturel de conservation. Rousseau en vient alors*

---

1. Cette primauté de l'agriculture est proche des conceptions économiques des physiocrates contemporains de Rousseau. Parce que la terre « multiplie » – puisqu'un grain de blé semé produit plusieurs grains de blé –, la paysannerie constitue la classe productrice, alors que les artisans, qui transforment la matière, forment la classe stérile (voir l'article « grain » de Quesnay dans l'*Encyclopédie*).

à l'idée que l'homme, pour vivre, a besoin d'apprendre un métier.]

900   Or, de toutes les occupations qui peuvent fournir la subsistance à l'homme, celle qui le rapproche le plus de l'état de nature est le travail des mains : de toutes les conditions, la plus indépendante de la fortune et des hommes est celle de l'artisan. L'artisan ne dépend que de son travail ; il est libre,
905 aussi libre que le laboureur est esclave ; car celui-ci tient à son champ, dont la récolte est à la discrétion d'autrui. L'ennemi, le prince, un voisin puissant, un procès, lui peut enlever ce champ ; par ce champ on peut le vexer en mille manières ; mais partout où l'on veut vexer l'artisan, son
910 bagage est bientôt fait ; il emporte ses bras et s'en va. Toutefois, l'agriculture est le premier métier de l'homme : c'est le plus honnête, le plus utile, et par conséquent le plus noble qu'il puisse exercer. Je ne dis pas à Émile : Apprends l'agriculture ; il la sait. Tous les travaux rustiques lui sont fami-
915 liers ; c'est par eux qu'il a commencé, c'est à eux qu'il revient sans cesse. Je lui dis donc : Cultive l'héritage de tes pères. Mais si tu perds cet héritage, ou si tu n'en as point que faire ? Apprends un métier.

    Un métier à mon fils ! mon fils artisan ! Monsieur, y pen-
920 sez-vous ? J'y pense mieux que vous, madame, qui voulez le réduire à ne pouvoir jamais être qu'un lord, un marquis, un prince, et peut-être un jour moins que rien : moi, je lui veux donner un rang qu'il ne puisse perdre, un rang qui l'honore dans tous les temps ; je veux l'élever à l'état d'homme ; et,
925 quoi que vous en puissiez dire, il aura moins d'égaux à ce titre qu'à tous ceux qu'il tiendra de vous.

    La lettre tue, et l'esprit vivifie. Il s'agit moins d'apprendre un métier pour savoir un métier, que pour vaincre les préjugés qui le méprisent. Vous ne serez jamais réduit à travailler
930 pour vivre. Eh ! tant pis, tant pis pour vous ! Mais n'importe ; ne travaillez point par nécessité, travaillez par gloire. Abaissez-vous à l'état d'artisan, pour être au-dessus du vôtre.

Pour vous soumettre la fortune et les choses, commencez par vous en rendre indépendant. Pour régner par l'opinion,
935 commencez par régner sur elle.

Souvenez-vous que ce n'est point un talent que je vous demande : c'est un métier, un vrai métier, un art purement mécanique, où les mains travaillent plus que la tête, et qui ne mène point à la fortune, mais avec lequel on peut s'en passer.
940 Dans des maisons fort au-dessus du danger de manquer de pain, j'ai vu des pères pousser la prévoyance jusqu'à joindre au soin d'instruire leurs enfants celui de les pourvoir de connaissances dont, à tout événement, ils pussent tirer parti pour vivre. Ces pères prévoyants croient beaucoup faire ; ils
945 ne font rien, parce que les ressources qu'ils pensent ménager à leurs enfants dépendent de cette même fortune au-dessus de laquelle ils les veulent mettre. En sorte qu'avec tous ces beaux talents, si celui qui les a ne se trouve dans des circonstances favorables pour en faire usage, il périra de misère
950 comme s'il n'en avait aucun. [...]

Tout, bien considéré, le métier que j'aimerais le mieux qui fût du goût de mon élève[1] est celui de menuisier[1]. Il est propre, il est utile, il peut s'exercer dans la maison ; il tient suffisamment le corps en haleine ; il exige dans l'ouvrier de
955 l'adresse et l'industrie, et dans la forme des ouvrages que l'utilité détermine, l'élégance et le goût ne sont pas exclus.

Que si par hasard le génie de votre élève était décidément

---

1. Le fait qu'Émile, jeune gentilhomme, apprenne un métier comme s'il appartenait à la classe des artisans, scandalise les contemporains. Voltaire s'en indigne dans l'article « Assassinat » de son *Dictionnaire philosophique* : Rousseau « feint, dans son roman intitulé l'*Émile*, d'élever un jeune gentilhomme auquel il se donne bien garde de donner une éducation telle qu'on le reçoit à l'École militaire, comme d'apprendre les langues, la géométrie, la tactique, les fortifications, l'histoire de son pays, il est bien éloigné de lui inspirer l'amour de son roi et de sa patrie, il se borne à en faire un garçon menuisier ». Il faut attendre le *Rapport sur J.-J. Rousseau* de Lakanal au Comité d'instruction publique, en 1794, pour qu'on le loue « d'avoir prescrit [...] la nécessité d'apprendre à tout citoyen un art mécanique, précepte qui donna lieu, dans ce temps, à tant de plaisanteries sur le Gentilhomme menuisier ».

tourné vers les sciences spéculatives[1], alors je ne blâmerais
pas qu'on lui donnât un métier conforme à ses inclinations ;
960 qu'il apprît, par exemple, à faire des instruments de mathématiques, des lunettes, des télescopes, etc.

Quand Émile apprendra son métier, je veux l'apprendre
avec lui ; car je suis convaincu qu'il n'apprendra jamais bien
que ce que nous apprendrons ensemble. Nous nous mettrons
965 donc tous deux en apprentissage, et nous ne prétendrons
point être traités en messieurs, mais en vrais apprentis qui ne
le sont pas pour rire ; pourquoi ne le serions-nous pas tout
de bon ? Le czar Pierre était charpentier au chantier, et tam-
bour dans ses propres troupes ; pensez-vous que ce prince ne
970 vous valût pas par la naissance ou par le mérite ? Vous
comprenez que ce n'est point à Émile que je dis cela ; c'est à
vous, qui que vous puissiez être.

Malheureusement nous ne pouvons passer tout notre
temps à l'établi. Nous ne sommes pas apprentis ouvriers,
975 nous sommes apprentis hommes ; et l'apprentissage de ce
dernier métier est plus pénible et plus long que l'autre.
Comment ferons-nous donc ? Prendrons-nous un maître de
rabot une heure par jour, comme on prend un maître à danser ? Non. Nous ne serions pas des apprentis, mais des dis-
980 ciples ; et notre ambition n'est pas tant d'apprendre la menui-
serie que de nous élever à l'état de menuisier. Je suis donc
d'avis que nous allions toutes les semaines une ou deux fois
au moins passer la journée entière chez le maître, que nous
nous levions à son heure, que nous soyons à l'ouvrage avant

---

1. **Les sciences spéculatives** : qui ont trait aux recherches théoriques, en
particulier « pour les astres et les phénomènes » (*Dict. de l'Académie*, 1694).
Diderot, dans son *Plan d'une université ou d'une éducation publique dans
toutes les sciences* (1775), privilégie les mathématiques et les sciences
spéculatives ; il n'hésite pas, dans ses *Mémoires à Catherine II*, à tracer un
programme scolaire qui ne comprend que « Lire et écrire. L'arithmétique.
Éléments de géométrie ». Si les élèves ne sont pas sensibles aux mathématiques
et aux sciences, il n'hésite pas à recommander de les « céder en propriété *(sic !)*
aux ouvriers, à condition de leur apprendre un métier ».

985 lui, que nous mangions à sa table, que nous travaillions sous
ses ordres, et qu'après avoir eu l'honneur de souper avec sa
famille, nous retournions, si nous voulons, coucher dans nos
lits durs. Voilà comment on apprend plusieurs métiers à la
fois, et comment on s'exerce au travail des mains sans négli-
990 ger l'autre apprentissage. [...]

BILAN : LA FORMATION INTELLECTUELLE

Après avoir commencé par exercer son corps et ses sens,
nous avons exercé son esprit et son jugement. Enfin nous
avons réuni l'usage de ses membres à celui de ses facultés ;
nous avons fait un être agissant et pensant ; il ne nous reste
995 plus, pour achever l'homme, que de faire un être aimant et
sensible, c'est-à-dire de perfectionner la raison par le sentiment. Mais avant d'entrer dans ce nouvel ordre de choses,
jetons les yeux sur celui d'où nous sortons et voyons, le plus
exactement qu'il est possible, jusqu'où nous sommes
1000 parvenus.

Notre élève n'avait d'abord que des sensations, maintenant
il a des idées : il ne faisait que sentir, maintenant il juge. Car
de la comparaison de plusieurs sensations successives ou
simultanées, et du jugement qu'on en porte, naît une sorte de
1005 sensation mixte ou complexe, que j'appelle idée[1].

La manière de former les idées est ce qui donne un caractère à l'esprit humain. L'esprit qui ne forme ses idées que sur
des rapports réels est un esprit solide ; celui qui se contente
des rapports apparents est un esprit superficiel ; celui qui voit
1010 les rapports tels qu'ils sont est un esprit juste ; celui qui les
apprécie mal est un esprit faux ; celui qui controuve des rapports imaginaires qui n'ont ni réalité ni apparence est un fou ;
celui qui ne compare point est un imbécile. L'aptitude plus

---

1. Rousseau s'oppose à nouveau au sensualisme de Condillac ; voir les notes
p. 102 et 219.

ou moins grande à comparer des idées et à trouver des rap-
1015 ports est ce qui fait dans les hommes le plus ou le moins
d'esprit, etc.

Les idées simples ne sont que des sensations comparées. Il
y a des jugements dans les simples sensations aussi bien que
dans les sensations complexes, que j'appelle idées simples.
1020 Dans la sensation, le jugement est purement passif, il affirme
qu'on sent ce qu'on sent. Dans la perception ou idée, le jugement est actif ; il rapproche, il compare, il détermine des rapports que le sens ne détermine pas. Voilà toute la différence ;
mais elle est grande. Jamais la nature ne nous trompe ; c'est
1025 toujours nous qui nous trompons.

Je vois servir à un enfant de huit ans d'un fromage glacé ;
il porte la cuillère à sa bouche, sans savoir ce que c'est, et,
saisi de froid, s'écrie : *Ah ! cela me brûle* ! Il éprouve une
sensation très vive ; il n'en connaît point de plus vive que la
1030 chaleur du feu, et il croit sentir celle-là. Cependant il
s'abuse[1] ; le saisissement du froid le blesse, mais il ne le brûle
pas ; et ces deux sensations ne sont pas semblables, puisque
ceux qui ont éprouvé l'une et l'autre ne les confondent point.
Ce n'est donc pas la sensation qui le trompe, mais le jugement
1035 qu'il en porte.

Il en est de même de celui qui voit pour la première fois
un miroir ou une machine d'optique, ou qui entre dans une
cave profonde au cœur de l'hiver ou de l'été, ou qui trempe
dans l'eau tiède une main très chaude ou très froide, ou qui
1040 fait rouler entre deux doigts croisés une petite boule, etc. S'il
se contente de dire ce qu'il aperçoit, ce qu'il sent, son jugement étant purement passif, il est impossible qu'il se trompe ;
mais quand il juge de la chose par l'apparence, il est actif, il
compare, il établit par induction des rapports qu'il n'aperçoit
1045 pas ; alors il se trompe ou peut se tromper. Pour corriger ou
prévenir l'erreur, il a besoin de l'expérience. [...]

---

1. **Il s'abuse** : il se trompe.

Puisque toutes nos erreurs viennent de nos jugements, il est clair que si nous n'avions jamais besoin de juger, nous n'aurions nul besoin d'apprendre ; nous ne serions jamais dans le cas de nous tromper ; nous serions plus heureux de notre ignorance que nous ne pouvons l'être de notre savoir. Qui est-ce qui nie que les savants ne sachent mille choses vraies que les ignorants ne sauront jamais ? Les savants sont-ils pour cela plus près de la vérité ? Tout au contraire, ils s'en éloignent en avançant ; parce que, la vanité de juger faisant encore plus de progrès que les lumières, chaque vérité qu'ils apprennent ne vient qu'avec cent jugements faux. Il est de la dernière évidence que les compagnies savantes de l'Europe ne sont que des écoles publiques de mensonges ; et très sûrement il y a plus d'erreurs dans l'Académie des sciences que dans tout un peuple de Hurons[1].

Puisque plus les hommes savent, plus ils se trompent, le seul moyen d'éviter l'erreur est l'ignorance. Ne jugez point; vous ne vous abuserez jamais. C'est la leçon de la nature aussi bien que de la raison. Hors les rapports immédiats en très petit nombre et très sensibles que les choses ont avec nous, nous n'avons naturellement qu'une profonde indifférence pour tout le reste. Un sauvage ne tournerait pas le pied pour aller voir le jeu de la plus belle machine et tous les prodiges de l'électricité. *Que m'importe ?* est le mot le plus familier à l'ignorant et le plus convenable au sage.

Mais malheureusement ce mot ne nous va plus. Tout nous importe, depuis que nous sommes dépendants de tout ; et notre curiosité s'étend nécessairement avec nos besoins. Voilà pourquoi j'en donne une très grande au philosophe, et n'en donne point au sauvage. Celui-ci n'a besoin de personne ; l'autre a besoin de tout le monde, et surtout d'admirateurs.

On me dira que je sors de la nature ; je n'en crois rien. Elle

----

1. **Hurons** : peuple de l'Amérique du Nord, rattaché à la famille des Iroquois. Au XVIIIe siècle, le Huron, comme le Turc et le Chinois, est l'un des éléments de l'exotisme en littérature (voir les *Contes* de Voltaire).

choisit ses instruments, et les règle, non sur l'opinion, mais
1080 sur le besoin. Or, les besoins changent selon la situation des
hommes. Il y a bien de la différence entre l'homme naturel
vivant dans l'état de nature, et l'homme naturel vivant dans
l'état de société. Émile n'est pas un sauvage à reléguer dans
les déserts, c'est un sauvage fait pour habiter les villes. Il faut
1085 qu'il sache y trouver son nécessaire, tirer parti de leurs habitants, et vivre, sinon comme eux, du moins avec eux.
Puisque, au milieu de tant de rapports nouveaux dont il va
dépendre, il faudra malgré lui qu'il juge, apprenons lui donc
à bien juger.
1090 La meilleure manière d'apprendre à bien juger est celle qui
tend le plus à simplifier nos expériences, et à pouvoir même
nous en passer sans tomber dans l'erreur. D'où il suit
qu'après avoir longtemps vérifié les rapports des sens l'un par
l'autre, il faut encore apprendre à vérifier les rapports de
1095 chaque sens par lui-même, sans avoir besoin de recourir à un
autre sens ; alors chaque sensation deviendra pour nous une
idée, et cette idée sera toujours conforme à la vérité. Telle est
la sorte d'acquis dont j'ai tâché de remplir ce troisième âge
de la vie humaine. [...]
1100 Forcé d'apprendre de lui-même, il use de sa raison et non
de celle d'autrui ; car, pour ne rien donner à l'opinion, il ne
faut rien donner[1] à l'autorité ; et la plupart de nos erreurs
nous viennent bien moins de nous que des autres. De cet
exercice continuel il doit résulter une vigueur d'esprit sem-
1105 blable à celle qu'on donne au corps par le travail et par la
fatigue. Un autre avantage est qu'on n'avance qu'à proportion de ses forces. L'esprit, non plus que le corps, ne porte
que ce qu'il peut porter. Quand l'entendement s'approprie les
choses avant de les déposer dans la mémoire, ce qu'il en tire
1110 ensuite est à lui ; au lieu qu'en surchargeant la mémoire à

---

1. **Il ne faut rien donner** : il faut ne rien donner.

son insu, on s'expose à n'en jamais rien tirer qui lui soit propre.

Émile a peu de connaissances, mais celles qu'il a sont véritablement siennes ; il ne sait rien à demi. Dans le petit nombre des choses qu'il sait et qu'il sait bien, la plus importante est qu'il y en a beaucoup qu'il ignore et qu'il peut savoir un jour, beaucoup plus que d'autres hommes savent et qu'il ne saura de sa vie, et une infinité d'autres qu'aucun homme ne saura jamais. Il a un esprit universel, non par les lumières, mais par la faculté d'en acquérir ; un esprit ouvert, intelligent, prêt à tout, et, comme dit Montaigne, sinon instruit, du moins instruisable. Il me suffit qu'il sache trouver l'*à quoi bon* sur tout ce qu'il fait, et le *pourquoi* sur tout ce qu'il croit. Car encore une fois, mon objet n'est point de lui donner la science, mais de lui apprendre à l'acquérir au besoin, de la lui faire estimer exactement ce qu'elle vaut, et de lui faire aimer la vérité par-dessus tout. Avec cette méthode on avance peu, mais on ne fait jamais un pas inutile, et l'on n'est point forcé de rétrograder.

Émile n'a que des connaissances naturelles et purement physiques. Il ne sait pas même le nom de l'histoire, ni ce que c'est que métaphysique et morale. Il connaît les rapports essentiels de l'homme aux choses, mais nul des rapports moraux de l'homme à l'homme. Il sait peu généraliser d'idées, peu faire d'abstractions. Il voit des qualités communes à certains corps sans raisonner sur ces qualités en elles-mêmes. Il connaît l'étendue abstraite à l'aide des figures de la géométrie ; il connaît la quantité abstraite à l'aide des signes de l'algèbre. Ces figures et ces signes sont les supports de ces abstractions, sur lesquels ses sens se reposent. Il ne cherche point à connaître les choses par leur nature, mais seulement par les relations qui l'intéressent. Il n'estime ce qui lui est étranger que par rapport à lui ; mais cette estimation est exacte et sûre. La fantaisie, la convention, n'y entrent pour rien. Il fait plus de cas de ce qui lui est plus utile ; et ne se départant jamais de cette manière d'apprécier, il ne donne rien à l'opinion.

Émile est laborieux, tempérant, patient, ferme, plein de courage. Son imagination, nullement allumée, ne lui grossit 1150 jamais les dangers ; il est sensible à peu de maux, et il sait souffrir avec constance, parce qu'il n'a point appris à disputer contre la destinée. À l'égard de la mort, il ne sait pas encore bien ce que c'est ; mais, accoutumé à subir sans résistance la loi de la nécessité, quand il faudra mourir il mourra sans 1155 gémir et sans se débattre ; c'est tout ce que la nature permet dans ce moment abhorré de tous. Vivre libre et peu tenir aux choses humaines est le meilleur moyen d'apprendre à mourir.

En un mot, Émile a de la vertu tout ce qui se rapporte à lui-même. Pour avoir aussi les vertus sociales, il lui manque 1160 uniquement de connaître les relations qui les exigent ; il lui manque uniquement des lumières que son esprit est tout prêt à recevoir.

Il se considère sans égard aux autres, et trouve bon que les autres ne pensent point à lui. Il n'exige rien de personne, et 1165 ne croit rien devoir à personne. Il est seul dans la société humaine, il ne compte que sur lui seul. Il a droit aussi plus qu'un autre de compter sur lui-même, car il est tout ce qu'on peut être à son âge. Il n'a point d'erreurs, ou n'a que celles qui nous sont inévitables ; il n'a point de vices, ou n'a que 1170 ceux dont nul homme ne peut se garantir. Il a le corps sain, les membres agiles, l'esprit juste et sans préjugés, le cœur libre et sans passions. L'amour-propre, la première et la plus naturelle de toutes, y est encore à peine exalté. Sans troubler le repos de personne, il a vécu content, heureux et libre, autant 1175 que la nature l'a permis. Trouvez-vous qu'un enfant ainsi parvenu à sa quinzième année ait perdu les précédentes ?

Programme et méthode (p. 143, l. 20 à p. 168, l. 799)

Repères

- Donnez un titre à chacun des extraits.
- À quel endroit Rousseau emploie-t-il le nom d'Émile ?

Observation

- À quelle connaissance doit nous conduire la géométrie ? Quel est le rôle de la géométrie par rapport au livre II ?
- Quelles sont les premières leçons ? Résumez-les et commentez-les succinctement.
- Quels sont les fondements de la curiosité ?
- Expliquez : « Qu'il n'apprenne pas la science, qu'il l'invente » ; « contentez-vous de lui présenter à propos les objets » ; « ne substituez jamais le signe à la chose » ; « L'âge paisible d'intelligence est si court [...] que c'est une folie de vouloir rendre un enfant savant » ; « avec notre éducation babillarde nous ne faisons que des babillards » ; « Je hais les livres, ils n'apprennent qu'à parler de ce qu'on ne sait pas. »
- Comment Émile apprécie-t-il les travaux des hommes ?
- Comment Rousseau rend-il agréable son exposé pédagogique ? Montrez la diversité des procédés littéraires employés. Comment les articule-t-il ?
- Pourquoi Rousseau rejette-t-il tous les livres, à l'exception de *Robinson Crusoé* ?

Interprétations

- En quoi consiste cette nouvelle phase ? Comment se définit-elle ?
- En quoi le principe de l'utilité guide-t-il le gouverneur dans son action pédagogique ?
- Quel est l'intérêt et la finalité pédagogiques des différents exercices proposés ?

L'INITIATION AUX RELATIONS SOCIALES
(p. 168, l . 805 à p. 175, l. 990)

REPÈRES

• Par quelles appellations Rousseau désigne-t-il son élève ?

OBSERVATION

• Qu'est-ce qui « force » le gouverneur à initier son élève aux relations sociales ?
• Quels sont les critères qui permettent de définir une hiérarchie des métiers ?
• Pourquoi travailler ?
• Montrez, au travers de ces extraits, les qualités rhétoriques de Rousseau (l'éloquence oratoire, l'art de la démonstration, l'efficacité du discours polémique).

INTERPRÉTATIONS

• Comment le préadolescent (entre 12 et 15 ans) acquiert-il les notions de relations sociales ?
• Pourquoi Émile doit-il apprendre un métier ?

BILAN : LA FORMATION INTELLECTUELLE
(p. 175, l. 991 à p. 180, l. 1176)

REPÈRES

• Pourquoi Rousseau fait-il le portrait d'Émile à la fin du livre III ?

OBSERVATION

• Comment, d'après Rousseau, l'enfant passe-t-il des sensations aux idées ?
• Quelle distinction Rousseau fait-il entre la sensation et le jugement ?
• Pourquoi Rousseau distingue-t-il « le jugement passif » et « le jugement actif » ? Quelles sont les conséquences de cette distinction sur l'action pédagogique ?

- Comment appendre à bien juger ?
- Quel « avantage » Émile retire-t-il d'avoir « usé de sa raison et non de celle d'autrui » ?
- Quelles sont ses connaissances ? Quels sont ses « manques » ?

INTERPRÉTATIONS

- Comment naît la raison ? Quel est le rôle de l'éducation dans la formation du jugement ?
- En quoi le portrait d'Émile à 15 ans est-il une illustration des principes avancés par Rousseau ?
- Comparez avec son portrait à la fin du deuxième livre.

Le livre III conserve le ton doctrinal des livres précédents avec l'emploi des tournures coercitives (« il faut », « il faudrait », « il importe », « je veux que », etc.) et, surtout, des impératifs qui foisonnent et adressent des injonctions pressantes au lecteur (« voulez-vous… ? », « commencez… », « voyez… », « distinguons… », « supposez… », p. 143). On y trouve la même variété dans le style où se mélangent instructions, conseils, récits plaisants, saynettes, commentaires, etc., exemples de « l'éloquence » de Rousseau, rompu à la rhétorique comme se plaisaient à le reconnaître ses amis comme ses adversaires.

Mais, pour cette nouvelle phase, la dernière de l'enfance, entre 12 et 15 ans, l'énoncé des principes et les modalités de l'action éducative changent : il ne s'agit plus de « perdre du temps », mais au contraire d'agir dans l'urgence, car elle porte sur une période brève, celle qui précède la puberté. La nature s'accomplit dans sa finalité, en fonction de l'avenir ; elle n'établit plus dans le présent un équilibre entre les forces du corps et les besoins, mais elle fait provision de forces pour satisfaire les besoins à venir (ceux de la sexualité) qui ne tarderont pas à se déclarer. Le livre III accompagne cette finalité de la nature qui transforme la force en raison.

Les principes de l'action éducative

Rousseau prend soin de nous rappeler qu'il s'agit bien encore d'un enfant qui ne peut ressentir les émotions et les sentiments d'un adulte, qui n'est pas sensible aux « discours », aux arguments de la raison intellectuelle et morale, encore moins aux relations sociales qui impliquent « un jugement » qui le dépasse. Cette nouvelle phase de l'enfance est celle de l'utilité qui remplace la nécessité et de la raison qui commence à maîtriser les sens. Ce sont elles qui, s'appuyant sur la curiosité, permettent à l'enfant d'orienter « l'excédent de facultés et de forces » qui caractérise cette époque de la prépuberté vers les activités sociales, « les travaux, les instructions, les études ».

1) C'est le critère de l'utilité qui lui fera distinguer dans les sciences celles qui sont utiles au genre humain de celles qui relèvent d'un désir de gloire : « Distinguons toujours les penchants qui viennent de la nature de ceux qui viennent de l'opinion. Il est une ardeur de savoir qui n'est fondée que sur le désir d'être estimé savant ; il en

est une autre qui naît d'une curiosité naturelle à l'homme. » C'est pourquoi le gouverneur dirige Émile vers la géographie et l'astronomie dont l'utilité est évidente pour celui qui a perdu son chemin, comme Émile égaré dans la forêt de Montmorency. Pour l'enseignement des sciences, le gouverneur se borne à lui faire pratiquer des « expériences grossières » pour qu'il découvre par lui-même « les lois de la statique et de l'hydrostatique ».

2) Cette activité scientifique est indispensable pour la formation de la raison intellectuelle, qui dépend à la fois de « l'activité du corps, qui cherche à se développer », et de « l'activité de l'esprit, qui cherche à s'instruire ». C'est par la pratique même des expériences scientifiques que l'enfant va dépasser le niveau de la simple réception des sensations pour contraindre spontanément son esprit à raisonner : « Notre élève n'avait d'abord que des sensations, maintenant il a des idées ; il ne faisait que sentir, maintenant il juge [...]. Sitôt que l'on compare une sensation à une autre, on raisonne. L'art de juger et l'art de raisonner sont exactement le même. » L'enfant a besoin pour l'émergence de la raison intellectuelle de s'adonner à la fois à la géométrie, à la géographie, à l'astronomie, à la physique expérimentale, mais aussi aux travaux des mains, à ceux des artisans : « Émile sera menuisier. »

L'initiation à la vie sociale

Émile n'est pas fait pour vivre seul comme un sauvage, mais pour « habiter les villes ». À cette époque de la préadolescence, avant que ne se fasse sentir le besoin sexuel, il importe de lui faire découvrir la notion d'homme et de l'initier aux relations sociales selon les principes pédagogiques de l'appel à l'utilité (« À quoi cela est-il bon ? ») et à la raison (« comparer et juger »).

1) Le gouverneur recourt à un livre, *Robinson Crusoé*. À ce stade, l'enfant (pré-puber) anticipe l'adulte qu'il va prestement devenir dans la société. Émile reconnaît en Robinson cette aspiration. Comme le sauvage a quitté la pure nature pour vivre avec ses semblables et réaliser ainsi, non sans violence, l'humanité qu'il portait en lui, Émile réalise sa vocation économique et scientifique par l'in-

termédiaire du livre, dénoncé, par principe, comme une irruption violente dans la conscience naturelle de l'enfant : « Je hais les livres [...]. Puiqu'il nous faut absolument des livres, il en existe un qui fournit, à mon gré, le plus heureux traité d'éducation naturelle. [...] C'est *Robinson Crusoé*. » Comme le citadin qui a quitté sa ville pour une île sauvage, Émile va quitter son monde enfantin pour la ville. Robinson initie Émile au comportement social en lui faisant parcourir le trajet inverse tout en le soustrayant au « fatras » du monde des adultes qu'il ne pourrait comprendre ou qui le corromprait. Émile va découvrir l'utilité du travail, des échanges, la nécessité de l'organisation économique et politique : « Je veux que la tête lui en tourne [...] car ne doutez point qu'il ne projette d'aller faire un établissement semblable. »

2) Par ailleurs, le gouverneur va initier Émile aux relations sociales, non pas en se plaçant sur le terrain de la morale, qui dépasserait son entendement, mais toujours selon le critère de l'utilité : « Quand l'enchaînement des connaissances vous force à lui montrer la mutuelle dépendance des hommes, au lieu de la lui montrer par le côté moral, tournez d'abord son attention vers l'industrie et les arts mécaniques qui les rendent utiles les uns aux autres. » Le travail correspond donc à une nécessité naturelle, puisqu'il permet à l'homme de vivre en société quels que soient les aléas de l'histoire (le risque des « révolutions ») ; il apporte ainsi sa contribution à la société. C'est par le travail que l'homme naturel devient l'homme social et l'enfant un homme, et non pas un « fripon » vivant « aux dépens des autres ». À travers la recherche du métier d'Émile, ce que cherche Rousseau, c'est le métier qui rapproche l'homme social de ses origines. Or le travail qui rapproche le plus l'homme de l'état de nature est le travail des mains.

Livre quatrième

L'ADOLESCENCE

CONSIDÉRATIONS GÉNÉRALES

L'adolescence : un état de crise

Comme le mugissement de la mer précède de loin la tempête, cette orageuse révolution[1] s'annonce par le murmure[2] des passions naissantes ; une fermentation[3] sourde avertit de l'approche du danger. Un changement dans l'humeur, des
5 emportements fréquents, une continuelle agitation d'esprit, rendent l'enfant presque indisciplinable. Il devient sourd à la voix qui le rendait docile ; c'est un lion dans sa fièvre ; il méconnaît son guide, il ne veut plus être gouverné.

Aux signes moraux d'une humeur qui s'altère se joignent
10 des changements sensibles dans la figure. Sa physionomie se développe et s'empreint d'un caractère ; le coton rare et doux qui croît au bas de ses joues brunit et prend de la consistance. Sa voix mue, ou plutôt il la perd : il n'est ni enfant ni homme

---

1. **Révolution** : changement brusque qui apporte un trouble (*Dictionnaire de l'Académie*, 1694) ; Rousseau évoque la mutation de l'enfant en adolescent et en adulte. À partir de Rousseau, les médecins jettent un regard nouveau sur le développement de l'enfant et s'intéressent à la puberté comme en témoignent les articles « âge », « maladies des enfants » de l'*Encyclopédie méthodique de la médecine* mise en ordre par Vicq d'Azyr et publiée par Panckoucke à partir de 1787. Barthez, médecin vitaliste de Montpellier, décrit longuement les troubles de la puberté dans le chap. 16 de ses *Nouveaux éléments de la science de l'homme* (1778). Daignan, lui aussi médecin à Montpellier, se recommande de Rousseau pour analyser la puberté, « moment de crise où la nature est dans un état violent », dans son *Tableau des variétés de la vie humaine* (1786), qui se réfère très fréquemment à l'*Émile*.
2. **Murmure** : sens latin de grondement.
3. **Fermentation** : agitation fiévreuse des esprits.

« J'aperçois Dieu partout dans ses œuvres ;
je le sens en moi, je le vois tout autour de moi. » (Page 226)
Gravure de Simonet d'après Moreau le Jeune.

et ne peut prendre le ton d'aucun des deux. Ses yeux, ces
15 organes de l'âme, qui n'ont rien dit jusqu'ici, trouvent un
langage et de l'expression ; un feu naissant les anime, leurs
regards plus vifs ont encore une sainte innocence, mais ils
n'ont plus leur première imbécillité[1]. Il sent déjà qu'ils
peuvent trop dire ; il commence à savoir les baisser et rougir ;
20 il devient sensible avant de savoir ce qu'il sent ; il est inquiet
sans raison de l'être. Tout cela peut venir lentement et vous
laisser du temps encore : mais si sa vivacité se rend trop impa-
tiente, si son emportement se change en fureur, s'il s'irrite et
s'attendrit d'un instant à l'autre, s'il verse des pleurs sans
25 sujet, si, près des objets qui commencent à devenir dangereux
pour lui, son pouls s'élève et son œil s'enflamme, si la main
d'une femme se posant sur la sienne le fait frissonner, s'il se
trouble ou s'intimide auprès d'elle, Ulysse[2], ô sage Ulysse,
prends garde à toi ; les outres que tu fermais avec tant de
30 soin sont ouvertes ; les vents sont déjà déchaînés ; ne quitte
plus un moment le gouvernail, ou tout est perdu.

C'est ici la seconde naissance dont j'ai parlé ; c'est ici que
l'homme naît véritablement à la vie, et que rien d'humain
n'est étranger à lui. Jusqu'ici nos soins n'ont été que des jeux
35 d'enfant ; ils ne prennent qu'à présent une véritable importance. Cette époque où finissent les éducations ordinaires est
proprement celle où la nôtre doit commencer. [...]

Amour de soi-même, penchant pour l'autre sexe, besoin d'amitié

Le premier sentiment d'un enfant est de s'aimer lui-même ;
et le second, qui dérive du premier, est d'aimer ceux qui
40 l'approchent ; car, dans l'état de faiblesse où il est, il ne
connaît personne que par l'assistance et les soins qu'il reçoit.
D'abord l'attachement qu'il a pour sa nourrice et sa gouver-

---

1. **Imbécillité** : sens latin de faiblesse.
2. **Ulysse** : héros grec de l'*Odyssée* d'Homère (IVe siècle av. J.-C.). Après la guerre de Troie, Ulysse navigue sur la Méditerranée à la recherche de son pays, l'Ithaque.

nante n'est qu'habitude. Il les cherche, parce qu'il a besoin d'elles et qu'il se trouve bien de les avoir ; c'est plutôt de
45 connaissance que bienveillance. Il lui faut beaucoup de temps pour comprendre que non seulement elles lui sont utiles, mais qu'elles veulent l'être ; et c'est alors qu'il commence à les aimer.

Un enfant est donc naturellement enclin à la bienveillance,
50 parce qu'il voit que tout ce qui l'approche est porté à l'assister, et qu'il prend de cette observation l'habitude d'un sentiment favorable à son espèce ; mais, à mesure qu'il étend ses relations, ses besoins, ses dépendances actives ou passives, le sentiment de ses rapports à autrui s'éveille, et produit celui
55 des devoirs et des préférences. Alors l'enfant devient impérieux, jaloux, trompeur, vindicatif. Si on le plie à l'obéissance, ne voyant point l'utilité de ce qu'on lui commande, il l'attribue au caprice, à l'intention de le tourmenter, et il se mutine. Si on lui obéit à lui-même, aussitôt que quelque chose lui
60 résiste, il y voit une rébellion, une intention de lui résister ; il bat la chaise ou la table pour avoir désobéi. L'amour de soi, qui ne regarde qu'à nous, est content quand nos vrais besoins sont satisfaits ; mais l'amour-propre, qui se compare, n'est jamais content et ne saurait l'être, parce que ce sentiment, en
65 nous préférant aux autres, exige aussi que les autres nous préfèrent à eux ; ce qui est impossible. Voilà comment les passions douces et affectueuses naissent de l'amour de soi, et comment les passions haineuses et irascibles naissent de l'amour-propre. Ainsi, ce qui rend l'homme essentiellement
70 bon est d'avoir peu de besoins, et de peu se comparer aux autres ; ce qui le rend essentiellement méchant est d'avoir beaucoup de besoins, et de tenir beaucoup à l'opinion. Sur ce principe il est aisé de voir comment on peut diriger au bien ou au mal toutes les passions des enfants et des hommes. Il
75 est vrai que, ne pouvant vivre toujours seuls, ils vivront difficilement toujours bons : cette difficulté même augmentera nécessairement avec leurs relations ; et c'est en ceci surtout que les dangers de la société nous rendent l'art et les soins

plus indispensables pour prévenir dans le cœur humain la
80 dépravation qui naît de ses nouveaux besoins.

L'étude convenable à l'homme est celle de ses rapports.
Tant qu'il ne se connaît que par son être physique, il doit
s'étudier par ses rapports avec les choses : c'est l'emploi de
son enfance ; quand il commence à sentir son être moral, il
85 doit s'étudier par ses rapports avec les hommes : c'est l'emploi de sa vie entière, à commencer au point où nous voilà
parvenus.

Sitôt que l'homme a besoin d'une compagne, il n'est plus
un être isolé, son cœur n'est plus seul. Toutes ses relations
90 avec son espèce, toutes les affections de son âme naissent avec
celle-là. Sa première passion fait bientôt fermenter[1] les
autres.

Le penchant de l'instinct est indéterminé. Un sexe est attiré
vers l'autre : voilà le mouvement de la nature. Le choix, les
95 préférences, l'attachement personnel, sont l'ouvrage des
lumières, des préjugés, de l'habitude : il faut du temps et des
connaissances pour nous rendre capables d'amour : on
n'aime qu'après avoir jugé, on ne préfère qu'après avoir
comparé. Ces jugements se font sans qu'on s'en aperçoive,
100 mais ils n'en sont pas moins réels. Le véritable amour, quoi
qu'on en dise, sera toujours honoré des hommes : car, bien
que ses emportements nous égarent, bien qu'il n'exclue pas
du cœur qui le sent des qualités odieuses, et même qu'il en
produise, il en supporte pourtant toujours d'estimables, sans
105 lesquelles on serait hors d'état de le sentir. Ce choix qu'on
met en opposition avec la raison nous vient d'elle. On a fait
l'amour aveugle, parce qu'il a de meilleurs yeux que nous, et
qu'il voit des rapports que nous ne pouvons apercevoir. Pour
qui n'aurait nulle idée de mérite ni de beauté, toute femme
110 serait également bonne, et la première venue serait toujours
la plus aimable. Loin que l'amour vienne de la nature, il est

---

1. **Fermenter** : agiter, échauffer, bouillonner.

la règle et le frein de ses penchants : c'est par lui qu'excepté l'objet aimé, un sexe n'est plus rien pour l'autre.

La préférence qu'on accorde, on veut l'obtenir ; l'amour
115 doit être réciproque. Pour être aimé, il faut se rendre aimable ; pour être préféré, il faut se rendre plus aimable qu'un autre, plus aimable que tout autre, au moins aux yeux de l'objet aimé. De là les premiers regards sur ses semblables ; de là les premières comparaisons avec eux, de là l'émulation,
120 les rivalités, la jalousie. Un cœur plein d'un sentiment qui déborde aime à s'épancher : du besoin d'une maîtresse naît bientôt celui d'un ami. Celui qui sent combien il est doux d'être aimé voudrait l'être de tout le monde, et tous ne sauraient vouloir des préférences, qu'il n'y ait beaucoup de
125 mécontents. Avec l'amour et l'amitié naissent les dissensions, l'inimitié, la haine. Du sein de tant de passions diverses je vois l'opinion s'élever un trône inébranlable, et les stupides mortels, asservis à son empire, ne fonder leur propre existence que sur les jugements d'autrui.
130 Étendez ces idées, et vous verrez d'où vient à notre amour-propre la forme que nous lui croyons naturelle ; et comment l'amour de soi, cessant d'être un sentiment absolu, devient orgueil dans les grandes âmes, vanité dans les petites, et dans toutes se nourrit sans cesse aux dépens du prochain. L'espèce
135 de ces passions, n'ayant point son germe dans le cœur des enfants, n'y peut naître d'elle-même ; c'est nous seuls qui l'y portons, et jamais elles n'y prennent racine que par notre faute ; mais il n'en est plus ainsi du cœur du jeune homme : quoi que nous puissions faire, elles y naîtront malgré nous.
140 Il est donc temps de changer de méthode. [...]

[L'éveil sexuel « diffère autant par l'effet de l'éducation que par l'action de la nature » ; il faut veiller par les paroles et par les comportements à ne pas susciter une imagination malsaine : la sexualité précoce rend méchant.]

145 Voulez-vous mettre l'ordre et la règle dans les passions naissantes, étendez l'espace durant lequel elles se développent, afin qu'elles aient le temps de s'arranger à mesure qu'elles naissent. Alors ce n'est pas l'homme qui les ordonne, c'est la nature elle-même ; votre soin n'est que de la laisser
150 arranger son travail. Si votre élève était seul, vous n'auriez rien à faire ; mais tout ce qui l'environne enflamme son imagination. Le torrent des préjugés l'entraîne : pour le retenir, il faut le pousser en sens contraire. Il faut que le sentiment enchaîne l'imagination, et que la raison fasse taire l'opinion
155 des hommes. La source de toutes les passions est la sensibilité, l'imagination détermine leur pente. Tout être qui sent ses rapports doit être affecté quand ces rapports s'altèrent et qu'il en imagine ou qu'il en croit imaginer de plus convenables à sa nature. Ce sont les erreurs de l'imagination qui trans-
160 forment en vices les passions de tous les êtres bornés, même des anges, s'ils en ont ; car il faudrait qu'ils connussent la nature de tous les êtres, pour savoir quels rapports conviennent le mieux à la leur.

Voici donc le sommaire de toute la sagesse humaine dans
165 l'usage des passions :

1° sentir les vrais rapports de l'homme tant dans l'espèce que dans l'individu ;

2° ordonner toutes les affections de l'âme selon ces rapports.

170 Mais l'homme est-il maître d'ordonner ses affections selon tels ou tels rapports ? Sans doute, s'il est maître de diriger son imagination sur tel ou tel objet, ou de lui donner telle ou telle habitude. D'ailleurs, il s'agit moins ici de ce qu'un homme peut faire sur lui-même que de ce que nous pouvons
175 faire sur notre élève par le choix des circonstances où nous le plaçons. Exposer les moyens propres à maintenir dans l'ordre de la nature, c'est dire assez comment il en peut sortir.

Tant que sa sensibilité reste bornée à son individu, il n'y a rien de moral dans ses actions ; ce n'est que quand elle
180 commence à s'étendre hors de lui, qu'il prend d'abord les

sentiments, ensuite les notions du bien et du mal, qui le constituent véritablement homme et partie intégrante de son espèce. C'est donc à ce premier point qu'il faut d'abord fixer nos observations.

185 Elles sont difficiles en ce que, pour les faire, il faut rejeter les exemples qui sont sous nos yeux, et chercher ceux où les développements successifs se font selon l'ordre de la nature.

Un enfant façonné, poli, civilisé, qui n'attend que la puissance de mettre en œuvre les instructions prématurées[1] qu'il
190 a reçues, ne se trompe jamais sur le moment où cette puissance lui survient. Loin de l'attendre, il l'accélère, il donne à son sang une fermentation[2] précoce, il sait quel doit être l'objet de ses désirs, longtemps même avant qu'il les éprouve. Ce n'est pas la nature qui l'excite, c'est lui qui la force : elle
195 n'a plus rien à lui apprendre, en le faisant homme ; il l'était par la pensée longtemps avant de l'être en effet.

La véritable marche de la nature est plus graduelle et plus lente. Peu à peu le sang s'enflamme, les esprits s'élaborent, le tempérament se forme. Le sage ouvrier[3] qui dirige la
200 fabrique a soin de perfectionner tous ses instruments avant de les mettre en œuvre : une longue inquiétude précède les premiers désirs, une longue ignorance leur donne le change ; on désire sans avoir quoi. Le sang fermente et s'agite ; une surabondance de vie cherche à s'étendre au dehors. L'œil
205 s'anime et parcourt les autres êtres, on commence à prendre intérêt à ceux qui nous environnent, on commence à sentir qu'on n'est pas fait pour vivre seul : c'est ainsi que le cœur s'ouvre aux affections humaines, et devient capable d'attachement.
210 Le premier sentiment dont un jeune homme élevé soigneusement est susceptible n'est pas l'amour, c'est l'amitié.

---

1. **Prématurées** : qu'il n'est pas encore temps d'entreprendre, qui ne correspondent pas à l'âge de l'enfant.
2. Voir la n. 3, p. 187.
3. **Ouvrier** : homme qui exerce un travail manuel.

Le premier acte de son imagination naissante est de lui apprendre qu'il a des semblables, et l'espèce l'affecte avant le sexe. Voilà donc un autre avantage de l'innocence prolongée : c'est de profiter de la sensibilité naissante pour jeter dans le cœur du jeune adolescent les premières semences de l'humanité : avantage d'autant plus précieux que c'est le seul temps de la vie où les mêmes soins puissent avoir un vrai succès. [...]

De la conscience de la misère commune à l'apprentissage de la sociabilité

Voulez-vous donc exciter et nourrir dans le cœur d'un jeune homme les premiers mouvements de la sensibilité naissante, et tourner son caractère vers la bienfaisance et vers la bonté ; n'allez point faire germer en lui l'orgueil, la vanité, l'envie, par la trompeuse image du bonheur des hommes ; n'exposez point d'abord à ses yeux la pompe des cours, le faste des palais, l'attrait des spectacles ; ne le promenez point dans les cercles, dans les brillantes assemblées, ne lui montrez l'extérieur de la grande société qu'après l'avoir mis en état de l'apprécier en elle-même. Lui montrer le monde avant qu'il connaisse les hommes, ce n'est pas le former, c'est le corrompre ; ce n'est pas l'instruire, c'est le tromper.

Les hommes ne sont naturellement ni rois, ni grands, ni courtisans, ni riches ; tous sont nés nus et pauvres, tous sujets aux misères de la vie, aux chagrins, aux maux, aux besoins, aux douleurs de toute espèce ; enfin, tous sont condamnés à la mort. Voilà ce qui est vraiment de l'homme ; voilà de quoi nul mortel n'est exempt. Commencez donc par étudier de la nature humaine ce qui en est le plus inséparable, ce qui constitue le mieux l'humanité.

À seize ans l'adolescent sait ce que c'est que souffrir ; car il a souffert lui-même ; mais à peine sait-il que d'autres êtres souffrent aussi ; le voir sans le sentir n'est pas le savoir, et, comme je l'ai dit cent fois, l'enfant n'imaginant point ce que sentent les autres ne connaît de maux que les siens : mais quand le premier développement des sens allume en lui le feu

245 de l'imagination, il commence à se sentir dans ses semblables, à s'émouvoir de leurs plaintes et à souffrir de leurs douleurs. C'est alors que le triste tableau de l'humanité souffrante doit porter à son cœur le premier attendrissement qu'il ait jamais éprouvé.

250 Si ce moment n'est pas facile à remarquer dans vos enfants, à qui vous en prenez-vous ? Vous les instruisez de si bonne heure à jouer le sentiment, vous leur en apprenez si tôt le langage, que parlant toujours sur le même ton, ils tournent vos leçons contre vous-même, et ne vous laissent nul moyen
255 de distinguer quand, cessant de mentir, ils commencent à sentir ce qu'ils disent. Mais voyez mon Émile ; à l'âge où je l'ai conduit il n'a ni senti ni menti. Avant de savoir ce que c'est qu'aimer, il n'a dit à personne : *Je vous aime bien* ; on ne lui a point prescrit la contenance qu'il devait prendre en entrant
260 dans la chambre de son père, de sa mère, ou de son gouverneur malade ; on ne lui a point montré l'art d'affecter la tristesse qu'il n'avait pas. Il n'a feint de pleurer sur la mort de personne ; car il ne sait ce que c'est que mourir. La même insensibilité qu'il a dans le cœur est aussi dans ses manières.
265 Indifférent à tout, hors à lui-même, comme tous les autres enfants, il ne prend intérêt à personne ; tout ce qui le distingue est qu'il ne veut point paraître en prendre, et qu'il n'est pas faux comme eux.

Émile, ayant peu réfléchi sur les êtres sensibles, saura tard
270 ce que c'est que souffrir et mourir. Les plaintes et les cris commenceront d'agiter ses entrailles ; l'aspect du sang qui coule lui fera détourner les yeux ; les convulsions d'un animal expirant lui donneront je ne sais quelle angoisse avant qu'il sache d'où lui viennent ces nouveaux mouvements. S'il était
275 resté stupide et barbare, il ne les aurait pas ; s'il était plus instruit, il en connaîtrait la source : il a déjà trop comparé d'idées pour ne rien sentir, et pas assez pour concevoir ce qu'il sent.

Ainsi naît la pitié, premier sentiment relatif qui touche le
280 cœur humain selon l'ordre de la nature. Pour devenir sensible

et pitoyable, il faut que l'enfant sache qu'il y a des êtres semblables à lui qui souffrent ce qu'il a souffert, qui sentent les
douleurs qu'il a senties, et d'autres dont il doit avoir l'idée
comme pouvant les sentir aussi. En effet, comment nous lais-
285 sons-nous émouvoir à la pitié, si ce n'est en nous transportant
hors de nous et nous identifiant avec l'animal souffrant, en
quittant, pour ainsi dire, notre être pour prendre le sien ?
Nous ne souffrons qu'autant que nous jugeons qu'il souffre ;
ce n'est pas dans nous, c'est dans lui que nous souffrons.
290 Ainsi nul ne devient sensible que quand son imagination
s'anime et commence à le transporter hors de lui.

Pour exciter et nourrir cette sensibilité naissante, pour la
guider ou la suivre dans sa pente naturelle, qu'avons nous
donc à faire, si ce n'est d'offrir au jeune homme des objets
295 sur lesquels puisse agir la force expansive de son cœur, qui
le dilatent, qui l'étendent sur les autres êtres, qui le fassent
partout retrouver hors de lui ; d'écarter avec soin ceux qui le
resserrent, le concentrent, et tendent le ressort du moi
humain ; c'est-à-dire, en d'autres termes, d'exciter en lui la
300 bonté, l'humanité, la commisération, la bienfaisance, toutes
les passions attirantes et douces qui plaisent naturellement
aux hommes, et d'empêcher de naître l'envie, la convoitise,
la haine, toutes les passions repoussantes et cruelles, qui
rendent, pour ainsi dire, la sensibilité non seulement nulle,
305 mais négative, et font le tourment de celui qui les
éprouve ? [...]

*[Rousseau énumère alors trois maximes « précises, claires
et faciles à saisir ».]*

Première maxime
310 *Il n'est pas dans le cœur humain de se mettre à la place
des gens qui sont plus heureux que nous, mais seulement de
ceux qui sont plus à plaindre. [...]*

Deuxième maxime
On ne plaint jamais dans autrui que les maux dont on ne
315 *se croit pas exempt soi-même.*
« *Non ignara mali, miseris succurrere disco*[1]. » [...]

Troisième maxime
La pitié qu'on a du mal d'autrui ne se mesure pas sur la
quantité de ce mal, mais sur le sentiment qu'on prête à ceux
320 *qui le souffrent.* [...]

L'ACQUISITION DES SENTIMENTS SOCIAUX

Influence de l'exemple et du choix des spectacles

Je reviens donc à ma méthode, et je dis : Quand l'âge critique approche, offrez aux jeunes gens des spectacles[2] qui les retiennent, et non des spectacles qui les excitent ; donnez le change à leur imagination naissante par des objets qui, loin
325 d'enflammer leurs sens, en répriment l'activité. Éloignez-les des grandes villes, où la parure et l'immodestie des femmes hâtent et préviennent les leçons de la nature, où tout présente à leurs yeux des plaisirs qu'ils ne doivent connaître que quand ils sauront les choisir.
330 Ramenez-les dans leurs premières habitations, où la simplicité champêtre laisse les passions de leur âge se développer moins rapidement ; ou si leur goût pour les arts les attache encore à la ville, prévenez en eux, par ce goût même, une dangereuse oisiveté. Choisissez avec soin leurs sociétés, leurs
335 occupations, leurs plaisirs : ne leur montrez que des tableaux[3] touchants, mais modestes, qui les remuent sans les séduire, et qui nourrissent leur sensibilité sans émouvoir leurs sens. Songez aussi qu'il y a partout quelques excès à craindre,

---

1. « N'ignorant pas le malheur, je sais aider les misérables » (*Énéide*, I, 630).
2. **Spectacle** : tout ce qui attire le regard, l'attention.
3. **Tableau** : ensemble d'objets qui frappent la vue, spectacle.

et que les passions immodérées font toujours plus de mal
340 qu'on n'en veut éviter. Il ne s'agit pas de faire de votre élève
un garde-malade, un frère de la charité, d'affliger ses regards
par des objets continuels de douleurs et de souffrances, de le
promener d'infirme en infirme, d'hôpital en hôpital, et de la
Grève[1] aux prisons ; il faut le toucher et non l'endurcir à
345 l'aspect des misères humaines. Longtemps frappé des mêmes
spectacles, on n'en sent plus les impressions ; l'habitude
accoutume à tout ; ce qu'on voit trop on ne l'imagine plus,
et ce n'est que l'imagination qui nous fait sentir les maux
d'autrui : c'est ainsi qu'à force de voir mourir et souffrir, les
350 prêtres et les médecins deviennent impitoyables. Que votre
élève connaisse donc le sort de l'homme et les misères de ses
semblables ; mais qu'il n'en soit pas trop souvent le témoin.
Un seul objet bien choisi, et montré dans un jour convenable,
lui donnera pour un mois d'attendrissement et de réflexions.
355 Ce n'est pas tant ce qu'il voit, que son retour sur ce qu'il a
vu, qui détermine le jugement qu'il en porte ; et l'impression
durable qu'il reçoit d'un objet lui vient moins de l'objet même
que du point de vue sous lequel on le porte à se le rappeler.
C'est ainsi qu'en ménageant les exemples, les leçons, les
360 images, vous émousserez longtemps l'aiguillon des sens, et
donnerez le change à la nature en suivant ses propres directions.
À mesure qu'il acquiert des lumières, choisissez les idées
qui s'y rapportent ; à mesure que nos désirs s'allument, choisissez des tableaux propres à les réprimer. Un vieux militaire,
365 qui s'est distingué par ses mœurs autant que par son courage,
m'a raconté que, dans sa première jeunesse, son père, homme
de sens, mais très dévot, voyant son tempérament naissant le
livrer aux femmes, n'épargna rien pour le contenir ; mais
enfin, malgré tous ses soins, le sentant prêt à lui échapper, il
370 s'avisa de le mener dans un hôpital de vérolés, et, sans le
prévenir de rien, le fit entrer dans une salle où une troupe de

---

1. La place de la Grève, où avait lieu l'exécution des criminels.

ces malheureux expiaient, par un traitement effroyable, le désordre qui les y avait exposés. À ce hideux aspect, qui révoltait à la fois tous les sens, le jeune homme faillit se trou-
375 ver mal. « Va, misérable débauché, lui dit alors le père d'un ton véhément, suis le vil penchant qui t'entraîne ; bientôt tu seras trop heureux d'être admis dans cette salle, où, victime des plus infâmes douleurs, tu forceras ton père à remercier Dieu de ta mort. »
380 Ce peu de mots, joints à l'énergique tableau qui frappait le jeune homme, lui firent une impression qui ne s'effaça jamais. Condamné par son état à passer sa jeunesse dans les garnisons, il aima mieux essuyer toutes les railleries de ses camarades que d'imiter leur libertinage. « J'ai été homme, me
385 dit-il, j'ai eu des faiblesses ; mais parvenu jusqu'à mon âge, je n'ai jamais pu voir une fille publique sans horreur. » Maître, peu de discours ; mais apprenez à choisir les lieux, les temps, les personnes, puis donnez toutes vos leçons en exemples, et soyez sûr de leur effet. [...]

Voilà le moment de l'histoire

390 [*C'est le temps où Émile approfondit sa connaissance des hommes et découvre qu'on ne peut séparer la politique de la morale : « Il faut étudier la société par les hommes, et les hommes par la société : ceux qui voudront traiter séparément la politique et la morale n'entendront jamais rien à aucune*
395 *des deux. » Il lui faut apprendre à observer « les actions d'autrui » pour découvrir, sous « le masque » social, l'homme originel corrompu par la société. Mais le gouverneur doit éviter de lui donner des leçons qu'il n'est pas en état de comprendre, et veiller à ne pas « substituer l'expé-*
400 *rience et l'autorité du maître à sa propre expérience et au progrès de sa raison ».]*

Pour lever à la fois ces deux obstacles et pour mettre le cœur humain à sa portée sans risquer de gâter le sien, je voudrais lui montrer les hommes au loin, les lui montrer dans

405 d'autres temps ou dans d'autres lieux, et de sorte qu'il pût
voir la scène sans jamais y pouvoir agir. Voilà le moment de
l'histoire ; c'est par elle qu'il lira dans les cœurs sans les
leçons de la philosophie ; c'est par elle qu'il les verra, simple
spectateur, sans intérêt et sans passion, comme leur juge, non
410 comme leur complice ni comme leur accusateur.

Pour connaître les hommes il faut les voir agir. Dans le
monde on les entend parler ; ils montrent leurs discours et
cachent leurs actions : mais dans l'histoire elles sont dévoi-
lées, et on les juge sur les faits. Leurs propos même aident à
415 les apprécier ; car, comparant ce qu'ils font à ce qu'ils disent,
on voit à la fois ce qu'ils sont et ce qu'ils veulent paraître :
plus ils se déguisent, mieux on les connaît.

Malheureusement cette étude a ses dangers, ses inconvénients de plus d'une espèce. Il est difficile de se mettre dans
420 un point de vue d'où l'on puisse juger ses semblables avec
équité. Un des grands vices de l'histoire est qu'elle peint beaucoup plus les hommes par leurs mauvais côtés que par les
bons ; comme elle n'est intéressante que par les révolutions,
les catastrophes, tant qu'un peuple croît et prospère dans le
425 calme d'un paisible gouvernement, elle n'en dit rien ; elle ne
commence à en parler que quand, ne pouvant plus se suffire
à lui-même, il prend part aux affaires de ses voisins, ou les
laisse prendre part aux siennes ; elle ne l'illustre que quand
il est déjà sur son déclin : toutes nos histoires commencent
430 où elles devraient finir. Nous avons fort exactement celle des
peuples qui se détruisent ; ce qui nous manque est celle des
peuples qui se multiplient ; ils sont assez heureux et assez
sages pour qu'elle n'ait rien à dire d'eux : et en effet nous
voyons, même de nos jours, que les gouvernements qui se
435 conduisent le mieux sont ceux dont on parle le moins. Nous
ne savons donc que le mal ; à peine le bien fait-il époque. Il
n'y a que les méchants de célèbres, les bons sont oubliés ou
tournés en ridicule : et voilà comment l'histoire, ainsi que la
philosophie, calomnie sans cesse le genre humain.

440 De plus, il s'en faut bien que les faits décrits dans l'histoire

soient la peinture exacte des mêmes faits tels qu'ils sont
arrivés : ils changent de forme dans la tête de l'historien, ils
se moulent sur ses intérêts, ils prennent la teinte de ses préjugés. Qui est-ce qui sait mettre exactement le lecteur au lieu
445 de la scène pour voir un événement tel qu'il s'est passé ?
L'ignorance ou la partialité déguise tout. Sans altérer même
un trait historique, en étendant ou resserrant des circonstances qui s'y rapportent, que de faces différentes on peut lui
donner ! Mettez un même objet à divers points de vue, à
450 peine paraîtra-t-il le même, et pourtant rien n'aura changé
que l'œil du spectateur. Suffit-il, pour l'honneur de la vérité,
de me dire un fait véritable en me le faisant voir tout autrement qu'il n'est arrivé ? Combien de fois un arbre de plus ou
de moins, un rocher à droite ou à gauche, un tourbillon de
455 poussière élevé par le vent ont décidé de l'événement d'un
combat sans que personne s'en soit aperçu ! Cela empêche-
t-il que l'historien ne vous dise la cause de la défaite ou de
la victoire avec autant d'assurance que s'il eût été partout ?
Or que m'importent les faits en eux-mêmes, quand la raison
460 m'en reste inconnue ? et quelles leçons puis-je tirer d'un événement dont j'ignore la vraie cause ? L'historien m'en donne
une, mais il controuve[1] ; et la critique elle-même, dont on
fait tant de bruit, n'est qu'un art de conjecturer, l'art de choisir entre plusieurs mensonges celui qui ressemble le mieux à
465 la vérité.

N'avez-vous jamais lu *Cléopâtre* ou *Cassandre*[2], ou
d'autres livres de cette espèce ? L'auteur choisit un événement
connu, puis, l'accommodant à ses vues, l'ornant de détails de
son invention, de personnages qui n'ont jamais existé, et de
470 portraits imaginaires, entasse fictions sur fictions pour rendre
sa lecture agréable. Je vois peu de différence entre ces romans
et vos histoires, si ce n'est que le romancier se livre davantage

---

1. **Controuver** : inventer mensongèrement pour tromper.
2. **Cléopâtre** et **Cassandre** sont les héros de deux romans de La Calprenède
que Rousseau lisait quand il était enfant (*cf. Confessions*, I, *op. cit.*, I, p. 8-9).

à sa propre imagination, et que l'historien s'asservit plus à celle d'autrui : à quoi j'ajouterai, si l'on veut, que le premier
475 se propose un objet moral, bon ou mauvais, dont l'autre ne se soucie guère.

On me dira que la fidélité de l'histoire intéresse moins que la vérité des mœurs et des caractères ; pourvu que le cœur humain soit bien peint, il importe peu que les événements
480 soient fidèlement rapportés : car, après tout, ajoute-t-on, que nous font des faits arrivés il y a deux mille ans ? On a raison si les portraits sont bien rendus d'après nature ; mais si la plupart n'ont leur modèle que dans l'imagination de l'historien, n'est-ce pas retomber dans l'inconvénient que l'on vou-
485 lais fuir, et rendre à l'autorité des écrivains ce qu'on veut ôter à celle du maître ? Si mon élève ne doit voir que des tableaux de fantaisie, j'aime mieux qu'ils soient tracés de ma main que d'une autre ; il lui seront du moins mieux appropriés.

Les pires historiens pour un jeune homme sont ceux qui
490 jugent. Les faits ! les faits ! et qu'il juge lui-même ; c'est ainsi qu'il apprend à connaître les hommes. Si le jugement de l'auteur le guide sans cesse, il ne fait que voir par l'œil d'un autre ; et quand cet œil lui manque, il ne voit plus rien.

Je laisse à part l'histoire moderne, non seulement parce
495 qu'elle n'a plus de physionomie et que nos hommes se ressemblent tous, mais parce que nos historiens, uniquement attentifs à briller, ne songent qu'à faire des portraits fortement coloriés, et qui souvent ne représentent rien. Généralement les anciens font moins de portraits, mettent moins
500 d'esprit et plus de sens dans leurs jugements ; encore y a-t-il entre eux un grand choix à faire, et il ne faut pas d'abord prendre les plus judicieux, mais les plus simples. Je ne voudrais mettre dans la main d'un jeune homme ni Polybe[1] ni

---

1. **Polybe** : historien grec (v. 200-v. 120 av. J.-C.) scrupuleux et impartial, auteur d'une *Histoire générale* en quarante livres. Il entend ne raconter que les « faits » et supprime les discours par souci d'exactitude.

Salluste[1]. Tacite[2] est le livre des vieillards ; les jeunes gens
505 ne sont pas faits pour l'entendre : il faut apprendre à voir
dans les actions humaines les premiers traits du cœur de
l'homme, avant d'en vouloir sonder les profondeurs ; il faut
savoir bien lire dans les faits avant de lire dans les maximes.
La philosophie en maximes ne convient qu'à l'expérience. La
510 jeunesse ne doit rien généraliser : toute son instruction doit
être en règles particulières. [...]

L'histoire en général est défectueuse, en ce qu'elle ne tient
registre que de faits sensibles et marqués, qu'on peut fixer
par des noms, des lieux, des dates ; mais les causes lentes et
515 progressives de ces faits, lesquelles ne peuvent s'assigner de
même, restent toujours inconnues. On trouve souvent dans
une bataille gagnée ou perdue la raison d'un révolution qui,
même avant cette bataille, était déjà devenue inévitable. La
guerre ne fait guère que manifester des événements déjà déter-
520 minés par des causes morales que les historiens savent rarement voir.

L'esprit philosophique a tourné de ce côté les réflexions de
plusieurs écrivains de ce siècle ; mais je doute que la vérité
gagne à leur travail. La fureur des systèmes s'étant emparée
525 d'eux tous, nul ne cherche à voir les choses comme elles sont,
mais comme elles s'accordent avec son système[3].

Ajoutez à toutes ces réflexion que l'histoire montre bien
plus les actions que les hommes, parce qu'elle ne saisit ceux-
ci que dans certains moments choisis, dans leurs vêtements
530 de parade ; elle n'expose que l'homme public qui s'est

---

1. **Salluste** : historien romain (86-35 av. J.-C.), auteur de la *Conjuration de
Catilina*, de la *Guerre de Jugurtha*. Il a pris Thucydide comme modèle et a
tenté d'imiter son impartialité, mais les idées l'emportent sur les faits ;
nombreux portraits et discours.
2. **Tacite** : historien romain (v. 55-v. 120), auteur des *Annales*, des *Histoires
des mœurs des Germains*, du *Dialogue des orateurs*. Par son souci moral, par
son pessimisme, Tacite n'est pas toujours impartial.
3. Cette critique des historiens possédés par l'esprit de système vise
certainement Voltaire et les historiens qui inscrivent l'histoire dans l'optimisme
des Lumières.

arrangé pour être vu ; elle ne le suit point dans sa maison, dans son cabinet, dans sa famille, au milieu de ses amis ; elle ne le peint que quand il représente : c'est bien plus son habit que sa personne qu'elle peint.

535 J'aimerais mieux la lecture des vies particulières pour commencer l'étude du cœur humain ; car alors l'homme a beau se dérober, l'historien le poursuit partout ; il ne lui laisse aucun moment de relâche, aucun recoin pour éviter l'œil perçant du spectateur ; et c'est quand l'un croit mieux se cacher,

540 que l'autre le fait mieux connaître. « Ceux, dit Montaigne[1], qui écrivent les vies, d'autant qu'ils s'amusent plus aux conseils qu'aux événements, plus à ce qui se passe du dedans qu'à ce qui arrive au dehors, ceux-là me sont plus propres : voilà pourquoi, c'est mon homme que Plutarque. »

545 Il est vrai que le génie des hommes assemblés ou des peuples est fort différent du caractère de l'homme en particulier, et que ce serait connaître très imparfaitement le cœur humain que de ne pas l'examiner aussi dans la multitude ; mais il n'est pas moins vrai qu'il faut commencer par étudier

550 l'homme pour juger les hommes, et que qui connaîtrait parfaitement les penchants de chaque individu pourrait prévoir tous leurs effets combinés dans le corps du peuple. [...]

Le gouverneur, porte-parole de la raison naturelle

[Le gouverneur doit veiller à ne pas flatter l'amour-propre d'Émile, son orgueil de se croire meilleur que les autres. « Il
555 *faut le détromper, ou plutôt prévenir l'erreur, de peur qu'il ne soit trop tard ensuite pour la détruire. » Non par des raisonnements, mais en multipliant les expériences fâcheuses.]*

---

1. La citation de Montaigne (*Essais*, II, 10, PUF, 1965, p. 416) est incorrecte ; voilà ce qu'écrit Montaigne : « Or ceux qui écrivent les vies, d'autant qu'ils s'amusent (s'occupent) plus aux conseils (desseins, attentions) qu'aux événements, plus à ce qui part du dedans qu'à ce qui arrive du dehors, ceux-là me sont plus propres. Voilà pourquoi, en toutes sortes, c'est mon homme que Plutarque. »

Ce n'est pas que l'élève doive supposer dans le maître des lumières aussi bornées que les siennes et la même facilité à 560 se laisser séduire. Cette opinion est bonne pour un enfant, qui, ne sachant rien voir, rien comparer, met tout le monde à sa portée, et ne donne sa confiance qu'à ceux qui savent s'y mettre en effet. Mais un jeune homme de l'âge d'Émile, et aussi sensé que lui, n'est plus assez sot pour prendre ainsi 565 le change, et il ne serait pas bon qu'il le prît. La confiance qu'il doit avoir en son gouverneur est d'une autre espèce : elle doit porter sur l'autorité de la raison, sur la supériorité des lumières, sur les avantages que le jeune homme est en état de connaître, et dont il sent l'utilité pour lui. Une longue 570 expérience l'a convaincu qu'il est aimé de son conducteur ; que ce conducteur est un homme sage, éclairé, qui, voulant son bonheur, sait ce qui peut le lui procurer. Il doit savoir que, pour son propre intérêt, il lui convient d'écouter ses avis. Or, si le maître se laissait tromper comme le disciple, il per-575 drait le droit d'en exiger de la déférence et de lui donner des leçons. Encore moins l'élève doit-il supposer que le maître le laisse à dessein tomber dans des pièges, et tend des embûches à sa simplicité. Que faut-il donc faire pour éviter à la fois ces deux inconvénients ? Ce qu'il y a de meilleur et de plus natu-580 rel : être simple et vrai comme lui ; l'avertir des périls aux-quels il s'expose ; les lui montrer clairement, sensiblement, mais sans exagération, sans humeur, sans pédantesque éta-lage, surtout sans lui donner vos avis pour des ordres, jusqu'à ce qu'ils le soient devenus, et que ce ton impérieux soit abso-585 lument nécessaire. S'obstine-t-il après cela, comme il fera très souvent ? alors ne lui dites plus rien ; laissez-le en liberté sui-vez-le, imitez-le, et cela gaiement, franchement ; livrez-vous, amusez-vous autant que lui, s'il est possible. Si les consé-quences deviennent trop fortes, vous êtes toujours là pour les 590 arrêter ; et cependant combien le jeune homme, témoin de votre prévoyance et de votre complaisance, ne doit-il pas être à la fois frappé de l'une et touché de l'autre ! Toutes ses fautes sont autant de liens, qu'il vous fournit pour le retenir

au besoin. Or, ce qui fait ici le plus grand art du maître, c'est
595 d'amener les occasions et de diriger les exhortations[1] de
manière qu'il sache d'avance quand le jeune homme cédera,
et quand il s'obstinera, afin de l'environner partout des leçons
de l'expérience, sans jamais l'exposer à de trop grands
dangers.

600 Avertissez-le de ses fautes avant qu'il y tombe : quand il y
est tombé, ne les lui reprochez point ; vous ne feriez qu'enflammer et mutiner son amour-propre. Une leçon qui révolte
ne profite pas. Je ne connais rien de plus inepte que ce mot :
Je vous l'avais bien dit. Le meilleur moyen de faire qu'il se
605 souvienne de ce qu'on lui a dit est de paraître l'avoir oublié.
Tout au contraire, quand vous le verrez honteux de ne vous
avoir pas cru, effacez doucement cette humiliation par de
bonnes paroles. Il s'affectionnera[2] sûrement à vous en voyant
que vous vous oubliez pour lui, et qu'au lieu d'achever de
610 l'écraser, vous le consolez. Mais si à son chagrin vous ajoutez
des reproches, il vous prendra en haine, et se fera une loi de
ne vous plus écouter, comme pour vous prouver qu'il ne
pense pas comme vous sur l'importance de vos avis.

Le tour de vos consolations peut encore être pour lui une
615 instruction d'autant plus utile qu'il ne s'en défiera pas. En lui
disant, je suppose, que mille autres font les mêmes fautes,
vous le mettez loin de son compte, vous le corrigez en ne
paraissant que le plaindre : car, pour celui qui croit valoir
mieux que les autres hommes, c'est une excuse bien morti-
620 fiante que de se consoler par leur exemple ; c'est concevoir
que le plus qu'il peut prétendre est qu'ils ne valent pas mieux
que lui.

Le temps des fautes est celui des fables. En censurant le
coupable sous un masque étranger, on l'instruit sans l'offen-
625 ser ; et il comprend alors que l'apologue n'est pas un men-

---

1. **Exhortation** : discours, paroles pour amener quelqu'un à faire quelque
chose.
2. **Il s'affectionnera** : il vous prendra en affection, il s'attachera à vous.

songe, par la vérité dont il se fait l'application. L'enfant qu'on n'a jamais trompé par des louanges n'entend rien à la fable que j'ai ci-devant examinée[1], mais l'étourdi qui vient d'être la dupe d'un flatteur conçoit à merveille que le corbeau n'était
630 qu'un sot. Ainsi, d'un fait il tire une maxime ; et l'expérience qu'il eût bientôt oubliée se grave, au moyen de la fable, dans son jugement. Il n'y a point de connaissance morale qu'on ne puisse acquérir par l'expérience d'autrui ou par la sienne. Dans les cas où cette expérience est dangereuse, au lieu de la
635 faire soi-même, on tire sa leçon de l'histoire. Quand l'épreuve est sans conséquence, il est bon que le jeune homme y reste exposé ; puis, au moyen de l'apologue[2], on rédige en maximes les cas particuliers qui lui sont connus.

Je n'entends pas pourtant que ces maximes doivent être
640 développées, ni même énoncées. Rien n'est si vain, si mal entendu, que la morale par laquelle on termine la plupart des fables ; comme si cette morale n'était pas ou ne devait pas être entendue dans la fable même, de manière à la rendre sensible au lecteur ! Pourquoi donc, en ajoutant cette morale
645 à la fin, lui ôter le plaisir de la trouver de son chef ? Le talent d'instruire est de faire que le disciple se plaise à l'instruction. Or, pour qu'il s'y plaise, il ne faut pas que son esprit reste tellement passif à tout ce que vous lui dites, qu'il n'ait absolument rien à faire pour vous entendre. Il faut que l'amour-
650 propre du maître laisse toujours quelque prise au sien ; il faut qu'il se puisse dire : Je conçois, je pénètre, j'agis, je m'instruis. Une des choses qui rendent ennuyeux le Pantalon[3] de la comédie italienne, est le soin qu'il prend d'interpréter au parterre[4] des platises[5] qu'on n'entend déjà que trop. Je ne veux
655 point qu'un gouverneur soit Pantalon, encore moins un

---

1. *Le Corbeau et le Renard*.
2. **Apologue** : court récit qui renferme un enseignement, une leçon de morale.
3. **Pantalon** : personnage de la comédie italienne, victime d'Arlequin.
4. **Interpréter au parterre** : pour le parterre, pour les spectateurs placés au rez-de-chaussée d'une salle de théâtre où le public se tenait debout.
5. **Platises** : paroles sottes, platitudes.

auteur. Il faut toujours se faire entendre ; mais il ne faut pas
toujours tout dire : celui qui dit tout dit peu de choses, car à
la fin on ne l'écoute plus. Que signifient ces quatre vers que
La Fontaine ajoute à la fable de la grenouille qui s'enfle ? A-
660 t-il peur qu'on ne l'ait pas compris ? A-t-il besoin, ce grand
peintre, d'écrire les noms au-dessous des objets qu'il peint ?
Loin de généraliser par là sa morale, il la particularise, il la
restreint en quelque sorte aux exemples cités, et empêche
qu'on ne l'applique à d'autres. Je voudrais qu'avant de mettre
665 les fables de cet auteur inimitable entre les mains d'un jeune
homme, on en retranchât toutes ces conclusions par lesquelles
il prend la peine d'expliquer ce qu'il vient de dire aussi clairement qu'agréablement. Si votre élève n'entend la fable qu'à
l'aide de l'explication, soyez sûr qu'il ne l'entendra pas même
670 ainsi.

Il importerait encore de donner à ces fables un ordre plus
didactique[1] et plus conforme aux progrès des sentiments et
des lumières du jeune adolescent. Conçoit-on rien de moins
raisonnable que d'aller suivre exactement l'ordre numérique
675 du livre, sans égard au besoin ni à l'occasion ? D'abord le
corbeau, puis la cigale, puis la grenouille, puis les deux
mulets, etc. J'ai sur le cœur ces deux mulets, parce que je me
souviens d'avoir vu un enfant élevé pour la finance, et qu'on
étourdissait de l'emploi qu'il allait remplir, lire cette fable,
680 l'apprendre, la dire, la redire cent et cent fois, sans en tirer
jamais la moindre objection contre le métier auquel il était
destiné. Non seulement je n'ai jamais vu d'enfants faire
aucune application solide des fables qu'ils apprenaient, mais
je n'ai jamais vu que personne se souciât de leur faire faire
685 cette application. Le prétexte de cette étude est l'instruction
morale ; mais le véritable objet de la mère et de l'enfant n'est
que d'occuper de lui toute une compagnie, tandis qu'il récite
ses fables ; aussi les oublie-t-il toutes en grandissant, lorsqu'il

---

1. **Didactique** : propre à l'enseignement.

n'est plus question de les réciter, mais d'en profiter. Encore
690 une fois, il n'appartient qu'aux hommes de s'instruire dans
les fables ; et voici pour Émile le temps de commencer. [...]

*[Ainsi Émile apprendra à connaître les hommes : mais il
ne faudra pas « faire de lui un redresseur de torts » qui ira
s'ingérer dans les affaires publiques. Il fera bien car il « aime
695 la paix ». Rousseau rappelle alors sa « méthode » à ceux qui
lui reprochent de s'être attaché à éduquer un homme qui
n'existe pas, « imaginaire et fantastique ».]*

J'avance, attiré par la force des choses, mais sans m'en
imposer sur les jugements des lecteurs. Depuis longtemps ils
700 me voient dans le pays des chimères ; moi, je les vois toujours
dans les pays des préjugés. En m'écartant si fort des opinions
vulgaires, je ne cesse de les avoir présentes à mon esprit : je
les examine, je les médite, non pour les suivre ni pour les
fuir, mais pour les peser à la balance du raisonnement.
705 Toutes les fois qu'il me force à m'écarter d'elles, instruit par
l'expérience, je me tiens déjà pour dit qu'ils ne m'imiteront
pas ; je sais que, s'obstinant à n'imaginer possible que ce
qu'ils voient, ils prendront le jeune homme que je figure pour
un être imaginaire et fantastique, parce qu'il diffère de ceux
710 auxquels ils le comparent ; sans songer qu'il faut bien qu'il
en diffère, puisque, élevé tout différemment, affecté de sentiments tout contraires, instruits tout autrement qu'eux, il
serait beaucoup plus surprenant qu'il leur ressemblât que
d'être tel que je le suppose. Ce n'est pas l'homme de l'homme,
715 c'est l'homme de la nature. Assurément il doit être fort étranger à leurs yeux.

En commençant cet ouvrage, je ne supposais rien que tout
le monde ne pût observer ainsi que moi, parce qu'il est un
point, savoir la naissance de l'homme, duquel nous partons
720 tous également : mais plus nous avançons, moi pour cultiver
la nature, et vous pour la dépraver, plus nous nous éloignons
les uns des autres. Mon élève, à six ans, différait peu des

vôtres, que vous n'aviez pas encore eu le temps de défigurer ; maintenant ils n'ont plus rien de semblable ; et l'âge de l'homme fait, dont il approche, doit le montrer sous une forme absolument différente, si je n'ai pas perdu tous mes soins. La quantité d'acquis est peut-être assez égale de part et d'autre ; mais les choses acquises ne se ressemblent point. Vous êtes étonnés de trouver à l'un des sentiments sublimes dont les autres n'ont pas le moindre germe ; mais considérez aussi que ceux-ci sont déjà tous philosophes et théologiens, avant qu'Émile sache seulement ce que c'est que philosophie et qu'il ait même entendu parler de Dieu.

Si donc on venait me dire : Rien de ce que vous supposez n'existe ; les jeunes gens ne sont point faits ainsi ; ils ont telle ou telle passion ; ils font ceci ou cela : c'est comme si l'on niait que jamais poirier fût un grand arbre, parce qu'on n'en voit que de nains dans nos jardins.

Je prie ces juges, si prompts à la censure, de considérer que ce qu'ils disent là, je le sais tout aussi bien qu'eux, que j'y ai probablement réfléchi plus longtemps, et que, n'ayant nul intérêt à leur en imposer, j'ai droit d'exiger qu'ils se donnent au moins le temps de chercher en quoi je me trompe. Qu'ils examinent bien la constitution de l'homme, qu'ils suivent les premiers développements du cœur dans telle ou telle circonstance, afin de voir combien un individu peut différer d'un autre par la force de l'éducation ; qu'ensuite ils comparent la mienne aux effets que je lui donne ; et qu'ils disent en quoi j'ai mal raisonné : je n'aurai rien à répondre.

Ce qui me rend plus affirmatif, et, je crois, plus excusable de l'être, c'est qu'au lieu de me livrer à l'esprit de système, je donne le moins qu'il est possible au raisonnement et ne me fie qu'à l'observation. Je ne me fonde point sur ce que j'ai imaginé, mais sur ce que j'ai vu. Il est vrai que je n'ai pas renfermé mes expériences dans l'enceinte des murs d'une ville ni dans un seul ordre de gens ; mais, après avoir comparé tout autant de rangs et de peuples que j'en ai pu voir dans une vie passée à les observer, j'ai retranché comme artificiel

ce qui était d'un peuple et non pas d'un autre, d'un état et
760 non pas d'un autre, et n'ai regardé comme appartenant
incontestablement à l'homme, que ce qui était commun à
tous, à quelque âge, dans quelque rang, et dans quelque
nation que ce fût.

Or, si, selon cette méthode, vous suivez dès l'enfance un
765 jeune homme qui n'aura point reçu de forme particulière, et
qui tiendra le moins qu'il est possible à l'autorité et à l'opinion d'autrui, à qui, de mon élève ou des vôtres, pensez-vous
qu'il ressemblera le plus ? Voilà, ce me semble, la question
qu'il faut résoudre pour savoir si je me suis égaré.

770 L'homme ne commence pas aisément à penser, mais sitôt
qu'il commence, il ne cesse plus. Quiconque a pensé pensera
toujours, et l'entendement une fois exercé à la réflexion ne
peut plus rester en repos. On pourrait donc croire que j'en
fais trop ou trop peu, que l'esprit humain n'est point natu-
775 rellement si prompt à s'ouvrir, et qu'après lui avoir donné
des facilités qu'il n'a pas, je le tiens trop longtemps inscrit
dans un cercle d'idées qu'il doit avoir franchi.

Mais considérez premièrement que, voulant former
l'homme de la nature, il ne s'agit pas pour cela d'en faire un
780 sauvage et de le reléguer au fond des bois ; mais qu'enfermé
dans le tourbillon social; il suffit qu'il ne s'y laisse entraîner
ni par les passions ni par les opinions des hommes ; qu'il voie
par ses yeux, qu'il sente par son cœur ; qu'aucune autorité
ne le gouverne, hors celle de sa propre raison. Dans cette
785 position, il est clair que la multitude d'objets qui le frappent,
les fréquents sentiments dont il est affecté, les divers moyens
de pourvoir à ses besoins réels, doivent lui donner beaucoup
d'idées qu'il n'aurait jamais eues, ou qu'il eût acquises plus
lentement. Le progrès naturel à l'esprit est accéléré, mais non
790 renversé. Le même homme qui doit rester stupide[1] dans les
forêts doit devenir raisonnable et sensé dans les villes, quand

---

1. **Stupide** : atteint d'une inertie mentale, dont rien ne semble pouvoir
atteindre la sensibilité ou l'intelligence.

il y sera simple spectateur. Rien n'est plus propre à rendre sage que les folies qu'on voit sans les partager ; et celui même qui les partage s'instruit encore, pourvu qu'il n'en soit pas la
795 dupe et qu'il n'y porte pas l'erreur de ceux qui les font. [...]

L'éducation religieuse

[Jusqu'à quinze ans, Émile n'a aucune notion religieuse si ce n'est quelques idées sur la vie et sur la mort, parce que Rousseau refuse de croire qu'un enfant puisse avant cet âge concevoir l'âme et Dieu.]

800 Je prévois combien de lecteurs seront surpris de me voir suivre tout le premier âge de mon élève sans lui parler de religion. À quinze ans il ne savait s'il avait une âme, et peut-être à dix-huit n'est-il pas encore temps qu'il l'apprenne ; car, s'il l'apprend plus tôt qu'il ne faut, il court risque de ne le
805 savoir jamais.

Si j'avais à peindre la stupidité fâcheuse, je peindrais un pédant[1] enseignant le catéchisme à des enfants ; si je voulais rendre un enfant fou, je l'obligerais d'expliquer ce qu'il dit en disant son catéchisme. On m'objectera que, la plupart des
810 dogmes[2] du christianisme étant des mystères, attendre que l'esprit humain soit capable de les concevoir, ce n'est pas attendre que l'enfant soit homme, c'est attendre que l'homme ne soit plus. À cela je réponds premièrement qu'il y a des mystères qu'il est non seulement impossible à l'homme de
815 concevoir, mais de croire, et que je ne vois pas ce qu'on gagne

---

1. **Pédant** : d'après le *Dictionnaire universel* de Furetière, le pédant est un « homme de collège, qui a soin d'instruire et de gouverner la jeunesse, de lui enseigner les humanités et les arts » ; mais dès 1694, le *Dictionnaire de l'Académie* note le sens péjoratif qu'il a ici : « terme injurieux, et dont on se sert pour parler avec mépris de ceux qui enseignent les enfants dans les collèges, ou dans les maisons particulières. » Le pédant est celui qui fait étalage de son érudition, de son savoir.

2. **Dogme** : point de doctrine, dans une religion ou dans une école philosophique, considéré comme une vérité établie et fondamentale qu'on ne peut contester.

à les enseigner aux enfants, si ce n'est de leur apprendre à mentir de bonne heure. Je dis de plus que, pour admettre les mystères, il faut comprendre au moins qu'ils sont incompréhensibles ; et les enfants ne sont pas même capables de cette 820 conception-là. Pour l'âge où tout est mystère, il n'y a pas de mystères proprement dits.

Il faut croire en Dieu pour être sauvé. Ce dogme mal entendu est le principe de la sanguinaire intolérance, et la cause de toutes ces vaines instructions qui portent le coup 825 mortel à la raison humaine en l'accoutumant à se payer de mots. Sans doute il n'y a pas un moment à perdre pour mériter le salut éternel : mais si, pour l'obtenir, il suffit de répéter certaines paroles, je ne vois pas ce qui nous empêche de peupler le ciel de sansonnets et de pies, tout aussi bien que 830 d'enfants.

L'obligation de croire en suppose la possibilité. Le philosophe qui ne croit pas a tort, parce qu'il use mal de la raison qu'il a cultivée, et qu'il est en état d'entendre les vérités qu'il rejette. Mais l'enfant qui professe la religion chrétienne, que 835 croit-il ? ce qu'il conçoit ; et il conçoit si peu ce qu'on lui fait dire, que si vous lui dites le contraire, il l'adoptera tout aussi volontiers. La foi des enfants et de beaucoup d'hommes est une affaire de géographie. Seront-ils récompensés d'être nés à Rome plutôt qu'à la Mecque[1] ? On dit à l'un que Maho-840 met[2] est le prophète de Dieu, et il dit que Mahomet est le prophète de Dieu ; on dit à l'autre que Mahomet est un fourbe, et il dit que Mahomet est un fourbe. Chacun des deux eût affirmé ce qu'affirme l'autre, s'ils se fussent trouvés trans-

---

1. Rome est la ville où siège le pape, le chef de l'Église catholique. La Mecque, patrie de Muhammad, fondateur de l'Islam, est la ville sainte de l'Arabie séoudite où se trouve la mosquée renfermant la Kaaba et vers laquelle les musulmans se tournent en faisant leur prière.
2. **Muhammad** : improprement appelé Mahomet, il est né à La Mecque en 570. À partir de 40 ans il reçoit les révélations adressées par l'ange Gabriel et consignées dans le Coran, représentant la parole de Dieu (Allah) à destination de l'humanité.

posés. Peut-on partir de deux dispositions si semblables pour
845 envoyer l'un en paradis, l'autre en enfer ? Quand un enfant
dit qu'il croit en Dieu, ce n'est pas en Dieu qu'il croit, c'est
à Pierre ou à Jacques qui lui disent qu'il y a quelque chose
qu'on appelle Dieu ; et il le croit à la manière d'Euripide[1] :

Ô *Jupiter ! car de toi rien sinon*
850 *Je ne connais seulement que le nom**.

Nous tenons que nul enfant mort avant l'âge de raison ne
sera privé du bonheur éternel ; les catholiques croient la
même chose de tous les enfants qui ont reçu le baptême, quoiqu'ils n'aient jamais entendu parler de Dieu. Il y a donc des
855 cas où l'on peut être sauvé sans croire en Dieu, et ces cas ont
lieu, soit dans l'enfance, soit dans la démence, quand l'esprit
humain est incapable des opérations nécessaires pour reconnaître la Divinité. Toute la différence que je vois ici entre vous
et moi est que vous prétendez que les enfants ont à sept ans
860 cette capacité, et que je ne la leur accorde pas même à quinze.
Que j'aie tort ou raison, il ne s'agit pas ici d'un article de foi,
mais d'une simple observation d'histoire naturelle. [...]

LA *PROFESSION DE FOI DU VICAIRE SAVOYARD*

[La Profession de foi du vicaire savoyard *commence par
une introduction qui rappelle un épisode de la vie de Rous-
865 seau à Turin, évoqué dans le livre second des* Confessions:
*du haut d'une colline qui domine la plaine du Pô, un jeune
homme expatrié, pauvre, « né calviniste », devenu catholique
« pour avoir du pain », se met à douter de lui, du monde et
de Dieu, à la suite de son séjour à l'hospice des catéchumènes*

---

1. **Euripide** : poète athénien (480-406 av. J.-C.), auteur de tragédies, dont *Ménalippe*.
* PLUTARQUE, *Traité de l'Amour*, traduction d'Amyot. C'est ainsi que commençait d'abord la tragédie de *Ménalippe* ; mais les clameurs du peuple d'Athènes forcèrent Euripide à changer ce commencement.

870 *(comme Jean-Jacques, en 1728, à l'hospice du Saint-Esprit).*
Un « honnête ecclésiastique » (qui rappelle « l'honnête abbé
Gaime » du livre troisième des Confessions) *le réconforte.*
« Après avoir reçu (ses) confessions », il lui propose de « lui
faire les siennes ».]

875 Mon enfant, n'attendez de moi ni des discours savants ni
de profonds raisonnements, Je ne suis pas un grand philosophe, et je me soucie peu de l'être. Mais j'ai quelquefois du
bon sens, j'aime toujours la vérité. Je ne veux pas argumenter
avec vous, ni même tenter de vous convaincre ; il me suffit
880 de vous exposer ce que je pense dans la simplicité de mon
cœur. Consultez le vôtre durant mon discours ; c'est tout ce
que je vous demande. Si je me trompe, c'est de bonne foi ;
cela suffit pour que mon erreur ne me soit point imputée à
crime : quand vous vous tromperiez de même, il y aurait peu
885 de mal à cela. Si je pense bien, la raison nous est commune,
et nous avons le même intérêt à l'écouter ; pourquoi ne pen-
seriez-vous pas comme moi ? [...]

La recherche de la vérité

[Le vicaire confesse ses fautes, indique les raisons qui l'ont
fait douter. Pour sortir de « cet état violent », il a consulté
890 *les philosophes et passé en revue les connaissances de son*
époque sur le fonctionnement de la conscience.]

Je consultai les philosophes, je feuilletai leurs livres, j'exa-
minai leurs diverses opinions ; je les trouvai tous fiers, affir-
matifs, dogmatiques, même dans leur scepticisme prétendu,
895 n'ignorant rien, ne prouvant rien, se moquant les uns des
autres ; et ce point commun à tous me parut le seul sur lequel
ils ont tous raison. Triomphants quand ils attaquent, ils sont
sans vigueur en se défendant. Si vous pesez les raisons, ils
n'en ont que pour détruire ; si vous comptez les voies, chacun
900 est réduit à la sienne ; ils ne s'accordent que pour disputer ;
les écouter n'était pas le moyen de sortir de mon incertitude.

Je conçus que l'insuffisance de l'esprit humain est la première cause de cette prodigieuse diversité de sentiments, et
que l'orgueil est la seconde. Nous n'avons point la mesure
905 de cette machine immense[1], nous n'en pouvons calculer les
rapports ; nous n'en connaissons ni les premières lois ni la
cause finale ; nous nous ignorons nous-mêmes ; nous ne
connaissons ni notre nature ni notre principe actif ; à peine
savons nous si l'homme est un être simple ou composé : des
910 mystères impénétrables nous environnent de toutes parts, ils
sont au-dessus de la région sensible[2] ; pour les percer nous
croyons avoir de l'intelligence, et nous n'avons que de l'imagination. Chacun se fraye, à travers ce monde imaginaire, une
route qu'il croit la bonne ; nul ne peut savoir si la sienne
915 mène au but. Cependant nous voulons tout pénétrer, tout
connaître. La seule chose que nous ne savons point, est
d'ignorer ce que nous ne pouvons savoir. Nous aimons mieux
nous déterminer au hasard, et croire ce qui n'est pas, que
d'avouer qu'aucun de nous ne peut voir ce qui est. Petite
920 partie d'un grand tout dont les bornes nous échappent, et
que son auteur livre à nos folles disputes, nous sommes assez
vains pour vouloir décider ce qu'est ce tout en lui-même, et
ce que nous sommes par rapport à lui.

Quand les philosophes seraient en état de découvrir la
925 vérité, qui d'entre eux prendrait intérêt à elle ? Chacun sait
bien que son système n'est pas mieux fondé que les autres ;
mais il le soutient parce qu'il est à lui. Il n'y en a pas un seul
qui, venant à connaître le vrai et le faux, ne préférât le mensonge qu'il a trouvé à la vérité découverte par un autre. Où
930 est le philosophe qui, pour sa gloire, ne tromperait pas volontiers le genre humain ? Où est celui qui, dans le secret de son
cœur, se propose un autre objet que de se distinguer ? Pourvu
qu'il s'élève au-dessus du vulgaire[3], pourvu qu'il efface l'éclat

---

1. **Cette machine immense** : l'univers.
2. **La région sensible** : perceptible par nos sens et compréhensible.
3. **Le vulgaire** : l'homme commun, le peuple.

de ses concurrents, que demande-t-il de plus ? L'essentiel est
935 de penser autrement que les autres. Chez les croyants il est
athée, chez les athées il serait croyant.

Le premier fruit que je tirai de ces réflexions fut d'apprendre à borner mes recherches à ce qui m'intéressait immédiatement, à me reposer dans une profonde ignorance sur
940 tout le reste, et à ne m'inquiéter, jusqu'au doute, que des
choses qu'il m'importait de savoir.

Je compris encore que, loin de me délivrer de mes doutes
inutiles, les philosophes ne feraient que multiplier ceux qui
me tourmentaient et n'en résoudraient aucun. Je pris donc
945 un autre guide et je me dis : Consultons la lumière intérieure,
elle m'égarera moins qu'ils ne m'égarent, ou, du moins, mon
erreur sera la mienne, et je me dépraverai[1] moins en suivant
mes propres illusions qu'en me livrant à leurs mensonges.

Alors, repassant dans mon esprit les diverses opinions qui
950 m'avaient tour à tour entraîné depuis ma naissance, je vis
que, bien qu'aucune d'elles ne fût assez évidente pour produire immédiatement la conviction, elles avaient divers degrés
de vraisemblance, et que l'assentiment intérieur s'y prêtait ou
s'y refusait à différentes mesures. Sur cette première obser-
955 vation, comparant entre elles toutes ces différentes idées dans
le silence des préjugés, je trouvai que la première et la plus
commune était aussi la plus simple et la plus raisonnable, et
qu'il ne lui manquait, pour réunir tous les suffrages, que
d'avoir été proposée la dernière. Imaginez tous vos philo-
960 sophes anciens et modernes ayant d'abord épuisé leurs
bizarres systèmes de force, de chances, de fatalité, de nécessité, d'atomes, de monde animé, de matière vivante, de maté-

---

1. **Je me dépraverai moins :** je corromprai, je gâterai moins mon jugement,
ma conscience.

rialisme[1] de toute espèce, et après eux tous, l'illustre Clarke[2]
éclairant le monde, annonçant enfin l'Être des êtres et le dis-
965 pensateur des choses : avec quelle universelle admiration,
avec quel applaudissement unanime n'eût point été reçu ce
nouveau système, si grand, si consolant, si sublime, si propre
à élever l'âme, à donner une base à la vertu, et en même
temps si frappant, si lumineux, si simple, et, ce me semble,
970 offrant moins de choses incompréhensibles à l'esprit humain
qu'il n'en trouve d'absurdes en tout autre système ! Je me
disais[3] : Les objections insolubles sont communes à tous,
parce que l'esprit de l'homme est trop borné pour les
résoudre ; elles ne prouvent donc contre aucun par préfé-
975 rence : mais quelle différence entre les preuves directes ! celui-
là seul qui explique tout ne doit-il pas être préféré quand il
n'a pas plus de difficulté que les autres ?

Portant donc en moi l'amour de la vérité pour toute philosophie, et pour toute méthode une règle facile et simple qui
980 me dispense de la vaine subtilité des arguments, je reprends

---

1. Mêlant dans la même réprobation les philosophes anciens et modernes,
cette énumération « fourre-tout » des idées philosophiques est imprécise. La
théorie des atomes est avancée depuis l'Antiquité par Démocrite, mais Diderot,
dans *Le Rêve de d'Alembert*, expose la thèse naturaliste d'une nature en
perpétuelle transformation. L'allusion à la matière vivante viserait Locke
d'après John S. Spink (*op. cit.*, IV, p. 1517-1518). Le matérialisme est une
doctrine philosophique qui estime qu'il n'existe aucune autre substance que la
matière, seule origine de la vie. Rousseau pense peut-être au *Traité de l'âme* de
La Mettrie, paru en 1751, ou à *L'Homme machine*, publié en 1748. Le *Système
de la nature* du baron d'Holbach est publié en 1770.
2. L'illustre Clarke : expression empruntée à Voltaire (*Lettres philosophiques*,
VIIe Lettre). Samuel Clarke (1675-1739), connu par sa correspondance avec
Leibniz, avait publié en 1705 des sermons, traduits en 1719 sous le titre : *De
l'existence et des attributs de Dieu, des devoirs de la religion naturelle et de la
vérité de la religion chrétienne*, qui développaient les conceptions théistes.
3. Rousseau, une fois de plus, s'oppose au sensualisme de Condillac (voir les
notes p. 102 et 175). L'argumentation du vicaire semble réfuter Helvétius qui,
dans *Traité de l'esprit*, en 1758, dénie à l'esprit toute activité créatrice :
« Tout jugement n'est qu'une sensation... juger est sentir. » Or pour Rousseau,
qui rétablit la primauté de la conscience, « juger et sentir ne sont pas la même
chose ».

sur cette règle l'examen des connaissances qui m'intéressent, résolu d'admettre pour évidentes toutes celles auxquelles, dans la sincérité de mon cœur, je ne pourrai refuser mon consentement, pour vraies toutes celles qui me paraîtront
985 avoir une liaison nécessaire avec ces premières, et de laisser toutes les autres dans l'incertitude, sans les rejeter ni les admettre, et sans me tourmenter à les éclaircir quand elles ne mènent à rien d'utile pour la pratique.

Mais qui suis-je ? quel droit ai-je de juger les choses ? et
990 qu'est-ce qui détermine mes jugements ? S'ils sont entraînés, forcés par les impressions que je reçois, je me fatigue en vain à ces recherches, elles ne se feront point, ou se feront d'elles-mêmes sans que je me mêle de les diriger. Il faut donc tourner d'abord mes regards sur moi pour connaître l'instrument
995 dont je veux me servir, et jusqu'à quel point je puis me fier à son usage.

J'existe, et j'ai des sens par lesquels je suis affecté. Voilà la première vérité qui me frappe et à laquelle je suis forcé d'acquiescer. Ai-je un sentiment propre de mon existence, ou
1000 ne la sens-je que par mes sensations ? Voilà mon premier doute, qu'il m'est, quant à présent, impossible de résoudre. Car, étant continuellement affecté de sensations, ou immédiatement, ou par la mémoire, comment puis-je savoir si le sentiment du *moi* est quelque chose hors de ces mêmes sen-
1005 sations, et s'il peut être indépendant d'elles ?

Mes sensations se passent en moi, puisqu'elles me font sentir mon existence ; mais leur cause m'est étrangère, puisqu'elles m'affectent malgré que j'en aie, et qu'il ne dépend de moi ni de les produire ni de les anéantir. Je conçois donc
1010 clairement que ma sensation qui est en moi, et sa cause ou son objet qui est hors de moi, ne sont pas la même chose.

Ainsi, non seulement j'existe, mais il existe d'autres êtres, savoir, les objets de mes sensations ; et quand ces objets ne seraient que des idées, toujours est-il vrai que ces idées ne
1015 sont pas moi.

Or, tout ce que je sens hors de moi et qui agit sur mes

sens, je l'appelle matière ; et toutes les portions de matière que je conçois réunies en êtres individuels, je les appelle des corps. Ainsi toutes les disputes des idéalistes et des matéria1020 listes ne signifient rien pour moi : leurs distinctions sur l'apparence et la réalité des corps sont des chimères.

Me voici déjà tout aussi sûr de l'existence de l'univers que de la mienne. Ensuite je réfléchis sur les objets de mes sensations ; et, trouvant en moi la faculté de les comparer, je me
1025 sens doué d'une force active que je ne savais pas avoir auparavant.

Apercevoir, c'est sentir ; comparer, c'est juger ; juger et sentir ne sont pas la même chose. Par la sensation, les objets s'offrent à moi séparés, isolés, tels qu'ils sont dans la nature ;
1030 par la comparaison, je les remue, je les transporte pour ainsi dire, je les pose l'un sur l'autre pour prononcer sur leur différence ou sur leur similitude et généralement sur tous leurs rapports. Selon moi la faculté distinctive de l'être actif ou intelligent est de pouvoir donner un sens à ce mot *est.* Je
1035 cherche en vain dans l'être purement sensitif cette force intelligente qui superpose et puis qui prononce ; je ne la saurais voir dans sa nature. Cet être passif sentira chaque objet séparément, ou même il sentira l'objet total formé des deux ; mais, n'ayant aucune force pour les replier l'un sur l'autre, il
1040 ne les comparera jamais, il ne les jugera point.

Voir deux objets à la fois, ce n'est pas voir leurs rapports ni juger de leurs différences ; apercevoir plusieurs objets les uns hors des autres n'est pas les nombrer. Je puis avoir au même instant l'idée d'un grand bâton et d'un petit bâton sans
1045 les comparer, sans juger que l'un est plus petit que l'autre, comme je puis voir à la fois ma main entière, sans faire le compte de mes doigts. Ces idées comparatives, *plus grand, plus petit*, de même que les idées numériques d'*un*, de *deux*, etc., ne sont certainement pas des sensations, quoique mon
1050 esprit ne les produise qu'à l'occasion de mes sensations.

On nous dit que l'être sensitif distingue les sensations les unes des autres par les différences qu'ont entre elles ces

mêmes sensations : ceci demande explication. Quand les sensations sont différentes, l'être sensitif les distingue par leurs
1055 différences : quand elles sont semblables, il les distingue parce
qu'il sent les unes hors des autres. Autrement, comment dans
une sensation simultanée distinguerait-il deux objets égaux ?
il faudrait nécessairement qu'il confondît ces deux objets et
les prît pour le même, surtout dans un système où l'on pré-
1060 tend que les sensations représentatives de l'étendue ne sont
point étendues.

Quand les deux sensations à comparer sont aperçues, leur
impression est faite, chaque objet est senti, les deux sont sen-
tis, mais leur rapport n'est pas senti pour cela. Si le jugement
1065 de ce rapport n'était qu'une sensation, et me venait uniquement de l'objet, mes jugements ne me tromperaient jamais,
puisqu'il n'est jamais faux que je sente ce que je sens.

Pourquoi donc est-ce que je me trompe sur le rapport de
ces deux bâtons, surtout s'ils ne sont pas parallèles ? Pour-
1070 quoi dis-je, par exemple, que le petit bâton est le tiers du
grand, tandis qu'il n'en est que le quart ? Pourquoi l'image,
qui est la sensation, n'est-elle pas conforme à son modèle, qui
est l'objet ? C'est que je suis actif quand je juge, que l'opération qui compare est fautive, et que mon entendement, qui
1075 juge les rapports, mêle ses erreurs à la vérité des sensations,
qui ne montrent que les objets.

Ajoutez à cela une réflexion qui vous frappera, je m'assure,
quand vous y aurez pensé ; c'est que, si nous étions purement
passifs dans l'usage de nos sens, il n'y aurait entre eux aucune
1080 communication ; il nous serait impossible de connaître que
le corps que nous touchons et l'objet que nous voyons sont
le même. Ou nous ne sentirions jamais rien hors de nous, ou
il y aurait pour nous cinq substances sensibles, dont nous
n'aurions nul moyen d'apercevoir l'identité.

1085 Qu'on donne tel ou tel nom à cette force de mon esprit
qui rapproche et compare mes sensations ; qu'on l'appelle
attention, méditation, réflexion, ou comme on voudra ; toujours est-il vrai qu'elle est en moi et non dans les choses, que

c'est moi seul qui la produis, quoique je ne la produise qu'à
1090 l'occasion de l'impression que font sur moi les objets. Sans
être maître de sentir ou de ne pas sentir, je le suis d'examiner
plus ou moins ce que je sens.

Je ne suis donc pas simplement un être sensitif et passif,
mais un être actif et intelligent, et, quoi qu'en dise la philo-
1095 sophie, j'oserai prétendre à l'honneur de penser. Je sais seulement que la vérité est dans les choses et non pas dans mon
esprit qui les juge, et que moins je mets du mien dans les
jugements que j'en porte, plus je suis sûr d'approcher de la
vérité : ainsi ma règle de me livrer au sentiment plus qu'à la
1100 raison est confirmée par la raison même. [...]

Les articles de foi
[Le vicaire énonce alors trois « articles de foi ».]

— 1ᵉʳ article de foi : une volonté meut l'univers et anime
la nature.

Les premières causes du mouvement ne sont point dans la
1105 matière ; elle reçoit le mouvement et le communique, mais
elle ne le produit pas. Plus j'observe l'action et réaction des
forces de la nature agissant les unes sur les autres, plus je
trouve que, d'effets en effets, il faut toujours remonter à
quelque volonté pour première cause ; car supposer un
1110 progrès de causes à l'infini, c'est n'en point supposer du tout.
En un mot, tout mouvement qui n'est pas produit par un
autre ne peut venir que d'un acte spontané, volontaire ; les
corps inanimés n'agissent que par le mouvement, et il n'y a
point de véritable action sans volonté. Voilà mon premier
1115 principe. Je crois donc qu'une volonté meut l'univers et anime
la nature. Voilà mon premier dogme, ou mon premier article
de foi. [...]

— 2ᵉ article de foi : le monde est régi par une intelligence.
Je crois donc que le monde est gouverné par une volonté
1120 puissante et sage ; je le vois, ou plutôt je le sens, et cela

m'importe à savoir. Mais ce même monde est-il éternel ou créé. Y a-t-il un principe unique des choses ? Y en a-t-il deux ou plusieurs ? Et quelle est leur nature ? Je n'en sais rien, et que m'importe. À mesure que ces connaissances me deviendront intéressantes, je m'efforcerai de les acquérir ; jusque-là je renonce à des questions oiseuses qui peuvent inquiéter mon amour-propre, mais qui sont inutiles à ma conduite et supérieures à ma raison.

Souvenez-vous toujours que je n'enseigne point mon sentiment, je l'expose. Que la matière soit éternelle ou créée, qu'il y ait un principe passif ou qu'il n'y en ait point ; toujours est-il certain que le tout est un, et annonce une intelligence unique ; car je ne vois rien qui ne soit ordonné dans le même système, et qui ne concoure à la même fin, savoir la conservation du tout dans l'ordre établi. Cet être qui veut et qui peut, cet être actif par lui-même, cet être enfin, quel qu'il soit, qui meut l'univers et ordonne toutes choses, je l'appelle Dieu. Je joins à ce nom les idées d'intelligence, de puissance, de volonté, que j'ai rassemblées, et celle de bonté qui en est une suite nécessaire ; mais je n'en connais pas mieux l'être auquel je l'ai donné ; il se dérobe également à mes sens et à mon entendement ; plus j'y pense, plus je me confonds ; je sais très certainement qu'il existe, et qu'il existe par lui-même ; je sais que mon existence est subordonnée à la sienne, et que toutes les choses qui me sont connues sont absolument dans le même cas. J'aperçois Dieu partout dans ses œuvres ; je le sens en moi, je le vois tout autour de moi ; mais sitôt que je veux le contempler en lui-même, sitôt que je veux chercher où il est, ce qu'il est, quelle est sa substance, il m'échappe et mon esprit troublé n'aperçoit plus rien. [...]

— 3e article de foi : l'homme est libre, animé d'une substance immatérielle.

Le principe de toute action est dans la volonté d'un être libre ; on ne saurait remonter au delà. Ce n'est pas le mot de liberté qui ne signifie rien, c'est celui de nécessité. Supposer quelque acte, quelque effet qui ne dérive pas d'un principe actif, c'est vraiment supposer des effets sans cause, c'est tomber dans le cercle vicieux. Ou il n'y a point de première impulsion, ou toute première impulsion n'a nulle cause anté1160 rieure, et il n'y a point de véritable volonté sans liberté. L'homme est donc libre dans ses actions, et, comme tel, animé d'un substance immatérielle, c'est mon troisième article de foi. De ces trois premiers vous déduirez aisément tous les autres, sans que je continue à les compter.

1165   Si l'homme est actif et libre, il agit de lui-même ; tout ce qu'il fait librement n'entre point dans le système ordonné de la Providence, et ne peut lui être imputé. Elle ne veut point le mal que fait l'homme, en abusant de la liberté qu'elle lui donne ; mais elle ne l'empêche pas de le faire, soit que de la 1170 part d'un être si faible ce mal soit nul à ses yeux, soit qu'elle ne pût l'empêcher sans gêner sa liberté et faire un mal plus grand en dégradant sa nature. Elle l'a fait libre afin qu'il fût non le mal, mais le bien par choix. Elle l'a mis en état de faire ce choix en usant bien des facultés dont elle l'a doué ; 1175 mais elle a tellement borné ses forces, que l'abus de la liberté qu'elle lui laisse ne peut troubler l'ordre général. Le mal que l'homme fait retombe sur lui sans rien changer au système du monde, sans empêcher que l'espèce humaine elle-même ne se conserve malgré qu'elle en ait. Murmurer de ce que Dieu 1180 ne l'empêche pas de faire le mal, c'est murmurer de ce qu'il la fit d'une nature excellente, de ce qu'il mit à ses actions la moralité qui les ennoblit, de ce qu'il lui donna droit à la vertu. La suprême jouissance est dans le contentement de soimême ; c'est pour mériter ce contentement que nous sommes 1185 placés sur la terre et doués de la liberté, que nous sommes tentés par les passions et retenus par la conscience. Que pouvait de plus en notre faveur la puissance divine elle-même ? Pouvait-elle mettre de la contradiction dans notre nature et donner le prix d'avoir bien fait à qui n'eut pas le pouvoir de 1190 mal faire ? Quoi ! pour empêcher l'homme d'être méchant, fallait-il le borner à l'instinct et le faire bête ? Non, Dieu de mon âme, je ne te reprocherai jamais de l'avoir faite à ton image, afin que je pusse être libre, bon et heureux comme toi. [...]

1195 *[Après avoir affirmé l'immortalité de l'âme (« Je sens mon âme, je la connais par le sentiment et par la pensée... ») et l'existence de Dieu, prouvée par l'harmonie du monde (« J'aperçois Dieu partout dans ses œuvres »), le vicaire définit les maximes morales fondées sur la conscience.]*

1200 La sainte voix de la nature, plus forte que celle des dieux, se faisait respecter sur la terre, et semblait reléguer dans le ciel le crime avec les coupables.

Il est donc au fond des âmes un principe inné de justice et de vertu, sur lequel, malgré nos propres maximes, nous
1205 jugeons nos actions et celles d'autrui comme bonnes ou mauvaises, et c'est à ce principe que je donne le nom de conscience. [...]

Conscience ! conscience ! instinct divin, immortelle et céleste voix, guide assuré d'un être ignorant et borné, mais
1210 intelligent et libre ; juge infaillible du bien et du mal, qui rend l'homme semblable à Dieu, c'est toi qui fais l'excellence de sa nature et la moralité de ses actions ; sans toi je ne sens rien en moi qui m'élève au-dessus des bêtes, que le triste privilège de m'égarer d'erreurs en erreurs à l'aide d'un enten-
1215 dement sans règle et d'une raison sans principe.

Grâce au ciel, nous voilà délivrés de tout cet effrayant appareil de philosophie : nous pouvons être hommes sans être savants ; dispensés de consumer notre vie à l'étude de la morale, nous avons à moindres frais un guide plus assuré
1220 dans ce dédale immense des opinions humaines. Mais ce n'est pas assez que ce guide existe, il faut savoir le reconnaître et le suivre. S'il parle à tous les cœurs, pourquoi donc y en a-t-il si peu qui l'entendent ? Eh ! c'est qu'il nous parle la langue de la nature, que tout nous a fait oublier. La conscience est
1225 timide, elle aime la retraite et la paix ; le monde et le bruit

l'épouvantent : les préjugés dont on la fait naître sont ses plus cruels ennemis ; elle fuit ou se tait devant eux : leur voix bruyante étouffe la sienne et l'empêche de se faire entendre ; le fanatisme ose la contrefaire, et dicter le crime en son nom.

1230 Elle se rebute enfin à force d'être éconduite ; elle ne nous parle plus, elle ne nous répond plus, et, après de si longs mépris pour elle, il en coûte autant de la rappeler qu'il en coûta de la bannir. [...]

Éloge de la religion naturelle
opposée aux religions révélées

Vous ne voyez dans mon exposé que la religion naturelle :
1235 il est bien étrange qu'il en faille une autre. Par où connaîtrai-je cette nécessité ? De quoi puis-je être coupable en servant Dieu selon les lumières qu'il donne à mon esprit et selon les sentiments qu'il inspire à mon cœur ? Quelle pureté de morale, quel dogme utile à l'homme et honorable à son
1240 auteur puis-je tirer d'une doctrine positive[1], que je ne puisse tirer sans elle du bon usage de mes facultés ? Montrez-moi ce qu'on peut ajouter, pour la gloire de Dieu, pour le bien de la société, et pour mon propre avantage, aux devoirs de la loi naturelle, et quelle vertu vous ferez naître d'un nouveau
1245 culte, qui ne soit pas une conséquence du mien. Les plus grandes idées de la Divinité nous viennent par la raison seule. Voyez le spectacle de la nature, écoutez la voix intérieure. Dieu n'a-t-il pas tout dit à nos yeux, à notre conscience, à notre jugement ? Qu'est-ce que les hommes nous diront de
1250 plus ? Leurs révélations[2] ne font que dégrader Dieu, en lui donnant les passions humaines. Loin d'éclaircir les notions

---

1. **Doctrine** : ensemble des dogmes d'une religion ou d'un système philosophique qui commande l'interprétation des faits et la conduite morale. La doctrine positive concerne la connaissance des dogmes d'après l'Écriture sainte, les Pères de l'Église, les conciles (d'après *Le Robert* qui cite cette phrase de l'*Émile*).
2. La révélation est le phénomène par lequel des vérités cachées sont communiquées aux hommes d'une façon surnaturelle.

du grand Être, je vois que les dogmes particuliers les embrouillent ; que loin de les ennoblir, ils les avilissent ; qu'aux mystères inconcevables qui l'environnent ils ajoutent
1255 des contradictions absurdes ; qu'ils rendent l'homme orgueilleux, intolérant, cruel ; qu'au lieu d'établir la paix sur la terre, ils y portent le fer et le feu. Je me demande à quoi bon tout cela sans savoir me répondre. Je n'y vois que les crimes des hommes et les misères du genre humain.

1260 On me dit qu'il fallait une révélation pour apprendre aux hommes la manière dont Dieu voulait être servi ; on assigne en preuve la diversité des cultes bizarres qu'ils ont institués, et l'on ne voit pas que cette diversité même vient de la fantaisie des révélations. Dès que les peuples se sont avisés de
1265 faire parler Dieu, chacun l'a fait parler à sa mode et lui a fait dire ce qu'il a voulu. Si l'on n'eût écouté que ce que Dieu dit au cœur de l'homme, il n'y aurait jamais eu qu'une religion sur la terre.

Il fallait un culte uniforme ; je le veux bien : mais ce point
1270 était-il donc si important qu'il fallût tout l'appareil de la puissance divine pour l'établir ? Ne confondons point le cérémonial de la religion avec la religion. Le culte que Dieu demande est celui du cœur ; et celui-là, quand il est sincère, est toujours uniforme. C'est avoir une vanité bien folle de
1275 s'imaginer que Dieu prenne un si grand intérêt à la forme de l'habit du prêtre, à l'ordre des mots qu'il prononce, aux gestes qu'il fait à l'autel, et à toutes ses génuflexions. Eh ! mon ami, reste de toute ta hauteur, tu seras toujours assez près de terre. Dieu veut être adoré en esprit et en vérité : ce
1280 devoir est de toutes les religions, de tous les pays, de tous les hommes. Quant au culte extérieur, s'il doit être uniforme pour le bon ordre, c'est purement une affaire de police[1] ; il ne faut point de révélation pour cela. [...]

---

1. **De police** : de réglementation.

[Le vicaire critique alors les religions révélées: il y a contra-
1285 *diction entre la croyance en un Dieu unique et la multiplicité*
des cultes. D'autre part, l'ordre politique requiert une religion
officielle (« C'est purement une affaire de police, il ne faut
point de révélation pour cela »). Si une seule religion était
vraie entre toutes, Dieu n'aurait pas manqué de donner aux
1290 *hommes « des signes certains et manifestes ». Par ailleurs la*
révélation devrait se faire par des signes universels. Or, ils
nécessitent traductions, commentaires, interprétations, « une
immense érudition ». De même, au nom de la raison, le
vicaire se méfie des miracles qui troublent « l'ordre inalté-
1295 *rable de la nature », récuse la croyance en un Dieu cruel,*
biblique et vengeur, et dénonce la notion de Grâce.]

À l'égard des dogmes, elle me dit qu'ils doivent être clairs,
lumineux, frappants par leur évidence. Si la religion naturelle
est insuffisante, c'est par l'obscurité qu'elle laisse dans les
1300 grandes vérités qu'elle nous enseigne : c'est à la révélation de
nous enseigner ces vérités d'une manière sensible à l'esprit de
l'homme, de les mettre à sa portée, de les lui faire concevoir,
afin qu'il les croie. La foi s'assure et s'affermit par l'entendement ; la meilleure de toutes les religions est infailliblement
1305 la plus claire : celui qui charge de mystères, de contradictions
le culte qu'il me prêche, m'apprend par cela même à m'en
défier. Le Dieu que j'adore n'est point un Dieu de ténèbres,
il ne m'a point doué d'un entendement pour m'en interdire
l'usage : me dire de soumettre ma raison, c'est outrager son
1310 auteur. Le ministre de la vérité ne tyrannise point ma raison,
il l'éclaire.

Nous avons mis à part toute autorité humaine ; et, sans
elle, je ne saurais voir comment un homme en peut
convaincre un autre en lui prêchant une doctrine déraison-
1315 nable. Mettons un moment ces deux hommes aux prises, et
cherchons ce qu'ils pourront se dire dans cette âpreté de langage ordinaire aux deux partis.

L'INSPIRÉ

La raison vous apprend que le tout est plus grand que sa partie ; mais moi je vous apprends, de la part de Dieu, que 1320 c'est la partie qui est plus grande que le tout.

LE RAISONNEUR

Et qui êtes-vous pour m'oser dire que Dieu se contredit ? et à qui croirai-je par préférence, de lui qui m'apprend par la raison les vérités éternelles, ou de vous qui m'annoncez de sa part une absurdité ?

L'INSPIRÉ

1325 À moi, car mon instruction est plus positive ; et je vais vous prouver invinciblement que c'est lui qui m'envoie.

LE RAISONNEUR

Comment ? vous me prouverez que c'est Dieu qui vous envoie déposer contre lui ? Et de quel genre seront vos preuves pour me convaincre qu'il est plus certain que Dieu me 1330 parle par votre bouche que par l'entendement qu'il m'a donné ?

L'INSPIRÉ

L'entendement qu'il vous a donné ! Homme petit et vain ! comme si vous étiez le premier impie[1] qui s'égare dans sa raison corrompue par le péché !

LE RAISONNEUR

1735 Homme de Dieu, vous ne seriez pas non plus le premier fourbe[2] qui donne son arrogance pour preuve de sa mission.

L'INSPIRÉ

Quoi ! les philosophes disent aussi des injures !

LE RAISONNEUR

Quelquefois, quand les saints leur en donnent l'exemple.

---

1. **Impie :** qui offense la religion.
2. **Fourbe :** qui trompe par des artifices odieux.

L'INSPIRÉ

Oh ! moi, j'ai le droit d'en dire, je parle de la part de Dieu.

LE RAISONNEUR

1340 Il serait bon de montrer vos titres avant d'user de vos privilèges[1].

L'INSPIRÉ

Mes titres sont authentiques, la terre et les cieux déposeront pour moi. Suivez bien mes raisonnements, je vous prie.

LE RAISONNEUR

Vos raisonnements ! vous n'y pensez pas. M'apprendre que 1345 ma raison me trompe, n'est-ce pas réfuter ce qu'elle m'aura dit pour vous ? Quiconque peut récuser la raison doit convaincre sans se servir d'elle. Car, supposons qu'en raisonnant vous m'ayez convaincu ; comment saurai-je si ce n'est point ma raison corrompue par le péché qui me fait acquies- 1350 cer à ce que vous me dites ? D'ailleurs, quelle preuve, quelle démonstration pourrez-vous jamais employer plus évidente que l'axiome qu'elle doit détruire ? Il est tout aussi croyable qu'un bon syllogisme est un mensonge, qu'il l'est que la partie est plus grande que le tout.

L'INSPIRÉ

1355 Quelle différence ! Mes preuves sont sans réplique ; elles sont d'un ordre surnaturel.

LE RAISONNEUR

Surnaturel ! Que signifie ce mot ? Je ne l'entends pas.

L'INSPIRÉ

Des changements dans l'ordre de la nature, des prophéties, des miracles, des prodiges de toute espèce.

---

1. **Privilèges :** droits, avantages particuliers accordés à une catégorie d'individus.

LE RAISONNEUR

1360 Des prodiges ! des miracles ! Je n'ai jamais rien vu de tout cela.

L'INSPIRÉ

D'autres l'ont vu pour vous. Des nuées de témoins... le témoignage des peuples...

LE RAISONNEUR

Le témoignage des peuples est-il d'un ordre surnaturel ?

L'INSPIRÉ

1365 Non ; mais quand il est unanime, il est incontestable.

LE RAISONNEUR

Il n'y a rien de plus incontestable que les principes de la raison, et l'on ne peut autoriser une absurdité sur le témoignage des hommes. Encore une fois, voyons des preuves surnaturelles, car l'attestation du genre humain n'en est pas une.

L'INSPIRÉ

1370 Ô cœur endurci ! la grâce[1] ne vous parle point.

LE RAISONNEUR

Ce n'est pas ma faute ; car, selon vous, il faut avoir déjà reçu la grâce pour savoir la demander. Commencez donc à me parler au lieu d'elle.

L'INSPIRÉ

Ah ! c'est ce que je fais, et vous ne m'écoutez pas. Mais 1375 que dites-vous des prophéties[2] ?

LE RAISONNEUR

Je dis premièrement que je n'ai pas plus entendu de pro-

---

1. **Grâce** : en théologie chrétienne, aide surnaturelle qui rend l'homme capable d'accomplir la volonté de Dieu et de parvenir au salut. « Nous appelons Grâce actuelle une inspiration de Dieu par laquelle il nous fait connaître sa volonté et par laquelle il nous excite à la vouloir accomplir », Pascal, *Provinciales*, IV.
2. **Prophétie** : prédiction inspirée de Dieu.

phéties que je n'ai vu de miracles[1]. Je dis de plus qu'aucune prophétie ne saurait faire autorité pour moi.

L'INSPIRÉ

Satellite du démon ! et pourquoi les prophéties ne font-elles 1380 pas autorité pour vous ?

LE RAISONNEUR

Parce que, pour qu'elles la fissent, il faudrait trois choses dont le concours est impossible ; savoir que j'eusse été témoin de la prophétie, que je fusse témoin de l'événement, et qu'il me fût démontré que cet événement n'a pu cadrer fortuite-1385 ment avec la prophétie ; car, fût-elle plus précise, plus claire, plus lumineuse qu'un axiome de géométrie, puisque la clarté d'une prédiction faite au hasard n'en rend pas l'accomplis-sement impossible, cet accomplissement, quand il a lieu, ne prouve rien à la rigueur pour celui qui l'a prédit.

1390 Voyez donc à quoi se réduisent vos prétendues preuves surnaturelles, vos miracles, vos prophéties. À croire tout cela sur la foi d'autrui, et à soumettre à l'autorité des hommes l'autorité de Dieu parlant à ma raison. Si les vérités éternelles que mon esprit conçoit pouvaient souffrir quelque atteinte, il 1395 n'y aurait plus pour moi nulle espèce de certitude ; et, loin d'être sûr que vous me parlez de la part de Dieu, je ne serais pas même assuré qu'il existe. [...]

[Puisqu'il n'y a aucun signe évident de la vérité d'une reli-gion par rapport à une autre, il importe de les comparer entre 1400 *elles.]*

Nous avons trois principales religions en Europe. L'une admet une seule révélation[2], l'autre en admet deux, l'autre

---

1. **Miracle :** fait surnaturel par lequel Dieu fait connaître sa présence en lui donnant une signification spirituelle.
2. Voir la n. 2, p. 227.

en admet trois[1]. Chacune déteste, maudit les autres, les accuse d'aveuglement, d'endurcissement, d'opiniâtreté, de 1405 mensonge. Quel homme impartial osera juger entre elles, s'il n'a premièrement bien pesé leurs preuves, bien écouté leurs raisons ? Celle qui n'admet qu'une révélation est la plus ancienne, et paraît la plus sûre ; celle qui en admet trois est la plus moderne, et paraît la plus conséquente ; celle qui en 1410 admet deux, et rejette la troisième, peut bien être la meilleure, mais elle a certainement tous les préjugés contre elle, l'inconséquence[2] saute aux yeux.

Dans les trois révélations, les livres sacrés[3] sont écrits en des langues inconnues aux peuples qui les suivent. Les Juifs 1415 n'entendent plus l'hébreu, les Chrétiens n'entendent ni l'hébreu ni le grec ; les Turcs ni les Persans n'entendent point l'arabe ; et les Arabes modernes eux-mêmes ne parlent plus la langue de Mahomet. Ne voilà-t-il pas une manière bien simple d'instruire les hommes, de leur parler toujours une 1420 langue qu'ils n'entendent point ? On traduit ces livres, dira-t-on. Belle réponse ! Qui m'assurera que ces livres sont fidèlement traduits, qu'il est même possible qu'ils le soient ? Et quand Dieu fait tant que de parler aux hommes, pourquoi faut-il qu'il ait besoin d'interprète ?

1425 Je ne concevrai jamais que ce que tout homme est obligé de savoir soit enfermé dans des livres, et que celui qui n'est à portée ni de ces livres, ni des gens qui les entendent soit puni d'une ignorance involontaire. Toujours des livres ! quelle manie ! Parce que l'Europe est pleine de livres, les 1430 Européens les regardent comme indispensables, sans songer que, sur les trois quarts de la terre, on n'en a jamais vu. Tous les livres n'ont-ils pas été écrits par des hommes ? Comment donc l'homme en aurait-il besoin pour connaître ses devoirs ? Et quels moyens avait-il de les connaître avant que ces livres

---

1. Rousseau évoque successivement le judaïsme, l'islam, le christianisme.
2. L'inconséquence : manque de logique dans l'expression des idées.
3. Les livres sacrés : la Bible, l'Évangile, le Coran.

1435 fussent faits ? Ou il apprendra ses devoirs de lui-même, ou il
est dispensé de les savoir.

Nos catholiques font grand bruit de l'autorité de l'Église ;
mais que gagnent-ils à cela, s'il leur faut un aussi grand appareil de preuves pour établir cette autorité, qu'aux autres sectes
1440 pour établir directement leur doctrine ? L'Église décide que
l'Église a droit de décider. Ne voilà-t-il pas une autorité bien
prouvée ? Sortez de là, vous rentrez dans toutes nos
discussions.

Connaissez-vous beaucoup de chrétiens qui aient pris la
1445 peine d'examiner avec soin ce que le judaïsme allègue contre
eux ? Si quelques-uns en ont vu quelque chose, c'est dans les
livres des chrétiens. Bonne manière de s'instruire des raisons
de leurs adversaires ! Mais comment faire ? Si quelqu'un
osait publier parmi nous des livres où l'on favoriserait ouver-
1450 tement le judaïsme, nous punirions l'auteur, l'éditeur, le
libraire. Cette police est commode et sûre, pour avoir toujours raison. Il y a plaisir à réfuter des gens qui n'osent parler.

Ceux d'entre nous qui sont à portée de converser avec des
Juifs ne sont guère plus avancés. Les malheureux se sentent
1455 à notre discrétion ; la tyrannie qu'on exerce envers eux les
rend craintifs ; ils savent combien peu l'injustice et la cruauté
coûtent à la charité chrétienne : qu'oseront-ils dire sans
s'exposer à nous faire crier au blasphème[1] ? L'avidité nous
donne du zèle, et ils sont trop riches pour n'avoir pas tort.
1460 Les plus savants, les plus éclairés sont toujours les plus cir-
conspects. Vous convertirez quelque misérable, payé pour
calomnier sa secte ; vous ferez parler quelques vils fripiers,
qui céderont pour vous flatter ; vous triompherez de leur
ignorance ou de leur lâcheté, tandis que leurs docteurs sou-
1465 riront en silence de votre ineptie. Mais croyez-vous que dans
des lieux où ils se sentiraient en sûreté l'on eût aussi bon
marché d'eux ? En Sorbonne, il est clair comme le jour que

---

1. **Blasphème** : parole qui outrage Dieu.

les prédictions du Messie se rapportent à Jésus-Christ. Chez
les rabbins d'Amsterdam, il est tout aussi clair qu'elles n'y
1470 ont pas le moindre rapport. Je ne croirai jamais avoir bien
entendu les raisons des Juifs, qu'ils n'aient un État libre, des
écoles, des universités, où ils puissent parler et disputer sans
risque. Alors seulement nous pourrons savoir ce qu'ils ont à
dire.

1475 À Constantinople les Turcs disent leurs raisons, mais nous
n'osons dire les nôtres ; là c'est notre tour de ramper. Si les
Turcs exigent de nous pour Mahomet, auquel nous ne
croyons point, le même respect que nous exigeons pour Jésus-
Christ des Juifs qui n'y croient pas davantage, les Turcs ont-
1480 ils tort ? avons-nous raison ? sur quel principe équitable
résoudrons-nous cette question ?

Les deux tiers du genre humain ne sont ni Juifs, ni Maho-
métans, ni Chrétiens ; et combien de millions d'hommes n'ont
jamais ouï parler de Moïse, de Jésus-Christ, ni de Mahomet !
1485 On le nie ; on soutient que nos missionnaires vont partout.
Cela est bientôt dit. Mais vont-ils dans le cœur de l'Afrique
encore inconnue, et où jamais Européen n'a pénétré jusqu'à
présent ? Vont-ils dans la Tartarie méditerranée suivre à cheval les hordes ambulantes, dont jamais étranger n'approche,
1490 et qui, loin d'avoir ouï parler du pape, connaissent à peine
le grand lama ? Vont-ils dans les continents immenses de
l'Amérique, où des nations entières ne savent pas encore que
les peuples d'un autre monde ont mis les pieds dans le leur ?
Vont-ils au Japon, dont leurs manœuvres les ont fait chasser
1495 pour jamais, et où leurs prédécesseurs ne sont connus des
générations qui naissent que comme des intrigants rusés,
venus avec un zèle hypocrite pour s'emparer doucement de
l'empire ? Vont-ils dans les harems des princes de l'Asie
annoncer l'Évangile à des milliers de pauvres esclaves ?
1500 Qu'ont fait les femmes de cette partie du monde pour qu'aucun missionnaire ne puisse leur prêcher la foi ? Iront-elles
toutes en enfer pour avoir été recluses ?

Quand il serait vrai que l'Évangile est annoncé par toute

la terre, qu'y gagnerait-on ? la veille du jour que le premier
1505 missionnaire est arrivé dans un pays, il y est sûrement mort
quelqu'un qui n'a pu l'entendre. Or, dites-moi ce que nous
ferons de ce quelqu'un-là. N'y eût-il dans tout l'univers qu'un
seul homme à qui l'on n'aurait jamais prêché Jésus-Christ,
l'objection serait aussi forte pour ce seul homme que pour le
1510 quart du genre humain.

Quand les ministres de l'Évangile se sont fait entendre aux
peuples éloignés, que leur ont-ils dit qu'on pût raisonnable-
ment admettre sur leur parole, et qui ne demandât pas la plus
exacte vérification ? Vous m'annoncez un Dieu né et mort il
1515 y a deux mille ans, à l'autre extrémité du monde, dans je ne
sais quelle petite ville, et vous me dites que tous ceux qui
n'auront point cru à ce mystère seront damnés. Voilà des
choses bien étranges pour les croire si vite sur la seule autorité
d'un homme que je ne connais point ! Pourquoi votre Dieu
1520 a-t-il fait arriver si loin de moi les événements dont il voulait
m'obliger d'être instruit ? Est-ce un crime d'ignorer ce qui se
passe aux antipodes ? Puis-je deviner qu'il y a eu dans un
autre hémisphère un peuple hébreu et une ville de Jérusalem ?
Autant vaudrait m'obliger de savoir ce qui se fait dans la
1525 lune. Vous venez, dites-vous, me l'apprendre ; mais pourquoi
n'êtes-vous pas venu l'apprendre à mon père ? ou pourquoi
damnez-vous ce bon vieillard pour n'en avoir jamais rien su ?
Doit-il être éternellement puni de votre paresse, lui qui était
si bon, si bienfaisant, et qui ne cherchait que la vérité ? Soyez
1530 de bonne foi, puis mettez-vous à ma place : voyez si je dois,
sur votre seul témoignage, croire toutes les choses incroyables
que vous me dites, et concilier tant d'injustices avec le Dieu
juste que vous m'annoncez. Laissez-moi, de grâce, aller voir
ce pays lointain où s'opérèrent tant de merveilles inouïes dans
1535 celui-ci, que j'aille savoir pourquoi les habitants de cette Jérusalem ont traité Dieu comme un brigand. Ils ne l'ont pas,
dites-vous, reconnu pour Dieu. Que ferai-je donc, moi qui
n'en ai jamais entendu parler que par vous ? Vous ajoutez
qu'ils ont été punis, dispersés, opprimés, asservis, qu'aucun

1540 d'eux n'approche plus de la même ville. Assurément ils ont
bien mérité tout cela ; mais les habitants d'aujourd'hui, que
disent-ils du déicide de leurs prédécesseurs ? Ils le nient, ils
ne reconnaissent pas non plus Dieu pour Dieu. Autant valait
donc laisser les enfants des autres.

1545 Quoi ! dans cette même ville où Dieu est mort, les anciens
ni les nouveaux habitants ne l'ont point reconnu, et vous
voulez que je le reconnaisse, moi qui suis né deux mille ans
après à deux mille lieues de là ! Ne voyez-vous pas qu'avant
que j'ajoute foi à ce livre que vous appelez sacré, et auquel
1550 je ne comprends rien, je dois savoir par d'autres que vous
quand et par qui il a été fait, comment il s'est conservé,
comment il vous est parvenu, ce que disent dans le pays, pour
leurs raisons, ceux qui le rejettent, quoiqu'ils sachent aussi
bien que vous tout ce que vous m'apprenez ? Vous sentez
1555 bien qu'il faut nécessairement que j'aille en Europe, en Asie,
en Palestine, examiner tout par moi-même : il faudrait que je
fusse fou pour vous écouter avant ce temps-là.

Non seulement ce discours me paraît raisonnable, mais je
soutiens que tout homme sensé doit, en pareil cas, parler ainsi
1560 et renvoyer bien loin le missionnaire qui, avant la vérification
des preuves, veut se dépêcher de l'instruire et de le baptiser.
Or, je soutiens qu'il n'y a pas de révélation contre laquelle
les mêmes objections n'aient autant et plus de force que
contre le christianisme. D'où il suit que s'il n'y a qu'une reli-
1565 gion véritable, et que tout homme soit obligé de la suivre
sous peine de damnation, il faut passer sa vie à les étudier
toutes, à les approfondir, à les comparer, à parcourir les pays
où elles sont établies. Nul n'est exempt du premier devoir de
l'homme, nul n'a droit de se fier au jugement d'autrui.
1570 L'artisan qui ne vit que de son travail, le laboureur qui ne
sait pas lire, la jeune fille délicate et timide, l'infirme qui peut
à peine sortir de son lit, tous, sans exception, doivent étudier,
méditer, disputer, voyager, parcourir le monde : il n'y aura
plus de peuple fixe et stable ; la terre entière ne sera couverte
1575 que de pèlerins allant à grands frais, et avec de longues

fatigues, vérifier, comparer, examiner par eux-mêmes les cultes divers qu'on y suit. Alors, adieu les métiers, les arts, les sciences humaines, et toutes les occupations civiles : il ne peut plus y avoir d'autre étude que celle de la religion : à
1580 grand-peine celui qui aura joui de la santé la plus robuste, le mieux employé son temps, le mieux usé de sa raison, vécu le plus d'années, saura-t-il dans sa vieillesse à quoi s'en tenir ; et ce sera beaucoup s'il apprend avant sa mort dans quel culte il aurait dû vivre.

1585 Voulez-vous mitiger cette méthode, et donner la moindre prise à l'autorité des hommes ? À l'instant vous lui rendez tout ; et si le fils d'un Chrétien fait bien de suivre, sans un examen profond et impartial, la religion de son père, pourquoi le fils d'un Turc ferait-il mal de suivre de même la reli-
1590 gion du sien ? Je défie tous les intolérants de répondre à cela rien qui contente un homme sensé.

Pressés par ces raisons, les uns aiment mieux faire Dieu injuste, et punir les innocents du péché de leur père, que de renoncer à leur barbare dogme. Les autres se tirent d'affaire
1595 en envoyant obligeamment un ange instruire quiconque[1], dans une ignorance invincible, aurait vécu moralement bien. La belle invention que cet ange ! Non contents de nous asservir à leurs machines, ils mettent Dieu lui-même dans la nécessité d'en employer.

1600 Voyez, mon fils, à quelle absurdité mènent l'orgueil et l'intolérance, quand chacun veut abonder dans son sens, et croire avoir raison exclusivement au reste du genre humain. Je prends à témoin ce Dieu de paix que j'adore et que je vous annonce, que toutes mes recherches ont été sincères ; mais
1605 voyant qu'elles étaient, qu'elles seraient toujours sans succès, et que je m'abîmais dans un océan sans rives, je suis revenus sur mes pas, et j'ai resserré ma foi dans mes notions primi-

---

1. L'ange Gabriel qui annonça à Marie qu'elle serait la mère du Christ. C'est aussi l'ange Gabriel qui dicta le Coran à Muhammad (Mahomet).

tives[1]. Je n'ai jamais pu croire que Dieu m'ordonnât, sous peine de l'enfer, d'être savant. J'ai donc refermé tous les livres. Il en est un seul ouvert à tous les yeux, c'est celui de la nature. C'est dans ce grand et sublime livre que j'apprends à servir et adorer son divin auteur. Nul n'est excusable de n'y pas lire, parce qu'il parle à tous les hommes une langue intelligible à tous les esprits. Quand je serais né dans une île déserte, quand je n'aurais point vu d'autre homme que moi, quand je n'aurais jamais appris ce qui s'est fait anciennement dans un coin du monde ; si j'exerce ma raison, si je la cultive, si j'use bien des facultés immédiates que Dieu me donne, j'apprendrai de moi-même à le connaître, à l'aimer, à aimer ses œuvres, à vouloir le bien qu'il veut, et à remplir pour lui plaire tous mes devoirs sur la terre. Qu'est-ce que tout le savoir des hommes m'apprendra de plus ? [...]

Le doute respectueux

[À l'égard de la révélation, le vicaire « reste dans un doute respectueux », à condition qu'il n'y ait aucune obligation à la reconnaître. Mais s'il avoue « que la majesté des Écritures (l')étonne, que la sainteté des Évangiles parle à (son) cœur », il constate que l'Évangile contient à la fois des « caractères de vérité » indubitables et des « choses incroyables, [...] qui répugnent à la raison, et qu'il est impossible à tout homme sensé de concevoir ni d'admettre ». Aussi son attitude sera « le doute respectueux » « devant le grand Être qui seul sait la vérité ».]

Voilà le scepticisme involontaire où je suis resté ; mais ce scepticisme ne m'est nullement pénible, parce qu'il ne s'étend pas aux points essentiels à la pratique, et que je suis bien décidé sur les principes de tous mes devoirs. Je sers Dieu dans la simplicité de mon cœur. Je ne cherche à savoir que ce qui importe à ma conduite. Quant aux dogmes qui n'influent ni

---

1. **Notions primitives** : premières, les plus anciennes.

sur les actions ni sur la morale, et dont tant de gens se tour-
1640 mentent, je ne m'en mets nullement en peine. Je regarde
toutes les religions particulières comme autant d'institutions
salutaires qui prescrivent dans chaque pays une manière uniforme d'honorer Dieu par un culte public, et qui peuvent
toutes avoir leurs raisons dans le climat, dans le gouverne-
1645 ment, dans le génie du peuple, ou dans quelque autre cause
locale qui rend l'une préférable à l'autre, selon les temps et
les lieux. Je les crois toutes bonnes quand on y sert Dieu
convenablement. Le culte essentiel est celui du cœur. Dieu
n'en rejette point l'hommage, quand il est sincère, sous
1650 quelque forme qu'il lui soit offert. Appelé dans celle que je
professe au service de l'Église, j'y remplis avec toute l'exactitude possible les soins qui me sont prescrits, et ma
conscience me reprocherait d'y manquer volontairement en
quelque point. Après un long interdit vous savez que j'obtins,
1655 par le crédit de M. de Mellarède[1], la permission de reprendre
mes fonctions pour m'aider à vivre. Autrefois je disais la
messe avec la légèreté qu'on met à la longue aux choses les
plus graves quand on les fait trop souvent ; depuis mes nouveaux principes, je la célèbre avec plus de vénération : je me
1660 pénètre de la majesté de l'Être suprême, de sa présence, de
l'insuffisance de l'esprit humain, qui conçoit si peu ce qui se
rapporte à son auteur. En songeant que je lui porte les vœux
du peuple sous une forme prescrite, je suis avec soin tous les
rites ; je récite attentivement, je m'applique à n'omettre
1665 jamais ni le moindre mot ni la moindre cérémonie : quand
j'approche du moment de la consécration[2] ; je me recueille
pour la faire avec toutes les dispositions qu'exige l'Église et

---

1. **Pierre de Mellarède** (1650-1730) : ministre de l'Intérieur du roi de Piémont-
Sardaigne. Cette allusion nous renvoie à l'abbé Jean-Claude Gaime, l'un des
modèles du vicaire savoyard, qui fut précepteur de ses enfants (*Confessions*, III,
op. cit., I, p. 90).
2. **La consécration** : en théologie catholique, action par laquelle le prêtre
consacre le pain et le vin à la messe (le vicaire est bien catholique et non
calviniste).

la grandeur du sacrement ; je tâche d'anéantir ma raison devant la suprême intelligence ; je me dis : Qui es-tu pour 1670 mesurer la puissance infinie ? Je prononce avec respect les mots sacramentaux, et je donne à leur effet toute la foi qui dépend de moi. Quoi qu'il en soit de ce mystère inconcevable, je ne crains pas qu'au jour du jugement je sois puni pour l'avoir jamais profané dans mon cœur. [...]

1675 Je viens, mon jeune ami, de vous réciter de bouche ma profession de foi telle que Dieu la lit dans mon cœur : vous êtes le premier à qui je l'aie faite ; vous êtes le seul peut-être à qui je la ferai jamais. Tant qu'il reste quelque bonne croyance parmi les hommes, il ne faut point troubler les âmes 1680 paisibles, ni alarmer la foi des simples par des difficultés qu'ils ne peuvent résoudre et qui les inquiètent sans les éclairer. Mais quand une fois tout est ébranlé, on doit conserver le tronc aux dépens des branches. Les consciences agitées, incertaines, presque éteintes, et dans l'état où j'ai vu la vôtre, ont 1685 besoin d'être affermies et réveillées ; et, pour les rétablir sur la base des vérités éternelles, il faut achever d'arracher les piliers flottants auxquels elles pensent tenir encore.

Vous êtes dans l'âge critique où l'esprit s'ouvre à la certitude, où le cœur reçoit sa forme et son caractère, et où l'on 1690 se détermine pour toute la vie, soit en bien, soit en mal. Plus tard, la substance est durcie, et les nouvelles empreintes ne marquent plus. Jeune homme, recevez dans votre âme, encore flexible, le cachet de la vérité. Si j'étais plus sûr de moi-même, j'aurais pris avec vous un ton dogmatique et décisif : mais je 1695 suis homme, ignorant, sujet à l'erreur ; que pouvais-je faire ? Je vous ai ouvert mon cœur sans réserve ; ce que je tiens pour sûr, je vous l'ai donné pour tel ; je vous ai donné mes doutes pour des doutes, mes opinions pour des opinions ; je vous ai dit mes raisons de douter et de croire. Maintenant, c'est à 1700 vous de juger : vous avez pris du temps ; cette précaution est sage et me fait bien penser de vous. Commencez par mettre votre conscience en état de vouloir être éclairée. Soyez sincère avec vous-même. Appropriez-vous de mes sentiments ce qui

vous aura persuadé, rejetez le reste. Vous n'êtes pas encore
1705 assez dépravé par le vice pour risquer de mal choisir. Je vous
proposerais d'en conférer[1] entre nous ; mais sitôt qu'on dispute on s'échauffe ; la vanité, l'obstination s'en mêlent, la
bonne foi n'y est plus. Mon ami, ne disputez jamais, car on
n'éclaire par la dispute ni soi ni les autres. Pour moi, ce n'est
1710 qu'après bien des années de méditation que j'ai pris mon
parti : je m'y tiens ; ma conscience est tranquille, mon cœur
est content. Si je voulais recommencer un nouvel examen de
mes sentiments, je n'y porterais pas un plus pur amour de la
vérité ; et mon esprit, déjà moins actif, serait moins en état
1715 de la connaître. Je resterai comme je suis, de peur qu'insensiblement le goût de la contemplation, devenant une passion
oiseuse, ne m'attiédît sur l'exercice de mes devoirs, et de peur
de retomber dans mon premier pyrrhonisme[2], sans retrouver
la force d'en sortir. Plus de la moitié de ma vie est écoulée ;
1720 je n'ai plus que le temps qu'il me faut pour en mettre à profit
le reste, et pour effacer mes erreurs par mes vertus. Si je me
trompe, c'est malgré moi. Celui qui lit au fond de mon cœur
sait bien que je n'aime pas mon aveuglement. Dans l'impuissance de m'en tirer par mes propres lumières, le seul moyen
1725 qui me reste pour en sortir est une bonne vie ; et si des pierres
mêmes Dieu peut susciter des enfants à Abraham, tout
homme a droit d'espérer d'être éclairé lorsqu'il s'en rend digne.

Si mes réflexions vous amènent à penser comme je pense,
que mes sentiments soient les vôtres, et que nous ayons la
1730 même profession de foi, voici le conseil que je vous donne :
N'exposez plus votre vie aux tentations de la misère et du
désespoir ; ne la traînez plus avec ignominie à la merci des
étrangers, et cessez de manger le vil pain de l'aumône. Retour-
nez dans votre patrie, reprenez la religion de vos pères, suivez-

---

1. **Conférer :** discuter.
2. **Pyrrhonisme :** doctrine philosophique de Pyrrhon, philosophe grec,
fondateur de l'école sceptique. Ici, synonyme de scepticisme souvent employé
par le vicaire.

1735 la dans la sincérité de votre cœur, et ne la quittez plus : elle
est très simple et très sainte ; je la crois de toutes les religions
qui sont sur la terre celle dont la morale est la plus pure et
dont la raison se contente le mieux. [...]

L'ENTRÉE DANS LA SOCIÉTÉ

À l'âge de la puberté
le gouverneur doit adapter sa méthode

J'ai transcrit cet écrit, non comme une règle des sentiments
1740 qu'on doit suivre en matière de religion, mais comme un
exemple de la manière dont on peut raisonner avec son élève,
pour ne point s'écarter de la méthode que j'ai tâché d'établir.
Tant qu'on ne donne rien à l'autorité des hommes, ni aux
préjugés du pays où l'on est né, les seules lumières de la raison
1745 ne peuvent, dans l'institution de la nature, nous mener plus
loin que la religion naturelle ; et c'est à quoi je me borne avec
mon Émile. S'il en doit avoir une autre, je n'ai plus en cela
le droit d'être son guide ; c'est à lui seul de la choisir.

Nous travaillons de concert avec la nature, et tandis qu'elle
1750 forme l'homme physique, nous tâchons de former d'homme
moral ; mais nos progrès ne sont pas les mêmes. Le corps est
déjà robuste et fort, que l'âme est encore languissante et
faible ; et quoi que l'art humain puisse faire, le tempérament
précède toujours la raison. C'est à retenir l'un et à exciter
1755 l'autre que nous avons jusqu'ici donné tous nos soins, afin
que l'homme fût toujours un, le plus qu'il était possible. En
développant le naturel, nous avons donné le change à sa sensibilité naissante ; nous l'avons réglé en cultivant la raison.
Les objets intellectuels modéraient l'impression des objets sen-
1760 sibles. En remontant au principe des choses, nous l'avons
soustrait à l'empire des sens ; il était simple de s'élever de
l'étude de la nature à la recherche de son auteur.

Quand nous en sommes venus là, quelles nouvelles prises
nous nous sommes données sur notre élève ! que de nouveaux

1765 moyens nous avons de parler à son cœur ! C'est alors seulement qu'il trouve son véritable intérêt à être bon, à faire le
bien loin des regards des hommes, et sans y être forcé par les
lois, à être juste entre Dieu et lui, à remplir son devoir, même
aux dépens de sa vie, et à porter dans son cœur la vertu, non
1770 seulement pour l'amour de l'ordre, auquel chacun préfère
toujours l'amour de soi, mais pour l'amour de l'auteur de son
être, amour qui se confond avec ce même amour de soi, pour
jouir enfin du bonheur durable que le repos d'une bonne
conscience et la contemplation de cet Être suprême lui pro-
1775 mettent dans l'autre vie, après avoir bien usé de celle-ci. Sortez de là, je ne vois plus qu'injustice, hypocrisie et mensonge
parmi les hommes. L'intérêt particulier, qui, dans la concurrence, l'emporte nécessairement sur toutes choses, apprend à
chacun d'eux à parer le vice du masque de la vertu. Que tous
1780 les autres hommes fassent mon bien aux dépens du leur ; que
tout se rapporte à moi seul ; que tout le genre humain meure,
s'il le faut, dans la peine et dans la misère pour m'épargner
un moment de douleur ou de faim : tel est le langage intérieur
de tout incrédule qui raisonne. Oui, je le soutiendrai toute
1785 ma vie, quiconque a dit dans son cœur : il n'y a point de
Dieu, et parle autrement, n'est qu'un menteur ou un
insensé. [...]
    Émile, au contraire, s'honore de se faire homme, et de
s'assujettir au joug de la raison naissante ; son corps, déjà
1790 formé, n'a plus besoin des mêmes mouvements, et commence
à s'arrêter de lui-même, tandis que son esprit, à moitié développé, cherche à son tour à prendre l'essor. Ainsi l'âge de
raison n'est pour les uns que l'âge de la licence ; pour l'autre,
il devient l'âge du raisonnement. [...]
1795   Le vrai moment de la nature arrive enfin, il faut qu'il arrive.
Puisqu'il faut que l'homme meure, il faut qu'il se reproduise,
afin que l'espèce dure et que l'ordre du monde soit conservé.
Quand, par les signes dont j'ai parlé, vous pressentirez le
moment critique, à l'instant quittez avec lui pour jamais votre
1800 ancien ton. C'est votre disciple encore, mais ce n'est plus votre

élève. C'est votre ami, c'est un homme, traitez-le désormais comme tel.

Quoi ! faut-il abdiquer mon autorité lorsqu'elle m'est le plus nécessaire ? Faut-il abandonner l'adulte à lui-même au 1805 moment qu'il sait le moins se conduire, et qu'il fait les plus grands écarts ? Faut-il renoncer à mes droits quand il lui importe le plus que j'en use ? Vos droits ! Qui vous dit d'y renoncer ? ce n'est qu'à présent qu'ils commencent pour lui. Jusqu'ici vous n'en obteniez rien que par force ou par ruse ; 1810 l'autorité, la loi du devoir lui étaient inconnues ; il fallait le contraindre ou le tromper pour vous faire obéir. Mais vous voyez de combien de nouvelles chaînes vous avez environné son cœur. La raison, l'amitié, la reconnaissance, mille affections, lui parlent d'un ton qu'il ne peut méconnaître. Le vice 1815 ne l'a point encore rendu sourd à leur voix. Il n'est sensible encore qu'aux passions de la nature. La première de toutes, qui est l'amour de soi, le livre à vous ; l'habitude vous le livre encore. Si le transport[1] d'un moment vous l'arrache, le regret vous le ramène à l'instant ; le sentiment qui l'attache à vous 1820 est le seul permanent ; tous les autres passent et s'effacent mutuellement. Ne le laissez point corrompre, il sera toujours docile, il ne commence d'être rebelle que quand il est déjà perverti.

J'avoue bien que si, heurtant de front ses désirs naissants, 1825 vous alliez sottement traiter de crimes les nouveaux besoins qui se font sentir à lui, vous ne seriez pas longtemps écouté ; mais sitôt que vous quitterez ma méthode, je ne vous réponds plus de rien. Songez toujours que vous êtes le ministre[2] de la nature ; vous n'en serez jamais l'ennemi.

1830 Mais quel parti prendre ? On ne s'attend ici qu'à l'alternative de favoriser ses penchants ou de les combattre, d'être son tyran ou son complaisant ; et tous deux ont de si dan-

---

1. **Transport** : vive émotion, sentiment passionné qui émeut.
2. **Le ministre** : le serviteur.

gereuses conséquences, qu'il n'y a que trop à balancer sur le choix. [...]

1835 [*Le mariage n'est pas une solution ; il faut au contraire retarder jusqu'à vingt ans « l'ignorance des désirs » et des pulsions sexuelles, mais le gouverneur se rend compte que, pressé « par ses désirs naissants », son élève « va (lui) échapper quoi qu'(il) fasse ».*]

1840 Je n'ai donc plus qu'un parti raisonnable à prendre, c'est de le rendre comptable de ses actions à lui-même, de le garantir au moins des surprises de l'erreur, et de lui montrer à découvert les périls dont il est environné. Jusqu'ici je l'arrêtais par son ignorance ; c'est maintenant par des lumières qu'il 1845 faut l'arrêter.

Ces nouvelles instructions sont importantes, et il convient de reprendre les choses de plus haut. Voici l'instant de lui rendre, pour ainsi dire, mes comptes ; de lui montrer l'emploi de son temps et du mien ; de lui déclarer ce qu'il est et ce que 1850 je suis ; ce que j'ai fait, ce qu'il a fait ; ce que nous nous devons l'un à l'autre ; toutes ses relations morales, tous les engagements qu'il a contractés, tous ceux qu'on a contractés avec lui, à quel point il est parvenu dans le progrès de ses facultés, quel chemin lui reste à faire, les difficultés qu'il y 1855 trouvera, les moyens de franchir ces difficultés ; en quoi je lui puis aider encore, en quoi lui seul peut désormais s'aider, enfin le point critique où il se trouve, les nouveaux périls qui l'environnent, et toutes les solides raisons qui doivent l'engager à veiller attentivement sur lui-même avant d'écouter ses 1860 désirs naissants. [...]

Ne raisonnez jamais sèchement avec la jeunesse. Revêtez la raison d'un corps si vous voulez la lui rendre sensible. Faites passer par le cœur le langage de l'esprit, afin qu'il se fasse entendre. Je le répète, les arguments froids peuvent 1865 déterminer nos opinions, non nos actions ; ils nous font croire et non pas agir ; on démontre ce qu'il faut penser, et non ce qu'il faut faire. Si cela est vrai pour tous les hommes, à plus forte raison l'est-il pour les jeunes gens encore enve-loppés dans leurs sens, et qui ne pensent qu'autant qu'ils 1870 imaginent.

Je me garderai donc bien, même après les préparations dont j'ai parlé, d'aller tout d'un coup dans la chambre d'Émile lui faire lourdement un long discours sur le sujet dont je veux l'instruire. Je commencerai par émouvoir son imagi-1875 nation ; je choisirai le temps, le lieu, les objets les plus favo-rables à l'impression que je veux faire ; j'appellerai, pour ainsi dire, toute la nature à témoin de nos entretiens ; j'attes-terai l'Être éternel, dont elle est l'ouvrage, de la vérité de mes discours ; je le prendrai pour juge entre Émile et moi ; je 1880 marquerai la place où nous sommes, les rochers, les bois, les montagnes qui nous entourent pour monuments de ses enga-gements et des miens ; je mettrai dans mes yeux, dans mon accent, dans mon geste, l'enthousiasme et l'ardeur que je lui veux inspirer. Alors je lui parlerai et il m'écoutera, je m'at-1885 tendrirai et il sera ému. En me pénétrant de la sainteté de mes devoirs je lui rendrai les siens plus respectables ; j'ani-merai la force du raisonnement d'images et de figures[1], je ne serai point long et diffus en froides maximes, mais abondant en sentiments qui débordent ; ma raison sera grave et senten-1890 cieuse, mais mon cœur n'aura jamais assez dit. C'est alors qu'en lui montrant tout ce que j'ai fait pour lui, je le lui montrerai comme fait pour moi-même, il verra dans ma tendre affection la raison de tous mes soins. Quelle surprise, quelle agitation je vais lui donner en changeant tout à coup 1895 de langage ! au lieu de lui rétrécir l'âme en lui parlant tou-jours de son intérêt, c'est du mien seul que je lui parlerai désormais, et je le toucherai davantage ; j'enflammerai son jeune cœur de tous les sentiments d'amitié, de générosité, de reconnaissance, que j'ai fait naître, et qui sont si doux à nour-

---

1. **Figure** : « Tour de mots et de pensées qui animent un discours », du Marsais, *Traité des tropes.*

1900 rir. Je le presserai contre mon sein en versant sur lui des larmes d'attendrissement ; je lui dirai : Tu es mon bien, mon enfant, mon ouvrage ; c'est de ton bonheur que j'attends le mien : si tu frustres mes espérances, tu me voles vingt ans de ma vie, et tu fais le malheur de mes vieux jours. C'est ainsi
1905 qu'on se fait écouter d'un jeune homme, et qu'on grave au fond de son cœur le souvenir de ce qu'on lui dit. [...]

La finalité de l'éducation : rester l'homme de la nature intégré à la société civile

Émile n'est pas fait pour rester toujours solitaire ; membre de la société, il en doit remplir les devoirs. Fait pour vivre avec les hommes, il doit les connaître. Il connaît l'homme en
1910 général ; il lui reste à connaître les individus. Il sait ce qu'on fait dans le monde : il lui reste à voir comment on y vit. Il est temps de lui montrer l'extérieur de cette grande scène dont il connaît déjà tous les jeux cachés. Il n'y portera plus l'admiration stupide d'un jeune étourdi, mais le discernement
1915 d'un esprit droit et juste. Ses passions pourront l'abuser, sans doute ; quand est-ce qu'elles n'abusent pas ceux qui s'y livrent ? mais au moins il ne sera point trompé par celles des autres. S'il les voit, il les verra de l'œil du sage, sans être entraîné par leurs exemples ni séduit par leurs préjugés. [...]
1920 Dans quelque rang qu'il puisse être né, dans quelque société qu'il commence à s'introduire, son début sera simple et sans éclat : à Dieu ne plaise qu'il soit assez malheureux pour y briller ! Les qualités qui frappent au premier coup d'œil ne sont pas les siennes ; il ne les a ni ne les veut avoir.
1925 Il met trop peu de prix aux jugements des hommes pour en mettre à leurs préjugés, et ne se soucie point qu'on l'estime avant que de le connaître. Sa manière de se présenter n'est ni modeste ni vaine, elle est naturelle et vraie ; il ne connaît ni gêne ni déguisement, et il est au milieu d'un cercle ce qu'il
1930 est seul et sans témoin. Sera-t-il pour cela grossier, dédaigneux, sans attention pour personne ? Tout au contraire ; si seul il ne compte pas pour rien les autres hommes, pourquoi

les compterait-il pour rien, vivant avec eux ? Il ne les préfère
point à lui dans ses manières, parce qu'il ne les préfère pas à
1935 lui dans son cœur ; mais il ne leur montre pas non plus une
indifférence qu'il est bien éloigné d'avoir ; s'il n'a pas les formules de la politesse, il a les soins de l'humanité. Il n'aime à
voir souffrir personne ; il n'offrira pas sa place à un autre
par simagrée[1], mais il la lui cédera volontiers par bonté, si,
1940 le voyant oublié, il juge que cet oubli le mortifie ; car il en
coûtera moins à mon jeune homme de rester debout volontairement, que de voir l'autre y rester par force.

Quoique en général Émile n'estime pas les hommes, il ne
leur montrera point de mépris, parce qu'il les plaint et s'at-
1945 tendrit sur eux. Ne pouvant leur donner le goût des biens
réels, il leur laisse les biens de l'opinion dont ils se contentent,
de peur que, les leur ôtant à pure perte, il ne les rendît plus
malheureux qu'auparavant. Il n'est donc point disputeur ni
contredisant ; il n'est pas non plus complaisant et flatteur ; il
1950 dit son avis sans combattre celui de personne, parce qu'il
aime la liberté par-dessus toute chose, et que la franchise en
est un des plus beaux droits.

Il parle peu, parce qu'il ne se soucie guère qu'on s'occupe
de lui, par la même raison il ne dit que des choses utiles :
1955 autrement, qu'est-ce qui l'engagerait à parler ? Émile est trop
instruit pour être jamais babillard. Le grand caquet[2] vient
nécessairement, ou de la prétention à l'esprit, dont je parlerai
ci-après, ou du prix qu'on donne à des bagatelles, dont on
croit sottement que les autres font autant de cas que nous.
1960 Celui qui connaît assez de choses pour donner à toutes leur
véritable prix, ne parle jamais trop ; car il sait apprécier aussi
l'attention qu'on lui donne et l'intérêt qu'on peut prendre à
ses discours. Généralement les gens qui savent peu parlent

---

1. **Simagrées** : manière d'être affectée pour se donner l'apparence de certaines qualités.
2. **Caquet** (familier) : bavardages indiscrets, intempestifs (comme un gloussement de poule).

beaucoup, et les gens qui savent beaucoup parlent peu. Il est
1965 simple qu'un ignorant trouve important tout ce qu'il sait, et
le dise à tout le monde. Mais un homme instruit n'ouvre pas
aisément son répertoire ; il aurait trop à dire, et il voit encore
plus à dire après lui ; il se tait.

Loin de choquer les manières des autres, Émile s'y
1970 conforme assez volontiers, non pour paraître instruit des
usages, ni pour affecter les airs d'un homme poli, mais au
contraire de peur qu'on ne le distingue, pour éviter d'être
aperçu ; et jamais il n'est plus à son aise que quand on ne
prend pas garde à lui.

1975 Quoique entrant dans le monde, il en ignore absolument
les manières ; il n'est pas pour cela timide et craintif ; s'il se
dérobe, ce n'est point par embarras, c'est que pour bien voir,
il faut n'être pas vu ; car ce qu'on pense de lui ne l'inquiète
guère, et le ridicule ne lui fait pas la moindre peur. Cela fait
1980 qu'étant toujours tranquille et de sang-froid, il ne se trouble
point par la mauvaise honte. Soit qu'on le regarde ou non,
il fait toujours de son mieux ce qu'il fait ; et, toujours tout à
lui pour bien observer les autres, il saisit leurs manières avec
une aisance que ne peuvent avoir les esclaves de l'opinion.
1985 On peut dire qu'il prend plutôt l'usage du monde, précisément parce qu'il en fait peu de cas.

Ne vous trompez pas cependant sur sa contenance[1], et
n'allez pas la comparer à celle de vos jeunes agréables. Il est
ferme et non suffisant ; ses manières sont libres et non dédai-
1990 gneuses : l'air insolent n'appartient qu'aux esclaves, l'indépendance n'a rien d'affecté. Je n'ai jamais vu d'homme ayant
de la fierté dans l'âme en montrer dans son maintien : cette
affectation est bien plus propre aux âmes viles et vaines, qui
ne peuvent en imposer que par là. [...]
1995 Quand on aime, on veut être aimé. Émile aime les hommes,
il veut donc leur plaire. À plus forte raison il veut plaire aux

---

1. **Contenance** : manière de se tenir, de se présenter.

femmes ; son âge, ses mœurs, son projet, tout concourt à nourrir en lui ce désir. Je dis ses mœurs, car elles y font beaucoup ; les hommes qui en ont sont les vrais adorateurs
2000 des femmes. Ils n'ont pas comme les autres je ne sais quel jargon moqueur de galanterie ; mais ils ont un empressement plus vrai, plus tendre, et qui part du cœur. Je connaîtrais près d'une jeune femme un homme qui a des mœurs et qui commande à la nature, entre cent mille débauchés. Jugez de
2005 ce que doit être Émile avec un tempérament tout neuf, et tant de raisons d'y résister ! Pour auprès d'elles, je crois qu'il sera quelquefois timide et embarrassé, mais sûrement cet embarras ne leur déplaira pas, et les moins friponnes n'auront encore que trop souvent l'art d'en jouir et de l'augmenter. Au reste,
2010 son empressement changera sensiblement de forme selon les états. Il sera plus modeste et plus respectueux pour les femmes, plus vif et plus tendre auprès des filles à marier. Il ne perd point de vue l'objet de ses recherches, et c'est toujours à ce qui les lui rappelle qu'il marque le plus d'attention.

2015 Personne ne sera plus exact à tous les égards fondés sur l'ordre de la nature, et même sur le bon ordre de la société ; mais les premiers seront toujours préférés aux autres ; et il respectera davantage un particulier plus vieux que lui, qu'un magistrat de son âge. Étant donc pour l'ordinaire un des plus
2020 jeunes des sociétés où il se trouvera, il sera toujours un des plus modestes, non par la vanité de paraître humble, mais par un sentiment naturel et fondé sur la raison. Il n'aura point l'impertinent savoir-vivre d'un jeune fat, qui, pour amuser la compagnie, parle plus haut que les sages et coupe
2025 la parole aux anciens : il n'autorisera point, pour sa part, la réponse d'un vieux gentilhomme à Louis XV, qui lui demandait lequel il préférait de son siècle ou de celui-ci : « Sire, j'ai passé ma jeunesse à respecter les vieillards, et il faut que je passe ma vieillesse à respecter les enfants. »

2030 Ayant une âme tendre et sensible, mais n'appréciant rien sur le taux de l'opinion, quoiqu'il aime à plaire aux autres, il se souciera peu d'en être considéré. D'où il suit qu'il sera

plus affectueux que poli, qu'il n'aura jamais d'airs ni de faste, et qu'il sera plus touché d'une caresse que de mille éloges.
2035 Par les mêmes raisons il ne négligera ni ses manières ni son maintien ; il pourra même avoir quelque recherche dans sa parure, non pour paraître un homme de goût, mais pour rendre sa figure agréable ; il n'aura point recours au cadre doré, et jamais l'enseigne de la richesse ne souillera son
2040 ajustement.

On voit que tout cela n'exige point de ma part un étalage de préceptes, et n'est qu'un effet de sa première éducation. On nous fait un grand mystère de l'usage du monde ; comme si, dans l'âge où l'on prend cet usage, on ne le prenait pas
2045 naturellement, et comme si ce n'était pas dans un cœur honnête qu'il faut chercher ses premières lois ! La véritable politesse consiste à marquer de la bienveillance aux hommes ; elle se montre sans peine quand on en a ; c'est pour celui qui n'en a pas qu'on est forcé de réduire en art ses apparences.

2050 « Le plus malheureux effet de la politesse d'usage est d'enseigner l'art de se passer des vertus qu'elle imite. Qu'on nous inspire dans l'éducation l'humanité et la bienfaisance, nous aurons la politesse, ou nous n'en aurons plus besoin.

Si nous n'avons pas celle qui s'annonce par les grâces, nous
2055 aurons celle qui annonce l'honnête homme et le citoyen ; nous n'aurons pas besoin de recourir à la fausseté.

Au lieu d'être artificieux pour plaire, il suffira d'être bon ; au lieu d'être faux pour flatter les faiblesses des autres, il suffira d'être indulgent.

2060 Ceux avec qui l'on aura de tels procédés n'en seront ni enorgueillis ni corrompus ; ils n'en seront que reconnaissants, et en deviendront meilleurs. »

Il me semble que si quelque éducation doit produire l'espèce de politesse qu'exige ici M. Duclos[1], c'est celle dont j'ai
2065 tracé le plan jusqu'ici.

---

1. **Duclos** (Charles Pinot, 1704-1772) : *Considérations sur les mœurs de ce siècle*, 1751.

Je conviens pourtant qu'avec des maximes si différentes, Émile ne sera point comme tout le monde, et Dieu le préserve de l'être jamais ! Mais, en ce qu'il sera différent des autres, il ne sera ni fâcheux, ni ridicule : la différence sera sensible 2070 sans être incommode. Émile sera, si l'on veut, un aimable étranger. D'abord on lui pardonnera ses singularités en disant : *Il se formera*. Dans la suite on sera tout accoutumé à ses manières ; et voyant qu'il n'en change pas, on les lui pardonnera encore en disant : *Il est fait ainsi*.

2075 Il ne sera point fêté comme un homme aimable, mais on l'aimera sans savoir pourquoi ; personne ne vantera son esprit, mais on le prendra volontiers pour juge entre les gens d'esprit : le sien sera net est borné, il aura le sens droit et le jugement sain. Ne courant jamais après les idées neuves, il 2080 ne saurait se piquer d'esprit. Je lui ai fait sentir que toutes les idées salutaires et vraiment utiles aux hommes ont été les premières connues, qu'elles font de tout temps les seuls vrais liens de la société, et qu'il ne reste aux esprits transcendants qu'à se distinguer par des idées pernicieuses et funestes au 2085 genre humain. Cette manière de se faire admirer ne le touche guère : il sait où il doit trouver le bonheur de sa vie, et en quoi il peut contribuer au bonheur d'autrui. La sphère de ses connaissances ne s'étend pas plus loin que ce qui est profitable. Sa route est étroite et bien marquée, n'étant point tenté 2090 d'en sortir, il reste confondu avec ceux qui la suivent ; il ne veut ni s'égarer ni briller. Émile est un homme de bon sens, et ne veut pas être autre chose ; on aura beau vouloir l'injurier par ce titre, il s'en tiendra toujours honoré.

Quoique le désir de plaire ne le laisse plus absolument 2095 indifférent sur l'opinion d'autrui, il ne prendra de cette opinion que ce qui se rapporte immédiatement à sa personne, sans se soucier des appréciations arbitraires qui n'ont de loi que la mode ou les préjugés. Il aura l'orgueil de vouloir bien faire tout ce qu'il fait, même de le vouloir faire mieux qu'un 2100 autre : à la course il voudra être le plus léger ; à la lutte, le plus fort ; au travail, le plus habile ; aux jeux d'adresse, le

plus adroit ; mais il cherchera peu les avantages qui ne sont pas clairs par eux-mêmes, et qui ont besoin d'être constatés par le jugement d'autrui, comme d'avoir plus d'esprit qu'un
2105 autre, de parler mieux, d'être plus savant, etc. ; encore moins ceux qui ne tiennent point du tout à la personne, comme d'être d'une plus grande naissance, d'être estimé plus riche, plus en crédit, plus considéré, d'en imposer par un plus grand faste.

2110   Aimant les hommes parce qu'ils sont ses semblables, il aimera surtout ceux qui lui ressemblent le plus, parce qu'il se sentira bon ; et, jugeant de cette ressemblance par la conformité des goûts dans les choses morales, en tout ce qui tient au bon caractère, il sera fort aise d'être approuvé. Il ne
2115 se dira pas précisément : Je me réjouis parce qu'on m'approuve ; mais, je me réjouis parce qu'on approuve ce que j'ai fait de bien ; je me réjouis de ce que les gens qui m'honorent se font honneur : tant qu'ils jugeront aussi sainement, il sera beau d'obtenir leur estime. [...]

CONSIDÉRATIONS GÉNÉRALES
(p. 187, l. 1 à p. 198, l. 320)

REPÈRES

• À quelle phase du développement d'Émile se réfèrent ces extraits ?
• Situez brièvement chaque extrait par rapport à l'idée directrice.

OBSERVATION

• Quelles sont les manifestations de l'adolescence ? Expliquez :
« C'est ici la seconde naissance dont j'ai parlé. »
• Relevez dans ces extraits le mot « passion ». Commentez son contenu à l'aide du contexte.
• Quelle distinction Rousseau fait-il entre « l'amour-propre » et « l'amour de soi » ? entre « l'être physique » et « l'être moral » ?
• Qu'est-ce que Rousseau appelle « l'ordre de la nature » ? « la marche de la nature » ?
• Quelles sont « les premières semences d'humanité » dont parle Rousseau ?
• Quelle importance Rousseau donne-t-il à la pitié ?
• Que disent les trois « maximes » ?

INTERPRÉTATIONS

• Quels sentiments et quels comportements engendre l'éveil sexuel ?
• Comment naît l'amour ? Quels sont ses rapports avec la nature ? Quels sont ses effets ?
• Comment l'adolescent accède-t-il au monde moral ?

L'ACQUISITION DES SENTIMENTS SOCIAUX
(p. 198, l. 321 à p. 215, l. 862)

REPÈRES

• Relevez les interpellations au lecteur. Quel est le ton employé ?
• Quelles indications nous donnent-elles sur le genre auquel appartient *Émile* ? sur la manière dont Rousseau conçoit son système et sa méthode ?

OBSERVATION

• Expliquez : « C'est dans la bagatelle que le naturel se découvre » ; « Le temps des fautes est celui des fables » ; « Ce n'est pas l'homme de l'homme c'est l'homme de la nature » ; « La foi des enfants et de beaucoup d'hommes est une affaire de géographie. »
• Citez la phrase où Rousseau évoque « le plus grand art du maître » et commentez-la.

INTERPRÉTATIONS

• Que recherche Rousseau dans l'histoire ? Quelles sont les critiques qu'il lui adresse ? Comment doit-on l'enseigner ?
• Quels reproches Rousseau fait-il aux fables ? Comment les enseigner au jeune adolescent ?
• Quel est le rôle du gouverneur ? Quels sont les nouveaux rapports avec son élève ?
• En quoi Émile a-t-il changé par rapport au livre précédent ?
• Pourquoi Rousseau retarde-t-il l'enseignement du catéchisme ?

LA PROFESSION DE FOI DU VICAIRE SAVOYARD
(p. 216, l. 875 à p. 244, l. 1738)

REPÈRES

• À quel endroit se trouve la « Profession de foi du vicaire savoyard » ? Pour quelles raisons ?

OBSERVATION

• Pourquoi le vicaire ne se présente-t-il pas comme « un grand philosophe » ?

• Quelles critiques adresse-t-il aux philosophes ? À quoi conduisent-elles ?

• Relevez les expressions qui caractérisent le rôle du cœur et des sentiments dans l'exposé du vicaire.

• Sur quels éléments portent les réflexions pédagogiques qui précèdent les articles de foi ? Exposez-les.

• Résumez et commentez les articles de foi.

• Quelles critiques Rousseau adresse-t-il aux religions révélées ?

• Quelle est la vérité commune à tous ?

• Pourquoi Rousseau présente-t-il un dialogue entre l'inspiré et le raisonneur ?

• Pourquoi compare-t-il les religions ? Quelle est sa conclusion ?

• Quelle est la position finale du vicaire ? Quels conseils donne-t-il ?

INTERPRÉTATIONS

• Présentez les grandes lignes de l'exposé du vicaire.

• Définissez le point de vue de Rousseau en matière de religion.

L'ENTRÉE DANS LA SOCIÉTÉ
(p. 244, l. 1739 à p. 255, l. 2119)

REPÈRES

• Pourquoi Rousseau a-t-il placé à cet endroit du livre IV l'entrée d'Émile dans la société ?

OBSERVATION

• Expliquez : « Nous travaillons de concert avec la nature, et tandis qu'elle forme l'homme physique nous tâchons de former l'homme moral » ; « Le vrai moment de la nature arrive enfin » ; « C'est votre disciple encore, mais ce n'est plus votre élève » ; « Émile sera, si l'on veut un aimable étranger. »
• Relevez les stratégies éducatives que condamne Rousseau.
• Comment s'effectue l'entrée d'Émile dans le monde ?

INTERPRÉTATIONS

• Quel bilan de l'éducation présente Rousseau dans cette dernière partie du livre IV ?
• Pourquoi le gouverneur doit-il modifier sa méthode ? Quelle attitude et quelle stratégie éducative doit-il adopter ?

Le livre IV correspond à ce que nous appelons l'adolescence. Rousseau commence par décrire les signes cliniques de la puberté, description physique et mentale qui n'est pas sans rappeler celle des médecins, notamment ceux de l'école de Montpellier. Il souligne le rapport entre les modifications du corps, présentées comme des bouleversements, et ceux de l'esprit : à quinze ans, une « orageuse révolution s'annonce par le murmure des passions naissantes ». Cette évolution ou plutôt cette transformation, correspond « à une seconde naissance » ; elle doit donner lieu à un autre type d'éducation et à une autre pédagogie.

Le développement des qualités morales et sociales

S'il est inutile d'empêcher les passions de naître, on peut retarder leur développement en profitant « de la sensibilité naissante » de l'adolescent « pour jeter en lui les premières semences de l'humanité ». Ces « semences » sont la pitié, la bienveillance, la gratitude. L'éveil sexuel est identifié à l'éveil de l'humanité en l'homme : « C'est ici que l'homme naît véritablement à la vie et que rien d'humain n'est étranger à lui. » Il est donc porté tout naturellement de « l'amour de soi », à l'amour des autres, à l'amitié et à l'amour, à condition de veiller à ce que l'amour de soi (passion primitive, fondamentale) ne dégénère pas en amour-propre : « L'œil s'anime et parcourt les autres êtres [...] : c'est ainsi que le cœur s'ouvre aux affections humaines et devient capable d'attachement. »

1) Le premier sentiment est d'abord l'amitié, qui précède l'amour, passion qui dépasse les pulsions de l'instinct et dérive de l'amour de soi s'ouvrant aux autres. L'instinct sexuel au service de l'amour de soi crée le besoin d'une compagne : « On désire sans savoir pourquoi. » L'ouverture à la femme inconnue décentre le rapport de l'homme avec lui-même, l'arrache à sa solitude et le place dans un nouveau contexte : « Sitôt que l'homme a besoin d'une compagne, [...] son cœur n'est plus seul. » Il faut attendre que ce besoin naturel d'aimer puisse se concrétiser par le mariage en « donnant le change à la nature », en conservant le plus longtemps possible l'innocence due à l'ignorance.

2) Pour donner « le change » à cet éveil de la sexualité, il faut détourner la sensibilité du « jeune homme » en jouant sur le ressort de la pitié, « premier sentiment relatif qui touche le cœur humain selon la nature ». Ce sentiment est d'abord tourné vers lui avant de s'appliquer aux autres : « À seize ans l'adolescent sait ce que c'est que souffrir ; car il a souffert lui-même, [...] il commence à se sentir dans ses semblables, à s'émouvoir de leurs plaintes et à souffrir de leurs douleurs. » Il faut cultiver cette sensibilité naissante en la tournant vers les pauvres et les malheureux.

3) L'enseignement doit désormais porter sur les relations de la nature humaine avec la société : « Il faut étudier la société par les hommes et les hommes par la société. » C'est le moment d'étudier l'histoire. À l'instar de Plutarque, il s'agit de l'intéresser aux « vies particulières » pour apprendre à connaître la nature humaine : « Par elle (l'histoire) il lira dans les cœurs. » On cherchera la vérité humaine dans « les bagatelles » de l'intimité, dans le quotidien. La lecture de l'histoire a donc pour objet de conduire Émile à une réflexion morale sur l'homme dans ses relations avec la société, à « une philosophie pratique », à une condamnation par exemple des méfaits de l'amour-propre tels que l'ambition ou l'orgueil.

L'éducation religieuse

Retardée par principe jusqu'à l'adolescence, jusqu'au moment où l'enfant est capable de comprendre les notion de Dieu et d'âme, elle est largement développée dans la *Profession de foi du vicaire savoyard*. Rousseau s'est toujours opposé à sa publication isolée, on peut donc penser que ce morceau fait partie intégrante de l'*Émile*.

Il est composé de deux parties :

1) « La première, qui est la plus grande, la plus importante, la plus remplie de vérités frappantes et neuves, est destinée à combattre le moderne matérialiste, à établir l'existence de Dieu et la Religion naturelle » (*Lettre à Christophe de Beaumont*, Pléiade, *op. cit.* IV, p. 996). Le vicaire expose les thèses théistes (ne pas faire de Rousseau un déiste). Il oppose aux « désolantes doctrines » des philosophes « l'évidence », par « le sentiment intérieur », d'une cause

première à l'origine de la matière et d'une intelligence à l'origine de l'ordre du monde, la croyance en la liberté et en l'immortalité de l'âme, l'infaillibilité de la conscience « instinct divin, immortelle et céleste voix, guide assuré d'un être ignorant et borné mais intelligent et libre ; juge infaillible du bien et du mal... ».

2) Dans une seconde partie, il développe une argumentation pour recommander la tolérance religieuse. Il importe de rendre chacun plus réservé dans sa religion à taxer les autres de mauvaise foi dans la leur, et de montrer que les preuves de chacune ne sont pas aussi évidentes au regard de chacun « qu'il faille traiter en coupables ceux qui n'y voient pas la même clarté que nous ». Il reprend les arguments de la philosophie des Lumières contre les religions révélées en dénonçant leurs absurdités et leurs contradictions. Il reproche même à la Bible de faire la part belle aux miracles. Il prône « un scepticisme involontaire » et prétend que « le culte essentiel est celui du cœur ».

LIVRE CINQUIÈME

LE TEMPS DU MARIAGE

« SOPHIE OU LA FEMME »

[Le cinquième et dernier livre débute par un exposé anthro-pologique sur la femme, suivi de considérations conséquentes sur son éducation.]

L'homme et la femme

Nous voici parvenus au dernier acte de la jeunesse, mais
5 nous ne sommes pas encore au dénouement.

Il n'est pas bon que l'homme soit seul, Émile est homme ;
nous lui avons promis une compagne, il faut la lui donner.
Cette compagne est Sophie. En quels lieux est son asile ? où
la trouverons-nous ? Pour la trouver, il la faut connaître.
10 Sachons premièrement ce qu'elle est, nous jugerons mieux des
lieux qu'elle habite ; et quand nous l'aurons trouvée, encore
tout ne sera-t-il pas fait. *Puisque notre jeune gentilhomme,*
dit Locke[1], *est prêt à se marier, il est temps de le laisser
auprès de sa maîtresse.* Et là-dessus il finit son ouvrage. Pour
15 moi, qui n'ai pas l'honneur d'élever un gentilhomme, je me
garderai d'imiter Locke en cela.

Sophie doit être femme comme Émile est homme, c'est-à-
dire avoir tout ce qui convient à la constitution de son espèce
et de son sexe pour remplir sa place dans l'ordre physique et
20 moral. Commençons donc par examiner les conformités et
les différences de son sexe et du nôtre.

---

1. **Locke** : voir les notes p. 89, 91 et 109.

« Le voilà maintenant enivré d'une passion naissante,
son cœur s'ouvre aux premiers feux de l'amour. » *(Page 300)*
Gravure de Lefèvre d'après Tony Johannot.

En tout ce qui ne tient pas au sexe, la femme est homme : elle a les mêmes organes, les mêmes besoins, les mêmes facultés ; la machine[1] est construite de la même manière, les
25 pièces en sont les mêmes, le jeu de l'une est celui de l'autre, la figure est semblable ; et, sous quelque rapport qu'on les considère, ils ne diffèrent entre eux que du plus au moins.

En tout ce qui tient au sexe, la femme et l'homme ont partout des rapports et partout des différences : la difficulté
30 de les comparer vient de celle de déterminer dans la constitution de l'un et de l'autre ce qui est du sexe et ce qui n'en est pas. Par l'anatomie comparée, et même à la seule inspection, l'on trouve entre eux des différences générales qui paraissent ne point tenir au sexe ; elles y tiennent pourtant,
35 mais par des liaisons que nous sommes hors d'état d'apercevoir : nous ne savons jusqu'où ces liaisons peuvent s'étendre ; la seule chose que nous savons avec certitude est que tout ce qu'ils ont de commun est de l'espèce, et que tout ce qu'ils ont de différent est du sexe. Sous ce double point
40 de vue, nous trouvons entre eux tant de rapports et tant d'oppositions, que c'est peut être une des merveilles de la nature d'avoir pu faire deux êtres si semblables en les constituant si différemment.

Ces rapports et ces différences doivent influer sur le moral ;
45 cette conséquence est sensible, conforme à l'expérience, et montre la vanité des disputes sur la préférence ou l'égalité des sexes : comme si chacun des deux, allant aux fins de la nature selon sa destination particulière, n'était pas plus parfait en cela que s'il ressemblait davantage à l'autre ! En ce
50 qu'ils ont de commun ils sont égaux ; en ce qu'ils ont de différent ils ne sont pas comparables. Une femme parfaite et un homme parfait ne doivent pas plus se ressembler d'esprit que de visage, et la perfection n'est pas susceptible de plus et de moins.

---

1. **La machine** : le corps.

55   Dans l'union des sexes chacun concourt également à l'objet
commun, mais non pas de la même manière. De cette diversité naît la première différence assignable entre les rapports
moraux de l'un et de l'autre. L'un doit être actif et fort,
l'autre passif et faible : il faut nécessairement que l'un veuille
60 et puisse, il suffit que l'autre résiste peu.

Ce principe établi, il s'ensuit que la femme est faite spécialement pour plaire à l'homme. Si l'homme doit lui plaire à
son tour, c'est d'une nécessité moins directe : son mérite est
dans sa puissance ; il plaît par cela seul qu'il est fort. Ce n'est
65 pas ici la loi de l'amour, j'en conviens ; mais c'est celle de la
nature, antérieure à l'amour même.

Si la femme est faite pour plaire et pour être subjuguée,
elle doit se rendre agréable à l'homme au lieu de le provo-
quer ; sa violence à elle est dans ses charmes ; c'est par eux
70 qu'elle doit le contraindre à trouver sa force et à en user.
L'art le plus sûr d'animer cette force est de la rendre nécessaire par la résistance. Alors l'amour-propre se joint au désir,
et l'un triomphe de la victoire que l'autre lui fait remporter.
De là naissent l'attaque et la défense, l'audace d'un sexe et
75 la timidité de l'autre, enfin la modestie et la honte dont la
nature arma le faible pour asservir le fort[1]. [...]

*[La femme est homme en tout ce qui ne tient pas au sexe.
L'homme n'est le plus fort qu'en apparence, car il dépend du
bon plaisir de la femme pour satisfaire son désir sexuel.]*

80   Voyez comment le physique nous amène insensiblement au
moral, et comment de la grossière union des sexes naissent

---

1. La conception du psychisme féminin que Rousseau présente dans le livre
V de l'*Émile* est conforme au modèle physiologique et biologique de la pensée
médicale de son époque, notamment des thèses soutenues par les médecins
animistes et vitalistes de l'école de Montpellier, surtout dans le dernier quart
du siècle. C'est cette modernité du discours de l'*Émile* qui justifie son succès
dans l'opinion. Voir P. Hoffmann, *La Femme dans la pensée des Lumières*,
Ophrys, 1977 et G. Py, *Rousseau et les éducateurs*, p. 338 *sqq.*

peu à peu les plus douces lois de l'amour. L'empire des femmes n'est point à elles parce que les hommes l'ont voulu, mais parce que ainsi le veut la nature : il était à elle avant
85 qu'elles parussent l'avoir. [...]

Il n'y a nulle parité entre les deux sexes quant à la conséquence du sexe. Le mâle n'est mâle qu'en certains instants, la femelle est femelle toute sa vie, ou du moins toute sa jeunesse ; tout la rappelle sans cesse à son sexe, et, pour en bien
90 remplir les fonctions, il lui faut une constitution qui s'y rapporte. Il lui faut du ménagement durant sa grossesse ; il lui faut du repos dans ses couches ; il lui faut une vie molle et sédentaire pour allaiter ses enfants ; il lui faut, pour les élever, de la patience et de la douceur, un zèle, une affection que
95 rien ne rebute ; elle sert de liaison entre eux et leur père, elle seule les lui fait aimer et lui donne la confiance de les appeler siens. Que de tendresse et de soin ne lui faut-il point pour maintenir dans l'union toute la famille ! Et enfin tout cela ne doit pas être des vertus, mais des goûts, sans quoi l'espèce
100 humaine serait bientôt éteinte.

La rigidité des devoirs relatifs des deux sexes n'est ni ne peut être la même. Quand la femme se plaint là-dessus de l'injuste inégalité qu'y met l'homme, elle a tort ; cette inégalité n'est point une institution humaine, ou du moins elle n'est
105 point l'ouvrage du préjugé, mais de la raison : c'est à celui des deux que la nature a chargé du dépôt des enfants d'en répondre à l'autre. Sans doute il n'est permis à personne de violer sa foi, et tout mari infidèle qui prive sa femme du seul prix des austères devoirs de son sexe est un homme injuste
110 et barbare ; mais la femme infidèle fait plus, elle dissout la famille et brise tous les liens de la nature ; en donnant à l'homme des enfants qui ne sont pas à lui, elle trahit les uns et les autres, elle joint la perfidie à l'infidélité. J'ai peine à voir quel désordre et quel crime ne tient pas à celui-là. S'il
115 est un état affreux au monde, c'est celui d'un malheureux père qui, sans confiance en sa femme, n'ose se livrer aux plus doux sentiments de son cœur, qui doute, en embrassant son

enfant, s'il n'embrasse point l'enfant d'un autre, le gage de son déshonneur, le ravisseur du bien de ses propres enfants. 120 Qu'est-ce alors que la famille, si ce n'est une société d'ennemis secrets qu'une femme coupable arme l'un contre l'autre, en les forçant de feindre de s'entr'aimer ?

Il n'importe donc pas seulement que la femme soit fidèle, mais qu'elle soit jugée telle par son mari, par ses proches, par 125 tout le monde ; il importe qu'elle soit modeste, attentive, réservée, et qu'elle porte aux yeux d'autrui, comme en sa propre conscience, le témoignage de sa vertu. Enfin s'il importe qu'un père aime ses enfants, il importe qu'il estime leur mère. Telles sont les raisons qui mettent l'apparence 130 même au nombre des devoirs des femmes, et leur rendent l'honneur et la réputation non moins indispensables que la chasteté. De ces principes dérive, avec la différence morale des sexes, un motif nouveau de devoir et de convenance, qui prescrit spécialement aux femmes l'attention la plus scrupu-135 leuse sur leur conduite, sur leurs manières, sur leur maintien. Soutenir vaguement que les deux sexes sont égaux, et que leurs devoirs sont les mêmes, c'est se perdre en déclamations vaines, c'est ne rien dire tant qu'on ne répondra pas à cela.

[Il ne peut y avoir de parité entre l'homme et la femme,
140 *car tout la rappelle à son sexe : sa constitution, la grossesse,*
l'éducation des enfants, sa responsabilité familiale ; si bien
que leurs devoirs ne sont pas les mêmes. Ils ne doivent donc
pas recevoir la même éducation.]

L'éducation des filles
[Les hommes et les femmes ne doivent pas recevoir la
145 *même éducation.]*

Dès qu'une fois il est démontré que l'homme et la femme ne sont ni ne doivent être constitués de même, de caractère ni de tempérament, il s'ensuit qu'ils ne doivent pas avoir la

même éducation. En suivant les directions de la nature, ils
150 doivent agir de concert, mais ils ne doivent pas faire les
mêmes choses ; la fin des travaux est commune, mais les travaux sont différents, et par conséquent les goûts qui les dirigent. Après avoir tâché de former l'homme naturel, pour ne
pas laisser imparfait notre ouvrage, voyons comment doit se
155 former aussi la femme qui convient à cet homme.

Voulez-vous toujours être bien guidé, suivez toujours les
indications de la nature. Tout ce qui caractérise le sexe doit
être respecté comme établi par elle. Vous dites sans cesse : les
femmes ont tel et tel défaut que nous n'avons pas. Votre
160 orgueil vous trompe ; ce seraient des défauts pour vous, ce
sont des qualités pour elles ; tout irait moins bien si elles ne
les avaient pas. Empêchez ces prétendus défauts de dégénérer,
mais gardez-vous de les détruire.

Les femmes, de leur côté, ne cessent de crier que nous les
165 élevons pour être vaines et coquettes, que nous les amusons
sans cesse à des puérilités pour rester plus facilement les
maîtres ; elles s'en prennent à nous des défauts que nous leur
reprochons. Quelle folie ! Et depuis quand sont-ce les
hommes qui se mêlent de l'éducation des filles ? Qui est-ce
170 qui empêche les mères de les élever comme il leur plaît ? Elles
n'ont point de collèges : grand malheur ! Eh ! plût à Dieu
qu'il n'y en eût point pour les garçons ! ils seraient plus sen-
sément et plus honnêtement élevés. Force-t-on vos filles à
perdre leur temps en niaiseries ? Leur fait-on malgré elles pas-
175 ser la moitié de leur vie à leur toilette, à votre exemple ? Vous
empêche-t-on de les instruire et faire instruire à votre gré ?
Est-ce notre faute si elles nous plaisent quand elles sont belles,
si leurs minauderies nous séduisent, si l'art qu'elles apprennent de vous nous attire et nous flatte, si nous aimons à les
180 voir mises avec goût, si nous leur laissons affiler à loisir les
armes dont elles nous subjuguent ? Eh ! prenez le parti de les
élever comme des hommes ; ils y consentiront de bon cœur.
Plus elles voudront leur ressembler, moins elles les gouver-
neront, et c'est alors qu'ils seront vraiment les maîtres.

185   Toutes les facultés communes aux deux sexes ne leur sont pas également partagées ; mais prises en tout, elles se compensent. La femme vaut mieux comme femme et moins comme homme ; partout où elle fait valoir ses droits, elle a l'avantage ; partout où elle veut usurper les nôtres, elle reste
190   au-dessous de nous. On ne peut répondre à cette vérité générale que par des exceptions ; constante manière d'argumenter des galants partisans du beau sexe.

Cultiver dans les femmes les qualités de l'homme, et négliger celles qui leur sont propres, c'est donc visiblement tra-
195   vailler à leur préjudice. Les rusées le voient trop bien pour en être les dupes ; en tâchant d'usurper nos avantages, elles n'abandonnent pas les leurs ; mais il arrive de là que, ne pouvant bien ménager les uns et les autres parce qu'ils sont incompatibles, elles restent au-dessous de leur portée sans se
200   mettre à la nôtre, et perdent la moitié de leur prix. Croyez-moi, mère judicieuse, ne faites point de votre fille un honnête homme, comme pour donner un démenti à la nature ; faites-en une honnête femme, et soyez sûre qu'elle en vaudra mieux pour elle et pour nous.

205   S'ensuit-il qu'elle doive être élevée dans l'ignorance de toute chose, et bornée aux seules fonctions du ménage ? L'homme fera-t-il sa servante de sa compagne ? Se privera-t-il auprès d'elle du plus grand charme de la société ? Pour mieux l'asservir l'empêchera-t-il de rien sentir, de rien
210   connaître ? En fera-t-il un véritable automate ? Non, sans doute ; ainsi ne l'a pas dit la nature, qui donne aux femmes un esprit si agréable et si délié[1] au contraire, elle veut qu'elles pensent, qu'elles jugent, qu'elles aiment, qu'elles connaissent, qu'elles cultivent leur esprit comme leur figure ; ce sont les
215   armes qu'elle leur donne pour suppléer à la force qui leur manque et pour diriger la nôtre. Elles doivent apprendre

---

1. **Esprit délié** : qui a beaucoup de finesse, de pénétration.

beaucoup de choses, mais seulement celles qu'il leur convient de savoir.

Soit que je considère la destination particulière du sexe, 220 soit que j'observe ses penchants, soit que je compte ses devoirs, tout concourt également à m'indiquer la forme d'éducation qui lui convient. La femme et l'homme sont faits l'un pour l'autre, mais leur mutuelle dépendance n'est pas égale : les hommes dépendent des femmes par leurs désirs ; 225 les femmes dépendent des hommes et par leurs désirs et par leurs besoins ; nous subsisterions plutôt sans elles qu'elles sans nous. Pour qu'elles aient le nécessaire, pour qu'elles soient dans leur état, il faut que nous le leur donnions, que nous voulions le leur donner, que nous les en estimions 230 dignes ; elles dépendent de nos sentiments, du prix que nous mettons à leur mérite, du cas que nous faisons de leurs charmes et de leurs vertus. Par la loi même de la nature, les femmes, tant pour elles que pour leurs enfants, sont à la merci des jugements des hommes : il ne suffit pas qu'elles 235 soient estimables, il faut qu'elles soient estimées ; il ne leur suffit pas d'être belles, il faut qu'elles plaisent ; il ne leur suffit pas d'être sages, il faut qu'elles soient reconnues pour telles ; leur honneur n'est pas seulement dans leur conduite, mais dans leur réputation, et il n'est pas possible que celle qui 240 consent à passer pour infâme puisse jamais être honnête. L'homme, en bien faisant, ne dépend que de lui-même, et peut braver le jugement public ; mais la femme, en bien faisant, n'a fait que la moitié de sa tâche, et ce que l'on pense d'elle ne lui importe pas moins que ce qu'elle est en effet. Il 245 suit de là que le système de son éducation doit être à cet égard contraire à celui de la nôtre : l'opinion est le tombeau de la vertu parmi les hommes, et son trône parmi les femmes.

De la bonne constitution des mères dépend d'abord celle des enfants ; du soin des femmes dépend la première éduca-250 tion des hommes ; des femmes dépendent encore leurs mœurs, leurs passions, leurs goûts, leurs plaisirs, leur bonheur même. Ainsi toute l'éducation des femmes doit être rela-

tive aux hommes. Leur plaire, leur être utiles, se faire aimer
et honorer d'eux, les élever jeunes, les soigner grands, les
255 conseiller, les consoler, leur rendre la vie agréable et douce :
voilà les devoirs des femmes dans tous les temps, et ce qu'on
doit leur apprendre dès leur enfance. Tant qu'on ne remon-
tera pas à ce principe, on s'écartera du but, et tous les préceptes qu'on leur donnera ne serviront de rien pour leur bon-
260 heur ni pour le nôtre. [...]

[*L'éducation féminine est donc relative au bonheur des
hommes et à l'harmonie de la famille. Il faut développer chez
la petite fille plutôt la grâce que la force, favoriser les jeux
qui conviennent à sa destination de mère et d'épouse (la pou-*
265 *pée), les travaux d'aiguille, le dessin. L'intelligence est plus
précoce, mais plus pratique chez les filles que chez les garçons; aussi faut-il leur apprendre à compter, à écrire pour
qu'elles puissent tenir leur ménage, mais aussi le chant, la
danse pour rendre heureux leur mari... Il serait bon que les*
270 *filles se passent de maîtres et de maîtresses (comme d'un
maître à danser), à l'exception de leur père, de leur mère, de
leurs frères et sœurs ou de leur gouvernante, car le goût doit
se former dans la décence. On doit former leur langage, car
les petites filles parlent avant les garçons (éviter par exemple*
275 *les questions indiscrètes). Elles ont la religion de leur mère,
puis de leur mari. Le catéchisme doit être, comme pour les
garçons, adapté à leur compréhension, mais on doit l'enseigner plus tôt chez la petite fille car il faut l'habituer à
« s'assujettir » à l'autorité. Aussi le « sentiment intérieur »*
280 *doit-il, chez la fillette, être conforté par le respect de
« l'opinion ».*]

Par cela même que la conduite de la femme est asservie à
l'opinion publique, sa croyance est asservie à l'autorité. Toute
fille doit avoir la religion de sa mère, et toute femme celle de
285 son mari. Quand cette religion serait fausse, la docilité qui
soumet la mère et la famille à l'ordre de la nature efface

auprès de Dieu le péché de l'erreur. Hors d'état d'être juges elles-mêmes, elles doivent recevoir la décision des pères et des maris comme celle de l'Église.

290 Ne pouvant tirer d'elles seules la règle de leur foi, les femmes ne peuvent lui donner pour bornes celles de l'évidence et de la raison ; mais, se laissant entraîner par mille impulsions étrangères, elles sont toujours en deçà ou au delà du vrai. Toujours extrêmes, elles sont toutes libertines ou 295 dévotes ; on n'en voit point savoir réunir la sagesse à la piété. La source du mal n'est pas seulement dans le caractère outré de leur sexe, mais aussi dans l'autorité mal réglée du nôtre : le libertinage des mœurs la fait mépriser, l'effroi du repentir la rend tyrannique, et voilà comment on en fait toujours trop 300 ou trop peu.

Puisque l'autorité doit régler la religion des femmes, il ne s'agit pas tant de leur expliquer les raisons qu'on a de croire, que de leur exposer nettement ce qu'on croit : car la foi qu'on donne à des idées obscures est la première source du fana-305 tisme, et celle qu'on exige pour des choses absurdes mène à la folie ou à l'incrédulité. Je ne sais à quoi nos catéchismes portent le plus, d'être impie ou fanatique ; mais je sais bien qu'ils font nécessairement l'un ou l'autre.

Premièrement, pour enseigner la religion à de jeunes filles, 310 n'en faites jamais pour elles un objet de tristesse et de gêne, jamais une tâche ni un devoir ; par conséquent ne leur faites jamais rien apprendre par cœur qui s'y rapporte, pas même les prières. Contentez-vous de faire régulièrement les vôtres devant elles, sans les forcer pourtant d'y assister. Faites-les 315 courtes, selon l'instruction de Jésus-Christ[1]. Faites-les toujours avec le recueillement et le respect convenables ; songez qu'en demandant à l'Être suprême de l'attention pour nous écouter, cela vaut bien qu'on en mette à ce qu'on va lui dire.

Il importe moins que de jeunes filles sachent si tôt leur

---

1. La prière est courte, selon le précepte évangélique : « Ne multipliez pas les vaines redites » (*Matthieu*, VI, 7).

320 religion, qu'il n'importe qu'elles la sachent bien, et surtout qu'elles l'aiment. Quand vous la leur rendez onéreuse, quand vous leur peignez toujours Dieu fâché contre elles, quand vous leur imposez en son nom mille devoirs pénibles qu'elles ne vous voient jamais remplir, que peuvent-elles penser, sinon
325 que savoir son catéchisme et prier Dieu sont les devoirs des petites filles, et désirer d'être grandes pour s'exempter comme vous de tout cet assujettissement ? L'exemple ! l'exemple ! sans cela jamais on ne réussit à rien auprès des enfants.

Quand vous leur expliquez des articles de foi, que ce soit
330 en forme d'instruction directe, et non par demandes et par réponses. Elles ne doivent jamais répondre que ce qu'elles pensent, et non ce qu'on leur a dicté. Toutes les réponses du catéchisme sont à contresens, c'est l'écolier qui instruit le maître ; elles sont même des mensonges dans la bouche des
335 enfants, puisqu'ils expliquent ce qu'ils n'entendent point, et qu'ils affirment ce qu'ils sont hors d'état de croire. Parmi les hommes les plus intelligents, qu'on me montre ceux qui ne mentent pas en disant leur catéchisme. [...]

Si nos dogmes sont tous de la même vérité, tous ne sont
340 pas pour cela de la même importance. Il est fort indifférent à la gloire de Dieu qu'elle nous soit connue en toutes choses ; mais il importe à la société humaine et à chacun de ses membres que tout homme connaisse et remplisse les devoirs que lui impose la loi de Dieu envers son prochain et envers
345 soi-même. Voilà ce que nous devons incessamment nous enseigner les uns aux autres, et voilà surtout de quoi les pères et les mères sont tenus d'instruire leurs enfants. Qu'une vierge soit la mère de son créateur, qu'elle ait enfanté Dieu, ou seulement un homme auquel Dieu s'est joint ; que la substance
350 du père et du fils soit la même, ou ne soit que semblable ; que l'esprit procède de l'un des deux qui sont le même, ou de tous deux conjointement, je ne vois pas que la décision de ces questions, en apparence essentielles, importe plus à l'espèce humaine que de savoir quel jour de la lune on doit
355 célébrer la pâque, s'il faut dire le chapelet, jeûner, faire

maigre, parler latin ou français à l'église, orner les murs
d'images, dire ou entendre la messe, et n'avoir point de
femme en propre. Que chacun pense là-dessus comme il lui
plaira : j'ignore en quoi cela peut intéresser les autres ; quant
360 à moi, cela ne m'intéresse point du tout. Mais ce qui m'intéresse, moi et tous mes semblables, c'est que chacun sache
qu'il existe un arbitre du sort des humains, duquel nous
sommes tous les enfants, qui nous prescrit à tous d'être justes,
de nous aimer les uns les autres, d'être bienfaisants et misé-
365 ricordieux, de tenir nos engagements envers tout le monde,
même envers nos ennemis et les siens ; que l'apparent bonheur de cette vie n'est rien ; qu'il en est une autre après elle,
dans laquelle cet Être suprême sera le rémunérateur des bons
et le juge des méchants. Ces dogmes et les dogmes semblables
370 sont ceux qu'il importe d'enseigner à la jeunesse, et de persuader à tous les citoyens. Quiconque les combat mérite châtiment, sans doute ; il est le perturbateur de l'ordre et l'ennemi de la société. Quiconque les passe, et veut nous asservir
à ses opinions particulières, vient au même point par une
375 route opposée ; pour établir l'ordre à sa manière, il trouble
la paix ; dans son téméraire orgueil, il se rend l'interprète de
la Divinité, il exige en son nom les hommages et les respects
des hommes, il se fait Dieu tant qu'il peut à sa place : on
devrait le punir comme sacrilège, quand on ne le punirait pas
380 comme intolérant.

Négligez donc tous ces dogmes mystérieux qui ne sont
pour nous que des mots sans idées, toutes ces doctrines
bizarres dont la vaine étude tient lieu de vertus à ceux qui
s'y livrent, et sert plutôt à les rendre fous que bons. Main-
385 tenez toujours vos enfants dans le cercle étroit des dogmes
qui tiennent à la morale. Persuadez-leur bien qu'il n'y a rien
pour nous d'utile à savoir que ce qui nous apprend à bien
faire. Ne faites point de vos filles des théologiennes et des
raisonneuses ; ne leur apprenez des choses du ciel que ce qui
390 sert à la sagesse humaine, accoutumez-les à se sentir toujours
sous les yeux de Dieu, à l'avoir pour témoin de leurs actions,

de leurs pensées, de leur vertu, de leurs plaisirs, à faire le bien
sans ostentation, parce qu'il l'aime ; à souffrir le mal sans
murmure, parce qu'il les en dédommagera ; à être enfin tous
395 les jours de leur vie ce qu'elles seront bien aises d'avoir été
lorsqu'elles comparaîtront devant lui. Voilà la véritable religion, voilà la seule qui n'est susceptible ni d'abus, ni d'im-
piété, ni de fanatisme. Qu'on en prêche tant qu'on voudra
de plus sublimes ; pour moi, je n'en reconnais point d'autre
400 que celle-là.

Au reste, il est bon d'observer que, jusqu'à l'âge où la raison s'éclaire et où le sentiment naissant fait parler la
conscience, ce qui est bien ou mal pour les jeunes personnes
est ce que les gens qui les entourent ont décidé tel. Ce qu'on
405 leur commande est bien, ce qu'on leur défend est mal, elles
n'en doivent pas savoir davantage : par où l'on voit de quelle
importance est, encore plus pour elles que pour les garçons,
le choix des personnes qui doivent les approcher et avoir
quelque autorité sur elles. Enfin le moment vient où elles
410 commencent à juger des choses par elles-mêmes, et alors il
est temps de changer le plan de leur éducation.

J'en ai trop dit jusqu'ici peut-être. À quoi réduirons-nous
les femmes, si nous ne leur donnons pour loi que les préjugés
publics ? N'abaissons pas à ce point le sexe qui nous gou-
415 verne, et qui nous honore quand nous ne l'avons pas avili. Il
existe pour toute l'espèce humaine une règle antérieure à
l'opinion. C'est à l'inflexible direction de cette règle que se
doivent rapporter toutes les autres : elle juge le préjugé
même : et ce n'est qu'autant que l'estime des hommes s'ac-
420 corde avec elle, que cette estime doit faire autorité pour nous.

Cette règle est le sentiment intérieur. Je ne répéterai point
ce qui en a été dit ci-devant ; il me suffit de remarquer que
si ces deux règles ne concourent à l'éducation des femmes,
elle sera toujours défectueuse. Le sentiment sans l'opinion ne
425 leur donnera point cette délicatesse d'âme qui pare les bonnes
mœurs de l'honneur du monde ; et l'opinion sans le sentiment

n'en fera jamais que des femmes fausses et déshonnêtes, qui mettent l'apparence à la place de la vertu.

Il leur importe donc de cultiver une faculté qui serve
430 d'arbitre entre les deux guides, qui ne laisse point égarer la conscience, et qui redresse les erreurs du préjugé. Cette faculté est la raison. Mais à ce mot que de questions s'élèvent ! Les femmes sont-elles capables d'un solide raisonnement ? importe-t-il qu'elles le cultivent ? le cultiveront-elles avec
435 succès ? Cette culture est-elle utile aux fonctions qui leur sont imposées ? Est-elle compatible avec la simplicité qui leur convient ?

Les diverses manières d'envisager et de résoudre ces questions font que, donnant dans les excès contraires, les uns bor-
440 nent la femme à coudre et filer dans son ménage avec ses servantes, et n'en font ainsi que la première servante du maître ; les autres, non contents d'assurer ses droits, lui font encore usurper les nôtres ; car la laisser au-dessus de nous dans les qualités propres à son sexe, et la rendre notre égale
445 dans tout le reste, qu'est-ce autre chose que transporter à la femme la primauté que la nature donne au mari ?

La raison qui mène l'homme à la connaissance de ses devoirs n'est pas fort composée ; la raison qui mène la femme à la connaissance des siens est plus simple encore. L'obéis-
450 sance et la fidélité qu'elle doit à son mari, la tendresse et les soins qu'elle doit à ses enfants, sont des conséquences si naturelles et si sensibles de sa condition, qu'elle ne peut, sans mauvaise foi, refuser son consentement au sentiment intérieur qui la guide, ni méconnaître le devoir dans le penchant qui
455 n'est point encore altéré.

Je ne blâmerais pas sans distinction qu'une femme fût bornée aux seuls travaux de son sexe, et qu'on la laissât dans une profonde ignorance sur tout le reste ; mais il faudrait pour cela des mœurs publiques très simples, très saines ou
460 une manière de vivre très retirée. Dans de grandes villes, et parmi des hommes corrompus, cette femme serait trop facile à séduire ; souvent sa vertu ne tiendrait qu'aux occasions.

Dans ce siècle philosophe, il lui en faut une à l'épreuve ; il faut qu'elle sache d'avance et ce qu'on lui peut dire et ce
465 qu'elle en doit penser.

D'ailleurs, soumise au jugement des hommes, elle doit mériter leur estime ; elle doit surtout obtenir celle de son époux ; elle ne doit pas seulement lui faire aimer sa personne, mais lui faire approuver sa conduite ; elle doit justifier devant
470 le public le choix qu'il a fait, et faire honorer le mari de l'honneur qu'on rend à la femme. Or, comment s'y prendra-t-elle pour tout cela, si elle ignore nos institutions, si elle ne sait rien de nos usages, de nos bienséances, si elle ne connaît ni la source des jugements humains, ni les passions qui les
475 déterminent ? Dès là qu'elle dépend à la fois de sa propre conscience et des opinions des autres, il faut qu'elle apprenne à comparer ces deux règles, à les concilier, et à ne préférer la première que quand elles sont en opposition. Elle devient le juge de ses juges, elle décide quand elle doit s'y soumettre et
480 quand elle doit les récuser. Avant de rejeter ou d'admettre leurs préjugés, elle les pèse ; elle apprend à remonter à leur source, à les prévenir, à se les rendre favorables ; elle a soin de ne jamais s'attirer le blâme quand son devoir lui permet de l'éviter. Rien de tout cela ne peut bien se faire sans cultiver
485 son esprit et sa raison. [...]

Je l'ai déjà dit, les devoirs de leur sexe sont plus aisés à voir qu'à remplir. La première chose qu'elles doivent apprendre est à les aimer par la considération de leurs avantages ; c'est le seul moyen de les leur rendre faciles. Chaque
490 état et chaque âge a ses devoirs. On connaît bientôt les siens pourvu qu'on les aime. Honorez votre état de femme, et dans quelque rang que le ciel vous place, vous serez toujours une femme de bien. L'essentiel est d'être ce que nous fit la nature ; on n'est toujours que trop ce que les hommes veulent que
495 l'on soit.

La recherche des vérités, abstraites et spéculatives, des principes, des axiomes[1] dans les sciences, tout ce qui tend à géné-

---

1. **Axiome** : vérité indémontrable mais évidente par elle-même de sorte qu'elle est admise comme principe d'une science.

raliser les idées n'est point du ressort des femmes, leurs études doivent se rapporter toutes à la pratique ; c'est à elles à faire
500 l'application des principes que l'homme a trouvés, et c'est à elles de faire les observations qui mènent l'homme à l'établissement des principes. Toutes les réflexions des femmes en ce qui ne tient pas immédiatement à leurs devoirs, doivent tendre à l'étude des hommes ou aux connaissances agréables
505 qui n'ont que le goût pour objet ; car, quant aux ouvrages de génie, ils passent leur portée ; elles n'ont pas non plus assez de justesse et d'attention pour réussir aux sciences exactes, et, quant aux connaissances physiques, c'est à celui des deux qui est le plus agissant, le plus allant, qui voit le
510 plus d'objets ; c'est à celui qui a le plus de force et qui l'exerce davantage, à juger des rapports des êtres sensibles et des lois de la nature. La femme, qui est faible et qui ne voit rien au dehors, apprécie et juge les mobiles qu'elle peut mettre en œuvre pour suppléer à sa faiblesse, et ces mobiles sont les
515 passions de l'homme. Sa mécanique à elle est plus forte que la nôtre, tous ses leviers vont ébranler le cœur humain. Tout ce que son sexe ne peut faire par lui-même, et qui lui est nécessaire ou agréable, il faut qu'elle ait l'art de nous le faire vouloir ; il faut donc qu'elle étudie à fond l'esprit de
520 l'homme, non par abstraction l'esprit de l'homme en général, mais l'esprit des hommes qui l'entourent, l'esprit des hommes auxquels elle est assujettie, soit par la loi, soit par l'opinion. Il faut qu'elle apprenne à pénétrer leurs sentiments par leurs discours, par leurs actions, par leurs regards, par leurs gestes.
525 Il faut que, par ses discours, par ses actions, par ses regards, par ses gestes, elle sache leur donner les sentiments qu'il lui plaît, sans même paraître y songer. Ils philosopheront mieux qu'elle sur le cœur humain ; mais elle lira mieux qu'eux dans le cœur des hommes. C'est aux femmes à trouver pour ainsi
530 dire la morale expérimentale, à nous à la réduire en système. La femme a plus d'esprit, et l'homme plus de génie ; la femme observe, et l'homme raisonne : de ce concours résultent la lumière la plus claire et la science la plus complète que puisse

acquérir de lui-même l'esprit humain, la plus sûre connais-
535 sance, en un mot, de soi et des autres qui soit à la portée de
notre espèce. Et voilà comment l'art peut tendre incessamment à perfectionner l'instrument donné par la nature. [...]

*[L'éducation féminine, comme celle d'Émile, vise à établir
les sentiments naturels ; ce sont ceux qu'inspire la vertu qui
540 doit engendrer l'amour.]*

Je dirai davantage, et je soutiens que la vertu n'est pas
moins favorable à l'amour qu'aux autres droits de la nature,
et que l'autorité des maîtresses n'y gagne pas moins que celle
des femmes et des mères. Il n'y a point de véritable amour
545 sans enthousiasme, et point d'enthousiasme sans un objet de
perfection réel ou chimérique, mais toujours existant dans
l'imagination. De quoi s'enflammeront des amants pour qui
cette perfection n'est plus rien, et qui ne voient dans ce qu'ils
aiment que l'objet du plaisir des sens ? Non, ce n'est pas ainsi
550 que l'âme s'échauffe et se livre à ces transports sublimes qui
font le délire des amants et le charme de leur passion. Tout
n'est qu'illusion dans l'amour, je l'avoue ; mais ce qui est réel,
ce sont les sentiments dont il nous anime pour le vrai beau
qu'il nous fait aimer. Ce beau n'est point dans l'objet qu'on
555 aime, il est l'ouvrage de nos erreurs. Eh ! qu'importe ? En
sacrifie-t-on moins tous ses sentiments bas à ce modèle imaginaire ? En pénètre-t-on moins son cœur des vertus qu'on
prête à çe qu'il chérit ? S'en détache-t-on moins de la bassesse
du moi humain ? Où est le véritable amant qui n'est pas prêt
560 à immoler sa vie à sa maîtresse ? et où est la passion sensuelle
et grossière dans un homme qui veut mourir ? Nous nous
moquons des paladins ? c'est qu'ils connaissaient l'amour, et
que nous ne connaissons plus que la débauche. Quand ces
maximes romanesques commencèrent à devenir ridicules, ce
565 changement fut moins l'ouvrage de la raison que celui des
mauvaises mœurs.

Dans quelque siècle que ce soit, les relations naturelles ne

changent point, la convenance ou disconvenance qui en résulte reste la même, les préjugés sous le vain nom de raison
570 n'en changent que l'apparence. Il sera toujours grand et beau de régner sur soi, fût-ce pour obéir à des opinions fantastiques[1], et les vrais motifs d'honneur parleront toujours au cœur de toute femme de jugement qui saura chercher dans son état le bonheur de la vie. La chasteté doit être surtout
575 une vertu délicieuse pour une belle femme qui a quelque élévation dans l'âme. Tandis qu'elle voit toute la terre à ses pieds, elle triomphe de tout et d'elle-même : elle s'élève dans son propre cœur un trône auquel tout vient rendre hommage ; les sentiments, tendres ou jaloux, mais toujours res-
580 pectueux des deux sexes, l'estime universelle et la sienne propre, lui payent sans cesse en tribut de gloire les combats de quelques instants. Les privations sont passagères, mais le prix en est permanent. Quelle jouissance pour une âme noble, que l'orgueil de la vertu jointe à la beauté ! Réalisez une
585 héroïne de roman, elle goûtera des voluptés plus exquises que les Laïs[2] et les Cléopâtre[3] ; et quand sa beauté ne sera plus, sa gloire et ses plaisirs resteront encore ; elle seule saura jouir du passé.

Plus les devoirs sont grands et pénibles, plus les raisons sur
590 lesquelles on les fonde doivent être sensibles et fortes. Il y a un certain langage dévot dont, sur les sujets les plus graves, on rebat les oreilles des jeunes personnes sans produire la persuasion. De ce langage trop disproportionné à leurs idées, et du peu de cas qu'elles en font en secret, naît la facilité de
595 céder à leurs penchants, faute de raisons d'y résister tirées des choses mêmes. Une fille élevée sagement et pieusement a sans doute de fortes armes contre les tentations ; mais celle dont on nourrit uniquement le cœur ou plutôt les oreilles du jargon de la dévotion devient infailliblement la proie du premier

---

1. **Fantastiques** : fruits de l'imagination.
2. **Laïs** : nom porté par plusieurs courtisanes grecques.
3. **Cléopâtre** : nom de sept reines d'Égypte.

600 séducteur adroit qui l'entreprend. Jamais une jeune et belle personne ne méprisera son corps, jamais elle ne s'affligera de bonne foi des grands péchés que sa beauté fait commettre ; jamais elle ne pleurera sincèrement et devant Dieu d'être un objet de convoitise, jamais elle ne pourra croire en elle-même
605 que le plus doux sentiment du cœur soit une invention de Satan. Donnez-lui d'autres raisons en dedans et pour elle-même, car celles-là ne pénétreront pas[1]. Ce sera pis encore si l'on met, comme on n'y manque guère, de la contradiction dans ses idées, et qu'après l'avoir humiliée en avilissant son
610 corps et ses charmes comme la souillure du péché, on lui fasse ensuite respecter comme le temple de Jésus-Christ ce même corps qu'on lui a rendu si méprisable. Les idées trop sublimes et trop basses sont également insuffisantes et ne peuvent s'associer : il faut une raison à la portée du sexe et de l'âge.
615 La considération du devoir n'a de force qu'autant qu'on y joint des motifs qui nous portent à le remplir.

Quœ quia non liceat non facit, illa facit[2].

On ne se douterait pas que c'est Ovide qui porte un jugement si sévère.

620 Voulez-vous donc inspirer l'amour des bonnes mœurs aux jeunes personnes ; sans leur dire incessamment : Soyez sages, donnez-leur un grand intérêt à l'être ; faites-leur sentir tout le prix de la sagesse, et vous la leur ferez aimer. Il ne suffit pas de prendre cet intérêt au loin dans l'avenir, montrez-le-
625 leur dans le moment même, dans les relations de leur âge, dans le caractère de leurs amants. Dépeignez-leur l'homme de

---

1. Texte important, car il libère la femme de la responsabilité du péché originel, si opprimant encore au siècle des Lumières. Le corps de la femme était bien souvent dénoncé par les prédicateurs comme tentateur, inspiré par le démon pour solliciter le mal. On comprend le succès de Rousseau auprès des femmes du XVIIIe siècle.
2. « Celle-là a déjà failli, qui ne s'en abstient que parce que ce n'est pas permis », Ovide, *Amours*, III.

bien, l'homme de mérite ; apprenez-leur à le reconnaître, à
l'aimer, et à l'aimer pour elles ; prouvez-leur qu'amies,
femmes ou maîtresses, cet homme seul peut les rendre heu-
630 reuses. Amenez la vertu par la raison ; faites-leur sentir que
l'empire de leur sexe et tous ses avantages ne tiennent pas
seulement à sa bonne conduite, à ses mœurs, mais encore à
celles des hommes ; qu'elles ont peu de prise sur des âmes
viles et basses, et qu'on ne sait servir sa maîtresse que comme
635 on sait servir la vertu. Soyez sûr qu'alors, en leur dépeignant
les mœurs de nos jours, vous leur en inspirerez un dégoût
sincère ; en leur montrant des gens à la mode, vous les leur
ferez mépriser ; vous ne leur donnerez qu'éloignement pour
leurs maximes, aversion pour leurs sentiments, dédain pour
640 leurs vaines galanteries ; vous leur ferez naître une ambition
plus noble, celle de régner sur des âmes grandes et fortes,
celle des femmes de Sparte, qui était de commander à des
hommes. Une femme hardie, effrontée, intrigante, qui ne sait
attirer ses amants que par la coquetterie, ni les conserver que
645 par les faveurs, les fait obéir comme des valets dans les choses
serviles et communes : dans les choses importantes et graves
elle est sans autorité sur eux. Mais la femme à la fois honnête,
aimable et sage, celle qui force les siens à la respecter, celle
qui a de la réserve et de la modestie, celle en un mot qui
650 soutient l'amour par l'estime, les envoie d'un signe au bout
du monde, au combat, à la gloire, à la mort, où il lui plaît.
Cet empire est beau, ce me semble, et vaut bien la peine d'être
acheté.

Voilà dans quel esprit Sophie a été élevée, avec plus de
655 soin que de peine, et plutôt en suivant son goût qu'en le
gênant. Disons maintenant un mot de sa personne, selon le
portrait que j'en ai fait à Émile, et selon qu'il imagine lui-
même l'épouse qui peut le rendre heureux.

Je ne redirai jamais trop que je laisse à part les prodiges.
660 Émile n'en est pas un, Sophie n'en est pas un non plus. Émile
est homme, et Sophie est femme ; voilà toute leur gloire. Dans

la confusion des sexes qui règne entre nous, c'est presque un prodige d'être du sien.

Sophie
[Portrait de Sophie imaginé par Émile.]

665 Sophie est bien née[1], elle est d'un bon naturel ; elle a le cœur très sensible, et cette extrême sensibilité lui donne quelquefois une activité d'imagination difficile à modérer. Elle a l'esprit moins juste que pénétrant, l'humeur facile et pourtant inégale, la figure commune, mais agréable, une physionomie
670 qui promet une âme et qui ne ment pas ; on peut l'aborder avec indifférence, mais non pas la quitter sans émotion. D'autres ont de bonnes qualités qui lui manquent ; d'autres ont à plus grande mesure[2] celles qu'elle a ; mais nulle n'a des qualités mieux assorties pour faire un heureux caractère.
675 Elle sait tirer parti de ses défauts mêmes ; et si elle était plus parfaite, elle plairait beaucoup moins.

Sophie n'est pas belle ; mais auprès d'elle les hommes oublient les belles femmes, et les belles femmes sont mécontentes d'elles-mêmes. À peine est-elle jolie au premier aspect ;
680 mais plus on la voit et plus elle s'embellit ; elle gagne où tant d'autres perdent ; et ce qu'elle gagne, elle ne le perd plus. On peut avoir de plus beaux yeux, une plus belle bouche, une figure plus imposante ; mais on ne saurait avoir une taille mieux prise, un plus beau teint, une main plus blanche, un
685 pied plus mignon, un regard plus doux, une physionomie plus touchante. Sans éblouir elle intéresse ; elle charme, et l'on ne saurait dire pourquoi.

Sophie aime la parure et s'y connaît ; sa mère n'a point d'autre femme de chambre qu'elle ; elle a beaucoup de goût
690 pour se mettre avec avantage ; mais elle hait les riches habillements ; on voit toujours dans le sien la simplicité jointe à

---

1. **Bien née** : née avec de bonnes dispositions.
2. **Ont à plus grande mesure** : en plus grande quantité.

l'élégance ; elle n'aime point ce qui brille, mais ce qui sied. Elle ignore quelles sont les couleurs à la mode, mais elle sait à merveille celles qui lui sont favorables. Il n'y a pas une jeune
695 personne qui paraisse mise avec moins de recherche et dont l'ajustement soit plus recherché ; pas une pièce du sien n'est prise au hasard, et l'art ne paraît dans aucune. Sa parure est très modeste en apparence, très coquette en effet ; elle n'étale point ses charmes ; elle les couvre, mais en les couvrant elle
700 sait les faire imaginer. En la voyant on dit : Voilà une fille modeste et sage ; mais tant qu'on reste auprès d'elle, les yeux et le cœur errent sur toute sa personne sans qu'on puisse les en détacher, et l'on dirait que tout cet ajustement si simple n'est mis à sa place que pour en être ôté pièce à pièce par
705 l'imagination.

Sophie a des talents naturels ; elle les sent, et ne les a pas négligés : mais n'ayant pas été à portée de mettre beaucoup d'art à leur culture ; elle s'est contentée d'exercer sa jolie voix à chanter juste et avec goût, ses petits pieds à marcher légè-
710 rement, facilement, avec grâce, à faire la révérence en toutes sortes de situations sans gêne et sans maladresse. Du reste, elle n'a eu de maître à chanter que son père, de maîtresse à danser que sa mère ; et un organiste du voisinage lui a donné sur le clavecin quelques leçons d'accompagnement qu'elle a
715 depuis cultivé seule. D'abord elle ne songeait qu'à faire paraître sa main avec avantage sur ces touches noires, ensuite elle trouva que le son aigre et sec du clavecin rendait plus doux le son de la voix ; peu à peu elle devint sensible à l'harmonie ; enfin, en grandissant, elle a commencé de[1] sentir
720 les charmes de l'expression, et d'aimer la musique pour elle-même. Mais c'est un goût plutôt qu'un talent ; elle ne sait point déchiffrer un air sur la note.

Ce que Sophie sait le mieux, et qu'on lui a fait apprendre avec le plus de soin, ce sont les travaux de son sexe, même

---

1. **Elle a commencé de** : elle a commencé à.

725 ceux dont on ne s'avise point, comme de tailler et coudre ses
robes. Il n'y a pas un ouvrage à l'aiguille qu'elle ne sache
faire, et qu'elle ne fasse avec plaisir ; mais le travail qu'elle
préfère à tout autre est la dentelle, parce qu'il n'y en a pas
un qui donne une attitude plus agréable, et où les doigts
730 s'exercent avec plus de grâce et de légèreté. Elle s'est appli-
quée aussi à tous les détails du ménage. Elle entend la cuisine
et l'office ; elle sait le prix des denrées ; elle en connaît les
qualités ; elle sait fort bien tenir les comptes ; elle sert de
maître d'hôtel à sa mère. Faite pour être un jour mère de
735 famille elle-même, en gouvernant la maison paternelle, elle
apprend à gouverner la sienne ; elle peut suppléer aux fonctions des domestiques, et le fait toujours volontiers. On ne
sait jamais bien commander que ce qu'on sait exécuter soi-
même : c'est la raison de sa mère pour l'occuper ainsi. Pour
740 Sophie, elle ne va pas si loin ; son premier devoir est celui de
fille, et c'est maintenant le seul qu'elle songe à remplir. Son
unique vue est de servir sa mère, et de la soulager d'une partie
de ses soins. Il est pourtant vrai qu'elle ne les remplit pas
tous avec un plaisir égal. Par exemple, quoiqu'elle soit gour-
745 mande, elle n'aime pas la cuisine ; le détail en a quelque chose
qui la dégoûte ; elle n'y trouve jamais assez de propreté. Elle
est là-dessus d'une délicatesse extrême, et cette délicatesse
poussée à l'excès est devenue un de ses défauts : elle laisserait
plutôt aller tout le dîner par le feu, que de tacher sa man-
750 chette. Elle n'a jamais voulu de l'inspection du jardin par la
même raison. La terre lui paraît malpropre ; sitôt qu'elle voit
du fumier, elle croit en sentir l'odeur.

Elle doit ce défaut aux leçons de sa mère. Selon elle, entre
les devoirs de la femme, un des premiers est la propreté ;
755 devoir spécial, indispensable, imposé par la nature. Il n'y a
pas au monde un objet plus dégoûtant qu'une femme malpropre, et le mari qui s'en dégoûte n'a jamais tort. Elle a tant
prêché ce devoir à sa fille dès son enfance, elle en a tant exigé
de propreté sur sa personne, tant pour ses hardes[1], pour son

---

1. **Hardes** : vêtements.

760 appartement, pour son travail, pour sa toilette, que toutes ces attentions, tournées en habitude, prennent une assez grande partie de son temps et président encore à l'autre : en sorte que bien faire ce qu'elle fait n'est que le second de ses soins ; le premier est toujours de le faire proprement.

765 Cependant tout cela n'a point dégénéré en vaine affectation ni en mollesse ; les raffinements du luxe n'y sont pour rien. Jamais il n'entra dans son appartement que de l'eau simple ; elle ne connaît d'autre parfum que celui des fleurs, et jamais son mari n'en respirera de plus doux que son haleine. Enfin

770 l'attention qu'elle donne à l'extérieur ne lui fait pas oublier qu'elle doit sa vie et son temps à des soins plus nobles ; elle ignore ou dédaigne cette excessive propreté du corps qui souille l'âme ; Sophie est bien plus que propre, elle est pure.

J'ai dit que Sophie était gourmande. Elle l'était naturelle-

775 ment ; mais elle est devenue sobre par habitude, et maintenant elle l'est par vertu. Il n'en est pas des filles comme des garçons, qu'on peut jusqu'à certain point gouverner par la gourmandise. Ce penchant n'est point sans conséquence pour le sexe ; il est trop dangereux de le lui laisser. La petite

780 Sophie, dans son enfance, entrant seule dans le cabinet de sa mère, n'en revenait pas toujours à vide, et n'était pas d'une fidélité à toute épreuve sur les dragées et sur les bonbons. Sa mère la surprit, la reprit, la punit, la fit jeûner. Elle vint enfin à bout de lui persuader que les bonbons gâtaient les dents,

785 et que de trop manger grossissait la taille. Ainsi Sophie se corrigea : en grandissant elle a pris d'autres goûts qui l'ont détournée de cette sensualité basse. Dans les femmes comme dans les hommes, sitôt que le cœur s'anime, la gourmandise n'est plus un vice dominant. Sophie a conservé le goût propre

790 de son sexe ; elle aime le laitage et les sucreries ; elle aime la pâtisserie et les entremets, mais fort peu la viande ; elle n'a jamais goûté ni vin ni liqueurs fortes : au surplus, elle mange de tout très modérément ; son sexe, moins laborieux que le nôtre, a moins besoin de réparation. En toute chose, elle aime

795 ce qui est bon et le sait goûter ; elle sait aussi s'accommoder de ce qui ne l'est pas, sans que cette privation lui coûte.

Sophie a l'esprit agréable sans être brillant, et solide sans être profond ; un esprit dont on ne dit rien, parce qu'on ne lui en trouve jamais ni plus ni moins qu'à soi. Elle a toujours 800 celui qui plaît aux gens qui lui parlent, quoiqu'il ne soit pas fort orné, selon l'idée que nous avons de la culture de l'esprit des femmes ; car le sien ne s'est point formé par la lecture, mais seulement par les conversations de son père et de sa mère, par ses propres réflexions, et par les observations 805 qu'elle a faites dans le peu de monde qu'elle a vu. Sophie a naturellement de la gaieté, elle était même folâtre dans son enfance ; mais peu à peu sa mère a pris soin de réprimer ses airs évaporés, de peur que bientôt un changement trop subit n'instruisît du moment qui l'avait rendu nécessaire. Elle est 810 donc devenue modeste et réservée même avant le temps de l'être ; et maintenant que ce temps est venu, il lui est plus aisé de garder le ton qu'elle a pris, qu'il ne lui serait de le prendre sans indiquer la raison de ce changement. C'est une chose plaisante de la voir se livrer quelquefois par un reste 815 d'habitude à des vivacités de l'enfance, puis tout d'un coup rentrer en elle-même, se taire, baisser les yeux et rougir : il faut bien que le terme intermédiaire entre les deux âges participe un peu de chacun des deux.

Sophie est d'une sensibilité trop grande pour conserver une 820 parfaite égalité d'humeur, mais elle a trop de douceur pour que cette sensibilité soit fort importune aux autres ; c'est à elle seule qu'elle fait du mal. Qu'on dise un seul mot qui la blesse, elle ne boude pas, mais son cœur se gonfle ; elle tâche de s'échapper pour aller pleurer. Qu'au milieu de ses pleurs 825 son père ou sa mère la rappelle, et dise un seul mot, elle vient à l'instant jouer et rire en s'essuyant adroitement les yeux et tâchant d'étouffer ses sanglots.

Elle n'est pas non plus tout à fait exempte de caprice : son humeur un peu trop poussée dégénère en mutinerie, et alors 830 elle est sujette à s'oublier. Mais laissez-lui le temps de revenir

à elle, et sa manière d'effacer son tort lui en fera presque un mérite. Si on la punit, elle est docile et soumise, et l'on voit que sa honte ne vient pas tant du châtiment que de la faute. Si on ne lui dit rien, jamais elle ne manque de la réparer
835 d'elle-même, mais si franchement et de si bonne grâce, qu'il n'est pas possible d'en garder la rancune. Elle baiserait la terre devant le dernier domestique, sans que cet abaissement lui fît la moindre peine ; et sitôt qu'elle est pardonnée, sa joie et ses caresses montrent de quel poids son bon cœur est sou-
840 lagé. En un mot, elle souffre avec patience les torts des autres, et répare avec plaisir les siens. Tel est l'aimable naturel de son sexe avant que nous l'ayons gâté. La femme est faite pour céder à l'homme et pour supporter même son injustice. Vous ne réduirez jamais les jeunes garçons au même point ; le sen-
845 timent intérieur s'élève et se révolte en eux contre l'injustice ; la nature ne les fit pas pour la tolérer.

Gravem
Pelidœ stomachum cedere nescii[1].

Sophie a de la religion, mais une religion raisonnable et simple, peu de dogmes et moins de pratiques de dévotion ;
850 ou plutôt ne connaissant de pratique essentielle que la morale, elle dévoue sa vie entière à servir Dieu en faisant le bien. Dans toutes les instructions que ses parents lui ont données sur ce sujet, ils l'ont accoutumée à une soumission respectueuse, en lui disant toujours : « Ma fille, ces connais-
855 sances ne sont pas de votre âge ; votre mari vous en instruira quand il sera temps. » Du reste, au lieu de longs discours de piété, ils se contentent de la lui prêcher par leur exemple, et cet exemple est gravé dans son cœur.

Sophie aime la vertu ; cet amour est devenu sa passion
860 dominante. Elle l'aime, parce qu'il n'y a rien de si beau que

---

1. « La terrible colère du fils de Pélée, qui ne sait pas céder », Horace, *Odes*, I, 6.

la vertu ; elle l'aime, parce que la vertu fait la gloire de la femme, et qu'une femme vertueuse lui paraît presque égale aux anges ; elle l'aime comme la seule route du vrai bonheur, et parce qu'elle ne voit que misère, abandon, malheur, 865 opprobre, ignominie, dans la vie d'une femme déshonnête ; elle l'aime enfin comme chère à son respectable père, à sa tendre et digne mère : non contents d'être heureux de leur propre vertu, ils veulent l'être aussi de la sienne, et son premier bonheur à elle-même est l'espoir de faire le leur. Tous 870 ces sentiments lui inspirent un enthousiasme qui lui élève l'âme et tient tous ses petits penchants asservis à une passion si noble. Sophie sera chaste et honnête jusqu'à son dernier soupir ; elle l'a juré dans le fond de son âme, et elle l'a juré dans un temps où elle sentait déjà tout ce qu'un tel serment 875 coûte à tenir ; elle l'a juré quand elle en aurait dû révoquer l'engagement, si ses sens étaient faits pour régner sur elle. [...]

Sophie est instruite des devoirs et des droits de son sexe et du nôtre. Elle connaît les défauts des hommes et les vices des femmes ; elle connaît aussi les qualités, les vertus contraires, 880 et les a toutes empreintes au fond de son cœur. On ne peut pas avoir une plus haute idée de l'honnête femme que celle qu'elle en a conçue, et cette idée ne l'épouvante point ; mais elle pense avec plus de complaisance à l'honnête homme, à l'homme de mérite ; elle sent qu'elle est faite pour cet homme-885 là, qu'elle en est digne, qu'elle peut lui rendre le bonheur qu'elle recevra de lui ; elle sent qu'elle saura bien le reconnaître ; il ne s'agit que de le trouver.

Les femmes sont les juges naturels du mérite des hommes, comme ils le sont du mérite des femmes : cela est de leur droit 890 réciproque ; et ni les uns ni les autres ne l'ignorent. Sophie connaît ce droit et en use, mais avec la modestie qui convient à sa jeunesse, à son inexpérience, à son état ; elle ne juge que des choses qui sont à sa portée, et elle n'en juge que quand cela sert à développer quelque maxime utile. Elle ne parle des 895 absents qu'avec la plus grande circonspection, surtout si ce sont des femmes. Elle pense que ce qui les rend médisantes

et satiriques est de parler de leur sexe : tant qu'elles se bornent à parler du nôtre elles ne sont qu'équitables. Sophie s'y borne donc. Quant aux femmes, elle n'en parle jamais que
900 pour en dire le bien qu'elle sait : c'est un honneur qu'elle croit devoir à son sexe ; et pour celles dont elle ne sait aucun bien à dire, elle n'en dit rien du tout, et cela s'entend.

Sophie a peu d'usage du monde ; mais elle est obligeante, attentive, et met de la grâce à tout ce qu'elle fait. Un heureux
905 naturel la sert mieux que beaucoup d'art. Elle a une certaine politesse à elle qui ne tient point aux formules, qui n'est point asservie aux modes, qui ne change point avec elles, qui ne fait rien par usage, mais qui vient d'un vrai désir de plaire, et qui plaît. Elle ne sait point les compliments triviaux, et
910 n'en invente point de plus recherchés ; elle ne dit pas qu'elle est très obligée, qu'on lui fait beaucoup d'honneur, qu'on ne prenne pas la peine, etc. Elle s'avise encore moins de tourner des phrases. Pour une attention, pour une politesse établie, elle répond par une révérence, ou par un simple *Je vous*
915 *remercie* ; mais ce mot, dit de sa bouche, en vaut bien un autre. Pour un vrai service, elle laisse parler son cœur, et ce n'est pas un compliment qu'il trouve. Elle n'a jamais souffert que l'usage français l'asservît au joug des simagrées, comme d'étendre sa main, en passant d'une chambre à l'autre, sur
920 un bras sexagénaire qu'elle aurait grande envie de soutenir. Quand un galant musqué[1] lui offre cet impertinent service, elle laisse l'officieux bras sur l'escalier, et s'élance en deux sauts dans la chambre en disant qu'elle n'est pas boiteuse. En effet, quoiqu'elle ne soit pas grande, elle n'a jamais voulu de
925 talons hauts ; elle a les pieds assez petits pour s'en passer.

Non seulement elle se tient dans le silence et dans le respect avec les femmes, mais même avec les hommes mariés, ou beaucoup plus âgés qu'elle ; elle n'acceptera jamais de place au-dessus d'eux que par obéissance, et reprendra la sienne

---

1. **Galant musqué** : parfumé avec du musc.

930 au-dessous sitôt qu'elle le pourra ; car elle sait que les droits
de l'âge vont avant ceux du sexe, comme ayant pour eux le
préjugé de la sagesse, qui doit être honorée avant tout.

Avec les jeunes gens de son âge, c'est autre chose, elle a
besoin d'un ton différent pour leur en imposer, et elle sait le
935 prendre sans quitter l'air modeste qui lui convient. S'ils sont
modestes et réservés eux-mêmes, elle gardera volontiers avec
eux l'aimable familiarité de la jeunesse ; leurs entretiens pleins
d'innocence seront badins, mais décents ; s'ils deviennent
sérieux, elle veut qu'ils soient utiles ; s'ils dégénèrent en
940 fadeurs, elle les fera bientôt cesser, car elle méprise surtout le
petit jargon de la galanterie, comme très offensant pour son
sexe. Elle sait bien que l'homme qu'elle cherche n'a pas ce
jargon-là, et jamais elle ne souffre volontiers d'un autre ce
qui ne convient pas à celui dont elle a le caractère empreint
945 au fond du cœur. La haute opinion qu'elle a des droits de
son sexe, la fierté d'âme que lui donne la pureté de ses sentiments, cette énergie de la vertu qu'elle sent en elle-même et
qui la rend respectable à ses propres yeux, lui font écouter
avec indignation les propos doucereux dont on prétend
950 l'amuser. Elle ne les reçoit point avec une colère apparente,
mais avec un ironique applaudissement qui déconcerte, ou
d'un ton froid auquel on ne s'attend point. Qu'un beau Phébus[1] lui débite ses gentillesses, la loue avec esprit sur le sien,
sur sa beauté, sur ses grâces, sur le prix du bonheur de lui
955 plaire, elle est fille à l'interrompre, en lui disant poliment :
« Monsieur, j'ai grand-peur de savoir ces choses-là mieux que
vous ; si nous n'avons rien de plus curieux à nous dire, je
crois que nous pouvons finir ici l'entretien. » Accompagner
ces mots d'une grande révérence, et puis se trouver à vingt
960 pas de lui n'est pour elle que l'affaire d'un instant. Demandez

---

1. **Phébus** : « On dit proverbialement qu'un homme parle *Phœbus*, lorsque en
affectant de parler en termes magnifiques, il tombe dans le galimatias et
l'obscurité », Furetière, *Dictionnaire universel*.

à vos agréables[1] s'il est aisé d'étaler longtemps son caquet avec un esprit aussi rebours[2] que celui-là.

Ce n'est pas pourtant qu'elle n'aime fort à être louée, pourvu que ce soit tout de bon, et qu'elle puisse croire qu'on 965 pense en effet le bien qu'on lui dit d'elle. Pour paraître touché de son mérite, il faut commencer par en montrer. Un hommage fondé sur l'estime peut flatter son cœur altier, mais tout galant persiflage est toujours rebuté ; Sophie n'est pas faite pour exercer les petits talents d'un baladin[3].

970 Élève de la nature ainsi qu'Émile, elle est faite pour lui plus qu'aucune autre ; elle sera la femme de l'homme. Elle est son égale par la naissance et par le mérite, son inférieure par la fortune. Elle n'enchante pas au premier coup d'œil, mais elle plaît chaque jour davantage. Son plus grand charme n'agit 975 que par degrés ; il ne se déploie que dans l'intimité du commerce ; et son mari le sentira plus que personne au monde. Son éducation n'est ni brillante ni négligée ; elle a du goût sans étude, des talents sans art, du jugement sans connaissances. Son esprit ne sait pas, mais il est cultivé pour 980 apprendre ; c'est une terre bien préparée qui n'attend que le grain pour rapporter. Elle n'a jamais lu de livre que Barrême[4] et Télémaque[5], qui lui tomba par hasard dans les mains ; mais une fille capable de se passionner pour Télémaque a-t-elle un cœur sans sentiment et un esprit sans déli- 985 catesse ? Ô l'aimable ignorance ! Heureux celui qu'on destine à l'instruire ! Elle ne sera point le professeur de son mari, mais son disciple ; loin de vouloir l'assujettir à ses goûts, elle

---

1. **Un de vos agréables** : « Depuis quelque temps, on appelle l'*agréable* d'une femme, son complaisant, un diminutif du sigisbée des dames génoises », Féraud, *Dictionnaire critique* (1787-1788).
2. **Rebours** : « revêche, peu traitable », Féraud, *Dictionnaire critique.*
3. **Baladin** : bouffon de comédie.
4. **Barrême** : arithméticien français (1640-1703) auteur du *Livre des comptes faits.*
5. *Les Aventures de Télémaque* : roman épique de Fénelon pour l'éducation du duc de Bourgogne ; Télémaque, fils d'Ulysse et de Pénélope, part à la recherche de son père, guidé par Athéna sous les traits de Mentor.

prendra les siens. Elle vaudra mieux pour lui que si elle était savante ; il aura le plaisir de lui tout enseigner. Il est temps
990 enfin qu'ils se voient ; travaillons à les rapprocher. [...]

LES AMOURS D'ÉMILE ET DE SOPHIE

La rencontre

[Émile est prévenu par son précepteur qu'ils quittent Paris pour rencontrer Sophie; ils voyagent à pied et s'égarent.]

Quelque jour, après nous être égarés plus qu'à l'ordinaire dans des vallons, dans des montagnes où l'on n'aperçoit
995 aucun chemin, nous ne savons plus retrouver le nôtre. Peu nous importe, tous chemins sont bons, pourvu qu'on arrive : mais encore faut-il arriver quelque part quand on a faim. Heureusement nous trouvons un paysan qui nous mène dans sa chaumière ; nous mangeons de grand appétit son maigre
1000 dîner. En nous voyant si fatigués, si affamés, il nous dit : Si le bon Dieu vous eût conduits de l'autre côté de la colline, vous eussiez été mieux reçus... vous auriez trouvé une maison de paix... des gens si charitables... de si bonnes gens !... Ils n'ont pas meilleur cœur que moi, mais ils sont plus riches,
1005 quoiqu'on dise qu'ils l'étaient bien plus autrefois... Ils ne pâtissent pas[1], Dieu merci ; et tout le pays se sent de ce qui leur reste.

À ce mot de bonnes gens, le cœur du bon Émile s'épanouit. Mon ami, dit-il en me regardant, allons à cette maison dont
1010 les maîtres sont bénis dans le voisinage : je serais bien aise de les voir ; peut-être seront-ils bien aises de nous voir aussi. Je suis sûr qu'ils nous recevront bien : s'ils sont des nôtres, nous serons des leurs.

La maison bien indiquée, on part, on erre dans les bois,

---

1. **Ils ne pâtissent pas :** ils n'en souffrent pas.

1015 une grande pluie nous surprend en chemin ; elle nous retarde
sans nous arrêter. Enfin l'on se retrouve, et le soir nous arri-
vons à la maison désignée. Dans le hameau qui l'entoure,
cette seule maison, quoique simple, a quelque apparence.
Nous nous présentons, nous demandons l'hospitalité. L'on
1020 nous fait parler au maître ; il nous questionne, mais poliment : sans dire le sujet de notre voyage, nous disons celui
de notre détour. Il a gardé de son ancienne opulence, la facilité de connaître l'état des gens dans leurs manières ; quiconque a vécu dans le grand monde se trompe rarement là-
1025 dessus : sur ce passeport nous sommes admis.

On nous montre un appartement fort petit, mais propre et
commode ; on y fait du feu, nous y trouvons du linge, des
nippes[1] tout ce qu'il nous faut. Quoi ! dit Émile tout surpris,
on dirait que nous étions attendus ! Ô que le paysan avait
1030 bien raison ! quelle attention ! quelle bonté ! quelle prévoyance ! et pour des inconnus ! Je crois être au temps
d'Homère. Soyez sensible à tout cela, lui dis-je, mais ne vous
en étonnez pas ; partout où les étrangers sont rares, ils sont
bienvenus : rien ne rend plus hospitalier que de n'avoir pas
1035 souvent besoin de l'être : c'est l'affluence des hôtes qui détruit
l'hospitalité. Du temps d'Homère on ne voyageait guère, et
les voyageurs étaient bien reçus partout. Nous sommes peut-
être les seuls passagers[2] qu'on ait vus ici de toute l'année.
N'importe, reprend-il, cela même est un éloge de savoir se
1040 passer d'hôtes, et de les recevoir toujours bien.

Séchés et rajustés, nous allons rejoindre le maître de la maison ; il nous présente à sa femme ; elle nous reçoit, non pas
seulement avec politesse, mais avec bonté. L'honneur de ses
coups d'œil est pour Émile. Une mère, dans le cas où elle est,
1045 voit rarement sans inquiétude, ou du moins sans curiosité,
entrer chez elle un homme de cet âge.

On fait hâter le souper pour l'amour de nous. En entrant

---

1. **Nippes** : objets servant à l'ajustement et à la parure.
2. **Passagers** : voyageurs de passage.

dans la salle à manger, nous voyons cinq couverts : nous nous plaçons, il en reste un vide. Une jeune personne entre,
1050 fait une grande révérence, et s'assied modestement sans parler. Émile, occupé de sa faim ou de ses réponses, la salue, parle, et mange. Le principal objet de son voyage est aussi loin de sa pensée qu'il se croit lui-même encore loin du terme. L'entretien roule sur l'égarement[1] des voyageurs. Monsieur,
1055 lui dit le maître de la maison, vous me paraissez un jeune homme aimable et sage ; et cela me fait songer que vous êtes arrivés ici, votre gouverneur et vous, las et mouillés, comme Télémaque et Mentor dans l'île de Calypso[2]. Il est vrai, répond Émile, que nous trouvons ici l'hospitalité de Calypso.
1060 Son Mentor ajoute : Et les charmes d'Eucharis. Mais Émile connaît l'*Odyssée* et n'a point lu *Télémaque* ; il ne sait ce que c'est qu'Eucharis. Pour la jeune personne, je la vois rougir jusqu'aux yeux, les baisser sur son assiette, et n'oser souffler. La mère, qui remarque son embarras, fait signe au père, et
1065 celui-ci change de conversation. En parlant de sa solitude, il s'engage insensiblement dans le récit des événements qui l'y ont confiné ; les malheurs de sa vie, la constance de son épouse, les consolations qu'ils ont trouvées dans leur union, la vie douce et paisible qu'ils mènent dans leur retraite, et
1070 toujours sans dire un mot de la jeune personne ; tout cela forme un récit agréable et touchant qu'on ne peut entendre sans intérêt. Émile, ému, attendri, cesse de manger pour écouter. Enfin, à l'endroit où le plus honnête des hommes s'étend avec plus de plaisir sur l'attachement de la plus digne des

---

1. **Égarement :** « erreur d'un voyageur qui se détourne de son chemin », Féraud, *Dictionnaire*.
2. Voir la n. 5, p. 293. Calypso : nymphe, reine de l'île d'Ogygie, dans la mer Ionienne. Selon l'*Odyssée*, elle accueillit Ulysse naufragé et le retint sept ans dans son île. Dans *Les Aventures de Télémaque*, Télémaque, lui aussi naufragé, en compagnie de Minerve qui a pris la forme du sage Mentor, arrive dans l'île de Calypso qu'Ulysse vient de quitter. Calypso s'éprend de lui tandis qu'il est amoureux de la nymphe Eucharis ; Mentor voit le danger et l'oblige à partir car il faut fuir les passions qu'on n'aurait pas la force de vaincre.

1075 femmes, le jeune voyageur, hors de lui, serre une main du mari, qu'il a saisie, et de l'autre prend aussi la main de la femme, sur laquelle il se penche avec transport en l'arrosant de pleurs. La naïve vivacité du jeune homme touche tout le monde ; mais la fille, plus sensible que personne à cette

1080 marque de son bon cœur, croit voir Télémaque affecté des malheurs de Philoctète[1]. Elle porte à la dérobée les yeux sur lui pour mieux examiner sa figure ; elle n'y trouve rien qui démente la comparaison. Son air aisé a de la liberté sans arrogance ; ses manières sont vives sans étourderie ; sa sen-

1085 sibilité rend son regard plus doux, sa physionomie plus touchante : la jeune personne le voyant pleurer est près de mêler ses larmes aux siennes. Dans un si beau prétexte, une honte secrète la retient : elle se reproche déjà les pleurs prêts à s'échapper de ses yeux, comme s'il était mal d'en verser pour

1090 sa famille.

La mère, qui dès le commencement du souper n'a cessé de veiller sur elle, voit sa contrainte, et l'en délivre en l'envoyant faire une commission. Une minute après, la jeune fille rentre, mais si mal remise, que son désordre est visible à tous les

1095 yeux. La mère lui dit avec douceur : Sophie, remettez-vous ; ne cesserez-vous point de pleurer les malheurs de vos parents. Vous qui les en consolez, n'y soyez pas plus sensible qu'eux-mêmes.

À ce nom de Sophie, vous eussiez vu tressaillir Émile.

1100 Frappé d'un nom si cher, il se réveille en sursaut, et jette un regard avide sur celle qui l'ose porter. Sophie, ô Sophie ! est-ce vous que mon cœur cherche ? est-ce vous que mon cœur aime ? Il l'observe, il la contemple avec une sorte de crainte et de défiance. Il ne voit pas exactement la figure qu'il s'était

1105 peinte ; il ne sait si celle qu'il voit vaut mieux ou moins. Il étudie chaque trait, il épie chaque mouvement, chaque geste ;

---

1. Allusion à un épisode des *Aventures de Télémaque* : Philoctète est abandonné dans une île sur les conseils d'Ulysse parce que ses compagnons étaient incommodés par l'infection de sa plaie.

il trouve à tout mille interprétations confuses ; il donnerait la
moitié de sa vie pour qu'elle voulût dire un seul mot. Il me
regarde, inquiet et troublé ; ses yeux me font à la fois cent
1110 questions, cent reproches. Il semble me dire à chaque regard :
Guidez-moi tandis qu'il est temps ; si mon cœur se livre et se
trompe, je n'en reviendrai de mes jours.

Émile est l'homme du monde qui sait le moins se déguiser.
Comment se déguiserait-il dans le plus grand trouble de sa
1115 vie, entre quatre spectateurs qui l'examinent, et dont le plus
distrait en apparence est en effet[1] le plus attentif ? Son désordre n'échappe point aux yeux pénétrants de Sophie ; les
siens l'instruisent de reste qu'elle en est l'objet : elle voit que
cette inquiétude n'est pas de l'amour encore ; mais qu'im-
1120 porte ? il s'occupe d'elle, et cela suffit : elle sera bien malheureuse s'il s'en occupe impunément.

Les mères ont des yeux comme leurs filles, et l'expérience
de plus. La mère de Sophie sourit du succès de nos projets.
Elle lit dans les cœurs des deux jeunes gens ; elle voit qu'il
1125 est temps de fixer celui du nouveau Télémaque ; elle fait parler sa fille. Sa fille, avec sa douceur naturelle, répond d'un
ton timide qui ne fait que mieux son effet. Au premier son
de cette voix, Émile est rendu[2], c'est Sophie, il n'en doute
plus. Ce ne la serait pas, qu'il serait trop tard pour s'en
1130 dédire.

C'est alors que les charmes de cette fille enchanteresse vont
par torrents à son cœur, et qu'il commence d'avaler à longs
traits le poison dont elle l'enivre. Il ne parle plus, il ne répond
plus ; il ne voit que Sophie ; il n'entend que Sophie : si elle
1135 dit un mot, il ouvre la bouche ; si elle baisse les yeux, il les
baisse ; s'il la voit soupirer, il soupire : c'est l'âme de Sophie
qui paraît l'animer. Que la sienne a changé dans peu d'instants ! Ce n'est plus le tour de Sophie de trembler, c'est celui
d'Émile. Adieu la liberté, la naïveté, la franchise. Confus,

---

1. **En effet** : en réalité.
2. **Rendu** : vaincu.

1140 embarrassé, craintif, il n'ose plus regarder autour de lui, de peur de voir qu'on le regarde. Honteux de se laisser pénétrer, il voudrait se rendre invisible à tout le monde pour se rassasier de la contempler sans être observé. Sophie, au contraire, se rassure de la crainte d'Émile ; elle voit son 1145 triomphe, elle en jouit.

No'l mostra già, ben che in suo cor ne rida[1].

Elle n'a pas changé de contenance ; mais, malgré cet air modeste et ces yeux baissés, son tendre cœur palpite de joie, et lui dit que Télémaque est trouvé.

1150 Si j'entre ici dans l'histoire trop naïve et trop simple peut-être de leurs innocentes amours, on regardera ces détails comme un jeu frivole, et l'on aura tort. On ne considère pas assez l'influence que doit avoir la première liaison d'un homme avec une femme dans le cours de la vie de l'un et de 1155 l'autre. On ne voit pas qu'une première impression, aussi vive que celle de l'amour ou du penchant qui tient sa place, a de longs effets dont on n'aperçoit point la chaîne dans le progrès des ans, mais qui ne cessent d'agir jusqu'à la mort. On nous donne, dans les traités d'éducation, de grands verbiages inu-1160 tiles et pédantesques sur les chimériques devoirs des enfants ; et l'on ne nous dit pas un mot de la partie la plus importante et la plus difficile de toute l'éducation, savoir la crise qui sert de passage de l'enfance à l'état d'homme. Si j'ai pu rendre ces essais utiles par quelque endroit, ce sera surtout pour m'y 1165 être étendu fort au long sur cette partie essentielle, omise par tous les autres, et pour ne m'être point laissé rebuter dans cette entreprise par de fausses délicatesses, ni effrayer par des difficultés de langue. Si j'ai dit ce qu'il faut faire, j'ai dit ce que j'ai dû dire : il m'importe fort peu d'avoir écrit un roman. 1170 C'est un assez beau roman que celui de la nature humaine.

---

1. « Elle ne le montre pas, bien qu'elle s'en réjouisse dans son cœur », le Tasse, La *Jérusalem délivrée*, IV, 35.

S'il ne se trouve que dans cet écrit, est-ce ma faute ? Ce devrait être l'histoire de mon espèce ? Vous qui la dépravez, c'est vous qui faites un roman de mon livre. [...]

[Après une deuxième rencontre, au cours de laquelle les
1175 *deux jeunes gens confortent leurs amours naissantes avec la complicité de leur entourage – tout est préparé pédagogiquement, même le mariage ! – Rousseau dresse le portrait d'Émile.]*

Considérez mon Émile, à vingt ans passés, bien formé, bien
1180 constitué d'esprit et de corps, fort, sain, dispos, adroit, robuste, plein de sens, de raison, de bonté, d'humanité, ayant des mœurs, du goût, aimant le beau, faisant le bien, libre de l'empire des passions cruelles, exempt du joug de l'opinion, mais soumis à la loi de la sagesse, et docile à la voix de
1185 l'amitié ; possédant tous les talents utiles et plusieurs talents agréables, se souciant peu des richesses, portant sa ressource au bout de ses bras, et n'ayant pas peur de manquer de pain, quoi qu'il arrive. Le voilà maintenant enivré d'une passion naissante, son cœur s'ouvre aux premiers feux de l'amour :
1190 ses douces illusions lui font un nouvel univers de délices et de jouissance ; il aime un objet aimable, et plus aimable encore par son caractère que par sa personne ; il espère, il attend un retour qu'il sent lui être dû.

C'est du rapport des cœurs, c'est du concours des senti-
1195 ments honnêtes, que s'est formé leur premier penchant : ce penchant doit être durable. Il se livre avec confiance, avec raison même, au plus charmant délire, sans crainte, sans regret, sans remords, sans autre inquiétude que celle dont le sentiment du bonheur est inséparable. Que peut-il manquer
1200 au sien ? Voyez, cherchez, imaginez ce qu'il lui faut encore, et qu'on puisse accorder avec ce qu'il a. Il réunit tous les biens qu'on peut obtenir à la fois ; on n'y en peut ajouter aucun qu'aux dépens d'un autre ; il est heureux autant qu'un homme peut l'être. Irai-je en ce moment abréger un destin si

1205 doux ? Irai-je troubler une volupté si pure ? Ah ! tout le prix
de la vie est dans la félicité qu'il goûte. Que pourrais-je lui
rendre qui valût ce que je lui aurais ôté ? Même en mettant
le comble à son bonheur, j'en détruirais le plus grand charme.
Ce bonheur suprême est cent fois plus doux à espérer qu'à
1210 obtenir ; on en jouit mieux quand on l'attend que quand on
le goûte. Ô bon Émile, aime et sois aimé ! jouis longtemps
avant que de posséder ; jouis à la fois de l'amour et de l'innocence, fais ton paradis sur la terre en attendant l'autre : je
n'abrégerai point cet heureux temps de ta vie ; j'en filerai
1215 pour toi l'enchantement ; je le prolongerai le plus qu'il sera
possible. Hélas ! il faut qu'il finisse et qu'il finisse en peu de
temps ; mais je ferai du moins qu'il dure toujours dans ta
mémoire, et que tu ne te repentes jamais de l'avoir goûté. [...]

L'expression de l'amour

[Émile, amoureux, s'installe dans une ville proche du vil-
1220 *lage où habitent Sophie et ses parents. Le gouverneur veille*
à « diriger peu à peu sa passion » et devient le confident des
deux jeunes gens. Émile se fait le professeur de Sophie.]

C'est à présent que, devenu véritablement empressé de
plaire, Émile commence à sentir le prix des talents agréables
1225 qu'il s'est donnés. Sophie aime à chanter, il chante avec elle ;
il fait plus, il lui apprend la musique. Elle est vive et légère,
elle aime à sauter, il danse avec elle ; il change ses sauts en
pas, il la perfectionne. Ces leçons sont charmantes, la gaieté
folâtre les anime, elle adoucit le timide respect de l'amour :
1230 il est permis à un amant de donner ces leçons avec volupté ;
il est permis d'être le maître de sa maîtresse.

On a un vieux clavecin tout dérangé ; Émile l'accommode
et l'accorde ; il est facteur[1], il est luthier[2] aussi bien que

---

1. **Facteur :** fabricant d'instruments de musique (orgues, clavecins, etc.).
2. **Luthier :** fabricant d'instruments de musique à cordes (luth, harpe, mandoline, etc.).

menuisier ; il eut toujours pour maxime d'apprendre à se pas-
1235 ser du secours d'autrui dans tout ce qu'il pouvait faire lui-
même. La maison est dans une situation pittoresque, il en tire
différentes vues auxquelles Sophie a quelquefois mis la main,
et dont elle orne le cabinet de son père. Les cadres n'en sont
point dorés et n'ont pas besoin de l'être. En voyant dessiner
1240 Émile, en l'imitant, elle se perfectionne à son exemple ; elle
cultive tous les talents, et son charme les embellit tous. Son
père et sa mère se rappellent leur ancienne opulence en
revoyant briller autour d'eux les beaux-arts, qui seuls la leur
rendaient chère ; l'amour a paré toute leur maison, lui seul y
1245 fait régner sans frais et sans peine les mêmes plaisirs qu'ils
n'y rassemblaient autrefois qu'à force d'argent et d'ennui.

Comme l'idolâtre enrichit des trésors qu'il estime l'objet de
son culte, et pare sur l'autel le dieu qu'il adore, l'amant a
beau voir sa maîtresse parfaite, il lui veut sans cesse ajouter
1250 de nouveaux ornements. Elle n'en a pas besoin pour lui
plaire ; mais il a besoin, lui, de la parer : c'est un nouvel
hommage qu'il croit lui rendre, c'est un nouvel intérêt qu'il
donne au plaisir de la contempler. Il lui semble que rien de
beau n'est à sa place quand il n'orne pas la suprême beauté.
1255 C'est un spectacle à la fois touchant et risible, de voir Émile
empressé d'apprendre à Sophie tout ce qu'il sait, sans consulter si ce qu'il lui veut apprendre est de son goût ou lui
convient. Il lui parle de tout, il lui explique tout avec un
empressement puéril ; il croit qu'il n'a qu'à dire et qu'à l'ins-
1260 tant elle l'entendra ; il se figure d'avance le plaisir qu'il aura
de raisonner, de philosopher avec elle ; il regarde comme inutile tout l'acquis qu'il ne peut point étaler à ses yeux ; il rougit
presque de savoir quelque chose qu'elle ne sait pas.

Le voilà donc lui donnant une leçon de philosophie, de
1265 physique, de mathématiques, d'histoire, de tout en un mot.
Sophie se prête avec plaisir à son zèle, et tâche d'en profiter.
Quand il peut obtenir de donner ses leçons à genoux devant
elle, qu'Émile est content ! Il croit voir les cieux ouverts.
Cependant, cette situation, plus gênante pour l'écolière que

1270 pour le maître, n'est pas la plus favorable à l'instruction. L'on ne sait pas trop alors que faire de ses yeux pour éviter ceux qui les poursuivent, et quand ils se rencontrent la leçon n'en va pas mieux.

L'art de penser n'est pas étranger aux femmes, mais elles
1275 ne doivent faire qu'effleurer les sciences de raisonnement. Sophie conçoit tout et ne retient pas grand-chose[1]. Ses plus grands progrès sont dans la morale et les choses du goût ; pour la physique, elle n'en retient que quelque idée des lois générales et du système du monde. Quelquefois, dans leurs
1280 promenades, en contemplant les merveilles de la nature, leurs cœurs innocents et purs osent s'élever jusqu'à son auteur : ils ne craignent pas sa présence, ils s'épanchent conjointement devant lui.

Quoi ! deux amants dans la fleur de l'âge emploient leur
1285 tête-à-tête à parler de religion ! Ils passent leur temps à dire leur catéchisme ! Que sert d'avilir ce qui est sublime ? Oui, sans doute, ils le disent dans l'illusion qui les charme : ils se voient parfaits, ils s'aiment, ils s'entretiennent avec enthousiasme de ce qui donne un prix à la vertu. Les sacrifices qu'ils
1290 lui font la leur rendent chère. Dans des transports qu'il faut vaincre, ils versent quelquefois ensemble des larmes plus pures que la rosée du ciel, et ces douces larmes font l'enchantement de leur vie : ils sont dans le plus charmant délire

---

1. Conception conforme à la pensée médicale de l'époque et partagée par les femmes elles-mêmes. Ainsi de Sèze, en 1786, dans ses *Recherches physiologiques et philosophiques sur la sensibilité* « du sexe », estime que la réflexion est même dangereuse pour une femme car « l'action du cerveau jetterait tous les autres organes dans la langueur, amènerait le désaccord de leur jeu ». Mme d'Épinay écrit en 1771 à l'abbé Galliani : « La femme la plus savante n'a pu, ni ne peut avoir même que des connaissances superficielles [...] Je déclare qu'une femme n'est pas à portée, par la raison qu'elle est femme, d'en acquérir d'assez étendues pour être utile à ses semblables. » Dès lors, l'éducation des filles doit être différente de celle des garçons. Ainsi, Mme de Genlis précise, dès les premières pages de son *Adèle et Théodore*, les principes de l'éducation féminine : « On doit avec soin éviter d'enflammer l'imagination des femmes et d'exalter leurs têtes. Elles sont nées pour une vie dépendante et monotone. »

qu'aient jamais éprouvé des âmes humaines. Les privations
1295 mêmes ajoutent à leur bonheur et les honorent à leurs
propres yeux de leurs sacrifices. Hommes sensuels, corps sans
âme, ils connaîtront un jour vos plaisirs, et regretteront toute
leur vie l'heureux temps où ils se les sont refusés ! [...]

L'ultime leçon

[Le gouverneur exhorte Émile à contenir son amour dans
1300 *les limites de la vertu : « Il faut quitter Sophie. »]*

« Il faut être heureux, cher Émile : c'est la fin de tout être
sensible ; c'est le premier désir que nous imprima la nature,
et le seul qui ne nous quitte jamais. Mais où est le bonheur ?
qui le sait ? Chacun le cherche, et nul ne le trouve. On use
1305 la vie à le poursuivre et l'on meurt sans l'avoir atteint. Mon
jeune ami, quand à ta naissance je te pris dans mes bras, et
qu'attestant l'Être suprême de l'engagement que j'osai
contracter, je vouai mes jours au bonheur des tiens, savais-je
moi-même à quoi je m'engageais ? Non : je savais seulement
1310 qu'en te rendant heureux j'étais sûr de l'être. En faisant pour
toi cette utile recherche, je la rendais commune à tous deux.

Tant que nous ignorons ce que nous devons faire, la
sagesse consiste à rester dans l'inaction. C'est de toutes les
maximes celle dont l'homme a le plus grand besoin, et celle
1315 qu'il sait le moins suivre. Chercher le bonheur sans savoir où
il est, c'est s'exposer à le fuir, c'est courir autant de risques
contraires qu'il y a de routes pour s'égarer. Mais il n'appartient pas à tout le monde de savoir ne point agir. Dans l'inquiétude où nous tient l'ardeur du bien-être, nous aimons
1320 mieux nous tromper à le poursuivre, que de ne rien faire pour
le chercher : et, sortis une fois de la place où nous pouvons
le connaître, nous n'y savons plus revenir.

Avec la même ignorance j'essayai d'éviter la même faute.
En prenant soin de toi, je résolus de ne pas faire un pas inutile
1325 et de t'empêcher d'en faire. Je me tins dans la route de la

nature, en attendant qu'elle me montrât celle du bonheur. Il s'est trouvé qu'elle était la même, et qu'en n'y pensant pas je l'avais suivie.

Sois mon témoin, sois mon juge ; je ne te récuserai jamais.
1330 Tes premiers ans n'ont pas été sacrifiés à ceux qui les doivent suivre ; tu as joui de tous les biens que la nature t'avait donnés. Des maux auxquels elle t'assujettit, et dont j'ai pu te garantir, tu n'a senti que ceux qui pouvaient t'endurcir aux autres. Tu n'en as jamais souffert aucun que pour en éviter
1335 un plus grand. Tu n'as connu ni la haine, ni l'esclavage. Libre et content, tu es resté juste et bon ; car la peine et le vice sont inséparables, et jamais l'homme ne devient méchant que lorsqu'il est malheureux. Puisse le souvenir de ton enfance se prolonger jusqu'à tes vieux jours ! Je ne crains pas que jamais
1340 ton bon cœur se la rappelle sans donner quelques bénédictions à la main qui la gouverna.

Quand tu es entré dans l'âge de raison, je t'ai garanti de l'opinion des hommes ; quand ton cœur est devenu sensible, je t'ai préservé de l'empire des passions. Si j'avais pu prolon-
1345 ger ce calme intérieur jusqu'à la fin de ta vie, j'aurais mis mon ouvrage en sûreté, et tu serais toujours heureux autant qu'un homme peut l'être ; mais, cher Émile, j'ai eu beau tremper ton âme dans le Styx[1], je n'ai pu la rendre partout invulnérable ; il s'élève un nouvel ennemi que tu n'as pas encore
1350 appris à vaincre, et dont je n'ai pu te sauver. Cet ennemi, c'est toi-même. La nature et la fortune t'avaient laissé libre. Tu pouvais endurer la misère ; tu pouvais supporter les douleurs du corps, celles de l'âme t'étaient inconnues ; tu ne tenais à rien qu'à la condition humaine, et maintenant tu
1355 tiens à tous les attachements que tu t'es donnés ; en apprenant à désirer, tu t'es rendu l'esclave de tes désirs. Sans que rien change en toi, sans que rien t'offense, sans que rien touche à ton être, que de douleurs peuvent attaquer ton âme !

---

1. **Le Styx** : fleuve des Enfers. Thétis, mère d'Achille, y plongea le jeune héros en le tenant par le talon, seul endroit où il put être blessé (voir la n. 3, p. 115).

que de maux tu peux sentir sans être malade ! que de morts
1360 tu peux souffrir sans mourir ! Un mensonge, une erreur, un
doute peut te mettre au désespoir.

Tu voyais au théâtre les héros, livrés à des douleurs
extrêmes, faire retentir la scène de leurs cris insensés, s'affliger
comme des femmes, pleurer comme des enfants, et mériter
1365 ainsi les applaudissements publics. Souviens-toi du scandale
que te causaient ces lamentations, ces cris, ces plaintes, dans
des hommes dont on ne devait attendre que des actes de
constance et de fermeté. Quoi ! disais-tu tout indigné, ce sont
là les exemples qu'on nous donne à suivre, les modèles qu'on
1370 nous offre à imiter ! A-t-on peur que l'homme ne soit pas
assez petit, assez malheureux, assez faible, si l'on ne vient
encore encenser sa faiblesse sous la fausse image de la vertu ?
Mon jeune ami, sois plus indulgent désormais pour la scène :
te voilà devenu l'un de ses héros.

1375 Tu sais souffrir et mourir tu sais endurer la loi de la nécessité dans les maux physiques ; mais tu n'as point encore
imposé de lois aux appétits de ton cœur ; et c'est de nos
affections, bien plus que de nos besoins, que naît le trouble
de notre vie. Nos désirs sont étendus, notre force est presque
1380 nulle. L'homme tient par ses vœux à mille choses, et par lui-
même il ne tient à rien, pas même à sa propre vie ; plus il
augmente ses attachements, plus il multiplie ses peines. Tout
ne fait que passer sur la terre : tout ce que nous aimons nous
échappera tôt ou tard, et nous y tenons comme s'il devait
1385 durer éternellement. Quel effroi sur le seul soupçon de la
mort de Sophie ! As-tu donc compté qu'elle vivrait toujours ?
Ne meurt-il personne à son âge ? Elle doit mourir, mon
enfant, et peut-être avant toi. Qui sait si elle est vivante à
présent même ? La nature ne t'avait asservi qu'à une seule
1390 mort, tu t'asservis à une seconde ; te voilà dans le cas de
mourir deux fois.

Ainsi soumis à tes passions déréglées, que tu vas rester à
plaindre ! Toujours des privations, toujours des pertes, toujours des alarmes ; tu ne jouiras pas même de ce qui te sera

1395 laissé. La crainte de tout perdre t'empêchera de rien posséder ; pour n'avoir voulu suivre que tes passions, jamais tu ne les pourras satisfaire. Tu chercheras toujours le repos, il fuira toujours devant toi, tu seras misérable, et tu deviendras méchant. Et comment pourrais-tu ne pas l'être, n'ayant de
1400 loi que tes désirs effrénés ! Si tu ne peux supporter des privations involontaires, comment t'en imposeras-tu volontairement ? comment sauras-tu sacrifier le penchant au devoir et résister à ton cœur pour écouter ta raison ? Toi qui ne veux déjà plus voir celui qui t'apprendra la mort de ta maî-
1405 tresse, comment verrais-tu celui qui voudrait te l'ôter vivante, celui qui t'oserait dire : Elle est morte pour toi, la vertu te sépare d'elle ? S'il faut vivre avec elle quoi qu'il arrive, que Sophie soit mariée ou non, que tu sois libre ou ne le sois pas, qu'elle t'aime ou te haïsse, qu'on te l'accorde ou qu'on te la
1410 refuse, n'importe, tu la veux, il la faut posséder à quelque prix que ce soit. Apprends-moi donc à quel crime s'arrête celui qui n'a de lois que les vœux de son cœur, et ne sait résister à rien de ce qu'il désire.

Mon enfant, il n'y a point de bonheur sans courage, ni de
1415 vertu sans combat. Le mot de *vertu* vient de *force* ; la force est la base de toute vertu. La vertu n'appartient qu'à un être faible par sa nature, et fort par sa volonté ; c'est en cela seul que consiste le mérite de l'homme juste ; et quoique nous appelions Dieu bon, nous ne l'appelons pas vertueux, parce
1420 qu'il n'a pas besoin d'efforts pour bien faire. Pour t'expliquer ce mot si profané, j'ai attendu que tu fusses en état de m'entendre. Tant que la vertu ne coûte rien à pratiquer, on a peu besoin de la connaître. Ce besoin vient quand les passions s'éveillent : il est déjà venu pour toi.

1425 En t'élevant dans toute la simplicité de la nature, au lieu de te prêcher de pénibles devoirs, je t'ai garanti des vices qui rendent ces devoirs pénibles ; je t'ai moins rendu le mensonge odieux qu'inutile ; je t'ai moins appris à rendre à chacun ce qui lui appartient, qu'à ne te soucier que de ce qui est à toi ;
1430 je t'ai fait plutôt bon que vertueux. Mais celui qui n'est que

bon ne demeure tel qu'autant qu'il a du plaisir à l'être : la bonté se brise et périt sous le choc des passions humaines ; l'homme qui n'est que bon n'est bon que pour lui.

Qu'est-ce donc que l'homme vertueux ? C'est celui qui sait 1435 vaincre ses affections[1], car alors il suit sa raison, sa conscience ; il fait son devoir ; il se tient dans l'ordre, et rien ne l'en peut écarter. Jusqu'ici tu n'étais libre qu'en apparence ; tu n'avais que la liberté précaire d'un esclave à qui l'on n'a rien commandé. Maintenant sois libre en effet ; 1440 apprends à devenir ton propre maître ; commande à ton cœur, ô Émile, et tu seras vertueux.

Voilà donc un autre apprentissage à faire, et cet apprentissage est plus pénible que le premier : car la nature nous délivre des maux qu'elle nous impose ou nous apprend à les 1445 supporter ; mais elle ne nous dit rien pour ceux qui nous viennent de nous ; elle nous abandonne à nous-mêmes ; elle nous laisse, victimes de nos passions, succomber à nos vaines douleurs, et nous glorifier encore des pleurs dont nous aurions dû rougir.

1450 C'est ici la première passion. C'est la seule peut-être qui soit digne de toi. Si tu la sais régir en homme, elle sera la dernière ; tu subjugueras toutes les autres, et tu n'obéiras qu'à celle de la vertu.

Cette passion n'est pas criminelle, je le sais bien ; elle est 1455 aussi pure que les âmes qui la ressentent. L'honnêteté la forma, l'innocence l'a nourrie. Heureux amants ! les charmes de la vertu ne font qu'ajouter pour vous à ceux de l'amour ; et le doux lien qui vous attend n'est pas moins le prix de votre sagesse que celui de votre attachement. Mais dis-moi, 1460 homme sincère, cette passion si pure t'en a-t-elle moins subjugué ? t'en es-tu moins rendu l'esclave ? et si demain elle cessait d'être innocente, l'étoufferais-tu dès demain ? C'est à présent le moment d'essayer tes forces ; il n'est plus temps

---

1. **Affection** : sentiment, passion, mouvement de l'âme.

quand il les faut employer. Ces dangereux essais doivent se faire loin du péril. On ne s'exerce point au combat devant l'ennemi, on s'y prépare avant la guerre ; on s'y présente déjà tout préparé.

C'est une erreur de distinguer les passions en permises et défendues, pour se livrer aux premières et se refuser aux autres. Toutes sont bonnes quand on en reste le maître ; toutes sont mauvaises quand on s'y laisse assujettir. Ce qui nous est défendu par la nature, c'est d'étendre nos attachements plus loin que nos forces : ce qui nous est défendu par la raison, c'est de vouloir ce que nous ne pouvons obtenir ; ce qui nous est défendu par la conscience n'est pas d'être tentés, mais de nous laisser vaincre aux tentations. Il ne dépend pas de nous d'avoir ou de n'avoir pas des passions, mais il dépend de nous de régner sur elles. Tous sentiments que nous dominons sont légitimes ; tous ceux qui nous dominent sont criminels. Un homme n'est pas coupable d'aimer la femme d'autrui, s'il tient cette passion malheureuse asservie à la loi du devoir ; il est coupable d'aimer sa propre femme au point d'immoler tout à son amour.

N'attends pas de moi de longs préceptes de morale ; je n'en ai qu'un seul à te donner, et celui-là comprend tous les autres. Sois homme ; retire ton cœur dans les bornes de ta condition. Étudie et connais ces bornes ; quelque étroites qu'elles soient, on n'est point malheureux tant qu'on s'y renferme ; on ne l'est que quand on veut les passer ; on l'est quand dans ses désirs insensés, on met au rang des possibles ce qui ne l'est pas ; on l'est quand on oublie son état d'homme pour s'en forger d'imaginaires, desquels on retombe toujours dans le sien. Les seuls biens dont la privation coûte sont ceux auxquels on croit avoir droit. L'évidente impossibilité de les obtenir en détache ; les souhaits sans espoir ne tourmentent point. Un gueux n'est point tourmenté du désir d'être roi ; un roi ne veut être dieu que quand il croit n'être plus homme.

Les illusions de l'orgueil sont la source de nos plus grands maux ; mais la contemplation de la misère humaine rend le

1500 sage toujours modéré. Il se tient à sa place, il ne s'agite point pour en sortir ; il n'use point inutilement ses forces pour jouir de ce qu'il ne peut conserver ; et, les employant toutes à bien posséder ce qu'il a, il est en effet plus puissant et plus riche de tout ce qu'il désire de moins que nous. Être mortel et 1505 périssable, irai-je me former des nœuds éternels sur cette terre, où tout change, où tout passe, et dont je disparaîtrai demain ? Ô Émile, ô mon fils ! en te perdant, que me resterait-il de moi ? Et pourtant il faut que j'apprenne à te perdre : car qui sait quand tu me seras ôté ?

1510 Veux-tu donc vivre heureux et sage, n'attache ton cœur qu'à la beauté qui ne périt point : que ta condition borne tes désirs, que tes devoirs aillent avant tes penchants : étends la loi de la nécessité aux choses morales ; apprends à perdre ce qui peut t'être enlevé ; apprends à tout quitter quand la vertu 1515 l'ordonne, à te mettre au-dessus des événements, à détacher ton cœur sans qu'ils le déchirent, à être courageux dans l'adversité, afin de n'être jamais misérable, à être ferme dans ton devoir, afin de n'être jamais criminel. Alors tu seras heureux malgré la fortune, et sage malgré les passions. Alors tu 1520 trouveras dans la possession même des biens fragiles une volupté que rien ne pourra troubler ; tu les posséderas sans qu'ils te possèdent, et tu sentiras que l'homme, à qui tout échappe, ne jouit que de ce qu'il sait perdre. Tu n'auras point, il est vrai, l'illusion des plaisirs imaginaires ; tu n'auras point 1525 aussi les douleurs qui en sont le fruit. Tu gagneras beaucoup à cet échange ; car ces douleurs sont fréquentes et réelles, et ces plaisirs sont rares et vains. Vainqueur de tant d'opinions trompeuses, tu le seras encore de celle qui donne un si grand prix à la vie. Tu passeras la tienne sans trouble et la termi-1530 neras sans effroi ; tu t'en détacheras, comme de toutes choses. Que d'autres, saisis d'horreur, pensent en la quittant cesser d'être ; instruit de son néant, tu croiras commencer. La mort est la fin de la vie du méchant, et le commencement de celle du juste. » [...]

DES VOYAGES

L'utilité des voyages

1535 *[Le mariage suppose la connaissance des devoirs du père, donc du citoyen. Avant d'épouser Sophie, Émile devra voyager pendant deux ans.]*

Je tiens pour maxime incontestable que quiconque n'a vu qu'un peuple, au lieu de connaître les hommes, ne connaît
1540 que les gens avec lesquels il a vécu. Voici donc encore une autre manière de poser la même question des voyages : Suffit-il qu'un homme bien élevé ne connaisse que ses compatriotes, ou s'il lui importe de connaître les hommes en général ? Il ne reste plus ici ni dispute ni doute. Voyez combien la solution
1545 d'une question difficile dépend quelquefois de la manière de la poser.
Mais, pour étudier les hommes, faut-il parcourir la terre entière ? Faut-il aller au Japon observer les Européens ? Non ; il y a des hommes qui se ressemblent si fort, que ce n'est pas
1550 la peine de les étudier séparément. Qui a vu dix Français les a vus tous. Quoiqu'on n'en puisse pas dire autant des Anglais et de quelques autres peuples, il est pourtant certain que chaque nation a son caractère propre et spécifique, qui se tire par induction, non de l'observation d'un seul de ses membres,
1555 mais de plusieurs. Celui qui a comparé dix peuples connaît les hommes, comme celui qui a vu dix Français connaît les Français.
Il ne suffit pas pour s'instruire de courir les pays ; il faut savoir voyager. Pour observer il faut avoir des yeux, et les
1560 tourner vers l'objet qu'on veut connaître. Il y a beaucoup de gens que les voyages instruisent encore moins que les livres, parce qu'ils ignorent l'art de penser, que, dans la lecture, leur esprit est au moins guidé par l'auteur, et que, dans leurs voyages, ils ne savent rien voir d'eux-mêmes. D'autres ne
1565 s'instruisent point, parce qu'ils ne veulent pas s'instruire. Leur

objet est si différent que celui-là ne les frappe guère ; c'est grand hasard si l'on voit exactement ce que l'on ne se soucie point de regarder. De tous les peuples du monde, le Français est celui qui voyage le plus ; mais, plein de ses usages, il 1570 confond tout ce qui n'y ressemble pas. Il y a des Français dans tous les coins du monde. Il n'y a point de pays où l'on trouve plus de gens qui aient voyagé qu'on n'en trouve en France. Avec cela pourtant, de tous les peuples de l'Europe, celui qui en voit le plus les connaît le moins.

1575 L'Anglais voyage aussi, mais d'une autre manière ; il faut que ces deux peuples soient contraires en tout. La noblesse anglaise voyage, la noblesse française ne voyage point ; le peuple français voyage, le peuple anglais ne voyage point. Cette différence me paraît honorable au dernier. Les Français 1580 ont presque toujours quelque vue d'intérêt dans leur voyage ; mais les Anglais ne vont point chercher fortune chez les autres nations, si ce n'est par le commerce et les mains pleines ; quand ils voyagent, c'est pour y verser leur argent, non pour vivre d'industrie ; ils sont trop fiers pour aller ram-1585 per hors de chez eux. Cela fait aussi qu'ils s'instruisent mieux chez l'étranger que ne font les Français, qui ont un tout autre objet en tête. Les Anglais ont pourtant aussi leurs préjugés nationaux, ils en ont même plus que personne ; mais ces pré-jugés tiennent moins à l'ignorance qu'à la passion. L'Anglais 1590 a les préjugés de l'orgueil, et le Français ceux de la vanité.

Comme les peuples les moins cultivés sont généralement les plus sages, ceux qui voyagent le moins voyagent le mieux ; parce qu'étant moins avancés que nous dans nos recherches frivoles, et moins occupés des objets de notre vaine curiosité, 1595 ils donnent toute leur attention à ce qui est véritablement utile. Je ne connais guère que les Espagnols qui voyagent de cette manière. Tandis qu'un Français court chez les artistes d'un pays, qu'un Anglais en fait dessiner quelque antique, et qu'un Allemand porte son *album* chez tous les savants, 1600 l'Espagnol étudie en silence le gouvernement, les mœurs, la police, et il est le seul des quatre qui, de retour chez lui, rapporte de ce qu'il a vu quelque remarque utile à son pays.

Les anciens voyageaient peu, lisaient peu, faisaient peu de livres ; et pourtant on voit, dans ceux qui nous restent d'eux,
1605 qu'ils observaient mieux les uns les autres que nous n'observons nos contemporains. Sans remonter aux écrits d'Homère, le seul poète qui nous transporte dans les pays qu'il décrit, on ne peut refuser à Hérodote l'honneur d'avoir peint les mœurs dans son histoire, quoiqu'elle soit plus en narrations
1610 qu'en réflexions, mieux que ne font tous nos historiens en chargeant leurs livres de portraits et de caractères. Tacite a mieux décrit les Germains de son temps qu'aucun écrivain n'a décrit les Allemands d'aujourd'hui. Incontestablement ceux qui sont versés dans l'histoire ancienne connaissent
1615 mieux les Grecs, les Carthaginois, les Romains, les Gaulois, les Perses, qu'aucun peuple de nos jours ne connaît ses voisins. [...]

Il est utile à l'homme de connaître tous les lieux où l'on peut vivre, afin de choisir ensuite ceux où l'on peut vivre le
1620 plus commodément. Si chacun se suffisait à lui-même, il ne lui importerait de connaître que l'étendue du pays qui peut le nourrir. Le sauvage, qui n'a besoin de personne et ne convoite rien au monde, ne connaît et ne cherche à connaître d'autres pays que le sien. S'il est forcé de s'étendre pour sub-
1625 sister, il fuit les lieux habités par les hommes ; il n'en veut qu'aux bêtes, et n'a besoin que d'elles pour se nourrir. Mais pour nous, à qui la vie civile est nécessaire ; et qui ne pouvons plus nous passer de manger des hommes[1], l'intérêt de chacun de nous est de fréquenter les pays où l'on en trouve le plus
1630 à dévorer. Voilà pourquoi tout afflue à Rome, à Paris, à Londres. C'est toujours dans les capitales que le sang humain se vend à meilleur marché. Ainsi l'on ne connaît que les grands peuples, et les grands peuples se ressemblent tous.

---

1. **Manger des hommes :** sens métaphorique de faire travailler des hommes pour satisfaire nos besoins.

Nous avons, dit-on, des savants qui voyagent pour s'ins-
1635 truire ; c'est une erreur ; les savants voyagent par intérêt
comme les autres. Les Platon, les Pythagore ne se trouvent
plus, ou, s'il y en a, c'est bien loin de nous. Nos savants ne
voyagent que par ordre de la cour ; on les dépêche[1], on les
défraye[2], on les paye pour voir tel ou tel objet, qui très sûre-
1640 ment n'est pas un objet moral. Ils doivent tout leur temps à
cet objet unique ; ils sont trop honnêtes gens pour voler leur
argent. Si, dans quelque pays que ce puisse être, des curieux
voyagent à leurs dépens, ce n'est jamais pour étudier les
hommes, c'est pour les instruire. Ce n'est pas de science qu'ils
1645 ont besoin, mais d'ostentation. Comment apprendraient-ils
dans leurs voyages à secouer le joug de l'opinion ? ils ne les
font que pour elle.

Il y a bien de la différence entre voyager pour voir du pays
ou pour voir des peuples. Le premier objet est toujours celui
1650 des curieux, l'autre n'est pour eux qu'accessoire. Ce doit être
tout le contraire pour celui qui veut philosopher. L'enfant
observe les choses en attendant qu'il puisse observer les
hommes. L'homme doit commencer par observer ses semblables, et puis il observe les choses s'il en a le temps.

1655 C'est donc mal raisonner que de conclure que les voyages
sont inutiles, de ce que nous voyageons mal. Mais, l'utilité
des voyages reconnue, s'ensuivra-t-il qu'ils conviennent à tout
le monde ? Tant s'en faut ; ils ne conviennent au contraire
qu'à très peu de gens ; ils ne conviennent qu'aux hommes
1660 assez fermes sur eux-mêmes pour écouter les leçons de l'erreur sans se laisser séduire, et pour voir l'exemple du vice
sans se laisser entraîner. Les voyages poussent le naturel vers
sa pente, et achèvent de rendre l'homme bon ou mauvais.
Quiconque revient de courir le monde est à son retour ce
1665 qu'il sera toute sa vie : il en revient plus de méchants que de
bons, parce qu'il en part plus d'enclins au mal qu'au bien.

---

1. **On les dépêche** : on les envoie en mission.
2. **On les défraye** : on leur rembourse leurs frais.

Les jeunes gens mal élevés et mal conduits contractent dans leurs voyages tous les vices des peuples qu'ils fréquentent, et pas une des vertus dont ces vices sont mêlés ; mais ceux qui
1670 sont heureusement nés, ceux dont on a bien cultivé le bon naturel et qui voyagent dans le vrai dessein de s'instruire, reviennent tous meilleurs et plus sages qu'ils n'étaient partis. Ainsi voyagera mon Émile : ainsi avait voyagé ce jeune homme, digne d'un meilleur siècle, dont l'Europe étonnée
1675 admira le mérite, qui mourut pour son pays à la fleur de ses ans, mais qui méritait de vivre, et dont la tombe, ornée de ses seules vertus, attendait pour être honorée qu'une main étrangère y semât des fleurs.

Tout ce qui se fait par raison doit avoir ses règles. Les
1680 voyages, pris comme une partie de l'éducation, doivent avoir les leurs. Voyager pour voyager, c'est errer, être vagabond ; voyager pour s'instruire est encore un objet trop vague ; l'instruction qui n'a pas un but déterminé n'est rien. Je voudrais donner au jeune homme un intérêt sensible à s'instruire,
1685 et cet intérêt bien choisi fixerait encore la nature de l'instruction. C'est toujours la suite de la méthode que j'ai tâché de pratiquer.

Or, après s'être considéré par ses rapports physiques avec les autres êtres, par ses rapports moraux avec les autres
1690 hommes, il lui reste à se considérer par ses rapports civils avec ses concitoyens. Il faut pour cela qu'il commence par étudier la nature du gouvernement en général, les diverses formes de gouvernement, et enfin le gouvernement particulier sous lequel il est né, pour savoir s'il lui convient d'y vivre ;
1695 car, par un droit que rien ne peut abroger, chaque homme, en devenant majeur et maître de lui-même, devient maître aussi de renoncer au contrat par lequel il tient à la communauté, en quittant le pays dans lequel elle est établie. Ce n'est que par le séjour qu'il y fait après l'âge de raison qu'il est
1700 censé confirmer tacitement l'engagement qu'ont pris ses ancêtres. Il acquiert le droit de renoncer à sa patrie comme à la succession de son père ; encore le lieu de la naissance

étant un don de la nature, cède-t-on du sien en y renonçant.
Par le droit rigoureux, chaque homme reste libre à ses risques
1705 en quelque lieu qu'il naisse, à moins qu'il ne se soumette
volontairement aux lois pour acquérir le droit d'en être
protégé.

[Au cours de ses voyages, Émile s'instruit des mœurs et des
gouvernements des pays qu'il traverse. Il en profite pour
1710 *apprendre trois langues. Rousseau place alors un résumé du*
Contrat social. *Le gouverneur, qui lui fait lire alors* Télémaque, *en profite pour inviter Émile à réfléchir sur les prin-*
cipes du droit politique, sur la connaissance des peuples dans
les provinces, sur les crititères d'un bon gouvernement, sur la
1715 *nécessité de la « vertu ».]*

L'établissement d'Émile dans la vie conjugale

Après avoir presque employé deux ans à parcourir
quelques-uns des grands États de l'Europe et beaucoup plus
des petits ; après en avoir appris les deux ou trois principales
langues ; après y avoir vu ce qu'il y a de vraiment curieux,
1720 soit en histoire naturelle, soit en gouvernement, soit en arts,
soit en hommes, Émile, dévoré d'impatience, m'avertit que
notre terme approche. Alors je lui dis : Eh bien ! mon ami,
vous vous souvenez du principal objet de nos voyages ; vous
avez vu, vous avez observé : quel est enfin le résultat de vos
1725 observations ? À quoi vous fixez-vous ? Ou je me suis trompé
dans ma méthode, ou il doit me répondre à peu près ainsi :

« À quoi je me fixe ? à rester tel que vous m'avez fait être,
et à n'ajouter volontairement aucune autre chaîne à celle dont
me chargent la nature et les lois. Plus j'examine l'ouvrage des
1730 hommes dans leurs institutions, plus je vois qu'à force de
vouloir être indépendants, ils se font esclaves, et qu'ils usent
leur liberté même en vains efforts pour l'assurer. Pour ne pas
céder au torrent des choses, ils se font mille attachements ;
puis, sitôt qu'ils veulent faire un pas, ils ne peuvent, et sont
1735 étonnés de tenir à tout. Il me semble que pour se rendre libre

on n'a rien à faire ; il suffit de ne pas vouloir cesser de l'être. C'est vous, ô mon maître, qui m'avez fait libre en m'apprenant à céder à la nécessité. Qu'elle vienne quand il lui plaît, je m'y laisse entraîner sans contrainte ; et comme je ne veux
1740 pas la combattre, je ne m'attache à rien pour me retenir. J'ai cherché dans nos voyages si je trouverais quelque coin de terre où je puisse être absolument mien ; mais en quel lieu parmi les hommes ne dépend-on plus de leurs passions ? Tout bien examiné, j'ai trouvé que mon souhait même était contra-
1745 dictoire ; car, dussé-je ne tenir à nulle autre chose, je tiendrais au moins à la terre où je me serais fixé ; ma vie serait attachée à cette terre comme celle des dryades l'était à leurs arbres ; j'ai trouvé qu'empire et liberté étant deux mots incompatibles, je ne pouvais être maître d'une chaumière qu'en ces-
1750 sant de l'être de moi.

Hoc erat in votis : modus agri non ita magnus[1].

Je me souviens que mes biens furent la cause de nos recherches. Vous prouviez très solidement que je ne pouvais garder à la fois ma richesse et ma liberté ; mais quand vous
1755 vouliez que je fusse à la fois libre et sans besoins, vous vouliez deux choses incompatibles, car je ne saurais me tirer de la dépendance des hommes qu'en rentrant sous celle de la nature. Que ferai-je donc avec la fortune que mes parents m'ont laissé ? Je commencerai par n'en point dépendre ; je
1760 relâcherai tous les liens qui m'y attachent. Si on me la laisse, elle me restera ; si on me l'ôte, on ne m'entraînera point avec elle. Je ne me tourmenterai point pour la retenir, mais je resterai ferme à ma place. Riche ou pauvre, je serai libre. Je ne le serai point seulement en tel pays, en telle contrée ; je le
1765 serai par toute la terre. Pour moi toutes les chaînes de l'opinion sont brisées ; je ne connais que celle de la nécessité.

---

1. « Voici mes souhaits ; une terre d'étendue moyenne », Horace, *Satires*, II, 6, 1.

J'appris à les porter dès ma naissance, et je les porterai jusqu'à la mort, car je suis homme ; et pourquoi ne saurais-je pas les porter étant libre, puisque étant esclave il les faudrait bien porter encore, et celle de l'esclavage pour surcroît ?

Que m'importe ma condition sur la terre ? que m'importe où que je sois ? Partout où il y a des hommes, je suis chez mes frères ; partout où il n'y en a pas, je suis chez moi. Tant que je pourrai rester indépendant et riche, j'ai du bien pour vivre, et je vivrai. Quand mon bien m'assujettira, je l'abandonnerai sans peine ; j'ai des bras pour travailler, et je vivrai. Quand mes bras me manqueront, je vivrai si l'on me nourrit, je mourrai si l'on m'abandonne ; je mourrai bien aussi quoiqu'on ne m'abandonne pas ; car la mort n'est pas une peine de la pauvreté, mais une loi de la nature. Dans quelque temps que la mort vienne, je la défie, elle ne me surprendra jamais faisant des préparatifs pour vivre ; elle ne m'empêchera jamais d'avoir vécu.

Voilà, mon père, à quoi je me fixe. Si j'étais sans passions, je serais, dans mon état d'homme, indépendant comme Dieu même, puisque, ne voulant que ce qui est, je n'aurais jamais à lutter contre la destinée. Au moins je n'ai qu'une chaîne, c'est la seule que je porterai jamais, et je puis m'en glorifier. Venez donc, donnez-moi Sophie, et je suis libre. »

« — Cher Émile, je suis bien aise d'entendre sortir de ta bouche des discours d'homme, et d'en voir les sentiments dans ton cœur. Ce désintéressement outré ne me déplaît pas à ton âge. Il diminuera quand tu auras des enfants, et tu seras alors précisément ce que doit être un bon père de famille et un homme sage. Avant tes voyages je savais quel en serait l'effet ; je savais qu'en regardant de près nos institutions, tu serais bien éloigné d'y prendre la confiance qu'elles ne méritent pas. C'est en vain qu'on aspire à la liberté sous la sauvegarde des lois. Des lois ! où est-ce qu'il y en a, et où est-ce qu'elles sont respectées ? Partout tu n'as vu régner sous ce nom que l'intérêt particulier et les passions des hommes. Mais les lois éternelles de la nature et de l'ordre existent. Elles tiennent lieu de loi positive au sage ; elles sont écrites au fond de son cœur par la conscience et par la raison ; c'est à celles-1805 là qu'il doit s'asservir pour être libre ; et il n'y a d'esclave que celui qui fait mal, car il le fait toujours malgré lui. La liberté n'est dans aucune forme de gouvernement, elle est dans le cœur de l'homme libre ; il la porte partout avec lui. L'homme vil porte partout la servitude. L'un serait esclave à 1810 Genève, et l'autre libre à Paris.

Si je te parlais des devoirs du citoyen, tu me demanderais peut-être où est la patrie, et tu croirais m'avoir confondu. Tu te tromperais pourtant, cher Émile ; car qui n'a pas une patrie a du moins un pays. Il y a toujours un gouvernement et des 1815 simulacres de lois sous lesquels il a vécu tranquille. Que le contrat social n'ait point été observé, qu'importe, si l'intérêt particulier l'a protégé comme aurait fait la volonté générale, si la violence publique l'a garanti des violences particulières, si le mal qu'il a vu faire lui a fait aimer ce qui était bien, et 1820 si nos institutions mêmes lui ont fait connaître et haïr leurs propres iniquités ? Ô Émile ! où est l'homme de bien qui ne doit rien à son pays ? Quel qu'il soit, il lui doit ce qu'il y a de plus précieux pour l'homme, la moralité de ses actions et l'amour de la vertu. Né dans le fond d'un bois, il eût vécu 1825 plus heureux et plus libre ; mais n'ayant rien à combattre pour suivre ses penchants, il eût été bon sans mérite, il n'eût point été vertueux, et maintenant il sait l'être malgré ses passions. La seule apparence de l'ordre le porte à le connaître, à l'aimer. Le bien public, qui ne sert que de prétexte aux 1830 autres, est pour lui seul un motif réel. Il apprend à se combattre, à se vaincre, à sacrifier son intérêt à l'intérêt commun. Il n'est pas vrai qu'il ne tire aucun profit des lois ; elles lui donnent le courage d'être juste, même parmi les méchants. Il n'est pas vrai qu'elles ne l'ont pas rendu libre, 1835 elles lui ont appris à régner sur lui.

Ne dis dons pas : que m'importe où je sois ? Il t'importe d'être où tu peux remplir tous tes devoirs ; et l'un de ces devoirs est l'attachement pour le lieu de ta naissance. Tes

compatriotes te protégèrent enfant, tu dois les aimer étant
1840 homme. Tu dois vivre au milieu d'eux, ou du moins en lieu
d'où tu puisses leur être utile autant que tu peux l'être, et où
ils sachent où te prendre si jamais ils ont besoin de toi. Il y
a telle circonstance où un homme peut être plus utile à ses
concitoyens hors de sa patrie que s'il vivait sans son sein.
1845 Alors il doit n'écouter que son zèle et supporter son exil sans
murmure ; cet exil même est un de ses devoirs. Mais toi, bon
Émile, à qui rien n'impose ces douloureux sacrifices, toi qui
n'as pas pris le triste emploi de dire la vérité aux hommes,
va vivre au milieu d'eux, cultive leur amitié dans un doux
1850 commerce, sois leur bienfaiteur, leur modèle : ton exemple
leur servira plus que tous nos livres, et le bien qu'ils te verront
faire les touchera plus que tous nos vains discours.

Je ne t'exhorte pas pour cela d'aller vivre dans les grandes
villes ; au contraire, un des exemples que les bons doivent
1855 donner aux autres est celui de la vie patriarcale et champêtre,
la première vie de l'homme, la plus paisible, la plus naturelle
et la plus douce à qui n'a pas le cœur corrompu. Heureux,
mon jeune ami, le pays où l'on n'a pas besoin d'aller chercher
la paix dans un désert ! Mais où est ce pays ? Un homme
1860 bienfaisant satisfait mal son penchant au milieu des villes, où
il ne trouve presque à exercer son zèle que pour des intrigants
ou pour des fripons. L'accueil qu'on y fait aux fainéants qui
viennent y chercher fortune ne fait qu'achever de dévaster le
pays, qu'au contraire il faudrait repeupler aux dépens des
1865 villes. Tous les hommes qui se retirent de la grande société
sont utiles précisément parce qu'ils s'en retirent, puisque tous
ses vices lui viennent d'être trop nombreuse. Ils sont encore
utiles lorsqu'ils peuvent ramener dans les lieux déserts de la
vie la culture et l'amour de leur premier état. Je m'attendris
1870 en songeant combien, de leur simple retraite, Émile et Sophie
peuvent répandre de bienfaits autour d'eux, combien ils
peuvent vivifier la campagne et ranimer le zèle éteint de
l'infortuné villageois. Je crois voir le peuple se multiplier, les
champs se fertiliser, la terre prendre une nouvelle parure, la

1875 multitude et l'abondance transformer les travaux en fêtes, les cris de joie et les bénédictions s'élever du milieu des jeux rustiques autour du couple aimable qui les a ranimés. On traite l'âge d'or de chimère, et c'en sera toujours une pour quiconque a le cœur et le goût gâtés. Il n'est pas même vrai 1880 qu'on le regrette, puisque ces regrets sont toujours vains. Que faudrait-il donc pour le faire renaître ? Une seule chose, mais impossible, ce serait de l'aimer.

Il semble déjà renaître autour de l'habitation de Sophie ; vous ne ferez qu'achever ensemble ce que ses dignes parents 1885 ont commencé. Mais, cher Émile, qu'une vie si douce ne te dégoûte pas des devoirs pénibles, si jamais ils te sont imposés : souviens-toi que les Romains passaient de la charrue au consulat. Si le prince ou l'État t'appelle au service de la patrie, quitte tout pour aller remplir, dans le poste qu'on 1890 t'assigne, l'honorable fonction de citoyen. Si cette fonction t'est onéreuse, il est un moyen honnête et sûr de t'en affranchir, c'est de la remplir avec assez d'intégrité pour qu'elle ne te soit pas longtemps laissée. Au reste, crains peu l'embarras d'une pareille charge ; tant qu'il y aura des hommes de ce 1895 siècle, ce n'est pas toi qu'on viendra chercher pour servir l'État. »

*[Émile et Sophie se marient. C'est sur l'annonce que Sophie attend un enfant que se termine l'*Émile*. Émile demande au gouverneur de le guider dans son futur rôle de père.]*

SOPHIE OU LA FEMME
(p. 263, l. 4 à p. 294, l. 990)

REPÈRES

• Pourquoi le livre V débute-t-il par un exposé sur les femmes ?

OBSERVATION

• Résumez cette première partie du livre V.
• En quoi la femme et l'homme sont-ils semblables ? En quoi sont-ils différents ? Pourquoi ?
• Relevez les phrases qui montrent la dépendance de la femme ; celles qui montrent son empire.
• Quelles sont les relations entre l'homme et la femme ? Quel est le rôle attribué à la sexualité ?
• Quels sont les défauts des femmes ? Quelles sont leurs qualités ? les vertus à développer ? leurs devoirs ? leurs reponsabilités ? Comment les leur enseigner ?
• En quoi consiste le bonheur de la femme ?
• Expliquez et commentez : « Toute l'éducation des femmes doit être relative aux hommes. » Que pensez-vous alors des « indications de la nature » qui prétendent guider l'éducation des femmes ?
• Quelles sont les facultés intellectuelles de la femme ? En quoi diffèrent-elles de celles de l'homme ? Pourquoi faut-il « cultiver son esprit et sa raison » ? Montrez que son « instruction » dépend à la fois de la nature féminine telle qu'elle est exposée et de la finalité sociale de son éducation.
• Quelle méthode recommande Rousseau pour l'éducation féminine ?
• Comment doit-on enseigner la religion aux filles ? Quelle est la différence avec Émile ?
• Montrez que Sophie est une femme imaginaire. En quoi correspond-elle à Émile ?
• Relevez les phrases qui caractérisent respectivement le portrait physique, moral, intellectuel, social de Sophie. Commentez-le par rapport aux attentes d'Émile.

INTERPRÉTATIONS

• En vous appuyant sur les conclusions de la partie Observation dégagez les « principes » à partir desquels Rousseau développe ses thèses sur l'éducation des femmes.
• Quelle différence voyez-vous entre l'éducation des filles et celles des garçons ? Que doit-on leur apprendre ?
• Quelle est la finalité de cette éducation ?
• Dans quelle mesure le portrait de Sophie illustre-t-il l'exposé théorique de Rousseau sur l'éducation féminine ?

LES AMOURS D'ÉMILE ET DE SOPHIE
(p. 294, l. 994 à p. 310, l. 1534)

REPÈRES

• De quel genre littéraire relèvent ces extraits ? du traité ou du roman d'éducation ?
• Justifiez leur place dans l'*Émile*.

OBSERVATION

• Comment Rousseau présente-t-il la famille de Sophie ?
• Quel est son rôle dans les relations amoureuses des deux jeunes gens ?
• Résumez succinctement les rencontres des deux jeunes gens. Quels sont leurs comportements respectifs ?
• Montrez les effets de l'amour sur la personnalité d'Émile ?
• Relevez dans le discours du gouverneur quelques phrases significatives sur la méthode éducative conduite.

INTERPRÉTATIONS

• Que représente l'amour dans l'éducation d'Émile et de Sophie ?
• Montrez que le discours du gouverneur tend à justifier son système éducatif. Quelle en est la finalité ? Pourquoi cette éducation n'est-elle pas encore achevée ?

LES VOYAGES
(p. 311, l. 1535 à p. 316, l. 1707)

REPÈRES

• Situez ce passage par rapport à l'*Émile*.

OBSERVATION

• Qu'est-ce que Rousseau appelle « savoir voyager » ?
• Quelle est l'utilité des voyages ?
• Quelle conception de la liberté Émile expose-t-il ? Quelle réponse lui fait le gouverneur ?
• Comment se termine l'*Émile* ? Cette fin justifie-t-elle le titre de l'ouvrage : *Émile ou De l'éducation* ?

INTERPRÉTATIONS

• Quel est l'objectif pédagogique des voyages ?
• Après deux années de voyage, quelles connaissances Émile a-t-il acquises ? Quelle sagesse a-t-il gagnée ?

Le cinquième livre s'ouvre par un traité, *Sophie ou la femme* (p. 263-284), qui commence par un exposé sur la nature de la femme (p. 263-268), suivi d'un autre sur l'éducation qu'elle doit recevoir (p. 268-284). Puis le traité d'éducation féminine prend le ton et la forme du roman pour raconter les amours d'Émile et de Sophie (p. 294-304), la transition s'effectuant par le portrait imaginaire de Sophie (p. 284-294). Ce roman d'amour se termine par une longue exhortation du gouverneur (p. 304-310), qui annonce le retour au traité d'éducation s'achevant sur un exposé sur l'utilité des voyages (p. 311-316) et les ultimes recommandations du gouverneur (p. 316-321) avant le mariage d'Émile et de Sophie et l'annonce qu'ils attendent un enfant.

Le cinquième livre confirme cette impression de genre « bâtard » qui caractérise l'*Émile*, à la fois traité anthropologique, traité d'éducation, exposé sur différents sujets de société, roman d'éducation… quand il ne verse pas – à la fin – dans le sentimentalisme mièvre du roman d'amour.

Un exposé sur l'anthropologie féminine

La conception que Rousseau se fait de la femme est conforme à l'image médicale et sociale de l'époque. Mais il traduit l'inégalité des sexes en terme de complémentarité. L'homme est actif et fort, la femme est passive et faible ; la nature veut que la femme soit faite « pour plaire à l'homme » et « lui être subjuguée ». Sa sexualité – « tout la rappelle sans cesse à son sexe » – garantit cependant son pouvoir sur les hommes par sa « facilité » à « émouvoir leurs sens ». Entièrement conditionnée par son sexe, elle est faite pour être épouse et mère. Son ascendant sur les hommes est « un présent de la nature ». C'est elle qui opère la distinction dans l'amour entre le besoin physique et les exigences morales pour établir son « empire ». La ruse de la nature (« la ruse ordinaire de la femme ») est d'utiliser cette emprise sur les hommes pour fonder, par cette complémentarité de l'homme et de la femme, une « personne morale » unique et créer ainsi une dynamique nouvelle qui modifie le rapport de l'homme au monde : « La relation sociale des sexes est admirable. De cette société résulte une personne morale dont la femme est l'œil et l'homme le bras, mais […]. C'est de l'homme que la femme apprend ce qu'il faut voir et de la femme qu'il apprend ce qu'il faut faire. » Elle projette l'homme naturel dans la société ; elle le fait accéder à la moralité ; elle garantit par ses vertus les mœurs de la famille.

Différence de méthode dans l'éducation des garçons et des filles

1) On ne retrouve pas pour les filles le souci de distinguer les phases successives dans l'action éducative correspondant au développement du corps et de l'esprit. Rousseau ne distingue plus pour la petite fille les différentes phases qui se caractérisent par le rapport entre la force et les besoins chez le nouveau-né, l'enfant, la préadolescente, l'adolescente, la jeune fille. Alors que Rousseau insistait sur la spécificité de l'enfance dans l'éducation d'Émile, cette notion d'enfant disparaît pour ne considérer en Sophie que « la future femme ». L'éducation de la petite fille, dès le départ, s'effectue en fonction de son destin « naturel » d'épouse et de mère. Elle n'est pas éduquée <u>par</u> la nature, par les choses, par les hommes, mais <u>pour</u> l'homme. Si l'homme reçoit une véritable éducation, celle de la femme ne fait que s'adapter, que « s'ajuster » : « L'éducation des femmes doit être relative aux hommes. »

2) D'autre part, le gouverneur veillait à protéger Émile du regard des autres, d'une perversion possible de l'opinion ou de l'autorité d'autrui, pour le préparer, dès le berceau, à l'exercice de sa liberté et à la plénitude de son autonomie. Au contraire, on rend la petite fille sensible à l'opinion d'autrui (« Réglez votre ambition, non sur vos jugements ni sur les nôtres, mais sur l'opinion des hommes ») ; comme on la soumet à l'autorité de ses parents et de la religion : « Les filles sont faites pour obéir. [...] Sa croyance est asservie à l'autorité. Toute fille doit avoir la religion de sa mère. » Sophie n'a d'existence que par rapport à la cellule familiale, en attendant de créer sa propre famille où elle s'immergera.

L'éducation des filles est inversée par rapport à l'éducation masculine parce que la nature de l'homme est à l'inverse de la nature de la femme. Cette « inversion » justifie que les défauts des femmes sont l'inverse des qualités des hommes et que loin d'être proscrits par l'éducation ils doivent au contraire être favorisés. On le voit bien par la description qui nous est donnée de Sophie.

Un roman d'amour
mêlé de considérations éducatives

1) Pour éviter que ces considérations sur les femmes et leur éducation restent abstraites, Rousseau imagine la « rencontre » d'Émile et de Sophie. Il est significatif que cette rencontre soit précédée des « fantasmes » des deux jeunes gens, chacun correspondant au modèle imaginé. Sophie, éduquée dans l'admiration des récits de *Télémaque,* tombe amoureuse de son héros qu'elle croit reconnaître en Émile : « Son tendre cœur palpite de joie, et lui dit que Télémaque est trouvé. » La rencontre d'Émile et de Sophie est donc bien dans « la logique » de l'*Émile.* Émile rencontre Sophie parce que la nature l'a disposé à rencontrer une femme conforme à son désir. Le texte perd alors la forme doctrinale pour prendre celle d'un roman. Le récit succède aux injonctions et aux discours argumentatifs pour présenter avec cohérence une suite d'événements, avec des personnages, des anecdotes, un suspens qui captive le lecteur du XVIIIe siècle car il peut y trouver tous les topos du roman d'amour. Émile et Sophie prennent alors une certaine consistance. Émile n'est plus seulement le prétexte à une argumentation théorique, il devient un jeune homme sensible, un peu naïf, amoureux impatient d'une jeune fille innocente, mais coquette, obéissante à l'égard de ses parents, mais soucieuse de lui plaire. Nous participons à leurs premiers émois, à leurs jeux, à leurs disputes, à leurs baisers.

2) Pourtant Rousseau n'oublie pas l'objectif théorique de l'*Émile :* « Si j'entre ici dans l'histoire trop naïve et trop simple [...] de leurs innocentes amours, on regardera ces détails comme un jeu frivole, on aura tort. » De même que Rousseau nous engageait à découvrir dans les « bagatelles » de l'histoire « le naturel » de l'homme, de même ces « détails » permettent une description de la nature humaine dans l'évolution de son « espèce ». Ils témoignent du nécessaire passage de « l'homme naturel » à « l'homme civil » par la médiation de l'amour qui socialise l'instinct sexuel en créant la famille : « Il m'importe peu d'avoir écrit un roman. C'est un beau roman que celui de la nature humaine. [...] Ce devrait être l'histoire de mon espèce, vous qui la dépravez, c'est vous qui faites un roman de mon livre. »

Comment lire l'œuvre

Progressivement, les personnages (Émile et son gouverneur) de cet ouvrage, commencé comme un traité d'éducation théorique, s'animent pour prendre la forme de personnages de roman. L'étude de la structure montre bien cette évolution.

La structure

Livre I : Émile pendant la première enfance

Principes, acteurs, méthode

Après avoir posé les principes généraux, Rousseau présente les acteurs : le gouverneur, « prodige » exceptionnel, et son élève « imaginaire ». Rousseau propose les premières mesures éducatives en faveur du nouveau-né : le cadre (le choix de la nourrice, la vie à la campagne), comment le nourrir, l'habiller (pas de maillot), comment éviter qu'il ne prenne de mauvaises habitudes (en ne cédant pas à ses caprices, à ses pleurs...), comment procéder pour l'apprentissage du langage.

Livre II : Émile enfant

La formation du corps et des sens

Après une présentation générale, Rousseau expose les modalités de son éducation (qu'il appelle éducation négative) : maintenir l'enfant sous la seule dépendance des choses, le protéger contre les vices extérieurs, ne pas raisonner avec lui mais le traiter selon son âge, adapter sa première instruction au développement de la raison sensitive en évitant les discours qu'il ne comprend pas, en formant son caractère et en exerçant ses sens.

Livre III : Émile de douze à quinze ans

La formation intellectuelle et technique

C'est le temps des travaux et des études. Rousseau propose pour cette période une nouvelle méthode qui s'appuie sur la curiosité de l'enfant et relève du critère de l'utilité (« À quoi cela est-il bon ? »). Guidé par son gouverneur, Émile apprend à observer, à raisonner sur les faits. Il reçoit par l'expérience ses premières leçons de cosmographie, de géographie, de sciences physiques, de chimie. Il est initié aux relations sociales par le truchement d'un livre, *Robinson Crusoé,* et apprend un métier, celui de menuisier.

Livre IV : Émile adolescent
La formation morale et religieuse

Après avoir défini cette période comme une « seconde naissance » au cours de laquelle Émile, par l'éveil de sa sensualié, « court tous les dangers », Rousseau tente, par l'intermédiaire du gouverneur, de détourner les passions naissantes vers les autres, vers la pratique des sentiments sociaux : la pitié, l'amitié, avant l'amour en la personne de Sophie. C'est le moment d'apprendre l'histoire pour « découvrir le cœur humain ». Il reçoit alors une formation religieuse par l'intermédiaire du vicaire savoyard.

Livre V : Émile jeune homme
L'éveil à l'amour, Sophie, le mariage

Après des considérations sur la nature et la finalité sociale de la femme (épouse et mère), Rousseau en déduit la nécessaire différence de son éducation avec celle de l'homme. C'est ainsi qu'on s'est attaché à faire de Sophie une jeune fille telle qu'Émile l'a imaginée. Les deux jeunes gens se rencontrent et se plaisent. Après un voyage de deux ans, nécessaire pour parfaire sa connaissance des hommes et pour s'initier aux questions politiques, Émile épouse Sophie. Ils ont un enfant. La mission du gouverneur est terminée.

Cette structure, qui fait correspondre les phases du développement de l'enfant avec les progrès conjoints du corps et des facultés nécessitant des approches pédagogiques adaptées, peut être soulignée par le tableau suivant :

	Développement biologique	Critères naturels	Facultés
Livre I	Pas de force	Vigilance	Éveil des sens
Livre II	Moins de force que de besoins	Nécessité	Raison sensitive ou puérile (les cinq sens)
Livre III	Plus de force que de besoins	Utilité	Raison intellectuelle ou humaine
Livre IV	Éveil sexuel sans objet	Pitié, amitié, moralité	Raison morale (la conscience)
Livre V	Sexualité dans l'amour	Citoyenneté (désir de s'installer dans la société par le mariage)	La liberté de la conscience

Les personnages

Les personnages, dans l'*Émile,* sont des prétextes à l'exposé d'une théorie de l'éducation. Émile et le gouverneur constituent un couple à valeur didactique.

Émile

Ce n'est qu'au cours de sa rédaction que Rousseau a imaginé le personnage d'*Émile*, orphelin, noble, riche, donc sans contraintes sociales, en bonne santé, « *d'esprit commun et vulgaire* » (d'intelligence moyenne), né « *en France plutôt qu'ailleurs* » : c'est un « *élève imaginaire* », l'homme de la nature dans toute sa généralité. Dans la première rédaction (manuscrit Favre), Émile n'apparaît qu'au troisième livre, encore est-il écrit d'une encre plus sombre, dans un espace que Rousseau avait laissé en blanc, avec au-dessus la mention « élève » (Pléiade, *op. cit.*, IV, p. 185). Personnage fictif dont le rôle est de rendre vivant l'exposé didactique de l'auteur, il prend de plus en plus vie au cours de chacun des cinq livres qui retracent son développement physique et mental, comme en témoigne le « portrait » que Rousseau présente de cet « *élève imaginaire* » à la fin de chaque livre ; mais ce n'est vraiment que dans le dernier livre qu'il se rapprochera le plus d'un personnage de roman. Émile devient un jeune homme sensible, un peu naïf, amoureux tremblant d'une jeune fille innocente obéissant à ses parents. Sans perdre son rôle didactique premier de représentant de la théorie éducative exposée par Rousseau.

Le gouverneur

Le gouverneur est une fiction : il n'a d'existence que par rapport au rôle d'éducateur qui accompagne la « *marche de la nature* » chez cet élève imaginaire à chaque seconde de son existence. Du reste, Rousseau prévient le lecteur qu'un tel éducateur n'est pas possible : « *Un gouverneur ! Ô quelle âme sublime !... En vérité, pour faire un homme, il faut être ou père ou plus qu'homme soi-même.* » Dans la société actuelle, un tel homme est « *introuvable* » : « *Comment se peut-il qu'un enfant soit bien élevé par qui n'a pas été bien élevé lui-même ?* » Le gouverneur apparaît à la fois comme le porte-parole de l'auteur (« *Je ne parle point ici des qualités d'un bon gouverneur ; je les suppose, et je me suppose moi-même doué de toutes ces qualités* ») et comme le double d'Émile jusqu'à ce qu'il n'ait « *plus d'autre guide que lui-même* ». C'est pour cela que Rousseau souhaiterait que ce gouverneur soit « *lui-même enfant, [...] qu'il pût devenir le compagnon de son élève, et s'attirer sa confiance en partageant ses amusements* ». Il supplée en quelque sorte à la défaillance de la raison en épiant « *la première lueur de son faible entendement* ». Il apparaît, dès le début, comme un « *prodige* » impossible. Rousseau va jusqu'à nier son existence : « *Ce rare mortel est-il introuvable ?* » C'est en fonction du rôle didactique que Rousseau veut lui confier qu'il imagine le personnage du gouverneur (« *c'est en considérant ce qu'il doit faire que nous verrons ce qu'il doit être* »), sans lui donner de nom (au livre III, il s'appelle « Jean-Jacques » dans un court dialogue avec Émile), sans description physique (on sait qu'il est jeune), ni intellectuelle et morale : Rousseau ne signale que les qualités d'un gouverneur qui seraient les siennes : « *Je me suppose moi-même doué de toutes ces qualités.* » Si le gouverneur est jeune, c'est pour qu'il puisse participer aux jeux, aux recherches de son élève, à l'acquisition progressive de ses facultés, comme si le gouverneur incarnait la raison jusqu'à ce qu'Émile prenne conscience de sa propre raison (« *Apprends à devenir ton propre maître* », lui dit le gouverneur au livre V) et se sépare de son gouverneur. Ce n'est que progressivement qu'Émile va s'animer, prendre figure humaine au fur et à mesure que ses facultés intellectuelles vont le rendre moins dépendant de son gouverneur, qui, en conséquence, va parallèlement devenir plus humain : Rousseau, à chaque étape du développement de son élève, nous fait part de ses doutes, parfois même de ses moments de découragement, comme au livre V, quand il constate que la passion d'Émile pour Sophie remet en question toute l'éducation qu'il lui a donnée. Mais c'est dans ce dernier livre que les personnages s'humanisent grâce à la rencontre avec Sophie.

Sophie

Notons que Sophie est sortie de l'imagination d'Émile (nous dirions de ses fantasmes quand l'éveil de sa sexualité le poussera à aimer) : « *En lui peignant la maîtresse que je lui destine, [...] il importe peu que l'objet que je lui peindrai soit imaginaire, il suffit qu'il le dégoûte de ceux qui pourraient le tenter.* » Sophie, comme Émile, est un personnage imaginaire, exemplaire, de la femme à aimer, de la femme en général, médiocre comme Émile, pas « *très belle* », habillée sans coquetterie excessive, elle a l'« *esprit agréable sans être brillant* » ; elle est le pendant d'Émile. Elle est donc elle aussi une figure représentative de la « *femme naturelle* » devant vivre en société sous l'angle représentatif d'une anthropologie éducative à l'inverse de celle réservée à « *l'homme na-*

turel » que représente Émile. Certes, Rousseau nous la présente dans sa famille, avec son père et sa mère, lorsqu'Émile et son gouverneur la rencontrent. Le texte prend la forme d'un roman par le récit ciconstancié de l'amour des deux jeunes gens. Mais ces récits ont une fonction théorique ; celle d'achever le parcours éducatif de l'homme naturel par l'éveil à l'amour et son installation dans la société par le mariage. Ils réalisent ainsi « l'histoire de notre espèce ». La famille de Sophie n'a pas plus d'existence, malgré les détails de sa description, que d'être à la fois le cadre et le moteur de cette « histoire ». Chacun des personnages a un rôle précis dans la distribution idéalisée de la famille.

Les autres personnages jouent aussi un rôle représentatif et didactique. Au livre II, le dialogue entre « Robert », le jardinier, et « Jean-Jacques » (pour Émile) n'a pas d'autre objet que d'initier Émile aux premières relations sociales. Au livre III, un court dialogue entre « Émile » et « Jean-Jacques » illustre une leçon de géographie ; et il est à noter que le personnage de Jean-Jacques incarne cette fois-ci le gouverneur. Le joueur de gobelets introduit une leçon de physique. Au livre IV, la petite scène entre une femme et son enfant montre comment répondre à la curiosité des enfants qui se demandent « *comment se font les enfants* ». L'éducation religieuse se fait par le truchement du vicaire savoyard ; la scène entre « *l'inspiré* » et « *le raisonneur* » a aussi un but didactique au détriment de l'attitude mystique. Au livre V le dialogue entre la « *bonne* » et la « *petite* » donne un exemple d'une leçon de catéchisme à une petite fille.

Les principes de l'éducation naturelle

Les fondements

Rousseau propose une théorie sur la formation de « *l'homme de la nature* » voué à vivre « *parmi les hommes* ». La théorie sur la nature humaine relève à la fois de la métaphysique, de la psychologie et de l'anthropologie.

La bonté originelle

Les principes pédagogiques de l'*Émile* s'appuient sur une théorie métaphysique de la nature humaine, le postulat de la bonté originelle et de la nécessaire dénaturation : « *Tout est bien, sortant des mains de l'Auteur des choses : tout dégénère entre les mains de l'homme.* » Dans une note du *Discours sur l'origine de l'inégalité*, Rousseau s'était déjà interrrogé sur la « *dépravation* » de l'homme : « *Les hommes sont méchants ; [...] Cependant l'homme est naturellement bon, [...] qu'est-ce qui peut l'avoir dépravé à ce point, sinon les changements intervenus dans sa constitution, les progrès qu'il a faits et les connaissances qu'il a acquises ?* » (Pléiade, *op. cit.*, III, p. 202). Cette « *dépravation* » est donc liée aux progrès de l'humanité inhérents à la nature humaine (sa « *constitution* »), puisque, dans le même *Discours*, Rousseau nous dit que l'homme porte en lui, à l'origine, « *la faculté de se perfectionner* » (p. 142). Ce postulat de la « *perfectibilité* » explique que l'homme est sorti de l'état de bonheur initial « *état d'innocence et d'égalité* » (*op. cit.*, I, p. 935). Il justifie l'exigence d'éducation par la nécessaire adaptation de l'homme naturel à la société politique, qui conserverait en lui l'équilibre originel entre ses besoins et ses désirs, condition de sa liberté et de son bonheur. Dès lors l'éducation apparaît comme l'effet indispensable de la « dénaturation » de l'homme pour son entrée dans la société. Cet a priori doctrinal relève d'un optimisme pédagogique qui attribue à l'éducation une fonction de médiation entre la nature et la société, car, assure-t-il dans le troisième *Dialogue,* qui présente l'*Émile* comme le « traité de la bonté originelle de l'homme », « *la nature humaine ne rétrograde pas* ». Émile est fait pour entrer dans la société des hommes, or, précise Rousseau dans une variante de la version de l'édition Favre, « *l'homme de la société n'est plus l'homme de la nature, il est autrement fait et qui est-ce qui fera pour lui ce nouvel être si ce n'est l'homme même ?* » (*op. cit.*, IV, p. 55, var. a), si ce n'est l'éducation : « *On façonne les plantes par la culture et les hommes par l'éducation.* »

Empirisme et conscience

Cet a priori doctrinal est accompagné d'une théorie sur la formation de la conscience qui s'inspire de l'empirisme. Rousseau avait envisagé d'écrire un traité, *La morale sensitive ou le matérialisme du sage,* ouvrage qui s'inspirait des principes de l'empirisme de Locke pour expliquer l'origine de nos idées et de nos sentiments (*op. cit.*, I, p. 409). Ce projet abandonné est repris dans l'*Émile,* d'une part par le rôle attribué à la sensation, d'autre part par la « *méthode* » pédagogique dont se recommande continuellement le gouverneur qui utilise le milieu naturel et social pour former graduellement les facultés, le « *moral* » étant en quelque sorte déterminé par le « *physique* » à condition de suivre « *la marche de la nature* » selon sa programmation et sa finalité : « *Nous naissons sensibles, et, dès notre naissance, nous sommes affectés de diverses manières par les objets qui nous environnent.* »

Mais cet empirisme est gauchi par trois aspects théoriques. D'une part, le postulat de la bonté native attribue à l'essence humaine la « *faculté de se perfectionner, [...] faculté qui à l'aide des circonstances* (que le gouverneur va soigneusement aménager) *développe successivement toutes les autres* (selon les stades du développement) *et réside pami nous, tant dans l'espèce que dans l'individu* ». Ainsi

ce dynamisme de la nature, que manifeste la
« *perfectibilité* » de l'espèce humaine, s'exprime sur le plan
individuel par « *le principe actif* » qui meut le développement physique et mental de l'enfant. Mais, de même que
l'humanité est douée de perfectibilité, « *cette faculté distinctive et presqu'illimitée* » (*op. cit.*, III, p. 142), de même, ce
« *principe actif* », mobilité spontanée de l'homme, a besoin
de l'éducation, de savoir-faire, d'acquisitions d'habitudes
motrices et mentales pour se transformer en volonté intelligente selon une progression ordonnée et quasi illimitée.

D'autre part, dans les différentes phases du développement
de l'enfant, ce dynamisme vital réclame un équilibre continu,
et toujours remis en question, entre la force et les besoins. À
la faiblesse relative de l'enfant correspond la loi de la nécessité, pour éviter que les mauvaises habitudes ne le corrompent. Au commencement du développement psychique de
l'enfant, ce ne sont ni les sens, ni la raison qui sructurent le
monde et qualifient toute chose, mais ce rapport entre la
force (les capacités physiques du corps), les besoins ressentis
et le désir de les réaliser. Cette primauté des forces progressives sur les facultés s'oppose au sensualisme de Condillac et
rapproche Rousseau des médecins vitalistes de l'école de
Montpellier (voir les notes 1, p. 69 ; 1, p. 102), dans la
mesure où tout le développement mental de l'enfant est
conditionné par cet ajustement de la force au besoin, et non
par la simple transformation des sensations en facultés. C'est
ce rapport entre la force et le besoin, entre les activités du
corps et celles de l'esprit, qui structure l'ensemble du traité
de Rousseau en cinq livres correspondant aux différentes
phases du développement physique et mental : le nouveau-né
(livre I), l'enfant (livre II), le préadolescent (livre III), l'adolescent (livre IV), le jeune homme (livre V).

Enfin, le point de vue théorique de Rousseau doit être saisi
dans ses aspects polémiques et dialectiques qui font progresser l'argumentation selon un rythme binaire : ce qu'il faut
faire en matière d'éducation en suivant « *la marche de la
nature* », par opposition à ce qui est mauvais dans la société

actuelle. En plein siècle des Lumières qui croit au progrès moral de l'humanité grâce à l'acquisition des connaissances, Rousseau ne cesse de dénoncer les « *philosophes et leurs pernicieuses doctrines* ». Il entend, dans l'*Émile*, proposer un système éducatif « *destiné à montrer comment le vice et l'erreur, étrangers à sa constitution (de l'homme), s'y introduisent du dehors et l'altèrent insensiblement* » (*op. cit.*, I, p. 936). Il s'agit bien de former « *l'homme primitif* » qui est à l'origine en tout individu, en préservant sa constitution originelle des agressions et des perversions du monde extérieur. C'est la raison pour laquelle Rousseau dénonce dans le sensualisme de Condillac et d'Helvétius, mais aussi dans l'empirisme de Locke, l'intrusion des sens dans une conscience qui ne serait que passive – à la limite assimilée à une statue bornée à un seul sens comme celle de Condillac – et se verrait progressivement imprimer les facultés supérieures de l'esprit. Or, à la statue de Condillac, Rousseau oppose la primauté de la conscience non encore corrompue par la société et les modalités de l'action éducative qui vise à conserver la liberté naturelle : pour Kant l'éducation d'Émile est « une éducation à la liberté ».

La méthode

Réflexion théorique et observation

Dans le troisième *Dialogue* Rousseau définit l'*Émile* comme « *un traité sur la bonté originelle de l'homme* ». Il nous invite à le lire en premier dans le contexte intertextuel de « *ses écrits* » qui « *marchaient dans un certain ordre* » pour comprendre son système de pensée. La méhode employée, qu'il appelle « *éducation négative* » consiste donc à « *suivre la marche de la nature* » en adaptant l'action pédagogique à la maturation progressive de l'enfant, aux différentes étapes de sa croissance, tout en empêchant « *le vice et l'erreur* » de s'introduire dans la conscience de l'enfant. Il ne s'agit pas de lui laisser faire ce qu'il veut, mais de veiller à la bonne harmonie entre le développement du corps, notamment des organes et des sens qui sont les instruments de la connaissance, et l'émergence des facultés cognitives : l'attention, la mémoire, le langage, l'entendement (« *le jugement* »).

La réussite de cette éducation naturelle (en ce qu'elle suit les différentes phases du développement physique et mental de l'enfant) négative (en ce qu'elle considère la nature enfantine comme une unité globalisante qu'il faut préserver du vice et de l'erreur) dépend du gouverneur qui va organiser le milieu, les circonstances, l'espace et les outils pédagogiques de telle sorte qu'Émile jouisse d'une « *liberté bien réglée* » et que son comportement ne dépende pas de la volonté de l'adulte mais de la prise en compte de la nécessité, puis de l'utilité, enfin de la raison. Cette gradation dans la méthode employée dépend de l'adresse du gouverneur, omniprésent, qui va consacrer sa vie à l'éducation d'Émile, mais qui pourtant n'a pas d'existence.

La place du gouverneur

Le gouverneur apparaît à la fois comme le double d'Émile et le double de la nature, quand ce n'est pas le subterfuge de l'auteur pour faire passer ses idées.

Le gouverneur est bien le double d'Émile tant que l'enfant ne pourra vivre dans la liberté que lui permet l'exercice de sa raison. Il est en quelque sorte la conscience, la raison non encore dégagées par la plénitude de ses facultés. Au livre V, à l'approche du dénouement, le gouverneur rend Émile maître de sa propre raison qu'il s'était appropiée et dont il s'est progressivement dessaisi : " *Maintenant sois libre* [...] ; *apprends à devenir ton propre maître ; commande à ton cœur, Ô Émile, et tu seras vertueux.* » C'est pourquoi ils sont inséparables (« *je voudrais que l'élève et le maître se regardassent tellement comme inséparables que le sort de leurs jours fût toujours entre eux un objet commun* »). Ils partagent les mêmes activités physiques, intellectuelles ; ils apprennent ensemble le métier de menuisier ; ils choisissent ensemble la femme qui convient à Émile. Très souvent, la voix du gouverneur prend les accents de la conscience morale dès qu'Émile s'écarte du droit chemin, de la « *marche de la nature* ».

Le gouverneur apparaît bien comme le double de la nature :

« *En naissant l'enfant est déjà disciple, non du gouverneur mais de la nature.* » C'est lui qui matérialise la force de la nature opposée aux caprices de l'enfant et la nécessité des contraintes naturelles : « *Qu'il sente de bonne heure [...] le dur joug que la nature impose à l'homme, le pesant joug de la nécessité sous lequel il faut que tout être fini ploie.* » Lorsque le gouverneur adapte les contenus et les méthodes pédagogiques à l'âge de l'enfant, il le fait en prescription d'un certain « *ordre des connaissances* » que lui commande la nature et non, comme le propose Diderot dans son *Plan d'une université*, en fonction du classement des sciences. Ainsi, au livre III de L'Émile, le gouverneur parle au nom de la nature pour rappeler que l'enseignement est tributaire du développement biologique de l'enfant : « *Voici le temps des travaux, des instructions, des études ; et remarquez que ce n'est pas moi qui fait arbitrement ce choix, c'est la nature elle-même qui l'indique.* »

Un enseignement complexe et concret

Émile reçoit un enseignement complet qui suit le développement de son esprit et de son corps, mais qui privilégie la formation de l'intelligence par la confrontation avec l'environnement au détriment de l'encyclopédisme et de l'abstraction qui caractérisaient les multiples plans d'éducation de son époque et les projets de réforme de l'enseignement présentés au roi par les parlementaires.

Il nous suffit de comparer, entre autres, l'*Essai d'éducation nationale ou plan d'études pour la jeunesse* que Caradeuc de La Chalotais propose au roi en 1763 au nom du Parlement de Bretagne ou le *Plan d'une université ou d'une éducation publique dans toutes les sciences* de Diderot à l'intention de Catherine II. Tous les deux ont des exigences encyclopédiques déraisonnables et impraticables. De même, dans son *Cours d'études pour l'instruction du prince de Parme* qui, publié en 1775, apparaît à bien des égards comme un « anti-Émile », Condillac, alors précepteur de l'infant Ferdinand de Bourbon, commence à expliquer à son élève, dès l'âge de sept à huit ans, la nature des idées, les opérations de l'âme, les attributs de Dieu ; ensuite il lui fait étudier « *les sociétés dans leurs origines et leurs progrès* », puis il lui fait étudier *Le Lutrin* de Molière, Racine, *L'Art poétique* de Boileau, les *Lettres* de Mme de Sévigné, mais aussi Voltaire, Maupertuis, en même temps qu'il « *l'instruit de sa religion* » par le *Catéchisme* de l'abbé Fleury et la *Bible* de Royaumont, sans oublier des cours de logique ! À l'âge de dix ans, il lit en latin les textes d'Horace, de Virgile, d'Ovide, ceux des historiens, Tite-Live, Cicéron, César, en même temps que la *Henriade* et l'*Essai sur la poésie épique* de Voltaire, sans oublier « *plusieurs tragédies de Corneille, tout Racine, tout Molière, tout Régnard et toutes les pièces de théâtre de Voltaire* ». À la fin de la troisième année d'études (le prince n'a pas douze ans) son précepteur lui fait étudier *L'art de penser* composé pour lui. Ils se consacrent alors pendant six ans à l'histoire et d'abord à la philosophie de l'histoire.

On voit bien l'originalité de la pensée pédagogique de Rousseau, et notamment ce qui la distingue de la pédagogie sensualiste dont les « nouvelles méthodes » vont envahir progressivement l'Europe et se confondre avec la fortune des idées pédagogiques de Locke et de Rousseau pour faire évoluer les contenus et les programmes d'enseignement, encourager les réformes des systèmes éducatifs. La pédagogie de Condillac est opposée à celle de Rousseau, ne serait-ce que par cet encyclopédisme précoce et l'appel à l'abstraction. La différence est importante par ses effets sur les projets pédagogiques : pour Condillac l'enfant est immédiatement capable de raisonner. Il bénéficie, en ce qui concerne l'usage de ses facultés, des progrès de l'humanité. À la différence de Rousseau qui recommande de suivre le développement progressif et ordonné des facultés et de respecter la nature propre de l'enfant, Condillac soutient que les « *facultés de l'entendement sont les mêmes dans un enfant que dans un homme fait* ».

Ce qui distingue Rousseau de Condillac et de ses émules apparaît clairement. Selon l'axiome sensualiste : « *Nihil est in intellectu, quod non antea fuerit in sensu* » (Il n'y a rien dans l'intelligence qui ne fût auparavant dans les sens), raisonnement et sensation sont concomitants ; nous ne savons, dit Condillac, que ce que les sens nous ont appris. En conséquence, le précepteur doit attirer l'attention de l'enfant sur ses jeux et sur ses mouvements, lui montrer comment les « *habitudes se contractent* », lui faire remarquer que « *sans les sensations* » il n'aurait eu aucune idée « *des objets sensibles* » ; sans les sens il n'aurait point eu de sensations. Il suffit alors de lui apprendre à généraliser car « *l'esprit ne pense qu'autant qu'il a appris à penser* ». À la limite, pour Condillac et ses disciples, il n'y a pas de « *nature enfantine* », pas de différence entre la conscience de l'enfant et celle d'un aveugle qui découvre progressivement la lumière, le monde qui l'entoure ; la mémoire, le jugement, la volonté ne sont que des sensations plus complexes. Le moi n'est pas une substance pensante consciente de soi, mais un effet de la combinaison des sensations et de l'expression de leur transformation dans le langage. Aussi, toute pédagogie doit-elle être sensorielle, concrète et positive. La pédagogie se veut une application de la psychologie et même d'une psychologie sensualiste. Pour l'*Encyclopédie*, par exemple, « *nous ne parvenons aux idées générales qu'après avoir passé par des idées particulières. Avant de parler de dizaine, sachez si votre jeune homme à l'idée d'un ; avant que de lui parler d'une armée, montrez-lui un soldat […] Il y a un ordre à observer dans l'acquisition des connaissances. Le grand point de la didactique, c'est-à-dire de l'art d'enseigner, c'est de connaître les connaissances qui doivent précéder et celles qui doivent suivre* ». Comme l'ont souligné Wallon, Piaget et Chateau, pour Rousseau, au contraire, le monde psychique de l'enfant est authentique, spécifique, évolue selon les différentes phases de son développement biologique. Sa pensée ne procède pas du concret à l'abstrait, mais elle est égocentrique et syncrétique. L'éducation ne doit pas s'inspirer seulement des méthodes intuitives et analytiques, elle se veut pratique et fonctionnelle, pour favoriser le libre développement des fonctions ; elle crée des situations telles que l'acte biologique, conduit par une méthodologie rigoureuse (« *la liberté bien réglée* ») et par optimisme pédagogique, réponde aux besoins vitaux de l'enfant.

Correspondances

Auteurs de traités d'éducation
• John Locke, *Essai philosophique sur l'entendement humain*.
• Montesquieu, *Mes pensées*.
• Helvétius, *De l'homme*.
• Kant, *Propos de pédagogie*.
• Diderot, *Plan d'une université ou d'une éducation publique dans toutes les sciences* et *Mémoires pour Catherine II*.
• Caradeuc de La Chalotais, *Essai d'éducation nationale ou Plan d'études pour la jeunesse*.
• Fénelon, *De l'éducation des filles*.

Le XVIIIᵉ siècle et l'empirisme

L'*Essai philosophique sur l'entendement humain* (1690) de John Locke, médecin de Lord Ashley, expose une théorie de la connaissance qui réfute le principe des idées innées avancé par Descartes : c'est de l'expérience que l'homme tire les matériaux de toutes ses connaissances.

« § 2. Supposons donc qu'au commencement l'âme est ce qu'on appelle une table rase, vide de tout caractère, sans aucune idée quelle qu'elle soit. Comment vient-elle à recevoir des idées ? Par quel moyen en acquiert-elle cette prodigieuse quantité que l'imagination de l'homme, toujours agissante et sans bornes, lui présente avec une variété presque infinie ? D'où puise-t-elle tous ces matériaux qui sont comme le fond de tous ses raisonnements et de toutes ses connaissances ? À cela je réponds en un mot, de l'expérience : c'est là le fondement de toutes nos connaissances, et c'est de là qu'elles tirent leur première origine. Les observations que nous faisons sur les objets extérieurs et sensibles, ou sur les opérations intérieures de notre âme, que nous apercevons et sur lesquelles nous réfléchissons nous-mêmes, fournissent à notre esprit les matériaux de toutes ses pensées. Ce sont là les deux sources d'où découlent toutes les idées que nous avons, ou que nous pouvons avoir naturellement. »

« § 3. Et premièrement nos sens étant frappés par certains objets extérieurs font entrer dans notre âme plusieurs perceptions distinctes des choses, selon les diverses manières dont ces objets agissent sur nos sens. C'est ainsi que nous acquérons les idées que nous avons du blanc, du jaune, du chaud, du froid, du dur, du mou, du doux, de l'amer, et de tout ce que nous appelons qualité sensible. Nos sens, dis-je, font entrer toutes ces idées dans notre âme, par où j'entends qu'ils font passer des objets extérieurs dans l'âme, ce qui y produit ces sortes de perception. Et comme cette grande source de la plupart des idées que nous avons dépend entièrement de nos sens et se communique par leur moyen à l'entendement, je l'appelle sensation. »

John Locke, *Essai philosophique sur l'entendement humain*, 1690, II, I, § 2 et 3, traduction de Coste, éd. Vrin, 1972.

L'empirisme modifie le rapport que l'éducation établit avec la nature.

Pour Montesquieu « *les lois, dans la signification la plus étendue, sont les rapports nécessaires qui dérivent de la nature des choses* ». Les lois de l'éducation obéissent comme les autres lois à un déterminisme rigoureux qui relève, pour la petite enfance, de l'empirisme.

« Je disais que jusqu'à sept ou six ans, il ne fallait rien apprendre aux enfants, et que cela pouvait être dangereux ; qu'il ne faut songer qu'à les divertir, ce qui est la seule félicité de cet âge. Les enfants reçoivent partout les idées que donnent les sens. Ils sont très attentifs, parce que beaucoup de choses les étonnent, et par cette raison, ils sont extrêmement curieux. Il ne faut donc songer qu'à les dissiper et les soulager de leur attention par le plaisir. Ils font toutes les réflexions qui sont à leur portée ; leurs progrès extraordinaires sur la langue en sont une preuve. Quand donc vous voulez leur faire faire vos propres réflexions, vous empêchez les leurs que la nature leur fait faire. Votre art trouble le procédé de la nature. Vous les retirez de l'attention qu'ils se donnent pour qu'ils prennent celle que vous leur donnez. Celle-là leur plaît, celle-ci leur déplaît. Vous les jetez dans des idées abstraites pour lesquelles ils n'ont point de sens. Ils ont des idées particulières et vous les généralisez avec le temps ; par exemple l'idée de bonheur, de justice, de probité : tout cela n'est point de leur ressort. Ne leur faites rien voir de mauvais ! À un certain âge, le cerveau ou l'esprit se développe tout à coup. Pour lors, travaillez et vous ferez plus dans un quart d'heure que vous n'auriez fait dans six mois jusques à ce temps-là. Laissez former le corps et l'esprit par la nature. »

Montesquieu, *Mes pensées*, Pléiade,
Gallimard, I, 1949, p. 1420.

Le XVIIIᵉ siècle et la foi dans l'éducation

Cette foi dans les vertus de l'éducation peut aller, comme chez Helvétius, jusqu'à en faire le seul facteur de formation de « *l'esprit et des vertus* ».

« La plus forte preuve de la puissance de l'éducation est le rapport constamment observé entre la diversité des instructions et leurs produits ou résultats différents. Le sauvage est infatigable à la chasse ; il est plus léger à la course que l'homme policé parce que le sauvage y est plus exercé. L'homme policé est plus instruit : il a plus d'idées que le sauvage parce qu'il reçoit un plus grand nombre de sensations différentes et qu'il est, par sa position, plus intéressé à les comparer entre elles. L'agilité supérieure de l'un, les connaissances multipliées de l'autre, sont donc l'effet de la différence de leur éducation.

Si les hommes, communément francs, loyaux, industrieux et humains sous un gouvernement libre, sont bas, menteurs, vils, sans génie et sans courage sous un gouvernement despotique, cette différence dans leur caractère est l'effet de la différente éducation reçue dans l'un ou l'autre de ces gouvernements. [...]

L'éducation nous fait ce que nous sommes. L'esprit et les talents ne sont jamais dans les hommes que le produit de leurs désirs et de leur position particulière. La science de l'éducation se réduit peut-être à placer les hommes dans une position qui les force à l'acquisition des talents et des vertus désirés en eux [...]. »

Helvétius, *De l'homme*, 1772, Section X, Ch. I.

Pour Kant, dans le cours qu'il donne à Koenisberg à partir de 1776, l'éducation est un moteur très puissant dans le devenir de l'humanité.

« L'homme ne peut devenir homme que par l'éducation. Il n'est rien que ce que l'éducation fait de lui [...] C'est ravissement que de se représenter la possibilité de toujours mieux développer la nature humaine par l'éducation, et de la porter à une forme adéquate à l'humanité. Voilà qui nous ouvre pour le futur la perspective d'un genre humain plus riche de bonheur. [...] L'idée d'une éducation développant toutes les dispositions naturelles contenues dans l'homme est assurément véridique. Dans l'état présent de l'éducation, l'homme n'atteint pas pleinement le but final de son existence. Quelle diversité dans la vie des humains ! Il ne peut y avoir entre eux d'uniformité que s'ils agissent selon des principes de même espèce, et encore faudrait-il que ces principes devinssent pour eux une seconde nature. Nous pouvons œuvrer au plan d'une éducation plus adaptée à ses fins et transmettre quant à elle aux générations futures des directives qu'elles pourront réaliser peu à peu. »

Kant, *Propos de pédagogie*, Introduction, Pléiade, Gallimard, III, 1986, trad. P. Jalabert, p. 1151-1153.

Un enseignement concret

Les philosophes des Lumières prônent un enseignement réaliste, utile, voire technologique, comme Diderot dans son *Plan d'une université* pour Catherine II.

« En général, dans l'établissement des écoles, on a trop donné d'importance et d'espace à l'étude des mots, il faut lui substituer aujourd'hui l'étude des choses. Je pense qu'on devrait donner dans les écoles une idée de toutes les connaissances nécessaires à un citoyen, depuis la législation jusqu'aux arts mécaniques, qui ont tant contribué aux avantages et aux agréments de la société, et, dans ces arts mécaniques je comprends les professions de la dernière classe des citoyens. Le spectacle de l'industrie humaine est en lui-même grand et bienfaisant ; il est bon de connaître les différents rapports par lesquels chacun contribue aux avantages de la société. Ces connaissances ont un attrait naturel pour les enfants dont la curiosité est la première qualité. D'ailleurs, il y a dans les arts mécaniques les plus communs un raisonnement si juste, si compliqué, et cependant si lumineux, qu'on ne peut assez admirer la profondeur de la raison et du génie de l'homme, lorsque tant de sciences plus élevées ne servent qu'à nous démontrer l'absurdité de l'esprit humain. »

Diderot, *Plan d'une université ou d'une éducation publique dans toutes les sciences, op. cit.*, Garnier, 1875, III, p. 421.

En 1775, dans son *Plan d'une université ou d'une éducation publique dans toutes les sciences*, Diderot en vient à distinguer « *les connaissances essentielles* » que tout citoyen doit savoir, et « *les connaissances de convenance* », selon la situation sociale et professionnelle.

Parmi les connaissances essentielles pour devenir un citoyen vertueux, les réformateurs, comme La Chalotais, en 1763, dans son *Essai d'éducation nationale*, recommandent l'histoire à la portée des enfants à condition qu'on leur compose « *pour leur usage, des histoires de toute nation, de tout siècle, et surtout des siècles derniers ; que celles-ci fussent plus détaillées ; que même on les leur fît lire avant celles des siècles plus reculés ; qu'on écrivît des vies d'hommes illustres dans tous les genres, dans toutes les conditions et dans toutes les professions ; de héros, de savants, de femmes, d'enfants célèbres, etc. ; qu'on leur fît des peintures vives des grands événements, des exemples mémorables, de vice ou de vertu, de malheur ou de prospérité.* »

« Il faudrait que l'instruction fût toute faite dans ces livres ; qu'on y laissât presque rien à ajouter au maître et qu'il n'eût, pour ainsi dire, qu'à lire et interroger. Je désirerais qu'à la suite de chaque histoire, on plaçât des questions pour voir ce que l'enfant aurait retenu, pour le redresser, s'il avait mal entendu, ou s'il ne s'était pas attaché au plus essentiel.

Ces livres et ces histoires serviraient en même temps à former le cœur et l'esprit des enfants, et on pourrait y faire entrer une morale entière à leur portée, non en établissant, par des principes abstraits, des règles du juste et de l'injuste, mais en excitant ce sentiment qui est assez vif chez eux et qui le serait également chez tous les hommes, s'il n'était pas étouffé par le préjugé ou par l'intérêt.

On pourrait ainsi les accoutumer de bonne heure à juger les hommes et les actions : on leur inspirerait l'humanité, la générosité, la bienfaisance, soit par l'éloge des hommes généreux et bienfaisants, soit par la comparaison des grands exemples, de vertus et de vices, de Cicéron et de Catilina, de Néron et de Titus, de Sully et du maréchal d'Ancre. [...] Ils apprendraient par leurs exemples mêmes et par les jugements qu'on leur ferait porter sur leurs querelles particulières, sur leurs actions, qu'il ne faut pas faire à autrui ce qu'on ne voudrait pas qui vous fût fait ; qu'on est véritablement grand que par le bien que l'on fait aux hommes ; et qu'il faut faire à autrui tout le bien que l'on peut faire. La morale des enfants, et même celle des hommes faits se réduit presque à ces deux points. »

Caradeuc de La Chalotais, Essai d'éducation nationale
ou Plan d'études pour la jeunesse.

L'éducation des filles

Elle reste tributaire de l'image qu'on se fait de la femme et de sa vocation d'épouse et de mère, telle qu'elle est définie par Fénelon et Mme de Maintenon.

« On doit considérer pour l'éducation d'une jeune fille sa condition, les lieux où elle doit passer sa vie et la profession qu'elle embrassera selon les apparences. Prenez garde qu'elle ne conçoive des espérances au-dessus de son bien et de sa condition. Il n'y a guère de personnes à qui il n'en coûte cher pour avoir trop espéré ; ce qui aurait rendu heureux n'a plus rien que de dégoûtant dès qu'on a envisagé un état plus haut. Si une fille doit vivre à la campagne, de bonne heure tournez son esprit aux occupations qu'elle y doit voir et ne lui laissez point goûter des amusements de la vie ; montrez-lui les avantages d'une vie simple et active. Si elle est d'une condition médiocre de la ville ne lui faites point voir des gens de la cour ; ce commerce ne lui servirait qu'à lui faire prendre un air ridicule et disproportionné ; renfermez-la dans les bornes de sa condition et donnez-lui pour modèle les personnes qui y réussissent le mieux ; formez son esprit pour les choses qu'elle doit faire toute sa vie. »

Fénelon, De l'éducation des filles, Paris 1687.

Au XVIIIe siècle, l'image de la femme dépend de la conception médicale. Les médecins insistent sur la nécessaire complémentarité de l'homme et de la femme, qui justifie une éducation différente. Selon Antoine Le Camus, docteur régent de la faculté de médecine de Paris, l'homme est né pour être libre, il surpasse « *le sexe timide, pusillanime, volage* » condamné à porter « *le joug de l'esclavage* » ; mais par sa beauté, la finesse de son esprit, sa délicatesse, la femme façonne l'homme qui, sans elle, resterait à l'état de « *diamant brut* ». C'est que les fibres du corps féminin sont beaucoup plus « *faibles et d'un tissu plus lâche* » que celles des hommes ; elles sont plus sanguines que les hommes, si bien qu'à tempérament égal « *une femme bilieuse* » doit être plus chaude et avoir le pouls plus élevé ; cette différence est accentuée par les climats : une femme africaine est plus chaude qu'un moscovite sanguin. Cette originalité dans le mécanisme du corps justifie une instruction différente : « *Toute la conséquence qu'on peut tirer de ce que les femmes ont les fibres plus molles, plus fines, plus délicates que celles des hommes, c'est qu'elles doivent avoir un caractère enjoué et badin, un esprit plus vif et plus inconstant que celui des hommes qui ne leur permet pas de s'adonner à un genre d'étude triste, froid, ennuyeux, long et difficile* », telles la théologie ou la médecine, alors qu'elles ne sont pas moins propres que les hommes à s'adonner à l'étude des sciences. En fait, la nature leur a dévolu le rôle de « *donner l'immortalité en perpétuant l'espèce et d'être l'instrument de ses plaisirs* » (de l'homme). L'éducation qui leur est donnée dans les collèges ne correspond pas à cette mission : il faut donc la modifier pour tenir compte à la fois de leur physiologie et de leur fonction sociale. (A. Le Camus, *Médecine de l'esprit*, Paris, 1769, p. 112-115).

Dans ses *Mémoires pour Catherine II*, c'est en fonction de la « constitution » de la femme et de sa vocation de mère et d'épouse que Diderot rend hommage à « la maison des jeunes filles » que vient de mettre en place Catherine II.

« On a pris dans votre couvent des précautions plus sûres (que dans leur famille) pour fortifier la santé, conserver au caractère son naturel, son innocence et sa gaieté, donner des talents sans gêne, former à l'économie domestique sans avilir, en un mot préparer des mères, des épouses et des citoyennes instruites, honnêtes et libres. »

Diderot, *Mémoires pour Catherine II*, 17,
« Sur la maison des jeunes filles »,
éd. Lewinter, Paris, 1969 p. 612.

La fortune conjointe et confrontée de la pédagogie des philosophes du Siècle des lumières et de celle de Rousseau nous fait mieux comprendre le destin de l'*Émile*.

Accueil et réactions à l'*Émile*

Le scandale

L'*Émile*, très vite diffusé en Europe où Rousseau est connu pour ses paradoxes, fait scandale : Grimm, qui situe ce scandale dans une situation de « crise » de l'éducation en Europe, note dans sa *Correspondance littéraire, philosophique et critique* que, dès le 1er juin 1762, « *le livre n'a pas tardé à faire grand bruit* ». Dans ses *Mémoires secrets*, Bachaumont rapporte que l'*Émile* est « *dans toutes les mains* » et qu'« *il occasionne du scandale de plus en plus ; le glaive et l'encensoir se réunissent contre l'auteur* ». Le fait est que le Parlement condamne l'*Émile* et la Sorbonne le censure. Rousseau est décrété de prise de corps (nous dirions aujourd'hui mis en examen) et échappe à la prison par la fuite. À Paris, son livre est brûlé. À Genève le Petit-Conseil fait mettre sous scellés le *Contrat social* et l'*Émile*. Le gouvernement de Berne invite par décret le bailli d'Yverdon à chasser Rousseau de son territoire. À Môtiers, dans une principauté qui fait partie de la Prusse, les habitants lui jettent des pierres... Traduit immédiatement en Allemagne par J.-J. Schwabe et en Angleterre par W. Kenrick et M. Nugent, l'*Émile* est commenté, critiqué par des pamphlets et des libelles. Les périodiques, les journaux rendent compte des réactions de l'opinion : en France, le *Mercure de France* ou le *Journal de Trévoux*, dans quatre articles parus en juin, octobre, novembre 1762 et janvier 1763 ; en Allemagne, les *Neue Zeitungen von Gelehrten Sachen*, le 15 janvier 1763, en Angleterre la *Monthly Review*, la *Critical Review*, le *London Chronicle* ou le *London Magazine*. La plupart reconnaissent l'originalité et la hardiesse de ses idées : Kant parle « *d'une surprenante nouveauté d'idées* », et Hyacinte-Sigismond Gerdil – professeur de philosophie, puis de théologie à Turin, la ville même où Rousseau a abjuré l'Église réformée – y voit « *une révolution dans la façon de penser* ». Religieux et philosophes dénoncent ses idées impraticables, utopiques, voire dangereuses pour le trône, pour l'ordre public comme pour l'autel, c'est-à-dire pour le système de valeurs social, politique, moral et spirituel auquel ses contemporains étaient attachés.

La polémique

Ce mélange de fascination et de condamnation des idées pédagogiques de Rousseau ne s'explique pas seulement par des raisons religieuses. La double polémique qui l'oppose à l'Église et aux philosophes permet de comprendre les réactions de ses contemporains, de saisir la fortune des idées pédagogiques de Rousseau comme l'une des composantes des Lumières s'opposant à celle, plus rationnelle, que représentent les Encyclopédistes et les philosophes français. Cette attitude critique prêtée à Rousseau envers les Lumières explique l'audience de ses idées en Allemagne, auprès d'Immanuel Kant, de Johann Gottfried Herder, de Johann Wolfgang Goethe et des « génies » du Sturm und Drang, alors que le rejet de sa pensée est plus virulent en France.

L'Église

Elle a bien compris que les conceptions de Rousseau radicalisaient, en France, le mouvement de laïcisation de l'enseignement dont elle avait jusqu'alors le monopole : d'une part parce que, reculant l'éducation religieuse de son élève jusqu'à l'adolescence, il contribue ainsi à déposséder l'Église de son privilège de seul éducateur, d'autre part parce que le postulat de la bonté originelle induit une réforme des programmes et des méthodes, et par conséquent des maîtres, réforme que les parlementaires, à la demande du Roi, proposeront au gouvernement, et qu'exigeront les multiples plans et traités d'éducation, à la veille de la Révolution française. Dans la *Censure de théologie de Paris*, le syndic Gervaise ne s'y est pas trompé, lorsqu'il dénonce devant la faculté de théologie les erreurs de Rousseau, notamment « *la maxime prétendue incontestable que les premiers mouvements de la nature sont toujours droits* », et les effets pédagogiques qui en découlent : le refus de la contrainte, du châtiment, du recours à la mémoire, de la leçon didactique et abstraite ; et, inversement, l'appel à la spontanéité de l'enfant, à son initiative, à la libre expression de ses facultés natives par des méthodes attrayantes et progressives fondées sur l'utilité et l'expérience.

« Ces propositions sont fausses, s'indigne Gervaise, inouïes, contraires aux préceptes de l'Évangile et à la pratique de tous les âges. Elles présentent au lecteur un plan d'éducation bizarre et monstrueux, opposé à la nature et à la fin de l'homme où les facultés de l'âme qui ont besoin d'être cultivées resteraient si longtemps sans l'être en aucune manière, que, faute de culture et d'exercice, elles deviendraient presque incapables : ce qui serait très funeste au bien public et particulier, dans l'ordre politique et dans celui de la religion. Ce plan d'éducation, jusqu'à l'âge de dix-huit ans, n'aurait pour objet que le corps, que les sens, que ce que l'homme a en commun avec les animaux, à qui seul il conviendrait. Il dégraderait l'homme et lui serait pernicieux. »

Le syndic Gervaise, Censure de Théologie de Paris, 1762.

On comprend les réactions de l'archevêque de Paris, Mgr de Beaumont, pour qui « *l'éducation de la jeunesse est l'un des des objets les plus importants de la sollicitude et du zèle des pasteurs* » ; et, dans son *Mandement* contre l'*Émile*, il oppose les principes de Rousseau à ceux de Rollin sur l'éducation.

Les philosophes
Les philosophes ne sont pas moins critiques. Le postulat de la bonté originelle, le concept d'un état de nature heurtent de front leur conviction dans un progrès continu de l'homme et

de sa raison. Dans sa *Lettre au docteur Pansophe*, Voltaire l'accuse de vouloir « *bannir la raison et la philosophie* » et de vouloir rendre les hommes « *sots et ignorants* ». D'Alembert reproche à Rousseau de « *considérer l'homme dans des états d'abstraction, dans des états métaphysiques où il ne fut et ne sera jamais, et non l'homme tel qu'il est dans la société* ». Il reprend les critiques de l'Église en lui faisant grief d'avoir composé une méthode d'éducation « *qui ne soit pas praticable* » et qui n'aboutisse qu'« *à former une espèce de sauvage* », en dépit de « *vues profondes et utiles* » dont on pourrait tirer avantage « *pour une éducation moins imaginaire* ». Il le réprouve de vouloir former un « *géant* » qui devrait vivre « *parmi les magots* » ; il lui oppose « *le véritable ouvrage du philosophe* » qui a « *pour but d'être utile* » et de faire de son enfant « *un magot comme les autres, mais à la vérité le moins magot qu'il soit possible ; qu'il le soit assez pour ne pas déplaire à ses semblables, et pas assez pour se déplaire à lui-même* ».

Les philosophes reprochent à Rousseau de ne pas avoir fait œuvre utile, d'avoir présenté un traité d'éducation inapplicable, de n'avoir pas voulu former un citoyen vertueux d'une patrie libérée des fanatismes et des préjugés. Cela implique la foi dans les Lumières et en l'usage de la raison que la culture, l'acquisition des connaissances, la réforme de l'éducation publique doivent favoriser. Grimm l'explique fort bien quand, le 1er juillet 1762, dans un *Mémoire sur les moyens de pourvoir à l'instruction de la jeunesse*, il regrette que l'université de Paris, n'ait pas tracé « *le plan et les principes d'une institution publique* » conforme aux ambitions de l'Europe, où la raison, la liberté d'opinion, l'amour de la patrie, l'honneur, l'héroïsme doivent progressivement remplacer les préjugés du fanatisme entretenus par « *l'esprit monacal* ». L'*Émile* ne répond pas à cette aspiration, assure Grimm. Rousseau, dit-il, a fait un ouvrage mixte, moitié roman, moitié traité d'éducation ; il a donné une œuvre artificielle qui mélange des extravagances et des vues justes. Ainsi, ce ne sont pas seulement des raisons religieuses qui motivent la condamnation de l'*Émile* ; l'opposition n'est pas moins forte du côté des philosophes des Lumières. Les uns comme les autres jugent irréalistes et inappropriées les conceptions pédagogiques de Rousseau. L'éducation naturelle négative est à contre-courant de l'optimisme pédagogique des Lumières dont témoigne l'Encyclopédie. Il est vrai qu'en même temps, grâce à Rousseau, grâce même au « scandale » qu'il suscite par son œuvre, on découvre alors, de plus en plus, l'importance de l'observation psychologique à la base des techniques éducatives, la nécessité de centrer l'action pédagogique sur la nature de l'enfant. L'opposition entre les conceptions de Rousseau et celles de Condillac alimente un débat où commence à prendre forme une véritable réflexion pédagogique qui se poursuit de nos jours. Aussi, même si l'on s'indigne d'un prétendu « retour à la nature », on n'en est pas moins conduit à découvrir qu'il y a une nature propre de l'enfant, « *une marche de la nature* » à respecter dans son éducation. Même si l'on est sceptique devant le postulat de la bonté originelle de la nature, il n'en reste pas moins que les thèses de l'*Émile* contribuent notablement au mouvement des Lumières, tendant à substituer à une conception négative de l'éducation, hantée par le souci d'interdire le développement des vices dans l'âme de l'enfant, une approche plus positive, plus confiante, des virtualités naturelles de l'enfant.

Accueil en Europe

La fortune des idées pédagogiques de Rousseau en Europe inscrit cette composante spécifique dans le Siècle des lumières. Son audience renforce celle de Bacon, de Coménius, de Locke et prend une forme nouvelle par l'interprétation de Kant. Elle se reconnaît dans les tentatives de Basedow et des philanthropinistes de créer des établissements expérimentaux. Elle s'efforce à des applications pratiques auprès d'élèves réels comme dans les instituts de Pestalozzi.

Dans les pays de langue allemande, la fortune des idées pédagogiques de Rousseau a certainement été plus forte que dans les autres pays européens. En dépit des réserves des journaux et des pasteurs traditionnalistes, Rousseau devient le conseiller du prince Louis-Eugène de Wurtemberg, et la princesse Galitzin élève ses enfants selon les principes de l'*Émile*, à l'instar d'un grand nombre de mères jusqu'à la Révolution. Mais cette éducation « à la Rousseau » est favorisée par les tentatives des éducateurs de promouvoir des méthodes nouvelles dans des établissements adaptés. Encouragés par Kant et par la nouvelle génération d'intellectuels autour de Herder, de Goethe, ils se recommandent, le plus souvent de Rousseau et, en tout cas, profitent de sa fortune pédagogique, puisque les établissements philanthropinistes, sous l'impulsion de Basedow, qui fonde à Dessau en 1771 une école expérimentale (le Philanthropinum), et les entreprises des « réviseurs » (philanthropinistes dissidents de Basedow), autour de Joachim Heinrich Campe, jusqu'aux instituts pestalozziens, se développeront et s'éteindront suivant la faveur des idées pédagogiques de Rousseau dans l'opinion.

Dans ces milieux rénovateurs, la réception de l'*Émile* se fait dans l'enthousiasme. Basedow voit une confirmation de sa méthode inspirée de l'expérience piétiste de Francke à Halle ; et dans l'avertissement de son journal pédagogique, le *Pädagogische Unterhandlungen oder philanthropisches Journal und Lesebuch*, qui paraît à Dessau de 1779 à 1784, il évoque avec émotion sa lecture de l'*Émile*, dès sa traduction par Schwabe, fin 1762. Dans leur journal pédagogique l'*Allgemeine Revision*, Campe et les « réviseurs », Ehler, Resewitz, Stuve, Trapp, Villaume, Heusinger, commentent la traduction de l'*Émile* par Cramer qui paraît de 1789 à 1792. Ils lui consacrent plus de deux mille pages, signe de leur intérêt pour celui qui, disent-ils, « *a eu le grand mérite [...] d'avoir appris aux penseurs à penser sur l'éducation* ». Ils placent leur journal pédagogique, qui paraît de 1785 à 1791, sous le parrainage de Locke et de Rousseau, « *leurs maîtres et devanciers* ».

Pestalozzi témoigne de la découverte immense que fut pour lui, comme pour ces éducateurs, la lecture de l'*Émile*.

« Je comparai l'éducation que je recevais au coin de ma cellule maternelle et dans l'école que je fréquentais avec ce que

Rousseau demandait et exigeait pour l'éducation de son Émile. L'éducation familiale, ainsi que l'éducation officielle de tout le monde et de toutes les classes sociales, m'apparurent comme autant de figures rabougries qui pouvaient et avaient à trouver dans les grandes idées de Rousseau un remède général contre la misère de leur état réel. »

Pestalozzi, *Le Chant du cygne*, 1826.

Mais cette admiration des éducateurs, cette fascination pour les idées pédagogiques de Rousseau – admiration qui culmine à la Révolution (C.A. Fusil parle de « contagion sacrée », et Herder ne manquera pas, comme bien d'autres, le « pèlerinage » à Ermenonville) – n'auraient pas eu les mêmes effets sur l'histoire de l'éducation, si Kant n'avait pas compris, interprété (et fait comprendre et interpréter) la pensée de Rousseau. À la lecture des ouvrages de Rousseau, et plus particulièrement de l'*Émile* qu'il lit dès sa parution (ou sa traduction), Kant a une révélation, une émotion, un enthousiame dont témoigne Herder qui fut son élève de 1762 à 1764. Dans les *Remarques touchant les observations sur le sentiment du beau et du sublime* (1764-1766), Kant souligne l'« *engageante nouveauté d'idées* » des ouvrages de Rousseau qui l'a « *désabusé* », entendant, par là, qu'il lui a fait prendre conscience de ses erreurs. Kant compare alors Rousseau au « *Newton du monde moral* » pour mieux signifier sa contribution à la pensée des Lumières : « *Rousseau, le premier de tous, découvrit sous la diversité des formes humaines conventionnelles la nature de l'homme dans les profondeurs où elle était cachée* [...] *Depuis Newton et Rousseau, Dieu est justifié.* »

Kant a compris que « *Rousseau souhaite essentiellement une éducation libre qui forme un homme libre* » ; il souligne le rôle essentiel des professeurs qui s'inspireraient des principes rousseauistes pour le devenir de l'humanité.

« Des écoles sont nécessaires. Mais pour qu'elles deviennent possibles, il faut prendre *Émile*. Il serait à souhaiter que Rousseau montre comment des écoles pourraient en naître. Les pasteurs à la campagne pourraient en commencer l'expérience avec leurs propres enfants et ceux de leurs voisins. »

> Kant, *Remarques touchant les observations sur le sentiment du beau et du sublime.*

Un tel souci de voir appliquer à des enfants réels les principes de l'*Émile* montre à quel point Kant prend cet ouvrage comme un livre sérieux qu'il faut expérimenter, capable de transformer l'humanité, alors que Rousseau avait mis en garde contre les « *applications particulières* » de son plan.

Kant, qui fonde lui-même un journal d'éducation, éphémère, il est vrai, apporte son soutien à Basedow. Il suit, avec inquiétude, toutes les difficultés rencontrées, et notamment le choix des enseignants et des responsables. Sans cet appui de Kant, on peut se demander si l'*Émile* ne serait pas devenu « *un livre fermé* », comme le déplore Pestalozzi à la fin de sa vie. Mais cet éducateur, ne cesse d'interroger l'*Émile* au cours de chacune des expériences conduites avec son fils Jakob, avec les enfants des paysans voisins au Neuhof ou dans ses instituts successifs à Stans, à Berthoud, à Yverdon. En 1826, dans *Le Chant du Cygne*, Pestalozzi témoigne de la rupture que représente la parution de l'*Émile* avec les systèmes éducatifs héritiers des *Ratio studiorum* et des grandes « institutions » du siècle précédent.

> « Avant Basedow avait paru Rousseau, comme une nature supérieure, comme un centre de mouvement de l'ancien et du nouveau monde en fait d'éducation [...] il brisa avec une force d'Hercule les chaînes de l'esprit, et rendit l'enfant à lui-même, et l'éducation à l'enfant et à la nature humaine. »
>
> Pestalozzi, *Le Chant du Cygne*, 1826.

Pestalozzi témoigne de l'existence d'un courant pédagogique autonome où se reconnaît la fortune des idées pédagogiques de Rousseau, quand il rapporte l'expérience de ses instituts successifs et qu'il se définit comme « *le dernier des maîtres d'école et le réformateur de l'enseignement, et cela à une époque où, depuis Rousseau et Basedow, la moitié du globe s'était mise en mouvement dans ce sens* ». Ces propos sont tout à fait caractéristiques de ces éducateurs du siècle des Lumières, qui se considèrent à la fois comme des « maîtres d'école » et comme des « réformateurs », c'est-à-dire, à la fois des théoriciens de l'éducation (leur production pédagogique est considérable) et des praticiens qui vont s'efforcer de mettre en application leurs théories, en engageant un débat le plus souvent implicite avec Rousseau. Le mérite (et le drame) de Pestalozzi est d'avoir voulu appliquer aux enfants du peuple les principes de l'éducation naturelle selon l'*Émile* dont il fut toute sa vie un fidèle admirateur. Les contemporains qui, comme Amaury Vidal, visitent l'institut de Berthoud en 1804 constatent dans la *Décade* que sa méthode *« n'est qu'une application matérielle détaillée et aussi juste qu'ingénieuse des principes présentés par Rousseau dans son Émile »*. Marc-Antoine Julien fait la même constatation pour Yverdon en ajoutant que Pestalozzi a néanmoins ajouté « *les compléments indispensables de la morale chrétienne* ».

Pestalozzi se distingue essentiellement de Rousseau par son esprit systématique, mais les « principes » sont identiques : l'enfant développe, par étapes successives, « *la force autonome* » (Rousseau l'appelle « *la force active* ») qui est en lui, selon le processus imposé par « *les lois immuables et éternelles* » que l'éducateur doit observer et favoriser dans chaque enfant pour ordonner l'action éducative. Cette attention portée à la psychologie de l'enfant, à son développement physique, commandant le développement mental, qu'il faut guider par des exercices appropriés dès les premières années, rencontre l'essor de la médecine enfantine en pleine évolution à partir des années 1770. Ces fortunes conjointes de la médecine infantile et des idées pédagogiques de Jean-Jacques Rousseau ont d'heureux effets dans l'histoire de l'éducation en ce qu'elles permettent de rectifier la notion de nature enfantine par rapport au cartésianisme chrétien des traités d'éducation de Rollin, de Fénelon et de Fleury. Elles favorisent en Europe au XIXe siècle, pratiquement en même temps, la création de la pédiatrie et d'un enseignement adapté à la petite enfance (classes enfantines et, en France, école maternelle), jusqu'alors négligée parce que tenue pour non douée de raison.

Le destin de l'*Émile* de la Révolution à nos jours

À l'époque révolutionnaire

Rousseau alimente les débats qui se poursuivent de nos jours sur le rôle respectif de l'instruction et de l'éducation. Les positions oscillent entre deux tendances.

– Les uns, Diderot et les Encyclopédistes, puis, pendant la Révolution, Condorcet et Romme, entre autres, attendent du progrès des Lumières une réforme de l'éducation (qui se confond avec l'instruction). Celles-ci doivent progressivement libérer l'humanité de l'ignorance et promouvoir une société où l'égalité par le mérite individuel sera reconnue.

– Les autres, disciples de Rousseau, et d'une certaine façon de Robespierre et de Saint-Just, estiment que l'éducation nationale (où prime l'instruction) doit s'inscrire dans une perspective de rupture avec la société contemporaine corrompue par l'Ancien Régime et préparer par la culture des vertus l'avènement de l'homme nouveau dans la société idéale du *Contrat social*.

Dans son *Rapport fait au nom du Comité de salut public* à la Convention le 7 mai 1794, Robespierre accuse « *la secte* » des philosophes d'avoir érigé « *l'égoïsme en système* » et d'avoir persécuté Jean-Jacques Rousseau.

« Un homme par l'élévation de son âme, et par la grandeur de son caractère, se montra digne du ministère de précepteur du genre humain. Il attaqua la tyrannie avec franchise ; il parla avec enthousiasme de la divinité, son éloquence mâle et probe peignit en traits de flammes les traits de la vertu [...]. La pureté de sa doctrine, puisée dans la nature et dans la haine profonde du vice, autant que par son mépris invincible pour les sophistes intrigants qui usurpaient le nom de philosophes lui attira la haine et la persécution de ses rivaux et de ses faux amis. Ah ! s'il avait été le témoin de cette révolution dont il fut le précurseur [...] qui peut douter que son âme généreuse eût embrassé la cause de la justice et de l'égalité. »

Robespierre, *Rapport au nom du Comité de salut public*, mai 1794.

La fortune des idées pédagogiques de Rousseau est au sommet de sa gloire comme en témoignent, à la fois, le discours de Lakanal à l'occasion du transfert des restes de Rousseau au Panthéon en octobre 1794, l'iconographie qui le présente au milieu d'enfants, les fêtes, les louanges qui lui sont décernés.

Au XIXe siècle

Émile alimente aussi au XIXe siècle les débats qui accompagnent l'instauration de l'intruction publique gratuite et obligatoire.

« Les inspecteurs d'académie et les chantres de l'éducation nationale rivalisèrent alors pour affirmer que la distinction soulevée par Rousseau entre faire un homme ou faire un citoyen n'était qu'une boutade et qu'*Émile* était bien le manuel des instituteurs qui devaient l'appliquer tant bien que mal aux élèves de leurs classes. Il ne manqua pas alors de s'élever plusieurs voix qui mirent en cause une telle utilisation et un tel détournement de la pensée de Rousseau. Henri Roorda et Hélène Key notamment dénoncèrent cette volonté d'enrégimenter les enfants et de les soumettre à la discipline scolaire : passer des journées assis, immobiles et silencieux dans une salle leur paraissaient aller à l'encontre de la liberté et de la joie de vivre prônés par Rousseau pour l'éducation des enfants. L'école leur apparaissait comme la forme la plus efficace d'apprentissage de la docilité dont les gouvernements ont besoin pour mieux asservir les hommes. Cette contestation, qui trouvait son origine dans les milieux libertaires, était aussitôt confirmée par ceux qui réfléchissaient à l'éducation. H. Claparède, par exemple, voyait en Rousseau le fondateur de la pédagogie moderne, en ce sens qu'il avait été « *le premier qu'ait préoccupé la question du pourquoi de l'enfance* ». Rousseau allait être à la croisée des chemins pris au XXe siècle par tous les réformateurs de l'enseignement. F. Ferrer, C. Freinet, C. Rogers, I. Illich, A. S. Neill, l'école de Hambourg, les partisans de l'école nouvelle et ceux qui envisagent une école différente, sans oublier ceux qui rejettent toute institution pédagogique et souhaitent, comme C. Baker, la déscolarisation de l'enfant, tous s'accordent à rendre hommage à Rousseau et reconnaissent la part qu'il a joué dans leurs réflexions. R. Gal, directeur du département de recherche à l'Intitut pédagogique national, affirmait, en 1962, que toute l'éducation nouvelle est sortie de lui, « *ne serait-ce que par ce renversement qui met l'enfant au centre de tout* [...], *qui, au lieu de partir des buts à atteindre, des connaissances à donner, part de l'enfant, de ce qu'il est, de son évolution, de ses intérets, de ses capacités* » (*J.-J. Rousseau et l'homme moderne*, Paris, 1962, p. 77-78). Rousseau reste un auteur stimulant pour les éducateurs, les enseignants et les penseurs de la pédagogie moderne, même si ceux-ci trouvent désormais chez Freud et d'autres auteurs plus contemporains un langage plus proche.

Rousseau apparaît moins comme un révolutionnaire que comme quelqu'un qui « *a tenté une synthèse entre l'éducation traditionnelle telle que l'avait connue le* XVIIe *siècle et les désirs de méthodes nouvelles qui s'affirmaient à son époque* » (G. Snyders, *La Pédagogie en France*, p. 284). On a maintenant tendance à lire *Émile* comme une philosophie de l'éducation, ce qui est sans doute une manière d'éviter les difficultés et les questions que pose Rousseau à celui qui veut se charger d'éduquer véritablement les enfants. La société moderne n'a certes plus besoin « *d'enfants rustiquement élevés* » (*op. cit.*, V, p. 102). Mais la pensée pédagogique de Rousseau reste plus actuelle que jamais. Elle garde cette valeur de résistance et d'opposition à tous ceux qui veulent étouffer l'enfance en ne la considérant que par rapport à la place qu'elle doit tenir sur « le marché du travail », à tous ceux aussi qui sont satisfaits du sort qui lui est fait par l'école et la société contemporaines. André Breton a eu raison de dire que Rousseau « *était avant tout du parti de l'enfant comme nul ou presque n'a su l'être depuis lors* » (*La Clé des champs*, Paris, 1967, p. 330). Loin d'être dépassé par les méthodes les plus récentes de la pédagogie et de la psychologie, *Émile* reste la source de toute la réflexion moderne sur l'enfant. Il continue de dresser, face au monde en crise, l'image d'une éducation harmonieuse et exemplaire. Loin d'avoir épuisé tous ses effets, il offre toujours une image de ce qui est possible. Le rêve contenu dans *Émile* continue de nourrir la réalité. Rousseau, ce « fils de fée », pour reprendre la belle formule poétique de J. Delteil, parcourt encore les chemins buissonniers de la douce sapiens. »

Dictionnaire de Jean-Jacques Rousseau,
T. L'Aminot, H. Champion, Paris, 1996.

Petit lexique pour l'étude de l'*Émile*

Adolescence
Âge qui suit la puberté et précède l'âge adulte (voir le début du livre IV).

Apologie
Discours pour défendre ou justifier une personne, une doctrine...

Anthropologie
Science qui a pour objet l'étude de l'espèce humaine dans ses rapports avec la nature.

Antithèse
Opposition de deux pensées contraires que l'on rapproche dans un discours pour faire ressentir le contraste. Figure rhétorique qui établit une opposition entre deux termes.

Amour de soi/amour-propre
« L'amour de soi-même est un sentiment naturel qui porte tout animal à veiller à sa propre conservation, et qui dirigé dans l'homme par la raison et modifié par la pitié, produit l'humanité et la vertu. L'amour-propre n'est qu'un sentiment relatif, factice et né dans la société, qui porte chaque individu à faire plus de cas de soi que de tout autre, qui inspire aux hommes tous les maux qu'ils se font mutuellement, et qui est la véritable source de l'honneur. » Rousseau, *Discours sur l'inégalité parmi les hommes*, note (a).

Athéisme
Doctrine niant l'existence de Dieu.

Cœur
Considéré comme le siège de la conscience. Il désigne chez Rousseau la nature humaine, le fond originel, présent en tout homme, mais presque tué par la civilisation.

Conscience
Sentiment instinctif de la morale, « *principe inné de justice et de vertu* » qui pousse l'homme à faire le bien et à fuir le mal.

Contrat
Convention par laquelle des individus s'obligent entre eux à faire ou à ne pas faire quelque chose.

Déisme
Croyance en l'Être suprême, architecte de l'univers, qui n'accepte ni les dogmes ni les pratiques d'une religion révélée.

Dénaturation
Idée que la nature a tout fait pour le mieux et que l'homme a tout défiguré, tout perverti.

Dogme
Point de doctrine considéré comme fondamental et qu'on ne discute pas.

Éducation/pédagogie
L'éducation est l'action qu'un individu ou un groupe d'individus (adultes) exerce sur un autre être humain (un enfant) pour permettre à l'éduqué d'acquérir certains traits culturels (savoirs ou comportements éthiques, esthétiques, techniques...) que les usages dans une civilisation donnée considèrent comme souhaitables. L'éducation implique donc l'idée d'une nature humaine plus ou moins malléable que l'éducateur doit conduire par son épanouissement individuel et générique vers l'intégration à un type de société (et d'humanité) dont l'éduqué est amené à partager la culture et les valeurs.

L'éducation se distingue de la pédagogie qui est la mise en pratique de ces finalités selon une technique, une méthode, « un art ». Elle apporte un contenu concret et objectif à l'action éducative, édicte un programme d'enseignement, préconise des méthodes, d'où le formalisme dont l'accusent ceux qui lui reprochent l'inadaptation de ses contenus et de ses méthodes à l'idéal nouveau.

Enfance
Première période de la vie où le corps et les facultés mentales ne sont pas encore développés (pour Rousseau est nommé « enfant » l'être dont les besoins dépassent les forces, ce qui le met dans un état de dépendance par rapport à l'adulte).

Épisode
Partie d'un récit qui a ses caractères propres dans l'ensemble de la narration.

Gouverneur/précepteur
Le gouverneur dirigeait l'éducation d'un ou plusieurs enfants (les enfants royaux et ceux de la noblesse avaient un gouverneur qui veillait sur leur éducation, tandis que des précepteurs avaient un rôle purement pédagogique et s'occupaient de leur instruction).

Homme naturel
Ne pas confondre avec le sauvage ; pour Rousseau l'homme naturel est l'homme « *primitif* », originel que chacun porte en soi, mais que la société a enfoui au fond de la conscience. L'homme de la nature est l'opposé de l'homme social.

Hyperbole

Figure de style qui consiste à exagérer une idée ou les qualités de quelqu'un ou de quelque chose au moyen d'une expression qui les dépasse.

Métaphore

Comparaison sans mot comparatif par l'emploi d'un terme qui en désigne le plus souvent un autre.

Nature

Principe normatif original (« *Tout est bien sortant des mains de la nature...* »).

Nature humaine

Ensemble des caractères, des qualités qui définissent un homme (l'homme naturel devient social et politique par la force même de la nature humaine).

Opinion

Ensemble des valeurs admises par la société.

Pamphlet

Petit livre au ton violent, polémique.

Philosophe

Sage qui depuis l'Antiquité s'adonne à l'étude rationnelle de la nature, en tire une explication de l'homme et de l'univers et en dégage une morale. Rousseau l'emploie dans un sens péjoratif et polémique : « *les philosophes* » désignent les matérialistes auxquels il reproche « *leurs désolantes doctrines* ».

Polémique

Débat au ton agressif sur une question de politique, de littérature, de morale, de religion, etc.

Raison

Faculté pensante chez l'homme qui lui permet de connaître, de « *bien juger* » et de distinguer le vrai du faux (selon Descartes). Pour Rousseau, l'enfant n'est pas capable de raisonner. Il passe par différentes phases, en fonction de son développement physique et mental. « *La raison puérile et sensible* » précède « *la raison intellectuelle et humaine* ».

Traité d'éducation

Dans la ligne des *Pensées sur l'éducation* de Locke (1693) le XVIIIᵉ siècle généralise le Traité d'éducation, qui prend en charge l'ensemble de la formation physique, intellectuelle et surtout morale d'un individu.

BIBLIOGRAPHIE

Éditions

- *Émile ou de l'éducation*, GF Flammarion, 1966.
- *Émile ou de l'éducation*, de F. et P. Richard, Garnier frères, 1967.
- ROUSSEAU, *Œuvres complètes*, sous la direction de Bernard Gagnebin et Marcel Raymond (coll. Bibliothèque de la Pléiade), 1969.

Ouvrages et articles critiques

Sur Rousseau en général

- *Dictionnaire de Jean-Jacques Rousseau*, sous la direction de R. Trousson et F. Eigeldinger, Honoré Champion, 1996. Voir les deux articles de T. L'Aminot et se reporter à la bibliographie.

Sur la pédagogie

- *L'Éducation de l'homme nouveau*, A. RAVIER, Issoudun, 1941.
- *La Pédagogie en France aux XVIIe et XVIIIe siècles*, G. SNYDERS, Paris, 1965.
- *Rousseau et sa pédagogie de l'éducation*, I. CHATEAU, Paris, 1969.
- *Inter-concordance* d'Émile ou de l'éducation, E. BRUNET, Genève, Paris, 1980.
- *Pestalozzi ou la naissance de l'éducation*, M. SOETARD, Berne, 1981.
- *Bibliographie de l'*Émile, T. L'AMINOT, K. KISAKI, Montmorency, 1989.

BIBLIOGRAPHIE

• *De Mentor à Orphée, essais sur les écrits pédagogiques de Rousseau*, J. TERRASSE, La Salle, 1992.

• *Introduction à l'Émile de Rousseau*, Yves VARGAS, Puf, 1995.

• *Rousseau et les éducateurs*, Gilbert PY, Voltaire Foudation, Oxford, 1997.

Sur la religion

• *La Cène et l'autre scène*, M. COZ, Paris, Champion, 1998.

• *la Religion de Jean-Jacques Rousseau*, P. M. MASSON, Paris, 1916, 3 vol.

Direction de la collection : Jacques FLORENT

Édition : Marie-Hélène CHRISTENSEN, avec la collaboration de Jean DELAITE

Lecture-correction : service Lecture-correction Larousse

Direction artistique : Ulrike MEINDL

Recherche iconographique : Nathalie LASSERRE

Couverture : Alain BOYER

Responsable de fabrication : Marlène DELBEKEN

Mise en pages : P.P.C. Paris
Impression : Rotolito Lombarda (Italie)
Dépôt légal : Septembre 2008 – 302510/02
N° de projet : 11010873 – Décembre 2012